Carl Schüddekopf
Im Kessel

SERIE PIPER

Zu diesem Buch

Stalingrad: Tragödie, der Kampf zweier Diktaturen, Wendepunkt des Zweiten Weltkrieges – vielfach hat man versucht, das Geschehen von Stalingrad einzuordnen. Doch was Stalingrad für die Menschen bedeutet hat, weiß bis heute niemand, sagen die Überlebenden, die Carl Schüddekopf für dieses Buch befragt hat. Es sind die acht Geschichten junger Männer unterschiedlichster Herkunft, die plötzlich in eine ausweglose Situation geraten: 290 000 Soldaten werden von der Roten Armee eingeschlossen. Langsam, innerhalb von drei Monaten, wird der Ring immer enger gezogen. Ausbruchsversuche werden von Hitler verweigert, die Kapitulation verboten. Das Leiden nimmt seinen Fortgang: Ständige Todesgefahr, Hunger und Krankheiten quälen die Eingekesselten. Nur wenige werden überleben, in Gefangenschaft geraten und erst lange nach dem Krieg zurückkehren ... Carl Schüddekopf hat mit acht ehemaligen Soldaten gesprochen und läßt sie ihre Erlebnisse erzählen – persönlich, direkt und unverstellt.

Carl Schüddekopf, geboren 1946 in Hamburg, studierte Soziologie und Psychologie in Berlin, war Verlagsbuchhändler, Lektor und Publizist. Heute arbeitet er als Schriftsteller und lebt mit seiner Familie in der Nähe von Hamburg.

Carl Schüddekopf

Im Kessel

Erzählen von Stalingrad

Piper München Zürich

Karten: cartomedia, Karlsruhe

FSC

Dieses Taschenbuch wurde auf FSC-zertifiziertem Papier gedruckt. FSC (Forest Stewardship Council) ist eine nichtstaatliche, gemeinnützige Organisation, die sich für eine ökologische und sozialverantwortliche Nutzung der Wälder unserer Erde einsetzt (vgl. Logo auf der Umschlagrückseite).

Ungekürzte Taschenbuchausgabe
1. Auflage Februar 2004
3. Auflage November 2006

Umschlag/Bildredaktion: Büro Hamburg
Isabel Bünermann, Julia Martinez/
Charlotte Wippermann, Kathrin Hilse
Foto Umschlagvorderseite: akg-images, Berlin
Foto Umschlagrückseite: Joachim Hiltmann
Satz: Satz für Satz. Barbara Reischmann, Leutkirch
Papier: Munken Print von Arctic Paper Munkedals AB, Schweden
Druck und Bindung: Clausen & Bosse, Leck
Printed in Germany
ISBN-13: 978-3-492-24032-1
ISBN-10: 3-492-24032-1

www.piper.de

Die größten Wunder militärischer Disziplin, die der Gegenstand des Erstaunens aller Kenner war, wurden der Gegenstand meiner herzlichsten Verachtung; die Offiziere hielt ich für so viele Exerziermeister, die Soldaten für so viele Sklaven, und wenn das ganze Regiment seine Künste machte, schien es mir als ein lebendiges Momentum der Tyrannei.

Heinrich von Kleist

Er war in den Krieg gewissermaßen hineingeschleppt worden, weil er Deutscher war, und hatte seine Seele mit der deutschen Machtphilosophie durchtränkt. Und doch lebte, vermute ich, in seinem Kopf eine ganz andere Vorstellung – ganz schwach, aber doch als stete Beunruhigung.

Sherwood Anderson

INHALT

EINLEITUNG

In dem sich immer wieder wandelnden Blick der Kriegs- und Nachkriegsgenerationen ist der Kampf um Stalingrad als Opfergang, Tragödie und die Geschichte eines Verrats beschrieben worden. Als Wende im Eroberungs- und Vernichtungskrieg im Osten, als strategisches und planerisches Debakel einer willfährigen deutschen Generalität und ihres von Fanatismus und Ehrgeiz beherrschten obersten Feldherrn und als geradezu persönliche Auseinandersetzung zweier Diktatoren, die mit einer gewonnenen Schlacht über Sein oder Nichtsein ihrer unterschiedlichen Herrschaftssysteme entscheiden wollten, die sich in manchem jedoch gleich waren, auch im menschenverachtenden Umgang mit ihren Soldaten.

Von diesen großen Blicken, die trotz unterschiedlicher Perspektiven zugleich das militärische und politische Panorama einer Schlacht und ihrer Voraussetzungen beschreiben wollen, ist in diesem Buch wenig zu spüren. Sein Blick ist der aus Augenhöhe. Zuerst über wechselnde Frontabschnitte und wenige Kilometer hinweg, verengt er sich immer mehr, scheint schließlich an den Wänden der unter Trümmern liegenden Kellerlöcher ins Nichts zu gehen, führt dann doch weiter in die russischen Gefangenenlager oder aus den Lazaretten der Wehrmacht hinaus zu anderen Orten des Krieges.

Acht Blicke, acht Geschichten von damals kaum oder eben erwachsenen jungen Männern zwischen achtzehn und achtundzwanzig Jahren. Die Geschichte eines Sportstudenten aus Oberschlesien, eines Postangestellten aus Ostpreußen, eines Schuhmachers aus den Rheinlanden, eines Fernfahrers aus dem Kohlerevier von Aachen, eines Arztes aus Stuttgart, eines Hilfsarbeiters aus dem Ruhrgebiet, eines Landmaschinenschlossers aus Thüringen und eines Abiturienten aus der Nähe von Breslau; ihre Namen sind hier geändert.

Einige ihrer Großväter sind Soldaten im deutsch-französischen Krieg 1870/71 gewesen, durch den in Deutschland Nation und Staat eins wurden und seitdem als Versprechen auf eine bessere Zukunft galten: als ehrgeizige europäische Großmacht nach außen und mit einem reformatorischen Impetus nach innen auch ein Mehr für die durch Stand und Herkunft nicht privilegierten Schichten. Zugleich hatte diese auf die Zeitgenossen als glücklich wirkende Gründungsgeschichte aber auch den Zusammenhang von Nation und Krieg unterstrichen, der sie erst möglich gemacht hatte. Der Krieg war als Vollender nationaler Sehnsüchte ins Positive gewendet, seiner Schrecken weitgehend entledigt und heroisiert worden, nicht nur in Deutschland, sondern in allen auf diese Weise im 19. Jahrhundert in Europa entstandenen Nationen.

Ihre Väter haben ausnahmslos am Ersten Weltkrieg teilgenommen. Es war nicht nur der erste Krieg, der Zivil- und Kriegsgesellschaft weitgehend zu einer Front, die der Schützengräben und die der Heimat machte. Es war auch der erste Krieg, in dem Militär und technische Moderne durch den totalen Einsatz von Mensch, Maschine und Material die Schlachtfelder und Schützengräber zu Orten des sich über Jahre hinziehenden Massensterbens machten. Vor allem aber war dieser Krieg auch und insbesondere der in Europa ausgefochtene erste große Krieg der Nationen.

Die am Anfang stehende große Welle der Begeisterung mag auch dem Krieg selbst gegolten haben, aber ihren eigentlichen

Anstoß hatte sie in der Nation und in der hochgemuten unsere Gegenwart erschreckenden Vorstellung, daß man für ihren Platz in der Welt und für ihre Zukunft auf die »Felder der Ehre« ziehen würde, die sich dann als Todesmühlen erweisen sollten.

Über die Erfahrungen der Väter im Krieg ist den Söhnen wenig, und das Wenige meist in Form von Anekdoten oder glücklichen lebensrettenden Wendungen des Schicksals erzählt worden. Es sind Erzählweisen des persönlichen Rückzugs, die das unmittelbare Erleben zudecken und als ein sicherer Ort vor den Gefühlen erscheinen, die den Krieg begleitet haben. Und es sind Erzählweisen, die fast immer am Ende eines Krieges stehen und ihre Mächtigkeit, mit der sie die aufwühlenden Emotionen zum Schweigen bringen wollen, erst über Jahrzehnte hinweg verlieren. Diese scheinbar notwendige Distanz gilt bis heute und erklärt, wenn auch nicht allein, warum in den letzten Jahren die Erinnerung an die eigene Angst, Schuld und Hilflosigkeit wach geworden und plötzlich auch mit der Frage verbunden ist: wer war man damals, vor mehr als fünfzig Jahren?

Sowenig die Söhne über Erfahrungen ihrer Väter aus dem Ersten Weltkrieg verfügen, um so mehr erinnern sie deren politisches und soziales Lebensgefühl in den zwanziger und dreißiger Jahren. Es war eine Mischung aus verletztem Stolz, Ablehnung und Empörung. Bestimmt von der Niederlage, den Unruhen und dem als Diktat empfundenen Frieden von Versailles und dies verstärkt, da, wo in drei der vorgestellten Familienbiographien in Westpreußen und Oberschlesien der Verlust der Heimat und aller materiellen Grundlagen drohte. Die damit verbundenen Haltungen aber bündelten sich trotz ihrer Unterschiedlichkeit in einem zentralen Gefühl: Daß die Nation territorial wie kulturell in Frage gestellt sei und unter dem Druck ihrer inneren wie äußeren Gegner ihre Bedeutung in der Welt – dem elementaren Zukunftsversprechen des Krieges, aus denen die sozialen und privaten abgeleitet worden waren – verloren hatte. Und ganz offenbar bedeutete dies auch, daß Politik in der Weimarer Republik immer weniger die Frage nach der Regierungsform, sondern immer mehr eine nach der Nation und ihrer »Wiedergeburt« wurde.

Zwischen direkter politischer Beteiligung und Abwarten haben die Söhne ihre Väter in der Weimarer Republik erlebt. Vier der Väter sind in den zwanziger Jahren aktive Mitglieder von Parteien gewesen: der Nationalliberalen und der Nationalkonservativen Partei, der Nationalsozialistischen Deutschen Arbeiterpartei und der Kommunistischen Partei Deutschlands, die dem Glauben an die »Wiedergeburt Deutschlands« die Weltherrschaft des Proletariats gegenüberstellte. Auch wenn ihre nationale Empfindlichkeit damit nicht außer Frage gestellt war, dominierte für zwei weitere Väter die religiöse vor der politischen Bindung, während schließlich der letzte, unter seiner Erfahrung, aus Westpreußen vertrieben worden zu sein, ohne Parteibuch erst den Nationalkonservativen zugeneigt und dann Anhänger der Nationalsozialisten war.

Nation und Vaterland sind die Begriffe, die für die Söhne während ihrer Kindheit und Jugend in der Weimarer Republik allgegenwärtig waren. Wir hoffen der vermeintlichen Enge und dem Hochmut der Begriffe entwachsen zu sein und sehen in ihnen auch das Fahnentuch, unter dem sich die Gewalt bis hin zum Genozid gesammelt hat. Ihre historische Relevanz ist damit jedoch nicht außer Kraft gesetzt. Man muß sie als einst lebendige und außerordentlich wirkungsmächtige Begriffe zurückholen, um begreifen zu können, woher die Männer kamen, die 1940/41 zwischen achtzehn und zweiundzwanzig Jahren alt ihre Gestellungsbefehle bekamen oder sich, zögerlicher nun schon, freiwillig gemeldet hatten. Diesen Gestellungsbefehlen, die zu exekutieren der Staat nicht den geringsten Zweifel ließ, verdanken unter anderem die Nachkriegsgenerationen ihr Recht auf Kriegsdienstverweigerung. Generationen, die in den letzten Jahren haben lernen müssen, daß auch in Europa der Satz »Stell dir vor, es ist Krieg und keiner geht hin« mehr wünschenswertes Programm als Realität ist. Aber wie immer man diese Debatte über Nation und Krieg in der ersten Hälfte des nun vergangenen Jahrhunderts auch führen mag, die Gegenwart sollte sich selbst als Ausblick wünschen, was ihr gegenüber der Vergangenheit bisweilen schwerfällt. Um es mit einem Satz von Norbert Elias zu sagen: »Nichts ist gewöhnlicher als Historiker, die über wehrlose Menschen früherer Zeiten zu Gericht sitzen und dabei Werte ihrer eigenen Gegenwart als Maßstab gebrauchen.«

Zugang zu den hier porträtierten Personen erhielt ich im Sommer 1998 durch einen Zeitungsartikel, der auf meinen Versuch aufmerksam machte, mit ehemaligen Soldaten der Wehrmacht zu sprechen, die sich im Kessel von Stalingrad befunden hatten. Meine Erwartungen waren nicht sehr groß. Von den ungefähr zweihundertundneunzigtausend Männern, die zur 6. Armee gehörten, sind annähernd dreißigtausend als Verwundete oder Spezialisten ausgeflogen worden. Auch sie waren zum größten Teil nur Gerettete auf Zeit und wurden unmittelbar oder etwas später zurück an eine der Fronten geschickt. Nur annähernd neunzigtausend überlebten den Kessel und gerieten Anfang Februar 1943 in russische Gefangenschaft. Wie viele von ihnen in den späten vierziger und frühen fünfziger Jahren zurück nach Deutschland kamen, weiß niemand genau. Es wird von fünftausend Menschen gesprochen.

In den darauffolgenden zwei Wochen haben mich achtzehn Männer angerufen, von denen allerdings einer nicht selbst in Stalingrad gewesen, sondern noch immer auf der Suche nach seinem dort vermißten Bruder war. Außerdem bekam ich über Dritte Hinweise auf Verwandte oder Bekannte, die in Stalingrad gewesen waren. Schließlich haben elf zugestimmt, daß ich sie zu Hause besuchte. Den anderen war ein Gespräch über ihre unmittelbare Kriegserfahrung hinaus zuviel.

Drei der begonnenen Gespräche habe ich nach der ersten Begegnung nicht fortgeführt oder nicht fortführen können. Ich will sie aber dennoch hier kurz skizzieren. Gustav L. wird 1920 in einer norddeutschen Kleinstadt geboren. Sein Vater ist Reserveoffizier und beamteter Lehrer einer Bildungseinrichtung der Reichswehr. Er sei, sagt Gustav L., im »humanistischen Geist« groß geworden und bebildert diese Atmosphäre damit, daß er »angeklopft« habe, bevor er das Arbeitszimmer seines Vaters betrat. 1938 macht er Abitur, studiert ein Fach der Naturwissenschaften und ist nach eigenem Bekunden bereits sehr erfolgreich, als er sich 1940 »aus Blödheit« freiwillig meldet. Weil ihn die Fallschirmjäger ablehnen, kommt er schließlich auf eine Fliegerschule der Luftwaffe und wird dort »erst mal zum Menschen gemacht, in Anführungszeichen. Man hat grüßen, gehen, Stube schrubben und schießen gelernt«. Die Fliegerausbildung in der Tschechei scheitert aber, Gustav L. wird zu einem Ersatztruppenteil abgeschoben und macht dort den Aufstieg zum Unteroffizier. Offenbar nicht aus eigenem Antrieb, sondern als Protegé eines Hauptmannes, der ebenfalls, aber »sehr schlecht« Schach spielt, kommt er zur Fernaufklärung z.b.V. (zur besonderen Verwendung) der »Gruppe Führer«, die zum Amt Ausland/Abwehr des Oberkommandos der Wehrmacht gehört und seit 1938 von Wilhelm Canaris geleitet wird. In Spanien, irgendwo in der Nähe von Madrid, wird er zum Agenten und Nahkämpfer ausgebildet: »Leute aus allen Herren Ländern. Legionäre. Wir sind ausgebildet worden zu Tötungsmaschinen. Schrecklich. Ich könnte Sie hier jetzt auf der Stelle mit einem Schlag töten.«

Seinen ersten Einsatz hat Gustav L. in Bulgarien, wo sie getarnt als Mechaniker eines großen deutschen Elektrokonzerns die Engländer bewachen und diese daran hindern sollen, die rumänischen Erdölquellen zu sabotieren. Das Agentenleben führt ihn über Rumänien bis hin nach Alexandria als Kurier: »Ich war doppelt abgesichert und hatte einen Paß als südafrikanischer Jude.« Seine Erzählung ist geprägt von noch immer anhaltender Faszination und er wird in der Folge fast viereinhalb Stunden sprechen, unterbrochen an nur wenigen Stellen von einigen Fragen zum genaueren Verständnis.

1941 befehligt Gustav L. zwölf Mann, die als Vorausabteilung der »Gruppe Führer« unmittelbar hinter den Wehrmachtseinheiten in den eroberten sowjetischen Städten nach den GPU-Zentralen suchen. »Soll ich das erzählen? Ich schädige mich ja nur selbst. Ich trug meine Pistole immer an der Hüfte und waren da noch Soldaten oder Offiziere – nun, ja.«

Auf dem Vormarsch auf Stalingrad wird wieder eine Stadt und der dortige Sitz der GPU eingenommen, der politischen Polizei der Sowjetunion, die seit 1941 ein Teil des Volkskommissariats für Staatssicherheit (NKGB) ist: »Und nebenbei hab ich zwei wunderschöne gutgekleidete Damen gesehen und zwar bei der GPU. Wir hatten festgestellt, wo die GPU-Zentrale ist. Fünf Mann sofort rein, sämtliche Zimmer durch. Und in einem Zimmer waren gerade zwei sehr gut angezogene Damen, die Papier in einen Ofen steckten. Sie hatten aber zuviel reingesteckt, er qualmte nur. Da stand auch noch ein Panzerschrank drin. Kein Schlüssel! Wir haben, wenn wir Papier eingefüllt haben, die Säcke mit einem Tau aus dem Fenster gelassen. Wir haben eine Schlinge gemacht und der älteren um den Hals gelegt, und über die Tür so allmählich angezogen. Und da zeigte die jüngere auf die Stiefel der älteren und die mußte den Stiefel ausziehen und da war der Schlüssel drin. Wir haben viel Papier da rausgeholt, haben die Mädchen zur ›Gruppe Führer‹ geschafft. Die eine war Hauptmann, die andere Leutnant. Das kam auch vor.«

Auf die Frage, ob er gewußt habe, was hinter der Front passiert sei, sagt Gustav L., nein, er sei leider nicht nach hinten gekommen, er kenne »nur die Frontschweine«. Mit einem Nein antwortet er auch auf die Frage, ob in seiner Umgebung politische Kommissare exekutiert worden seien, die bei den kämpfenden Truppen der Roten Armee stationiert waren, und erzählt dann sofort im Anschluß, daß die »Gruppe Führer« in Kiew, wo er hinbeordert worden sei, selbst zwei russische Kommissare »in echter russischer Kriegsbemalung« gehabt hätte. Weil er dort noch Zeit gehabt hätte, habe er sich umgeschaut: »Was ich da erlebt hab, schrecklich. Da hieß es, daß die Freundin von Timoschenko gefangengenommen worden sei. Bewaffnet. Sie trug aber den roten Halbmond mit dem Stern, das ist das, was bei uns das Rote Kreuz ist. So. Ich hörte, daß sie verhört werden sollte, und ich wußte, daß die russischen Kommissare grundsätzlich nackt verhört wurden, und ich wollte, ganz ehrlich, mal ein nacktes Mädchen sehen. Können Sie auch verstehen? Ich hatte gebeten, da hieß es, aber nein, beim Verhör können Sie nicht dabei sein. Aber lassen Sie mich doch. Na gut, dann setzen Sie sich in die Ecke, aber kein Wort.

Das Mädchen wurde nackend reingeholt, untersetzter Typ, ziemlich runde Brust, gar nicht so lange Beine, untersetzter Typ. Und bevor sie ein Wort sagen konnte hatte sie die Nagaika* auf dem Rücken. Patsch! So! Ich konnte zuwenig russisch, sie wurde gefragt, sie sollte irgend etwas sagen. Sie hat kein Wort gesagt. Sie hat nicht nein oder Schwein oder Scheiße gesagt, sie hat den Mund nicht aufgemacht. Sie hat Ohrfeigen bekommen. Sie hat die Nagaika auf der Haut gespürt. Nichts.

* Nagaika (russ.): Peitsche.

Sie hat nur haßerfüllt geguckt auf die beiden russischen Kommissare. Das dauerte ungefähr ne Viertelstunde, blutiger Rücken, dick geschwollene Backen, ein beginnendes Hämatom an der Seite, das wurde immer blauer. Da hat dann der eine Kommissar sein Messer gezogen, das Messer an die Brust gesetzt, hat sie wieder angeschrien. Hat kein Wort gesagt, dann hat er durchgezogen, hat die Brust abgeschnitten. Dann ist er nach hinten gegangen, hat seinen Achtunddreißiger gezogen, also Trommelrevolver. Genickschuß wird von hinten gemacht nach oben. Hier oben rein. Wuff!! Und ich war aufgestanden und war erschrocken – ›Hey‹, sagt er, ›kapuut, nix sagen, kapuut‹. So.«

Als Gustav L. dann nach Stalingrad kommt, »blühen die Erdbeeren«, und im Verlauf des weiteren Gesprächs zeigt sich, daß er die Stadt womöglich gesehen, aber nicht betreten hat und auch an den Kämpfen nicht beteiligt war. Gustav L. erzählt eine Agentengeschichte und die eines Soldaten z.b.V., der, wo immer er in diesem Krieg erscheint, jede Regel des Kampfes außer Kraft setzt und damit die Grundlagen seines Handelns definiert. Er ist Täter (meine Pistole hatte ich immer an der Hüfte) und Zuschauer (ich wollte mal ein nacktes Mädchen sehen) und steht zugleich auch noch für die bessere Seite des Krieges (da waren zwei politische Kommissare in voller Kriegsbemalung). Alle Rollen beschreibt er ohne jegliche Distanz und an den Stellen seiner Erzählung, wo er Worte wie »schrecklich« oder »erschrocken« benutzt, sind sie keine Hinweise auf die außer Kraft gesetzte Menschlichkeit und sein Mitgefühl für die Opfer, sondern eine Unterstreichung der Radikalität des Krieges, seiner eigenen Männlichkeit, seiner Selbstbehauptung und der Dramatik seiner Geschichten.

Der 1920 geborene Conrad H. war »unerwünscht« und seine leibliche Mutter gibt ihn zu ihrer verheirateten Schwester, wo er in einem »eher geschäftlichen Verhältnis« aufwächst. Er beschreibt sich als Einzelgänger und seine »Erziehungsberechtigten« nach 1933 als »Mitläufer, sie hatten sich breitschlagen lassen, aber waren nicht überzeugt«. Aus der menschlichen Isolation, die ihn schmerzt und die er zugleich offenbar auch sucht, gelangt Conrad H. in »die Musik, die Mathematik und die deutsche Sprache«, in die Literatur.

Ausgebildet zum Speditionskaufmann, erhält er nach dem Arbeitsdienst 1940 seine Einberufung und geht mit ihr in der Tasche auf einen Spaziergang am Rand des Sachsenwalds und fragt sich: »Kann man etwas dagegen tun? Soll man etwas dagegen tun? Oder muß ich als Gehorsamer mich einfach fügen?« Ohne Antwort auf diese drei Fragen kehrt er zurück mit dem Gefühl: »Bleibt mir nichts anderes übrig.« Wenig später erhält Conrad H. seine Grundausbildung bei einer Infanteriegeschützabteilung in der Nähe von Hamburg und wird von dort nach Mannheim zur Heeresflak versetzt, von einem Kasernenhof zum anderen, die für ihn, der sich nicht als Gehorsamer zeigen will, immer wieder die Arrestzelle und die Erfahrung bedeuteten, daß er für »die Kameraden Luft« ist. »Von meinen fünf Jahren Militärdienst«, sagt Conrad H., »hab ich mindestens drei Jahre im Bau gesessen.«

Erst die Front holt ihn 1941 für längere Zeit aus dem Wechsel zwischen Strafexerzieren und Arrestzelle, denn dort herrscht für ihn »Gleichberechtigung« und die Offiziere sind auch »vorsichtiger«. Mit Erfrierungen an den Füßen kommt er im Winter ins Lazarett und weiter zurück in die Nähe von Braunlage im Harz, wo er mit den anderen Kranken Schach spielt, ohne je einem von ihnen näherzukommen. Die genaueren Daten sind Conrad H. entfallen, aber es ist Sommer 1942, als er nach Südfrankreich in die Kaserne eines Truppenteils gebracht wird, der sich dort zur Wiederaufstellung befindet. »Dort hab ich, während wir marschiert sind, rebelliert, ich hab Reden geschwungen: Einst kommt der Tag der Rache, einmal werden wir frei sein.« Arrest und wieder Arrest sind die Antwort, aber an eine Kriegsgerichtsverhandlung kann Conrad H. sich nicht erinnern, obwohl von Wehrkraftzersetzung die Rede gewesen sein soll und die Offiziere ihm sagen: Auch die französische Bevölkerung versteht Deutsch. Überhaupt haben einzelne Begebenheiten, die sonst die Erfahrungen des Krieges prägen, kaum Spuren in seinem Gedächtnis hinterlassen. Auch nicht von Stalingrad. Er kann sich nicht an die Stadt erinnern, nicht, wo er dort gewesen ist, und auch nicht an den Tag, den Monat und an die Umstände, als ihn dort ein Granatsplitter im Rücken trifft. »Ich habe wohl ohnmächtig irgendwo gelegen und später haben die Kameraden mich wohl irgendwo aufgesammelt und ich bin dann wohl mit einem Flugzeug rausgeflogen worden und die Schwestern haben mir dann erzählt: ›Sie sind verwundet, Sie sind jetzt hier.‹« Seine nächste Rede hält er in seiner Heimatkaserne in Mannheim vor seinem Hauptmannn am 20. April 1943, dem Geburtstag Hitlers: »In Mannheim habe ich dann meine Rede geschwungen am 20. April, wo jemand Geburtstag hatte. ›Hiermit kündige ich jeden weiteren Gehorsam! Ich spiele nicht mehr mit!‹ ›Sind Sie sich bewußt‹, hat der Hauptmann gesagt, ›was Sie da tun? Was Sie mit dieser Aussage auf sich nehmen wollen?‹ Er war kein Nationalsozialist, kein Militarist. Er war Rechtsanwalt und wollte mich schützen, und dann hat er gesagt: ›Ja, wenn das so ist, dann zwingen Sie mich, Sie zu verhaften.‹« An eine Kriegsgerichtsverhandlung erinnert sich Conrad H. nur vage: »Und da diese Militärrichter sich wohl nicht ganz einig waren –, jedenfalls wurde ich nicht militärisch bestraft, sondern in eine psychiatrische Anstalt geschickt, nach Wiesloch bei Heidelberg. Die sah aber nur von außen psychiatrisch aus, innen war es ein KZ. Es war wieder dasselbe: Gehorchen. Immer wieder war ich widerspenstig, wollte nicht gehorchen. Elektroschocks, Eisbehandlungen, Dunkelhaft, Nahrungsentzug, das hat mir gereicht.«

Im Mai 1945 wird Conrad H. nicht aus Wiesloch entlassen. Erst vier Monate später sind es die Amerikaner, die für ihn die Türen öffnen und ihm einen Freifahrtschein nach Reinbek bei Hamburg geben, wo seine ehemaligen »Erziehungsberechtigten« ein Friseurgeschäft betreiben.

Stalingrad liegt in beiden Erzählungen weit am äußeren Rand von Erfahrung und Erinnerung. Wo es in der einen Geschichte als Vorwand des Erzählens und Entblößens fungiert, ist es in der anderen ebenso verschüttet wie fast der ganze Krieg, von dem der Konflikt geblieben ist, ein Gehorsamer sein zu sollen, die Arrestzellen, Verhandlungen und schließlich die Anstalt Wiesloch. Beide Geschichten aber zeigen, daß die Vorstellung von *den* Soldaten als uniformiertes Kolletiv wenig Haltbarkeit hat. Jenseits von Fragen nach Hierarchie, Befehlsgewalt, Gehorsam und Organisation ist die Uniform auch Maskerade, hinter der sich die männliche Gesellschaft mit all ihren individuellen Charakteren und Möglichkeiten verbirgt.

Von seiner eigenen Offenheit überrumpelt und an eine immer noch schmerzende Wunde im Selbstbild erinnert, war hingegen Michael S.. Als Oberleutnant selbst Kompaniechef, war er während des Häuserkampfes in Stalingrad von einem vorgesetzten Offizier dazu animiert worden, einen Erlebnisbericht für eine der Propagandabroschüren der Wehrmacht zu schreiben. Viele Jahre später fand er zu seinem eigenen Entsetzen, nicht nur über den Umstand, sondern auch über sich selbst, diesen Artikel abgedruckt in einer Geschichte seines Regiments. Den Häuserkampf hatte er damals als ein »Scheibenschießen auf Bolschewisten« geschildert, ganz im Ton der damaligen Kriegspropaganda. Kurz danach erhielt ich von ihm einen Brief, in dem er die Fortsetzung des Gesprächs ablehnte und mir statt dessen anbot, ihn schriftlich zu befragen.

Weil sich sowohl im Inhalt wie der Gestalt die Schrift- von der Erzählform ganz wesentlich unterscheidet, habe ich auf dieses Angebot nicht reagiert. Mit Bedauern, denn Michael S. hatte sich bis auf einige Unterbrechungen mit seiner Kompanie bis in den Januar 1943 hinein in einem einzigen Haus unterhalb des Stadtzentrums und am Rand der Wolga verschanzt. Bis in den November hinein in »relativer Ruhe«, wie er mir erzählte, und in engem Kontakt mit der in der Stadt noch verbliebenen Zivilbevölkerung, die als Hiwis, als Hilfswillige rekrutiert worden seien. Eine Erfahrung, von der ich sonst nur selten gehört habe: Alte Männer und Frauen mit Kindern, die in Kellerverstecken gehaust hätten. Ohne Nahrung und »völlig verstört«, seien sie schließlich »ans Tageslicht gekommen und halfen uns mit vielen kleinen Diensten: Holz sammeln, Feuer machen, Räume sauber halten und vor allem Wäsche waschen und bügeln. In unserer Kompanie-Verpflegungsstärke waren sie mit zwanzig Personen enthalten«.

In den folgenden zwei Jahren habe ich meine Gesprächspartner in Abständen von meist einem Vierteljahr mehrere Male besucht. Die relativ großen Zeitabstände gingen von mir aus, da ich die Besuche zwischen Hamburg und München und die dazwischenliegenden Transkriptionen der Gespräche nicht anders organisieren konnte.

Weil mit der Zeit eine gewisse Vertrautheit einsetzte, die in biographischen Gesprächen eher die Regel als die Ausnahme ist, lag die Schwierigkeit weniger im Wiederanknüpfen als in der Erneuerung der Distanz. Sie war für die Erzählenden offenbar wichtig, um sich in den von heftigen Emotionen begleiteten Passagen ihrer Berichte nicht als Ausgelieferte begreifen zu müssen, und für mich selbst, um noch die Zwischentöne zu hören, die auf Unausgesprochenes verwiesen.

Ich habe, manchmal gar zum Unwillen meiner Gegenüber, wenig gefragt und versucht, in den Fragen keine Antworten vorwegzunehmen, etwa im Stil: Ihre Erziehung in den zwanziger Jahren, die war doch sicher eher autoritär oder hatten Sie schon ein liberaleres Elternhaus? Hinter diesem Stil steht häufig ein explizites Interesse, das leicht dazu führt, daß der Fragende schließlich mehr von sich selbst als vom Befragten hört. Ebenso habe ich auf einen festen Katalog von Fragen verzichtet, mit dem ich im Vorgriff auf meine spätere Arbeit die Erzählungen hätte strukturieren können. Sie hatten zum Schluß etwas von einem mäandernden Flußbett durch die erinnerte Welt, nicht nur des Krieges, das je nach Temperament und Erzählform von in der Zahl unterschiedlichen kleinen Seitenarmen begleitetet war.

Jedes einzelne Gespräch dauerte vier bis fünf Stunden. Häufig war dann meine Konzentrationsfähigkeit, die am besten damit beschrieben ist, im richtigen Moment schweigen zu können, an ihr Ende gekommen, während ich nicht selten das Gefühl hatte, meine Gesprächspartner, die zwischen Mitte siebzig und Mitte achtzig waren, seien einem Fortgang noch durchaus gewachsen. Während ich dann meine Gerätschaften, mit denen ich zu ihrem offensichtlichem Amüsement manchen technischen Zwist hatte, in einem kleinen Metallkoffer unterbrachte und die Anspannung nachließ, war ihnen ihre Erschöpfung dann doch anzumerken. Aber weder sie noch die schlaflosen Nächte, von denen ich später hörte, haben den Fortgang in Frage gestellt.

Eine starke Irritation aber gab es am Anfang aller Gespräche. Die damals noch nicht unter Historikern und Journalisten in der Kritik, aber überall in der Presse stehende Ausstellung »Verbrechen der Wehrmacht« des Hamburger Institutes für Sozialforschung. Zweimal bin ich, kaum saß ich im Stuhl, gefragt worden, ob ich etwa von dort, von »dem Herrn Reemtsma geschickt« sei. Und wurde von mir nicht sofort zu Beginn eine Stellungnahme erwartet, kam das Gespräch – immer beim ersten Besuch – später darauf.

Die nach ihrer eigenen Auffassung in den letzten Jahren ihres Lebens Stehenden – die Bezeichnung »alte Herren« würden sie mir gleichwohl verübeln – sie alle fühlten nicht *die* Wehrmacht, aber ganz unmittelbar sich selbst ins Zwielicht gerückt, einem ungeprüften öffentlichen Verdacht ausgesetzt. Ironischerweise waren ihre Argumente dieselben, die gut ein Jahr später auch in der öffentlichen Diskussion auftauchen sollten: Sie sprachen über die von Hitler eingeführte Wehrpflicht. Wohin sollten sie ausweichen? Wohin in einer Diktatur? Darüber, daß sie Soldat werden mußten, gab es keine Debatte und ebenso, sagten sie, gab es natürlich Leute, die sich freiwillig gemeldet haben. Aber von der Kriegsbegeisterung gerade 1941 hätten sie nichts gemerkt. Wer an die Front gekommen sei (die meisten von ihnen zwischen Herbst 1941 und Frühjahr 1942), der sei durch Rußland gekarrt und ausgeladen worden. Ob ich wüßte, welche Lebenserwartung die Leute gehabt hätten? Drei Monate später seien von ihrer Kompanie (ca. hundertundfünfzig Männer) dreißig übriggeblieben. Die hätten außer der Front nichts gesehen. Ob das alles Verbrecher gewesen seien? Ob die alle in wenigen Woche bis zu ihrem Tod zu Sadisten geworden seien, wie das in der Ausstellung behauptet worden wäre? Wieso würde nicht im Detail gefragt: Wo und in welchen Einheiten was passiert sei?

Ich hatte am Anfang gleich die Hände gehoben und gesagt, ich käme nicht von Herrn Reemtsma, mit der Wehrmachtsausstellung hätte ich nichts zu tun. Ich sei da, um sie nach ihrer eigenen, nach ihrer persönlichen Geschichte zu fragen. Mein Versuch des Rückzugs half wenig. Ich war die Generation, eben nach dem Krieg geboren, die sie verantwortlich machten, daß nicht nach ihren individuellen Geschichten gefragt worden sei. Nein, es seien nicht die ganz jungen. Diese würden, wenn sie fragten, das sei selten nur, aber diese würden zuhören. Meine Generation sei es, die alle in einen Topf geworfen hätte ohne Prüfung. Das sei bequem. Fragen müßte keiner mehr.

Ich hätte gerne wieder die Hände gehoben. Ja, mir sei das bewußt, es sei sehr schwierig, aber sie wüßten doch, daß es im Osten auch einen Vernichtungskrieg gegeben habe. Ja, das wußten sie. Aber nicht so, wie ich mir das vorstellen würde. Ob ich wüßte, was man an der Front sieht? Als Infanterist? Als einfacher Dienstgrad (zwei von ihnen sind Offiziere gewesen, ein Leutnant und ein Oberleutnant) sei man in einer Gruppe gewesen, zwölf Männer meist, das sei die »Heimat« gewesen, an die habe man sich gehalten. Was dort passiert sei, habe man genau gewußt und was direkt vor einem und zwei, drei Kilometer rechts und links passiert sei, das habe man auch gewußt. Man habe aber nicht zu den sogenannten Sicherungsdivisionen im Hinterland gehört. (Es gab in den besetzten russischen Gebieten zehn sogenannte Sicherungsdivisionen, die in Teilen den SD (Sicherheitsdienst der SS), die Ordnungspolizei und die Einsatzgruppen unterstützt haben und gegen Partisanen und damit auch gegen die Zivilbevölkerung eingesetzt worden sind, die als verdächtig galt.) Ja, es habe Gerüchte gegeben über Deportationen im Hinterland und auch über Erschießungen. Man habe sie verdrängt oder erst gar nicht daran geglaubt. Ob ich wüßte, wie man in einer Diktatur lebt? Nicht wie in der jetzigen Gesellschaft, in der man über fast alle Informationen frei verfügen könnte. Sondern in einer Mischung aus Propaganda, Halbwahrheit und

Gerücht. Wer in einer solchen Welt als Kind oder Jugendlicher aufgewachsen sei, dem wäre Widerstand oder Ungehorsam (den es dann aber doch in manchen Situationen geben sollte) nicht beigebracht worden.

Es stellte sich dann heraus, daß einer von ihnen im späten Frühjahr 1942 als Angehöriger eines Lazaretts in Lemberg Zeuge von Massenerschießungen an Juden gewesen, an die Front zurückkehrt war und dort bis auf einen Offizier niemanden finden konnte, der ihm zugehört und geglaubt hätte. Vom Kommissarbefehl wußten vier. Einer von ihnen hatte erlebt – als Arzt war er nicht bei der »kämpfenden Truppe« – daß in den umliegenden Einheiten die Kommissare sofort »ausgesondert« wurden und ein anderer, der Funker einer Transportmaschine, war durch Neugier, er hatte Schüsse in der Nähe seines Flugplatzes in der Ukraine gehört, Zeuge der Erschießung eines Kommissars geworden. Für die beiden anderen war es beim Befehl selbst geblieben, während die restlichen vier erst nach dem Krieg davon gehört hatten. Das erklärt sich zum einen daraus, daß der Kommissarbefehl in einigen Teilen des Offizierchors auf Widerstand gestoßen und nicht ausgeführt worden war und zum anderen mit seiner Aussetzung im Mai 1942, noch bevor zwei der Männer, von denen in diesem Buch erzählt wird, an die Front kamen.

Angst vor den Partisanen hatten sie alle und einer fragte sich, ob es nicht im umgekehrten Fall, einem Angriff der Sowjetunion auf Deutschland, auch dort zum Einsatz von Partisanen gekommen wäre. Den Einsatz von Sicherungskräften gegen Partisanen hat einer mit seiner Fronteinheit in der Etappe erlebt, ihn für »nutzlos gehalten«, aber gewußt, daß sie in aller Regel erschossen wurden und der Verdacht, dazuzugehören, für Zivilisten tödlich sein konnte.

Nach den russischen Zivilisten habe ich intensiv gefragt. Ihre Erinnerung, die aus alten Frauen, Männern und Kindern besteht, weil alle anderen in der Roten Armee oder bei den Partisanen gewesen seien, ist sehr unterschiedlich. Sie reicht von der Bemerkung, daß man sie gemieden habe, bis hin zu dem Eingeständnis, daß die schlimmste Erfahrung des Krieges die Opfer der Zivilbevölkerung gewesen seien, deren Städte, Dörfer und Häuser man auf dem Vormarsch zerstört habe.

Ihr Bild von den russischen Kriegsgefangenen ist auf die Front beschränkt und meist auf den Zeitraum Winter 1941 bis Ende 1942, in dem es die großen in die Millionen gehenden Gefangenenzahlen aus dem Sommer 1941 nicht mehr gegeben hat. Erschießungen hat einer von ihnen im Winter 1941 erlebt – »während die meisten Offiziere darauf bestanden haben, daß wir sie abliefern, haben einige gesagt: Ihr wißt schon, was ihr tun müßt«. Die Kriegsgefangenen spielen für sie hauptsächlich die Rolle der Hiwis, der sogenannten Hilfswilligen, die von der Wehrmacht aus den Gefangenenlagern und unter der Zivilbevölkerung rekrutiert wurden. Daß sie ihren unbewaffneten Kriegsdienst ihrem absehbaren Schicksal in den deutschen Lagern und in der Hungerwirtschaft des Besatzungsregimes vorzogen, wird nicht erwähnt. Sie erscheinen in den unteren Dienstgraden eher als die »armen Kumpel«. Gleichwohl ist das Schicksal der russischen Kriegsgefangenen, deren Lager man nicht mit eigenen Augen gesehen hat, bekannt. Es wird aber nicht – vier von den acht gerieten in langjährige russische Kriegsgefangenschaft – wie meist erwartet mit dem eigenen Schicksal als Gefangener verglichen. Die Russen werden eher – »sie haben ja auch nichts gehabt« – in Schutz genommen, allgemein wie auch in ganz persönlichen Erinnerungen, in denen gerade russische Juden als Lagerkommandanten, denen man sein Leben verdanke, eine große Rolle spielen.

Einige Jahre zuvor, als die Wehrmachtsausstellung gerade ins Bewußtsein der Öffentlichkeit rückte, schrieb ich an einem Buch, »Krieg. Erzählungen deutscher Soldaten aus dem Zweiten Weltkrieg«. Während der ganzen Arbeit hatte ich in der Debatte um die Ausstellung erfolgreich die Hände gehoben. Aber erst jetzt wurde mir klar, daß ich damals versucht hatte, mich über meine eigene Irritation und Biographie hinwegzusetzen.

Als Lektor und weniger deutlich als Publizist lag seit den späten siebziger Jahren der Schwerpunkt meiner Arbeit im Nationalsozialismus. Zuerst in der Hauptsache mit deutschen Autoren wie Axel Eggebrecht, Lutz Niethammer, Ulrich Herbert, Alexander von Platow, Hans Mommsen und Detlev Peukert. In den achtziger Jahren waren es dann zunehmend angloamerikanische Autoren wie Ian Kershaw, Arno Mayer, der schon vor fünfzehn Jahren weitgehend ungehört auf den expliziten Zusammenhang von Vernichtungskrieg und Endlösung hinwies, und Christopher Brownings »Ganz normale Männer«, das nicht nur mich erschreckt hat. All diesen Autoren und ihren Arbeiten aber war gemein, daß sie in allem Schrecken, den sie thematisiert haben, um ein differenziertes und, ihren Fähigkeiten entsprechend, um ein genaues Bild der nationalsozialistischen Gesellschaft bemüht waren, die seit 1939 mehr und mehr zu der eines Krieges geworden war.

Ein differenziertes Bild war auch aus den dreißig Interviews entstanden, die ich seit 1995 geführt habe und die jeweils über fünfzehn bis fünfundzwanzig Stunden reichen. Sie waren nicht zu einem Spiegel geworden, der nur den Vernichtungskrieg, nur das Verbrechen gegen alle Regeln der Kriegsführung und einen vom Herrschaftswahn geprägten Sadismus zeigt, von dem, wie die Ausstellung suggeriert hatte, alle deutschen Soldaten erfaßt worden seien. Es war ein Krieg, der, als Vernichtungsfeldzug geplant, vorgab die »Rettung des Abendlandes« zu sein und in seiner Summe eben dessen Moral und Ethik vollständig in Frage stellte. In seinen Teilen allerdings, in der Herkunft, den Motiven, Anschauungen, Erfahrungen und auch in den Handlungen von fast neunzehn Millionen deutschen Soldaten, die in unterschiedlichster Funktion und Form an ihm teilgenommen haben, ist er von einer kaum überschaubaren Fülle von Facetten geprägt. Dieser Facetten sind sich die unmittelbaren Nachkriegsgenerationen auch immer bewußt gewesen, wenn es um ihre Väter und unmittelbaren Angehörigen ging. Abgespalten von ihnen aber war es der Krieg *der* Wehrmacht und *der* Nazis, eine Sichtweise, die beides konnte: das Eingeständnis einer übergroßen Schuld und die Vermeidung, im Schlechten ebenso wie im Guten, wie denn eine Annäherung an ein Kollektiv aus vierzehn Millionen Kriegsbiographien aussehen könnte, das die Geschichte der Bundesrepublik und der DDR grundlegend bestimmt hat.

Es wäre mir in vielem leichter gewesen, wäre ich allein auf *den* Täter und *die* Nazis gestoßen. Statt dessen geriet ich in eine mir selbst nicht ganz unbekannte Welt. Zwischen Menschen mit wechselhaften Biographien, die in ihren Haltungen und Handlungen nicht bis ins Letzte entschieden, ihrem meist christlich geprägten Gewissen weder hatten folgen noch es abschütteln können. Menschen, die den Krieg geduldet hatten und zugleich von ihm in Konflikte gestürzt worden waren und Menschen auch, die das Gefühl hatten, ihre Geschichte sei nicht allein die aus freien Stücken gewesen.

Es war auch eine Erfahrung der Zweifel. Fast neunzehn Millionen Menschen hatten als Soldat auf deutscher Seite an dem Krieg teilgenommen – von ihnen sind fünf Millionen umgekommen. Die Geschichten von dreiundzwanzig Menschen habe ich in den beiden Bänden porträtiert. Auch wenn es keine Geschichte *des* Krieges sein sollte und konnte, war das nicht viel zuwenig? Was alles blieb unerwähnt? In ihrer Erinnerung zwar belastet mit Schuld, aber selbst auch Opfer des Krieges, gerieten im Zusammenwachsen dieser beiden Rollen und Erfahrungen nicht Unrecht, Verfolgung und Massenmord aus dem Blick? Machte ich mich zu ihrem Anwalt? Mißbrauchte ich im kritischen Umgang mit ihren Erzählungen ihr Vertrauen? Ließ sich die Scham, die ich häufig jetzt auch über das willfährige Urteil empfand, das meine Generation über sie gefällt hatte, mit der Scham vor den Opfern des Dritten Reichs teilen?

Drei der acht Männer, deren Geschichten in diesem Buch erzählt werden, gehörten zu den ersten deutschen Soldaten, die im August 1942 Stalingrad gesehen haben. Der zweiundzwanzigjährige Maschinenschlosser Otto Thalheimer aus Thüringen sieht die in der Ferne liegende schon brennende Stadt als Funker einer Transportmaschine im Anflug auf den Flugplatz Pitomnik; der neunzehnjährige Abiturient Friedrich Lohstein aus Oberschlesien erreicht als Kommandant eines Panzers die Anhöhen des Wolgaufers im Norden und kann von dort die von Rauch eingehüllten großen Fabriken nur schemenhaft erkennen, während Johann Scheins, einundzwanzig Jahre alt und Fernfahrer aus Aachen, ein paar Tage zuvor mit einigen Fahrzeugen im Niemandsland zwischen die Fronten geraten ist, plötzlich inmitten überraschter russischer Zivilisten auf einem Friedhof steht und von dort über die Holzhäuser der Vororte hinweg auf das Zentrum der Stadt blickt, die sich über mehr als fünfzig Kilometer entlang der Wolga erstreckt.

Im Winter 1941 war das Ziel Hitlers und seines Generalstabs gescheitert, die Sowjetunion in einem Blitzkrieg niederzuwerfen. Von den drei Millionen Soldaten, mit denen die Wehrmacht angegriffen hatte und von denen sich ein erheblicher Anteil nicht an der Front, sondern in den sogenannten rückwärtigen Diensten befunden hatte, waren im März 1942 bereits mehr als eine Million tot, in Gefangenschaft geraten oder als vermißt gemeldet. Die Verluste der Roten Armee waren ungleich höher und für beide Seiten die Schlammperiode im Frühjahr 1942 die Zeit gewesen, Menschen und Material für die kommenden Kämpfe zu ersetzen.

Die Verluste an Menschen hatte die Wehrmacht nicht ausgleichen können, auch nicht durch die Einberufung fast aller Zwanzig- und Neunzehnjährigen, der Jahrgänge 1922 und 1923. In ihrem Zahlenwerk fehlten im Frühjahr 1942 an der Ostfront weit mehr als eine halbe Millionen Männer und auch der Verlust an den Gerätschaften des Krieges, Fahrzeuge, Panzer, Flugzeuge und Geschütze, konnte nur zu einem Teil ersetzt werden. Im März 1942 galten nur noch 8 von 162 Ostdivisionen als »voll angriffsfähig«.

Der Generalstab des Heeres und der Wehrmachtsführungsstab waren von dieser Bilanz des Schreckens keineswegs ernüchtert. Die Sowjetunion sei in einer weitaus prekäreren Lage, personell und kriegswirtschaftlich schon so zerrüttet, daß allein die eigene Beharrlichkeit den Sieg in greifbare Nähe rücken würde. Hitlers Weisung vom 5. April 1942 für den Sommerfeldzug, mit dem er die Krim, das Donbecken und vor allen anderen Zielen die kaukasischen Ölfelder erobern wollte, stieß im Generalstab, der ihn selbst ausgearbeitet hatte, nicht auf ernstzunehmenden Widerspruch. Schon seit 1939 hatte das Oberkommando der Wehrmacht Interesse an den Ölfeldern um Maikop, Grozny und Baku gezeigt und sie 1941 noch vor dem Angriff auf die Sowjetunion als kriegswirtschaftlich herausragendes Ziel bezeichnet.

Die Eroberung des russischen Südens mit seinem Öl und seinen Industrien sollte der sowjetischen Kriegsproduktion den Boden entziehen, das Land in zwei Teile aufspalten und mit den gewonnenen Ressourcen nicht nur hier, sondern auch im Westen, wo Hitler die Entstehung einer zweiten Front fürchtete, den Sieg über die Vereinigten Staaten und Großbritannien bringen. »Wenn«, hatte er in einem vielzitierten Satz im Mai 1942 vor hohen Offizieren gesagt, »ich das Öl von Maikop und Grozny nicht kriege, muß ich diesen Krieg liquidieren.« Das war jedoch, wie sich zeigen sollte, noch siegesgewisse Rhetorik und mit einer möglichen Selbstkritik als Oberster Befehlshaber der Wehrmacht nicht zu verwechseln. Für Hitler war der Süden der Sowjetunion der Teil des Landes, der »zur Sicherung des Lebensraums notwendig sei. Ein Land wo Milch und Honig fließt«.

Für Stalin kam der Angriff im Juni überraschend. Er hatte den Schwerpunkt der Offensive im Norden vor Moskau und Leningrad erwartet, hier die Hauptkräfte der Roten Armee konzentriert und deutliche Hinweise auf das eigentliche Ziel im Süden als ein plumpes Ablenkungsmanöver ignoriert. In der südlichen Ukraine war bereits im Mai der Versuch seines Marschalls Timoschenko gescheitert, Charkow zurückzuerobern und die deutschen Truppen einzukreisen. Im Gegenzug waren in einer Zangenbewegung mehrere russische Armeen eingekesselt und zweihundertneununddreißigtausend russische Soldaten gefangengenommen worden. Am 31. Mai 1942 feierte der »Völkische Beobachter« den »Vernichtungssieg über drei Sowjetarmeen« auf der ersten Seite und stellte die Helden der Schlacht vor: neben Generalfeldmarschall Bock den »General der Panzertruppen« Paulus und seine 6. Armee.

Zu den Gratulanten gehörten nicht nur Hitler und sein für die Pressekampagne verantwortlicher Minister Joseph Goebbels, sondern auch Claus Graf Schenk von Stauffenberg, der aus Berlin kommend dem Generalstab von Paulus als Berater zugeteilt gewesen war. Vergeblich hatte Stauffenberg versucht, in einem widersprüchlich klingenden Brief, Paulus in die Kritik an Hitler und dem Generalstab des Heeres einzubinden: »Herr General werden am besten verstehen, wie erquickend ein Besuch aus solcher Luft dann dort ist, wo bedenkenlos der höchste Einsatz gewagt wird, während sich die Führer und Vorbilder um das Prestige zanken oder den Mut, eine das Leben von Tausenden betreffende Antwort, ja Überzeugung zu vertreten nicht aufbringen können.«

Der Erfolg bei Charkow schien die Wehrmacht in eine günstige Ausgangsposition für den Sommerfeldzug gebracht zu haben, auch wenn einer ihrer Generäle, der mit seinem Panzerkorps daran beteiligt gewesen war, in einem Fernschreiben feststellte, daß es ein Sieg »nur mit letzter Kraft« gewesen sei. Die russische Front an der Krim befand sich in Auflösung und die Festung Sewastopol am Schwarzen Meer hatte sich nach einem langen Artilleriebombardement ergeben müssen. Der zähe Widerstand hatte offenbar größeren Teilen der deutschen »Frontkämpfer« nicht nur Respekt eingeflößt, sondern sie auch dazu gebracht, vom Rotarmisten als dem »guten Soldaten« zu sprechen. Ein Urteil, das auch die deutsche Presse aufgreifen sollte und alsbald von Joseph Goebbels mit der Anweisung verboten wurde, daß in der Kriegsberichterstattung »das Tapfere und Heldenhafte des deutschen Soldaten von der primitiven animalischen Haltung der Bolschewisten« scharf zu trennen sei.

Am 28. Juni 1942 begann die Hauptoffensive. Dreihundert Kilometer nördlich von Stalingrad an der sogenannten Südwestfront und auch an der Südfront rückten die Armeen in den ersten vier Wochen mit einer Geschwindigkeit vor, die an die Tage der Blitzkriege von 1940 und 1941 erinnerte. Was jedoch wie ein grandioser Sieg aussah, war zumeist nur Gewinn von Gelände. Die Umfassung erheblicher Teile der russischen Armeen gelang nicht, die Zahl der Gefangenen wurde immer kleiner und unter einem Teil der Generäle schwand die Hoffnung auf den schnellen, wenig verlustreichen Sieg.

Für Stalin sah die Lage der Roten Armee Mitte Juli 1942 dennoch katastrophal aus. Es gab kaum noch Zweifel, daß sich die Rote Armee bis an die Wolga würde zurückziehen müssen, und das Verteidigungskomitee von Stalingrad hatte daher am 19. Juli den Befehl bekommen, die Stadt in den Kriegszustand zu versetzen. Eine Woche später, als die 6. Armee nur noch sechzig Kilometer von der Stadt entfernt war und eine Blockade des Flusses Rußlands Norden vom Süden getrennt hätte, ließ er in einer noch verschärften Version einen Befehl aus dem August 1941 erneuern, der allen Soldaten der Roten Armee vorgelesen werden sollte.

»Jeder, der während des Kampfes seine Abzeichen entfernt und sich ergibt, soll als ein verbrecherischer Deserteur betrachtet werden, dessen Familie genau so zu verhaften ist wie die eines Eidbrechers und Verräters am Mutterland. Solche Deserteure sind auf der Stelle zu erschießen. Jene, die in Einkreisungen geraten ... und es vorziehen zu kapitulieren, sind mit allen Mitteln zu vernichten, während für ihre Familien sämtliche staatlichen Zahlungen und Hilfen gestrichen werden sollen.«

In seinem Hauptquartier nahe der ukrainischen Stadt Winniza hatten die Anfangserfolge Hitler in eine euphorische Stimmung versetzt, die dann Enttäuschung und Wutausbrüchen gewichen war. Der Gegner sollte nicht von zaudernden Generälen verfolgt, sondern vernichtet werden. Obwohl Hitler seine Generäle gerne als Sündenböcke in Anspruch nahm, stand hinter dieser Reaktion offenbar auch die Angst, das Schwinden von Zeit und Ressourcen könne das kaukasische Öl in unerreichbare Ferne rücken.

Laut Hitlers Weisung vom 5. April 1942 sollten die beiden Heeresgruppen A und B in mehreren aufeinanderfolgenden Schritten die russischen Truppen zwischen Stalingrad und dem Don vernichten, um dann den Angriff auf den Kaukasus zu beginnen. Davon war nun in einer neuen Weisung vom 23. Juli 1942 nicht mehr die Rede. Die gemessen am gesamten Vorhaben ohnehin schon schwachen Kräfte wurden geteilt. Die Heeresgruppe A sollte nun allein durch den äußerst unwirtlichen Kaukasus und entlang der Ostküste des Schwarzen Meeres erst die Ölfelder von Maikop, dann die Felder um Grozny und noch einmal dreihundert Kilometer weiter südlich die Ölquellen um die Stadt Baku erobern.

Die kleinere Heeresgruppe B war abgespalten und aufgefordert worden, mit ihren rumänischen, ungarischen und italienischen Verbündeten auf Stalingrad vorzustoßen. Die Stadt sollte entgegen den ersten Befehlen nun erobert werden und Teile der 6. Armee wolgaabwärts das dreihundert Kilometer entfernte Astrachan am Kaspischen Meer einnehmen.

Der von Hitler mittlerweile ungeliebte Generalstabschef des Heeres, Franz Halder, notierte am Tag, als Hitlers Weisung erging, in seinem Tagebuch: »Die immer schon vorhandene Unterschätzung der feindlichen Möglichkeiten nimmt allmählich groteske Formen an und wird gefährlich. Es wird immer unerträglicher. Von ernster Arbeit kann nicht mehr die Rede sein. Krankhaftes Reagieren auf Augenblickseindrücke und völliger Mangel in der Beurteilung des Führungsapparates und seiner Möglichkeiten geben dieser sog. ›Führung‹ das Gepräge.« Konkret befürchtete Halder eine Überdehnung der Front bei viel zu schwachen eigenen Kräften, die einem Angriff der Roten Armee nicht standhalten könnten. Mit dieser Kritik stieß Halder jedoch weder bei Hitler und seiner im ganzen widerspruchslosen unmittelbaren Umgebung noch beim Oberkommando der Wehrmacht auf Gehör. Einen Monat später wurde er von Hitler entlassen.

Zu diesem Zeitpunkt war die russische Partisanenbewegung auf annähernd zweihunderttausend Menschen, Männer, Frauen, Jugendliche und selbst Kinder angewachsen. Jeder Bürger in den besetzten Gebieten, hatte Stalin schon 1941 gefordert, habe Partisan zu sein. Seit 1942 mit einer zentralen Organisation und somit enger verzahnt mit der Roten Armee, war sie für die Wehrmacht zur Bedrohung ihrer ohnehin schon stark angespannten Transportwege geworden. Mehr noch als Stalin aber entfachte die deutsche Besatzungspolitik selbst den Willen zum Widerstand. Entgegen aller Propaganda, mit der die Zivilbevölkerung auf die Seite des Besatzungsregimes gezogen werden sollte, hatte sie kaum etwas anderes als Ausplünderung, Hunger und die Deportation zur Zwangsarbeit ins Reich zu erwarten. War also schon die Besatzungspolitik Motor der Partisanenbewegung, tat nun die »rigorose Bekämpfung des Bandenunwesens« ein übriges, zu deren Opfer wiederum auch die in Verdacht geratene Zivilbevölkerung wurde. Daran sollten auch alle Denkschriften, die auf diesen Zusammenhang hinwiesen und im Sinne der eigenen kriegerischen und wirtschaftlichen Ziele für eine andere Politik plädierten, nur wenig ändern.

Der 6. Armee war zwischen dem 23. Juli und 11. August 1942 in einer Panzerschlacht bei Kalatsch die Zerschlagung von zwei sowjetischen Armeen geglückt und die russischen Soldaten, die der Niederlage entkommen waren, hatten sich auf Stalingrad zurückgezogen. Stalin erließ einen weiteren Befehl, in dem er seinen Soldaten drohte, sie als Deserteure zu behandeln, sollten sie auch nur einen Schritt zurückweichen. Jeder Arbeiter, der nicht unmittelbar in einem der noch arbeitenden Rüstungsbetriebe gebraucht wurde, erhielt, wenn sie überhaupt vorhanden war, eine Waffe, und das Verteidigungskomitee ließ überall in der Stadt Plakate anschlagen: »Wir werden den Deutschen unsere Vaterstadt nicht zum Spott preisgeben. Wir alle werden uns gemeinsam erheben und unsere liebe Stadt, unser Vaterhaus und unsere Familien verteidigen. Wir werden die Straßen der Stadt mit unüberwindlichen Barrikaden versperren. Jedes Haus, jedes Straßenviertel, jede Straße machen wir zu einer uneinnehmbaren Festung.«

Am 19. August 1942 hatte sich Hitler gegenüber seinem Propagandaminister Joseph Goebbels in Hochstimmung über die Erfolge der Sommeroffensive gezeigt. An diesem Tag, so notierte Goebbels in seinem Tagebuch, ließ Hitler ihn wissen, daß gegenüber Churchill Stalin eine »gigantische Figur« sei und daß er »ihn zweifelsohne schonen und vielleicht in einen Badeort verbannen würde«. Um den Westen, hält Goebbels fest, sei der Führer nicht besorgt und »ebensowenig im Augenblick um den Osten. Der Führer will in zwei bis drei Tagen den Großangriff gegen Stalingrad starten. Diese Stadt hat er besonders auf die Nummer genommen. Er verfolgt die Absicht, sie restlos zu zertrümmern. Es soll hier kein Stein auf dem anderen bleiben. Es ist aus psychologischen, aber auch aus militärischen Gründen notwendig. Die gegen Stalingrad angesetzten Kräfte werden vorläufigem Ermessen nach genügen, um die Stadt in acht Tagen in unseren Besitz zu bringen. Die Operationen im Kaukasus gehen außerordentlich gut vonstatten... Der Führer will, nachdem Maikop in unserem Besitz ist, noch in diesem Sommer und Herbst Krasny (Grozny) und Baku in unseren Besitz bringen: dann ist nicht nur unsere Ölversorgung gesichert, sondern auch die bolschewistische Ölversorgung gänzlich zerschlagen. Ohne Öl kann das Sowjetsystem den Krieg im bisherigen Stil nicht fortsetzen. Aber damit nicht genug. Der Führer verfolgt den gigantischen Plan, beim Erreichen der russischen Grenze in den Nahen Osten vorzubrechen, Kleinasien in unseren Besitz zu bringen, Irak, Iran, Palästina zu überrumpeln und damit England nach dem Verlust der ostasiatischen Quellen die letzten Ölreserven abzuschneiden. Haben die Bolschewisten und die Engländer ihr Öl verloren, haben die Bolschewisten außerdem noch im Donez-, Don- und Kubangebiet ihre Getreidefelder verloren, haben sie dazu die Kohlegebiete im Don-Becken verloren ... dann drücken wir damit unmittelbar auf den Adamsapfel des Feindes.«

Schon drei Wochen später gerieten Hitlers Siegesgewißheit und Expansionsrausch ins Wanken. Die Offensiven sowohl im Kaukasus wie vor Stalingrad waren ins Stocken geraten und schlechte Nachrichten auch von den anderen Teilen der russischen Front – Mitte und Nord – häuften sich. Entgegen den Erwartungen hatte die Rote Armee ihre Verluste nicht nur kompensieren, sondern darüberhinaus neue Kräfte mobilisieren können. Schon jenseits aller Erwartungen an große Geländegewinne reagierte Hitler am 8. September 1942 mit einem Führerbefehl über »grundsätzliche Aufgaben der Verteidigung«, in dem es unter anderem hieß: »Es entsteht die Gefahr, daß durch die Preisgabe zunächst kleiner Geländeteile sehr bald auch die Nachbarabschnitte in Mitleidenschaft gezogen werden, daß dadurch aus einem zunächst kleinen Einbruch des Gegners sehr oft schwerwiegende Folgen für ganze Frontabschnitte eintreten, ja sie können am Ende die Stellung ganzer Armeen oder sogar von Heeresgruppen zum Wanken bringen oder zumindest schwer belasten. *Vor allem muß aber ein solches Verfahren auf die Dauer den Willen der Truppe zum äußersten Widerstand immer mehr untergraben und mithin die soldatische Moral erschüttern.* Der Begriff und die Bedeutung der HKL (Hauptkampflinie) muß deshalb der Führung und der Truppe gegenüber immer wieder nachdrücklich hervorgehoben werden. *Die HKL ist die Linie, die unter allen Umständen zu halten ist. Sie muß daher nach Abschluß jeden Kampfes wieder im eigenen Besitz sein. Die Truppe, die diese Forderung nicht erfüllt, muß dies als Schande betrachten.*«

Zwar läßt sich dieser Befehl mit den Drohungen Stalins, zurückweichende Soldaten als zu erschießende Deserteure zu behandeln und ihre Familien in Sippenhaft zu nehmen, kaum vergleichen, aber für die Wehrmacht wie für die Rote Armee hatten beide Diktatoren einen Rückzug kategorisch abgelehnt. Damit hatten sie den Boden für eine Kriegsführung geschaffen, die auch nur geringste Formen der Mäßigung von vorneherein ausschloß.

Die Handelsmetropole und Industriestadt Stalingrad, die Otto Thalheimer, Friedrich Lohstein und Johann Scheins in den letzten Tagen des August 1942 zum ersten Mal sahen, war gegen Ende des 16. Jahrhunderts von Kosaken am Unterlauf der Wolga gegründet worden. Als Zarizyn, die Stadt der Zarin, war sie ihrer Lage an einem der mächtigsten Flüsse Europas entsprechend zugleich Grenzfestung gegenüber den Steppenvölkern im Osten und geographisch privilegierter Handelsplatz.

Im Juli 1918 war die Stadt während des russischen Bürgerkriegs von den Weißgardisten belagert und, so will es zumindest die historische Legende, von Josef Stalin gerettet worden. Entgegen dem Willen Moskaus hatte er die Stadt durch eine Division aus dem Kaukasus entsetzen* lassen, und der Erfolg brachte ihm nicht nur den Ruf als herausragender Militärführer, sondern auch einen Sitz nahe der Macht im Nationalen Verteidigungsrat in Moskau ein. 1925, als Stalin längst Vorsitzender der Zentralkomitees der KPdSU und mächtigster Mann Rußlands geworden war, nahm Zarizyn seinen Namen an und hieß nun »die Stählerne«.

Mit der sich in den zwanziger und dreißiger Jahren sprunghaft entwickelnden Industrialisierung der Sowjetunion war aus Stalingrad ein zentraler Umschlagplatz und Verkehrsknotenpunkt für den Güteraustausch zwischen dem Norden und Süden des Landes geworden. Zugleich war eine Industriestadt

* Milit. Begriff: eine Belagerung von außen aufbrechen, befreien.

entstanden, die neben ihren Raffinerien und Lebensmittelfabriken den Schwerpunkt in der Rüstung hatte. Dazu zählte seit Kriegsbeginn neben dem auf Panzerplatten und Artilleriegeschosse spezialisierten Elektrostahlwerk »Roter Oktober« und der Geschützfabrik »Barrikaden« auch das Traktorenwerk, in dem nun Panzer produziert wurden.

Über mehr als fünfzig Kilometer erstreckte sich die Stadt in exponierter Lage, den Fluß im Rücken, entlang des Westufers der Wolga, deren Anblick für Friedrich Lohstein den Rhein zu einem »armseligen Rinnsaal« machte. Im Norden bestimmten die großen Fabriken und Industrieanlagen das Bild Stalingrads, während seine Mitte vom Roten Platz, dem Kaufhaus Unimag und dem Bahnhof dominiert wurden, denen sich im Süden inmitten einer großen Eisenbahnschleife gewaltige Getreidesilos und eine Konservenfabrik anschlossen.

Seit Wochen war die Stadt das Ziel von Flüchtlingen gewesen und im August 1942 auf ungefähr das Doppelte ihrer Einwohner, auf annähernd siebenhunderttausend Menschen angeschwollen. Von ihnen war jeder zwischen sechzehn und fünfundfünfzig Jahren in Arbeitskolonnen organisiert worden, um die Stadt zum Schutz vor Angreifern zu befestigen: Panzergräben und Minenfelder im Westen, meist mit Frauen besetzte Stellungen für die Flak im Industriegebiet und hohe Erdwälle um die große Erdölraffinerie zwischen dem Norden und Stalingrad-Mitte.

Die rechtzeitige Evakuierung der Stadtbevölkerung und der Flüchtlinge war an der Uneinigkeit zwischen dem Verteidigungskomitee Stalingrads und Moskau gescheitert und setzte erst ein, nachdem die deutsche Luftwaffe am 23. August, einem Sonntag, mit mehr als tausend Maschinen den ersten großen Angriff auf Stalingrad flog. Obwohl die Industriegebiete, die Raffinerieanlagen und auch das Kraftwerk im Süden geographisch vom Rest der Stadt getrennt lagen, hatte

Generaloberst Wolfram Freiherr von Richthofen ein Flächenbombardement befohlen, in dem Tausende von Zivilisten umkamen. Ein Befehl, der offenbar durchaus auf der Linie seines obersten Vorgesetzten lag. Denn eine Woche später wird in der Lagebesprechung vom 2. September 1942 verzeichnet, daß der »Führer befiehlt, daß beim Eindringen in die Stadt die gesamte männliche Bevölkerung beseitigt werden soll, da Stalingrad mit seiner eine Million zählenden durchweg kommunistischen Einwohnerschaft besonders gefährlich sei«. Dieser Befehl erreichte allerdings nie seine Adressaten, die unmittelbaren Truppenkommandeure, sondern wurde wahrscheinlich schon im Oberkommando des Heeres unterlaufen und lautete schließlich, daß »der männliche Bevölkerungsteil Stalingrads zu evakuieren« sei.

FRITZ SCHREIBER

Unter der Verhaftung des Vaters frühmorgens am 28. Februar 1933 hat der damals zwölfjährige Fritz Schreiber »kolossal gelitten, wir waren ja nun anrüchig als Kommunisten«.

In der Nacht zuvor ist in Berlin der Kuppelbau des Reichstags ausgebrannt, wahrscheinlich im Alleingang angezündet von Marinus van der Lubbe, einem jungen Niederländer, der in Holland Mitglied der Räte-Kommunisten gewesen war. Aus Protest gegen das Regierungsbündnis aus Nationalsozialisten und Konservativen und, wie er später in der Verhandlung sagen sollte, in der er zum Tode verurteilt wurde, um ein Fanal zu setzen, hatte er Feuer im Plenarsaal gelegt.

Noch am Abend des Brandes sah Hitler darin das Signal für einen kommunistischen Aufstand und drohte, assistiert von Göring und Goebbels, er werde »diese Mörderpest mit eiserner Faust vernichten«. Aus der Faust wurde die von Reichsinnenminister Frick am nächsten Morgen eilig vorgelegte Grundlage für die Verordnung »Zum Schutz von Volk und Staat«, die nicht nur Massenverhaftungen von Kommunisten, Mitgliedern der SPD und Gewerkschaften legalisierte, sondern mit einem Schlag die bürgerlichen Freiheiten außer Kraft setzte. Auf unbestimmte Zeit, die dann bis zum Ende des Dritten Reichs dauern sollte.

Als Mitglied der KPD seit den zwanziger Jahren hatte Fritz Schreibers Vater nach Hitlers Ernennung zum Reichskanzler seine politische Arbeit fortgesetzt und wird nun, die Zweizimmerwohnung in Dortmund-Hörde ist zuvor durchsucht worden, ins Zuchthaus gebracht. Weder an die Anklage, die es wahrscheinlich gegeben hat, noch an die Rückkehr des Vaters kann sich Fritz Schreiber erinnern, aber sie muß nach 1934 erfolgt sein. Denn in diesem Jahr beendet er die Volksschule und kann keine Lehre machen. Nicht allein als Sohn eines verurteilten Kommunisten, sondern auch, weil er einspringen muß für den fehlenden Vater. Als dreizehnjähriger Hilfsarbeiter erhitzt er in einem kleinen Eisenwerk zum Nieten bestimmte Bolzen, um seine Mutter und die fünf Jahre jüngere Schwester mit über die Runden zu bringen. Wie knapp das Geld war, sagt Fritz Schreiber, könne man sich gar nicht vorstellen und setzt die Armut in ein Bild aus einigen Scheiben Brot und einer Ecke Schmierkäse, die er am Morgen mit zur Arbeit nimmt.

In der Familie wird nach der Entlassung des Vaters aus dem Zuchthaus über seine Erfahrungen nicht gesprochen. Der Abschied von der Politik bleibt ebenso ohne Worte wie das Bedürfnis nach einer nach innen gewendeten Normalität. Und auch außerhalb der Familie erinnert sich Fritz Schreiber in dem Dortmunder Arbeiterviertel an keine Ablehnung der Nationalsozialisten. »Eigentlich nicht«, sagt er und läßt offen, ob damit eine verhaltene Sympathie für die neuen Machthaber gemeint ist oder die Verbannung aller Unzufriedenheit mit Alltag und Politik von der Straße und aus den Fabrikhallen.

1936 findet der Vater – er ist seit 1928 arbeitslos gewesen – Beschäftigung bei der Herstellung von Panzerplatten und »es ging uns dann ein bißchen besser. Die Arbeit wurde mehr durch die Rüstung. Ich kenne Leute, die sich noch daran erinnern. Es ging uns gut, sagen sie. Wohin es aber ging, daran erinnern sie sich nicht mehr.« Fritz Schreiber weiß damals noch nicht, wohin es geht, denn schon vor der Verhaftung des Vaters hat er begonnen, in einer eigenen Welt zu leben. In der Welt der Musik: »Mich hat immer nur die Musik interessiert. Die Musik hat mich richtig gehabt.«

Auf einem einfachen, damals beliebten Saiteninstrument, der Waldzitter, und auf einer Mundharmonika bringt er sich selbst das Spielen bei und sein Vater schenkt ihm, weil er »so besessen« ist, ein Akkordeon. Eine *Verdi eins* der Firma Hohner, die er später in eine *Tango fünf* tauscht mit einundvierzig Tasten und hundertundzwanzig Bässen. Im Kontakt mit anderen Musikern lernt er Noten zu lesen, gibt selbst Unterricht und spielt schließlich in einer Tanzgruppe vom KdF (Kraft durch Freude), einer Freizeitorganisation der Nationalsozialisten, die in den Erinnerungen überlebt hat durch ihre ganz in weiß leuchtenden Urlaubsschiffe vor der Küste von Madeira und den Volkswagen, der angeblich als Massenvehikel für die Volksgenossen geplant dann nicht die Autobahnen bevölkert, sondern als Kübelwagen vorzugsweise Offiziere in den Krieg kutschiert hat.

Während Fritz Schreiber, wann immer die Fabrik ihm Zeit läßt, Musik macht, ist seine Schwester Artistin in einem kleinen Wanderzirkus geworden, tritt in einer Dreiergruppe als Akrobatin auf, bis »das nicht mehr so lief, dann hat sie geheiratet und lebt heute in Wiesbaden in einem Altersheim«.

Immer wieder einmal wird er aufgefordert, sich bei der HJ einzufinden und immer wieder versteht er es, auszuweichen. »Es war so'n jein. Die fragten: ›Bist du in der HJ?‹ ›Nein.‹ ›Wieso nicht?‹ ›Ja, ich will es ja tun.‹ Ich hab immer gesagt, ich will es, ich hab's vor, aber ich hab's nicht getan.« Dabei bewegen ihn weder politische Ablehnung noch das Schicksal seines Vaters. Er hat keinen Hang zu »schönen Uniformen, zum Spiel, zum Marschieren, zum Ferienlager« und wäre da nicht das Musikspiel in der Gruppe, müßte Fritz Schreiber ein Einzelgänger genannt werden.

»Wie man sich gefühlt hat, im September 1939«, sagt Fritz Schreiber, »ist schwer zu beschreiben. Keine Begeisterung, ein eigenartiges Gefühl: Es ist Krieg. Krieg ist ein ganz schlimmes Wort. Als Achtzehnjähriger konnte man noch nicht erfassen, was Krieg bedeutet. Die Älteren, die dachten anders: Das geht schief, das kann nicht gutgehen.«

Im März 1940 wird er nach sechs Jahren als Hilfsarbeiter zum Arbeitsdienst eingezogen und kommt in der Nähe von Cuxhaven auf den Flugplatz Nordholz. Kurz nach seiner Ankunft beginnt der forcierte Ausbau der Startbahn. Der Angriff auf Frankreich steht bevor und sie soll für den Einsatz von Bombern verbreitert und verlängert werden. Der Luftwaffe unterstellt werden die jungen Männer des Arbeitsdienstes unmittelbar nach der Kapitulation der Franzosen nach Nordfrankreich gebracht. Die »Luftschlacht um England«, sie wird zu einem frühen Debakel der Wehrmacht werden, ist angelaufen, und unter Leitung eines Unteroffiziers müssen sie zusammen mit einigen französischen Zivilisten notgelandete Flugzeuge bergen und in ein Reparaturwerk bringen.

Fritz Schreiber fühlt sich noch weit entfernt vom Krieg und in Frankreich besser aufgehoben als an der deutschen Nordseeküste, weil er hier nicht mehr »Kohldampf schiebt« und kein Vorgesetzter hinter der Gardine steht, um zu kontrollieren, ob er nicht doch den Befehl mißachtet, daß sich jeder Untergebene nur im Trab über den Appellplatz bewegen darf. Später bewachen sie als paramilitärische Kräfte, mit Stahlhelm und Karabiner ausgerüstet, Munition – »so haben sie uns damals schon gehabt« – bis es schließlich im Spätsommer 1940 wieder zurück nach Dortmund geht.

Sechs Wochen ist er zu Hause, als der Einberufungsbescheid nach Hamm zur schweren Artillerie kommt. Wie sehr häufig in der Wehrmacht, deren unvergleichliche Modernität mehr Propaganda als Realität ist, werden auch hier die großen

Geschütze und die Fahrzeuge des Trosses von Pferden gezogen. Den Angriff auf die Sowjetunion wird die Wehrmacht neben den motorisierten Einheiten mit einer dreiviertel Million Pferde beginnen, deren Bedeutung für die Mobilität der Truppen im Verlauf des Krieges noch wachsen wird. Und es ist der Reitunterricht von drakonischer Art, der für Fritz Schreiber hervorsticht aus den alltäglichen Schikanen der Grundausbildung. Dennoch glaubt er, daß er durch eine Ausbildung zum Funker ein »besseres Stück vom Kuchen abgeschnitten« hat. In dieser Nische, die sich überall beim Militär auftun kann, erlebt er kein einziges Mal eine Übung mit Geschützen und Pferden und weiß bis heute nicht, wie viele von ihnen eine Kanone gezogen haben.

Zu seiner Einheit gehört eine kleine Kapelle, in der er das Akkordeon übernimmt. Zu dritt müssen sie eines abends für die Unteroffiziere spielen, die ihren Stand, das Militär und sich selbst feiern. Zum Schluß sind die Offiziere betrunken und lassen die drei Musiker auf dem Appellplatz antreten, wo sie zum Gegröhle ihrer Vorgesetzten deren Lieblingsstücke spielen müssen. Der nachfolgende Ärger ist groß und verschont auch Fritz Schreiber nicht. Zusammen mit dem Geiger und Saxophonisten wird er zu den Nebelwerfern nach Nordfrankreich strafversetzt.

Im April 1941 wird die Einheit ins besetzte Polen gebracht: »Drei, vier Wochen haben wir in Polen gelegen. Mit den Polen haben wir überhaupt keinen Kontakt gehabt, wir lagen da in nem Gelände, weitab von allem. Und dann ging's dann los am 22. Juni 1941.* Man fragte sich, was wollen wir hier? Was wird das geben? Bis zum letzten Tag haben wir nicht gewußt, was gespielt wurde.«

* Am 22. Juni 1941 überschreitet die Wehrmacht ohne Kriegserklärung auf breiter Front die sowjetische Grenze.

An der Grenze sieht Fritz Schreiber die ersten toten Russen und erlebt wieder ein »ganz eigenartiges Gefühl« wie schon fast zwei Jahre zuvor, als deutsche Truppen Polen überfielen. Tote im Straßengraben, das Haar hell gepudert vom aufgewirbelten Staub der Straße und brennende Dörfer hat er in Erinnerung und einen Vormarsch dicht hinter der Front. Fünfzig Kilometer legt die motorisierte Einheit an diesem Tag zurück, ohne Widerstand. Unsicherheit und Furcht sind verschwunden: »Man hatte das Gefühl, wir sind doch wer.«

Krieg wird für Fritz Schreiber zum Synonym von Vormarsch. Ohne einen Toten gelangt seine Batterie bis weit in den Südosten der Ukraine. »1941, wie oft haben wir geschossen? Wir haben einmal in Dnjepropetrowsk geschossen, vielleicht drei Einsätze haben wir insgesamt gehabt. Immer auf der Lauer gelegen, wir wurden mit unserer Waffe nur eingesetzt, wenn es nicht weiterging. Der Nebelwerfer war ein Salvengeschütz. Es war ein ganz böses Zeug, regelrechte Raketen. Die waren in Kisten, die wurden auf Gestelle geklemmt, auf einem vier Stück. Die günstigste Entfernung war neunhundert Meter. Man konnte das Ziel nicht sehen. Vierzig Gestelle hatten wir, mal vier, hundertundsechzig Schuß. Einer mußte sich mit dem Zündapparat so dreißig Meter entfernt ein Loch buddeln, und dann wurde gezündet. Hundertundsechzig Raketen, in den einen war Flammöl und in den anderen Sprengstoff. Das kann man sich gar nicht vorstellen. Eine schreckliche Wirkung. Die Menschen verbrannten, und wer nicht verbrannte, dem wurde durch den Luftdruck die Lunge zerrissen.«

Im Dezember 1941 wird Fritz Schreiber mit seiner Einheit nach Frankreich verlegt. Die Ingenieure haben die »verheerende Wirkung« des Nebelwerfers gesteigert, er steht nun auf fahrbaren Lafetten und hat neue, genauere Richtgeräte. Joseph Goebbels, dem ein solcher Fortschritt auf dem Übungsgelände der Artillerieschule in Jüterburg präsentiert wird, findet, auch weil ihn die »moralische Wirkung« begeistert, lobende Worte dafür: »Zum Schluß wird noch mit 21-cm Mörsern geschossen und mir der neue Nebelwerfer vorgeführt, der sich an der Front außerordentlich bewährt hat und ein Gegenstück zu der sogenannten Stalin-Orgel darstellt.«

Das zurückliegende Jahr, das Fritz Schreiber im Südabschnitt der russischen Front und weit weg von der katastrophalen Niederlage vor Moskau erlebt hat, erscheint ihm als eines der unaufhörlichen Siege: »Man hatte schon das Gefühl, wir sind gute Soldaten. Und die Leute in der Ukraine waren uns ja freundlich gesinnt. Bis die braunen Herren kamen, anschließend. Damals hab ich das aber nicht gewußt, wir waren nirgendwo allzulange.« Anfang 1942 ist Fritz Schreiber mit einem Urlaubsschein in Duisburg und erzählt seinem Vater von Rußland.

»Ich war begeistert, aber mein Vater war nicht zu überzeugen. Der hatte die Nase noch voll von 1914/18. Die älteren Leute dachten ja anders.

1942 wurden wir in Orel eingesetzt. Da ging die Offensive los. Da war wieder dasselbe Theater. Vor, vor, vor und wenig Widerstand. Bis vor Woronetsch. Da hätten uns die Russen bald gepackt. Da haben wir in ein Hochofenwerk geschossen und da sind die Fetzen geflogen. Wir konnten nicht verstehen, wie die Front da verlief. Wir kriegten Feuer von allen Seiten und immer wieder Flieger, Flieger.

Im August sind wir bei Kalatsch über den Don gegangen. Da haben wir einen Brückenkopf gebildet und einmal geschossen. Und dann haben wir den Brückenkopf aufgeben müssen und ganz furchtbare Verluste gehabt. Das war ein ganz komisches Ding gewesen. Die Russen hatten so ne ganz leichte Anhöhe gehabt und oben ein Grabensystem. Vor dem Grabensystem hatten sie so'n größeres Loch, für'n Offizier oder was, richtig schön ausgearbeitet, so daß man drin liegen konnte. Gegen Abend hieß es, wir bleiben hier in diesem Grabensystem und wir hatten das Loch gleich gesehen und sagten: mit unseren Funkgeräten, da gehen wir in das große Loch. Ja, macht, hieß es. Am Ende des Grabens war auch noch so'n Loch und in dem saß der Batteriechef und der Unteroffizier.

Morgens in aller Herrgottsfrühe griffen die Russen ungeheuer an. Mit Panzern und mit Stalinorgeln. Und mit der Stalinorgel haben sie mitten bei uns reingeschossen. Sie hatten gut getroffen, wir mußten raus, es ging so'n bißchen bergab, dreihundert Meter, da war ein Dorf und da lag die Infanterie. Was machen? Infanterieerfahrung hatten wir überhaupt nicht und wären da nicht die Infanteristen gewesen, dann hätten uns die Russen an der Gurgel gepackt. Wir sahen, wie die Panzer auf uns zukamen. Neben uns stand ein Flakgeschütz an nem Haus, das hatten wir überhaupt nicht gesehen, so gut war das getarnt. Es schoß, die Panzertürme flogen, und drei Panzer blieben liegen. Da hab ich das erste Mal richtig Angst gehabt. Die Russen kamen, welche oben auf den Panzern, und dann liefen sie auf uns zu und schrien ›Hurrä‹.

Es hieß dann, der Angriff von den Russen ist zum Stehen gekommen. Wir zu unseren Fahrzeugen, die standen noch oben und da haben wir unseren Batteriechef vermißt. Er war weg, einfach weg, der Unteroffizier auch, die hatten in dem Loch nen Volltreffer gekriegt. Das war das erste Mal, daß wir richtig drin waren, sonst haben wir, wenn wir geschossen haben, ja nix von den Russen gesehen. Jetzt waren sie da. Am anderen Tag haben sie uns Essen gebracht, unsere Küche, die lag Kilometer weg im sicheren Hinterland, und als die ganze

Küche auf der Brücke über den Don war, haben sie nen Volltreffer gekriegt, alle weg. Nun wußte ich, du konntest sein wo du wolltest, es gab keinen sicheren Ort.

Es sah furchtbar aus am Don. Die Russen hatten uns richtig erwischt. Da lagen Russen, da lagen unsere, da waren tote Pferde, Geschütze, Panzer, Fahrzeuge, es sah wüst und schrecklich aus. Wir mußten zurück, wieder über den Don und dann sind wir, ich glaub, bei Kalatsch rüber. Ich erinnere noch, wie ich am Don oben auf den Anhöhen stand und runterguckte auf den Fluß und auf die Steppe drüben.

Drüben wußten wir nicht, wohin es ging, aber die Versorgung klappte. Die war nicht so, wie wir sie gern gehabt hätten, aber hungern brauchte keiner. Wir haben auch mal ein Schaf geschlachtet oder ein Schwein mitgenommen, uns Eier besorgt und Hühner wurden auch requiriert. Eines Tages hatte die Küche zwei Schafe. Jeder kriegte ein reichliches Stück in sein Kochgeschirr. Ich hab's probiert, es schmeckte nicht. Ich hab's weggeschmissen und später in der Gefangenschaft hab ich dann von dem Stück Schaffleisch immer wieder geträumt.

Wir lagen in Bereitstellung, aber Gefechte gab's nicht. Wir zogen da mit unseren sechs Selbstfahrlafetten und den Fahrzeugen durch die Steppe, hundertundzwanzig Mann, vielleicht auch ein bißchen mehr. Wie waren alle noch zusammen, bis auf die paar, die wir am Brückenkopf verloren hatten. Wir waren immer noch siegesgewiß. Wir haben gesagt: uns kann keiner was! Wo der deutsche Soldat steht, hat der Adolf gesagt, da kommt kein anderer hin. Der hat nen Vogel gehabt. Dabei gingen die Meinungen über die Nazis ganz durcheinander. Der eine war dafür, der andere dachte nicht so.

Als wir kurz vor der Stadt waren, da sickerte das durch: wir sollen nach Stalingrad. ›Was ist Stalingrad?‹ haben wir gefragt. Ja, das ist ne Stadt, die liegt an der Wolga. Wir mußten einfach da hin und das war's. Wir wurden nicht in Kenntnis gesetzt.

So drei, vier Kilometer vor Stalingrad haben wir uns in ner kleinen Schlucht eingenistet. Die Russen schossen Störfeuer, die streuten einfach das Gelände ab. Ein Ferngeschütz. Man hörte auch den Abschuß, so'n pflumm!, und dann, paar Sekunden später, kam der Einschlag, und da haben wir die ersten beiden Toten in Stalingrad gehabt.

Von der Schlucht aus fuhren wir in die Stadt rein zu den Einsätzen. Wie oft mag das gewesen sein? Drei-, viermal. Wir sind meist die gleiche Richtung in die Stadt reingefahren. Da war ne Fliegerschule und ein Flugplatz. Über den Flugplatz mußten wir immer rüber und den konnten die Russen einsehen. Und wenn wir drauf waren gab's Zunder. Wir sind da mit Karacho durch und das erste, zweite, dritte Fahrzeug, die kriegten nichts, aber die anderen, die kriegten was ab. Aber meistens ging es gut. Bei den Einsätzen haben wir wenig Verluste gehabt.

Den ganzen Tag waren Flugzeuge in der Luft. Die Stadt war nicht kaputt. Sie war zerfetzt. Auf was wir in der Stadt schossen, wußten wir überhaupt nicht. Wir sahen die kaputten Häuser, wir schossen, sahen Rauch und dann ging's zurück. Schnell, die Russen hatten uns sofort im Visier.

Wenn wir geschossen hatten, mußten wir zwanzig, dreißig Kilometer rückwärts zum Heeresmunitionsplatz und uns wieder was besorgen. Die Munition lag da, schön gestapelt. Deutsche Ordnung. Wir hatten immer nur wenig Munition in Reserve. Das waren ja keine kleinen Dinger, das waren große Apparate, so einmeterundvierzig hoch und dick, die wurden mit vier Mann getragen. Das machten da meist die Hiwis. Sie konnten ein bißchen Deutsch und wir haben uns unterhalten. ›Ihr könnt doch hier nichts mehr werden. Hier kommt ihr nicht mehr so bald weg‹, haben sie gesagt. Wir haben gelacht, wir waren noch nicht eingekesselt.

In der Schlucht waren wir ein bißchen sicherer. Sie war

vielleicht dreißig Meter breit. Nicht sehr tief, zehn Meter vielleicht. Wir hatten uns schön eingerichtet, Unterstände in den Hang gebaut, Pritschen hatten wir uns gebaut, nen Schemel zusammengezimmert. Die Küche war gut untergebracht, das war immer mit das Wichtigste. Es ging uns da ganz gut. Das Holz hatten wir uns aus den Häusern zusammengesucht, wo noch was zu finden war. Es gab auch noch Zivilbevölkerung. Ganz wenig. Frauen und ein paar alte Männer, aber wir haben von ihnen kaum Notiz genommen. Da wurde auch nichts gemacht, die wurden nicht umgelegt, das gab's nicht.

Das Wetter war gut, blauer Himmel und es war heiß. Später wurde es kälter. Es war naßkaltes Wetter, als es im November hieß, wir sind eingeschlossen. Wir haben gelacht. Was, wir sind eingeschlossen, uns einschließen, das gibt's nicht, da kommen wir doch immer raus. Wir waren uns gar nicht bewußt, was da los war. Wir haben uns keine Gedanken gemacht.

Am zweiten Tag wurde sofort das Brot rationiert, hundertundfünfundzwanzig Gramm Brot und Wassersuppe. Am dritten Tag hieß es, wir schlagen uns durch. Wir haben zwei paar Unterhosen, zwei Pullover angezogen, wenn man sie hatte. Aber der Ausbruch fand nicht statt. Da wurde die Stimmung schon anders. Da haben wir uns gefragt, wie lange mag das dauern? Wie geht das weiter?

Wir haben dann abends schwarz gehört. Auf Langwelle einen Schweizer Sender: ›Hier spricht die Schweiz‹. Die haben erzählt, was war, und wie viele Verluste wir hatten, immer mehr, immer mehr. Das haben wir alles nicht geglaubt. Ein älterer Kollege, auch ein Funker, der sah die Sache anders als wir jüngeren. Der sagte: ›Hört mal Jungs, wir sind in ner ganz miesen Lage, das ist ein ganz mieses Ding.‹ ›Was willst du eigentlich. Du bist ein Schwarzseher, wir kommen natürlich hier wieder raus. Die holen uns hier raus, über kurz oder lang!‹ Nichts war.

Es wurde dann sehr kalt, wir haben's nicht gemessen, aber es hieß, im Schnitt zwanzig, dreißig Grad unter Null. Die Wolga fror zu und ich sah die Fahrzeuge der Russen über den Fluß fahren. Ein ganz gewaltiger Fluß, man mußte ganz scharf hingucken, um auf der anderen Seite noch was zu sehen.

Ich gehörte ja nicht zu der aktiven Truppe von der Einheit, ich war ja in Frankreich dazugekommen. Und uns haben sie dann im Dezember abgeschoben zu der Infanterie in die Stadt. Der Opel Blitz, ein Lastwagen, war voll, wir waren so fünfzig Mann. Die anderen, die in der Schlucht waren, die wurden Festungsbataillon, die mußten sich da draußen eingraben, so gut es ging. Da war es kalt. Keine Winterbekleidung. Die sind alle umgekommen.

Wir kamen in der Stadt an und ich hatte Glück, daß ich Funker war. Wir mußten uns alle aufstellen: Funker und Fernsprecher links raus. Der Fernsprechtrupp hatte in nem Keller gehaust und bei einem Angriff sind alle umgekommen. Von den anderen haben sie schon am nächsten Tage welche zu ner Ecke getragen, da war so ein kleiner freier Platz und haben sie da versucht zu beerdigen. Es war ne große Schwierigkeit, Löcher in die Erde zu kriegen. Die Toten kamen da rein, abgekippt, meist halbnackt, ohne Hosen und Jacken, mit Verbänden aus Papier, die hatten sich gelöst und flatterten im Wind. Dann kam Erde drauf und es wurde ein bißchen drauf rumgetrampelt. Was ist denn der Mensch im Krieg? Gar nichts.

Um uns herum war alles kaputt. Wir waren in einer Schule, unten im Keller. Ein großes Haus, ausgebombt, da standen nur noch die Mauern. Es lag schon Schnee, der hat die Verwüstung ein bißchen bedeckt, aber es war alles zerstört. In unserem Keller saßen wir zu viert, ein Funktrupp, und ich hab eine Zeitlang Vermittlungsdienst gemacht, am Klappenschrank gesessen. Wir waren ne regelrechte Fernsprechvermittlung und sonst haben wir die zerschossenen Telefonkabel geflickt. Meist mußten wir in ein Gebiet, das nicht direkt an der Front lag, aber sie hatten uns da schon fest an der Gurgel. Nachts kam mal ne JU*, am Tag überhaupt nichts mehr, die Russen konnten fliegen, wie sie wollten.

Die Kabel konnten wir nur nachts flicken. Die Russen saßen um uns herum, auch in den Fabrikschornsteinen und haben jeden erschossen, der draußen rumkroch. Wenn dann nachts nicht geschossen wurde, war's gespenstisch ruhig, kalt, der weiße Schnee. Mit der Strippe in der Hand sind wir los, bis zu der Stelle, wo sie kaputt war. Auf dem Weg sind wir manchmal Frauen begegnet, Zivilisten, dick eingepackt, die konnten auch nur nachts raus. Sie hockten in irgendwelchen Kellern wie wir.

Nachts beim Strippenflicken kommt auf einmal ein Flugzeug, ganz niedrig. Wir sahen die Flammen am Auspuff der Motoren. Drei matt leuchtende Kreise sahen wir. Das war also ne JU, die hatte drei Motoren. Sie kam langsam näher, geguckt, geguckt, geguckt und gar nicht weit weg von uns, höchstens hundert Meter, dann ein Poltern. Sie hatten was runtergeschmissen. Die Russen fingen an zu schießen. Leuchtspurmunition, die kann man genau sehen, und dann gab es ne Stichflamme, die Motoren waren plötzlich ganz laut, dann war sie unten. Es ist keiner rausgekommen.

Was tun? Die hatten ja was abgeworfen. Wenn man was fand, mußte es abgegeben werden. Tat man's nicht, wurde man sofort erschossen. Wir waren zu zweit. Es war Niemandsland, kein Mensch weit und breit. Nicht weit weg haben wir's gefunden. Es war Brot. Was machen wir, da lagen die Brote. Mensch, Brot, überleg mal. Wir müssen unserem Unteroffizier Bescheid sagen, was der dazu sagt. Wir haben das Brot in

* Die JU 52 war ein dreimotoriges Transportflugzeug der Luftwaffe.

ne kleine Vertiefung gelegt und ein bißchen Schnee drauf gemacht. Die Strippe war geflickt, zurück zur Schule. ›Da liegt Brot, die JU hat Brot geschmissen, so fünfundzwanzig Laiber.‹ ›Ja, holen!‹ Mit ner Zeltplane sind wir zurück, haben das Brot geholt und versteckt. Jetzt hatten wir drei fünfundzwanzig Brote. Kein Komißbrot, es war Weißbrot, richtig leckeres Brot und schnell weg.

Ich weiß nicht mehr genau, wann es war. Anfang oder auch Mitte Januar haben wir ein Grollen gehört. Eine schwarze Wand stieg im Westen auf, noch weit weg, vielleicht zwanzig Kilometer. Da haben wir gesagt: ›Jetzt kommen sie und holen uns raus!‹ Wir haben fest damit gerechnet, sie kommen. Wer kam, war aber der Russe. Und dann sahen wir unsere eigenen Leute, die liefen Richtung Wolga. Dahinter waren die Russen. Aber dann hieß es wieder, die SS kommt, die stehen schon vor der Stadt. Das hab ich noch zwei, drei Tage vor der Gefangenschaft geglaubt. Es gab viele Gerüchte und viele Lügen. Es war reiner Wahnsinn. Und nen Offizier haben wir überhaupt nicht gesehen, die saßen wahrscheinlich in irgendeinem Keller.

Drei Tage bevor wir in Gefangenschaft gerieten hieß es antreten. Unser Offizier kam, wir kriegten unsere Soldbücher und er sagte: ›Es ist Schluß, Leute. Die Russen sind vor der Stadt. Ich schlage mich durch zur 31. Infanteriedivision.‹ Er hatte da nen Freund. Wir haben die Soldbücher verbrannt, ein paar Zigaretten waren noch da, die wurden verteilt und dann waren wir vogelfrei. Feierabend.

Was sollten wir machen? Wir konnten nirgends hin. Links von uns war die Höhe 102, das war ne ganz umkämpfte Höhe gewesen, da wehte oben die rote Fahne und ich konnte die Russen dort sehen. Mit den Gläsern haben sie alles beobachtet. Wir standen da. Zwanzig Grad Kälte, keine Wintersachen. Wohin? Da sind wir mit dem Offizier mitgelaufen. Die Russen fingen von oben an zu schießen. Wir sind gelaufen, nur gelaufen. Ich hatte ne Decke, die hab ich dann auch weggeschmissen, die war zu lästig. Die haben nur geschossen und wir sind nur gelaufen. Viele sind liegengeblieben, tot oder verwundet. Es war ein Chaos, das man sich nicht vorstellen kann.

Die Nacht kam. Wir haben in nem ausgebrannten Haus gesessen. Ein paar verrückte Offiziere waren da: ›Wir müssen hier weitermachen, die Russen stehen schon vor der Stadt, aber die SS kommt und holt uns raus!‹ Und als kleine Landser mußten wir nun noch mitmachen. Zwanzig Meter weg stand ein Haus und plötzlich drei Russen davor mit einem Granatwerfer. Einer hatte das Rohr, einer die Bodenplatte und einer die Munition. Wir haben geschossen, sie fielen um. So war es. Ach, es war ganz was Schlimmes.

Dann haben wir die ersten gesehen, die liefen schon mit Tüchern rum, weiß, die wollten sich ergeben. Das war der 31. Januar. Wir mußten uns noch wehren, wenn wir was gesehen haben. Plötzlich kamen welche reingelaufen, wir hatten schon die Hände hoch, da waren es die eigenen Leute. Bis dann einer sagte: ›Jetzt ist Schluß, es ist Feierabend, das machen wir nicht mehr mit.‹ Wir sind in dem Haus geblieben, bis die Russen ganz kurzen Prozeß gemacht haben. Ein Panzer kam, schoß ins Haus, und von oben kamen die Mauern runter. Wir sind rausgelaufen und es war Schluß.

Wir hatten mit dem Leben abgeschlossen. Es hieß, die Russen machen keine Gefangenen, aber dann ist während der Gefangennahme überhaupt nichts passiert. Es ist nichts passiert! Die Russen hatten schon ne Masse Menschen, und es ist gar nichts passiert. Wir wurden nicht mißhandelt. Es ging runter zur Wolga, da standen ausgebrannte riesige Öltanks, und wir mußten uns umdrehen, Gesicht zur Wand. Da haben wir gedacht: So, jetzt ist es vorbei. Sie haben uns aber nur gefilzt, Brieftaschen, und was ihnen so gefiel. Außer meiner Brieftasche hatte ich nichts mehr. Ein Russe hat sie genommen und das Geld in die Luft geworfen. Wir hatten ja alle Geld, unseren Sold, den konnten wir ja nicht ausgeben. Dann mußten wir weiter runter zur Wolga. Da standen russische Soldaten, Frauen. Die haben uns angespuckt: ›Ihr deutschen Schweine, ihr kommt nicht eher nach Haus, bis ihr Stalingrad wieder aufgebaut habt.‹ Erstaunlicherweise konnten viele russische Soldaten Deutsch. Später haben wir gehört, die hatten das als Pflichtfach in der Schule.

Es ging über die Wolga und dann fing der Leidensweg an. Wir sind über die Rollbahn marschiert, die zur Stadt führte, Panzer kamen uns entgegen und Truppen. Wie viele Menschen mögen das gewesen sein? Dreihundert, vielleicht vierhundert. Vier Russen dabei, einer vorne, einer rechts und einer links und einer hinten. Wer nicht mitkam, den haben sie erschossen. Wir konnten sie nicht mitschleppen und die Russen hatten keine Fahrzeuge. So sind wir marschiert am ersten Tag, aber wir kriegten was zu essen in einem Dorf. Nachts haben wir in einer Kirche übernachtet und am Morgen lag Rauhreif auf unseren Sachen und die ersten waren tot. Einige, die am Rand lagen. Man mußte versuchen, vom Rand wegzukommen.

Vier, fünf Tage sind wir marschiert bis Jelinsk. Eine kleine Stadt, da haben wir eine Woche gelegen. Sie haben da welche zum Arbeiten gesucht, und ich hab mich gemeldet. Wahrscheinlich hab ich ans Essen gedacht. Und da waren riesige Berge von Trockenbrot in Säcken. Wie lang waren die? Dreißig Meter und vielleicht fünf hoch. Unsere Arbeit bestand darin, den Schnee runterzufegen. Zwei Tage haben wir das gemacht und uns natürlich eingedeckt.

Abends kamen wir ins Lager. Einer der Russen fragte, was wir da hätten. ›Nix verstehn‹, haben wir gesagt. Da hat der sein Gewehr genommen, durchgeladen, und dann haben wir's verstanden. Wir haben alles rausgenommen, gezeigt, und er hat uns nichts abgenommen. Die Russen, die waren erstaunlich. Im umgekehrten Fall könnte ich mir das gar nicht vorstellen. Im umgekehrten Fall, wenn wir die Sieger gewesen wären. Ich war überrascht, wie menschlich die Russen waren.

Mit dem Zug sind wir dann bis Astrachan. Eine Woche haben wir gebraucht, das waren vielleicht fünfhundert Kilometer. In der Zeit ging es schon los mit dem Typhus und dem Sterben. Die Läuse hatten uns im Griff. Wenn Sie den Pullover auszogen und legten den hin, dann meinten Sie der bewegt sich. Soviel Kleiderläuse. An Flecktyphus sind die meisten gestorben und die Russen hatten dem nichts entgegenzusetzen.

Im ersten Lager in Astrachan wurde nur gestorben. Laufend, laufend, laufend. Ich weiß nicht, ob es stimmt, aber es wurde gesagt, wir sollen mit viertausend Mann gekommen sein und von denen sind gut zweihundert übriggeblieben. An Flecktyphus und Ruhr sind sie gestorben. Ich hatte die Ruhr, ganz schlimm. Ich war dann Dystrophiker. Kaum noch Fleisch, die Haare fielen aus, die Zähne. Ich hab meine behalten, ich weiß nicht warum. Und wir wurden nun satt. Es gab so viele Kranke, die nichts mehr essen konnten, da wurden wir satt.

Sie haben uns in eine Schule gelegt. Die Klassenzimmer haben sie leer geräumt und uns auf die Erde gelegt. Die meisten hatten die Ruhr und es gab nur eine Toilette. Der Flur war nicht grade, der fiel so ein bißchen ab und da haben alle gestanden und ihre Sachen verrichtet. Der Urin stand im Gang knöchelhoch. Wir lagen in diesem Schulraum, Mann an Mann, und wenn jetzt der große Drang kam, halten konntest du es sowieso nicht mehr, dann ging es in die Hose rein. Nach zwei, drei Stunden, wenn es trocken war, haben wir die Hose ausgezogen, rausgerieben und wieder angezogen. Es war bestialisch.

Alles starb weg. Die Russen hatten nichts, nur ein violettes Wasser, ich weiß nicht, was das war, und sie haben Gläser gesetzt.* Dann sind wir verlegt worden, wieder in eine Schule, außerhalb von Astrachan. Und da müssen sich wohl die Russen gesagt haben: Wir können sie nicht alle verrecken lassen. Da hatten wir schon ne Pritsche mit ner Schilfmatte drauf, wir bekamen saubere Wäsche, das Essen wurde besser, wir bekamen Hirse, und es war schon wärmer. Es war Mai und in Astrachan ist subtropisches Klima.

Ich hab mich zur Arbeit gemeldet, da war ja immer noch was zu erben. Wir haben geholfen, ein Durchgangslager für russische Offiziere in Ordnung zu bringen. Die kamen dann und die Posten haben für sie gekocht. Sie hatten amerikanische Konserven, ›Oskar Meyer‹, das war Schweinefleisch. Gekocht haben sie's mit Hirse und wenn sie's dann ausschenkten, haben sie darauf geachtet, daß nicht zuviel Dickes dabei war. Die Posten waren ja auch Hungerleider. Waren die Offiziere abgespeist, kamen wir in die Küche rein, der Rest wurde durch nen Sack geschüttet, und dann haben die Posten mit uns das gegessen. Die Posten haben das mit uns, mit den Gefangenen, gegessen!

Es ging uns nicht schlecht da, ab und zu haben wir auch mal nen Hund gefangen und geschlachtet. Nachdem die Offiziere weg waren, an die Front, kamen die ersten Gefangenen dort rein, und es ging mit dem Lagerleben so langsam los. Im März 1944 suchten sie Leute für ein Fischkommando, und ich war wieder dabei. Es ging im Flußdelta, das ist ja riesig da, die Wolga runter zu dem Kommando. Wir waren drei Brigaden mit je zwanzig Mann und wir kriegten gleich vom ersten Tag an ein Kilo Brot. Die Arbeit galt als Schwerstarbeit, und das

* Reiztherapie u. a. gegen Infektionen, bei der erhitzte Glasglocken auf die Haut gesetzt werden und sich dort festsaugen.

Brot haben wir gleich am Morgen, wenn wir's kriegten, weggedrückt.

Es gab damals viele Fische in der Wolga. Der Arm im Delta, wo wir fischten, war vielleicht zweihundert Meter breit. Da holten wir Flußkarpfen, Zander, natürlich Störe und die großen Belugafische raus. Die erste Zeit haben wir Fisch in allen Variationen gegessen, kleine Störe, die wir eigentlich wieder reinschmeißen mußten, Kopf ab, Schwanz ab, aufgeschnitten, Eingeweide raus, ausgewaschen, in Stücke geschnitten, ins Kochgeschirr rein, kleines Feuerchen gemacht, Wolgawasser dabei, bißchen Salz drauf und in ner Viertelstunde war das fertig. Nachher haben wir das nicht mehr gemacht, da waren wir dann einigermaßen gut ernährt und sind wieder auf die Beine gekommen.

Dann kam das Schmelzwasser aus dem Norden und alles war überschwemmt, vom Pfahlbau aus, wo wir schliefen, sahen wir nur noch Wasser. Es blieb drei, vier Wochen stehen, dann ging es zurück und Schlamm blieb übrig und die Malariamücken kamen. Wolken, daß manchmal die Sonne dunkel wurde. Ich kriegte so stark Malaria, daß ich im August 1944 zurückgeschafft wurde in die Stadt. Ein Jahr hab ich mit der Malaria zu tun gehabt.

In Astrachan haben wir immer noch geglaubt, daß wir rausgehauen werden. Selbst in Astrachan! Die Russen haben Berichte von der Front an die Tür genagelt, aber wir haben es nicht geglaubt: die können uns ja viel erzählen! Bis eine abgeschossene Flugzeugbesatzung, die ins Lager kam, uns sagte wo die Front war. Da war die Front schon bei Rostov, fünfhundert Kilometer weg von uns. Was unsere Offiziere in der Zeit gedacht haben, weiß ich nicht. Mit uns, mit den Mannschaften, wollten sie möglichst nichts zu tun haben.

Ich kam dann 1945 ins Zentralmagazin. Wir paar aus Stalingrad hatten da ein ganz gutes Ansehen bei den Posten: ach, das sind die Übriggebliebenen von den armen Säcken aus Stalingrad. Das war ein gutes Kommando, wir haben dort die Lebensmittel verteilt für die Gefangenenlager. Fünf Lager waren um Astrachan, und die kamen und holten ihre Sachen bei uns ab. Vierzigtausend Mann, hieß es, seien dort nach der Kapitulation gewesen, wir mußten ordentlich Sachen ranschaffen. Mit dem Essen war es ja besser geworden. Nicht für die Leute, die krank waren oder nicht arbeiten konnten, denen ging es dreckig. Richtig satt wurden die nie, während die Arbeitskommandos ab 1947 Geld verdienten, aber wer kein Geld hatte und keine Beziehungen hatte, dem ging's nicht gut.

Wir sechs im Zentralmagazin, wir haben geklaut wie die Raben, wenn wir nicht genug Essen kriegten. Wir waren am richtigen Ort, und wer am richtigen Ort war, der war privilegiert. Im Lager gab's ne Schusterei und ne Schneiderei, und wir haben uns zum Beispiel aus Beutesäcken, aus Weißmehlsäcken, Hosen machen lassen. Maßhosen als Gefangene! Mit langen Taschen, die bis zum Knie gingen, wo man was reinstecken konnte. Hirse und Mehl haben wir so eingesackt und amerikanisches Eierpulver.

Der Russe, der das Magazin leitete, hieß Fraenkel. Ein Jude. Er hat es gut mit uns gemeint und uns nicht fühlen lassen, was die Deutschen mit den Juden gemacht haben. Was sie mit ihnen gemacht haben, davon haben wir in der Gefangenschaft wenig gehört. Gehört haben wir aber vom Attentat, vom 20. Juli. Da haben wir gesagt: Schade, daß es nicht geklappt hat, sonst kämen wir eher nach Haus.

Ich hab von den Russen nur Gutes erfahren. Sie haben mich gut behandelt. Sie waren human. Ich habe ein einziges Mal einen Tritt von einem Russen gekriegt. Ganz am Anfang war das, noch vor der Fischbrigade. Ein Posten, ein mieser, wie es überall Miese gibt. Der Tritt hat mir ein Bandscheibenleiden eingebracht, und wie ich nach Hause kam, ging ich zum Vertrauensarzt und der hat mich fast ausgelacht: Ich wär ein Simulant.«

Im Frühjahr 1947 werden einzelne Gefangene aus den Lagern um Astrachan entlassen. Vorzeitig, wie die Lagerleitung betont, und weil es »Bestarbeiter« sind. Fritz Schreiber ist nicht darunter, aber er erhält einen Ausweis, mit dem er das Lager zu bestimmten Zeiten verlassen und heimlich seine Freundin besuchen kann, eine russische Arbeiterin aus der Getreidemühle, wo er als Brigadier das Mehl für das Zentralmagazin holt. Heftig ist die Begegnung und zugleich von Furcht vor Entdeckung geprägt, an der sie nach einigen Wochen auch zerbricht.

Auf Festen von russischen Offizieren spielt Fritz Schreiber Akkordeon, erfährt im Gegenzug die Erfüllung mancher Bitte – bis auf die eine, die ihn am meisten beschäftigt, Tag für Tag: Komme ich wieder nach Hause? Und wann wird es sein? Mit einem »bald wirst du fahren« immer wieder vertröstet, kommt er 1948 an einem Sommerabend von der Getreidemühle zurück ins Lager und sieht vor dem Tor eine ungewöhnliche Ansammlung von Fahrzeugen: »Da stand auch der Jeep vom obersten Offizier des Gefangenenwesens, ein Major. Ein ausgezeichneter Mann, der war Geschichtsprofessor, sprach sehr gut Deutsch und kam am Sonntag in die Lager, kontrollierte sie und diskutierte mit den Gefangenen. Auf einmal war die Parole da: Es fahren wieder welche nach Haus und dann stellte sich raus, ich war dabei. Der Major sagte: ›Laut einem Befehl vom Genossen Stalin kommen Sie nach Haus. Ab dem 1. Mai 1948 sind Sie kein Kriegsgefangener mehr, Sie sind dann Bürger.‹ Das war ein unbeschreibliches Gefühl.«

Am 1. Mai wird im Lager ein Podium aufgebaut, die Lagerkapelle spielt und Fritz Schreiber, zuvor vom Politruk, vom politischen Offizier instruiert, muß zusammen mit vier anderen ein Rede über den Lohn der guten Arbeit halten und darüber, wie dankbar sie dem großen Genossen Stalin sind. Als »Bürger« fährt Fritz Schreiber mit einer Platzkarte ausgestattet fünf Tage später mit einem Personenzug nach Moskau und von dort nach Brest an die polnische Grenze. »Dort wurden wir nochmal gefilzt. Arme hochheben. SS? So, hieß es, jetzt kommt ihr in ein Lager und morgen geht es nach Haus. In dem Lager waren zweihundert Leute, die auf dem Sprung nach Hause waren. Deutsche, Polen, Krankenschwestern, Männer und Frauen, es war eine dolle Sache, daß so was in Rußland möglich war. Nach Hause aber kamen wir nicht.

Ich hab da eine Polin kennengelernt, die hatten sie fünf Jahre nach Sibirien geschickt. Sie wollte mich heiraten. Das war eine sehr schöne Zeit. Es hat mich aber gewaltig nach Hause gezogen. Wir, die zehn aus Astrachan, haben an Stalin geschrieben: Was da wär, daß wir nicht nach Hause kämen. Wir seien keine Kriegsgefangenen mehr, wir seien doch Bürger. Und nach sechs Wochen ging es dann wirklich nach Hause.

In Friedland wollten die Amerikaner viel wissen. Was in Astrachan für Industrie ist, ob die kriegswichtig ist, die waren sehr neugierig. Über Münster kam ich dann nach Dortmund. Dreieinhalb Jahre galt ich als vermißt. Die Bekannten haben gesagt: Fritz kommt nicht wieder. Es waren ja so viele vermißt, aber ich kam wieder. Das gab's. Ich kam wieder.«

Fritz Schreiber erinnert die Tränen des Vaters, seine eigenen, und wie gefaßt die Mutter war. Körperlich unversehrt habe sich seine Familie durch Krieg und Hungerjahre »durchgebissen« und jetzt, kurz nach der Währungsreform, sei ihr Leben schon wieder normal gewesen, kein Schutt in den Straßen, die Häuserlücken geräumt und die freien Flächen von Gras und Unkraut überwachsen. Die noch sichtbare Zerstörung ist kaum noch Erinnerung an den Krieg, ein Bild des Alltags.

Der Vater hat trotz der grassierenden Arbeitslosigkeit in den ersten Nachkriegsjahren wieder eine Stelle in einem Hüttenwerk, aber Fritz Schreiber kann an nichts anknüpfen, er ist achtundzwanzig Jahre alt und ohne Ausbildung. Erst verteilt er Lesemappen, schleppt Tische, Schränke und Schlafzimmergarnituren zu den Kunden eines Möbelgeschäfts, »putzt Klinken« für eine Firma, die ihre Uhren an der Haustür verkauft und wirbt schließlich Anzeigenkunden für das städtische Telefonbuch, bis ihn ein Bekannter 1952 fragt, ob er denn keine Lust habe, am Gericht anzufangen. Hilfswachtmeister im einfachen Dienst, sagt sich Fritz Schreiber, ist »wenigstens der Spatz in der Hand«, auch wenn es »kümmerlich bezahlt« wird und aus »niederer Arbeit« besteht. Ein wenig tröstet ihn der Status als Beamter, »es war eine sichere Sache«, nicht nur für ihn, denn seit zwei Jahren ist er verheiratet: »Wir mußten, in dem Jahr wurde unsere Tochter geboren und dann kamen noch zwei Mädchen, 1955 und 1957.«

Für seine dreißig Dienstjahre hat Fritz Schreiber nur zwei Bemerkungen übrig. Die eine, wie ihm der Besitz eines Führerscheins eine Fahrerstelle einträgt, in der er nun den Gerichtspräsidenten, Richter und Staatsanwälte chauffiert, die andere für den Wechsel in eine Hausmeisterstelle, die ihm eine Dienstwohnung beschert: »Ne Bombenwohnung, ein Einfamilienhaus, hundertundfünfzig Quadratmeter, Obstbäume vorm Haus, Obstbäume hinterm Haus, die Richter haben mich alle beneidet.« Es ist aber weder die Beschreibung von Glück noch von Aufstieg, sondern zufälliger Annehmlichkeiten, die er zu nutzen weiß, um zu tun, was ihm Leben bedeutet: Musik.

Schon bald nach seiner Rückkehr hatte er sich als Akkordeonspieler einem Trio angeschlossen, Saxophon und Hawaiigitarre gelernt, und nun, wo er als Hausmeister dem Dienstkorsett entkommen ist, tritt er mit einer elektronischen Akkordeonorgel auf: »Das ging wunderbar für die damalige Zeit. Ein Rhythmusgerät dabei und da hab ich gedacht: Jetzt ist Zeit, jetzt spielst du alleine.« Als Alleinunterhalter spielt er manchmal drei Abende in der Woche, in Gaststätten, bei Geburtstagen und bei Familienfeiern, die er als seine schönsten Auftritte in Erinnerung hat. Musik, sagt Fritz Schreiber, sei in dem halben Jahrhundert seit seiner Rückkehr neben seiner Frau und den Kindern das Wichtigste in seinem Leben gewesen. Sein Beruf ist nicht mehr als dessen Futteral, das er abstreift, als 1982 eine der zahllosen Verfügungen herauskommt, um die damals schon desolate Lage am Arbeitsmarkt zu verschönern: »Damals kam eine Kannverfügung heraus. Wer in nem gewissen Grad behindert war, konnte gehen. Und da hab ich gar nicht lange gefackelt und hab gesagt, weg, nichts wie weg!«

1997 hat er seine Musikgeräte verkauft, »weil endlich mal Schluß sein mußte«. Übriggeblieben sind ein Akkordeon und seine Gitarre, gebaut von einem Mitgefangenen aus Astrachan, klein und zerbrechlich wirkend, die Saiten aus Telefondraht. Sie liegt neben einer großen Zigarrenkiste aus Sperrholz, gefüllt mit vergilbten Bögen des Roten Kreuzes, auf denen streichholzschachtelgroße Fotos von Vermißten aus Stalingrad und den Gefangenenlagern aneinandergereiht sind, die er gekannt haben könnte.

ERNST PRIEBATSCH

Ernst Priebatsch stammt aus dem Ort Ratibor-Hammer, der nur wenige Kilometer diesseits der Oder im Südosten Oberschlesiens liegt. Im Jahr seiner Geburt, 1914, leben dort dreitausend Menschen, und in der Erinnerung von Ernst Priebatsch wird die Gemeinde gesellschaftlich und kulturell vom »Turnverein Hoffnung« dominiert: »Ich weiß nicht genau wie viele, aber die Hälfte der Einwohner war da Mitglied«. Der sport- und vereinsbegeisterten Bevölkerung seien nicht nur zahlreiche Sport- und Tanzfeste zu verdanken gewesen, sondern auch das einzige, Jahr für Jahr wiederkehrende Theaterereignis in der größten Gastwirtschaft des Ortes.

Nach dem Ende des Ersten Weltkriegs wird Oberschlesien mit dem Vertrag von Versailles zum Abstimmungsgebiet und ständigen Unruheherd. Zweimal, 1919 und 1920, versuchen polnische Freischärler gewaltsam Oberschlesien für den neuen polnischen Staat zu annektieren, und werden von Freikorps – wiederaufgestellte Verbände des alten deutschen Heeres – daran gehindert. Ein überaus blutiger Konflikt auch für die Zivilbevölkerung, der über ökonomische und ethnische Interessen hinweg zur Frage des Nationalstolzes kulminiert. In der Abstimmung 1921 votieren schließlich sechzig Prozent der Oberschlesier für Deutschland und vierzig Prozent für Polen. Die von der Politik gestellte Nationalitätenfrage scheint damit beantwortet, aber es bleiben eine gespaltene Bevölkerung und Kontrahenten in Berlin und Warschau zurück, die den Konflikt weiter schüren werden.

Den Vater beschreibt Ernst Priebatsch als einen »kleinen Postbeamten«, dessen Gehalt eben für das Notwendigste reicht. Von seiner Frau erwartet er, daß sie für den Haushalt und für die kleine Landwirtschaft mit dreißig Morgen, also für eine Fläche von siebeneinhalbtausend Quadratmetern, sorgt und nur auf den Tisch bringt, was dort erwirtschaftet worden ist. Mit sechs Kindern, von denen Ernst Priebatsch das jüngste ist, wird für seine Mutter daraus eine tägliche Zerreißprobe.

Die polnische Grenze ist fünfzehn Kilometer entfernt, aber »Kontakt mit den Polen wollte niemand bei uns. Alle hatten einen starken Haß auf die Polen, weil alle erlebt hatten, wie die polnischen Freischärler das Land besetzen wollten, da war ich ein Kind von sechs Jahren. Bei uns ging es nicht so schlimm zu, wir hatten die Italiener als Besatzungsmacht, aber fünfzig Kilometer entfernt, am Annaberg, da gab es große Kämpfe. Der Pole hieß es, der ist unzuverlässig und faul. Das stimmte überhaupt nicht, aber für ein Kind ist das die Wahrheit, was die Erwachsenen erzählen.«

Ernst Priebatschs Vater ist aktives Mitglied der Deutschnationalen Partei. Stolz, die Sehnsucht nach der Wiederauferstehung der Monarchie und kulturelles Sendungsbewußtsein, in dem das Deutsche Reich die Herzmacht Europas ist, prägen seinen Nationalismus ebenso wie die Furcht vor den slawischen Nachbarn im Osten und dem französischen Erzfeind im Westen. Sammelbecken für eine Melange aus konservativ und autoritär gesonnenen Wählern wird seine Partei 1924 stärkste bürgerliche Fraktion im Reichstag. Am politischen Engagement des Vaters nimmt, offenbar nicht ganz freiwillig, auch der zehnjährige Ernst Priebatsch teil. Er klebt Plakate, verteilt Flugblätter und tritt auch der parteieigenen Scharnhorstjugend bei, in der Begeisterung für die »politische Sache« eingeübt werden soll. Viel mehr als eine Pflichtübung und ein Gefühl, doch »etwas besseres zu sein als die in der SA und HJ« wird aber nicht für ihn daraus, denn seine Leidenschaft gehört dem Sport.

Mit zwölf Jahren wechselt Ernst Priebatsch von der Volksschule auf ein humanistisches Gymnasium in Ratibor. Die Söhne und Töchter von wohlhabenden Eltern, mit denen er zusammen im Klassenzimmer sitzt, erscheinen ihm in ein privilegiertes Leben hineingeboren, das sie weit über ihn, seine ewig leeren Taschen und unerfüllten Wünsche stellt. Auch im »Sportverein Hoffnung«, der mehr und mehr zum Zentrum seines Lebens wird, können sein Talent und seine Leistungsbereitschaft diesen für ihn schicksalhaft gewordenen Unterschied nicht aufheben.

Politisches Interesse bleibt für Ernst Priebatsch eine Gefälligkeit dem Vater gegenüber, und er kann auch nicht sagen, wie dieser auf die Radikalisierung der Deutschnationalen und ihr Bündnis mit der NSDAP reagiert hat. Nachdem der Vorsitzende seiner Partei, Hugenberg, und der ehemalige Reichskanzler von Papen Hitler in den Sattel gehievt haben und der Überzeugung sind, sie hätten sich »ihn engagiert«, quittiert er das Ende seiner Partei 1933 mit politischer Abstinenz. Zuvor zeigt er zum letzten Mal buchstäblich Flagge und Ernst Priebatsch erinnert sich, wie er an »einem enorm hohen Mast vorne im Blumengarten eine große schwarz-weiß-rote Fahne aufgehängt hat«.

Während der Vater den Rückzug ins Private antritt, wird der Sohn durch die Gleichschaltung des öffentlichen Lebens zum Mitglied der SS, die sich die Jugendorganisation der Deutschnationalen Partei geschlossen einverleibt: »Ich war nicht in der Hitlerjugend, aber in der SS. Das war jedoch eine zivile SS und wir hatten praktisch wenig mit der SS zu tun. Ich mußte in einen Nachrichtenzug und wir haben gefunkt und gemorst und Sport getrieben.« Die Vorstellung, daß sich sein Nachrichtenzug in einer zivilen Sonderrolle befunden habe, hat sich Ernst Preibatsch bis heute bewahrt. Offenbar eine Form von Arglosigkeit und politischem Desinteresse, wird sie ihn später in der russischen Gefangenschaft, wo er ohne Not zu Protokoll gibt, er sei Mitglied der »zivilen SS« gewesen, in eine gefährliche Situation bringen. Vorerst jedoch erweist sich der Nachrichtenzug als Förderer seiner sportlichen Talente: »Weil ich ein ganz brauchbarer Sportler war, haben sie mich 1936 von dort nach Berlin zu einem vorolympischen Kursus geschickt.«

Aus einer Teilnahme an den Olympischen Spielen 1936, bei welchen das gesamte Ausland Hitler und dem neuen Staat seine Referenz erweist, wird nichts. Ernst Priebatschs Begeisterung für alles, was mit Leichtathletik verbunden ist, nimmt aber keinen Schaden. Der Erfolg der deutschen Sportler ist auch sein Erfolg, den er heute aus einer kritischen Distanz sieht: »Ich konnte mich für die Nationalsozialisten nicht begeistern. Das ging an mir vorbei. Ich war aber begeistert, als wir auf der Olympiade so erfolgreich waren, und darin steckte natürlich nationales Denken. Das hat der Nationalsozialismus auch aufgegriffen und deshalb die Sportler sehr gefördert. Nationales Denken, Nationalismus, das war die Haltung meiner Eltern und damit weitgehend auch meine.«

Im Jahr der Olympiade besteht Ernst Priebatsch das Abitur in Ratibor und muß sofort, nur eine Zugstunde entfernt, in den Arbeitsdienst nach Cosel an der Oder. Allein mit dem Spaten, der in den Propagandafilmen, geschultert wie ein Gewehr, das saubere blinkende Blatt nach oben, ein beliebtes Motiv ist, soll er nahe der Stadt in den schweren Böden der Flußniederung Gräben für die Entwässerung ziehen. Durch die Landwirtschaft seiner Eltern ist er an schwere Arbeit gewöhnt, aber das Grabenschaufeln in Lehm und Lette, einem grauen zähen Ton, der am Spaten klebt und heruntergeschüttelt werden muß, ist unvergessene Mühsal.

Zwei Jahre zuvor war von Hitler der Tod Hindenburgs genutzt worden, um die Ämter des Reichspräsidenten und Reichskanzlers zusammenzulegen und sich zugleich zum Oberbefehlshaber der Reichswehr zu machen. Und als sei es der Machtfülle noch nicht genug hatte die Führung der Reichswehr im gleichen Atemzug dafür gesorgt, daß in feierlichen Gelöbnissen im ganzen Land jeder Soldat Hitler die »absolute Treue«, den Treueid schwören mußte. Hitler sollte enger an die Reichswehr gebunden und ihre herausragende Stellung im Staat gefestigt werden. Wünsche und Machtvorstellungen der militärischen Elite, die sich nicht erfüllen sollten.

Den Treueid leistet nun auch Ernst Priebatsch, als er unmittelbar nach dem Arbeitsdienst als Rekrut einberufen wird, denn es gilt seit 1935 die allgemeine Wehrpflicht. Nachdem sich gezeigt hatte, daß ihre Wiedereinführung keine Sanktionen des Auslands hervorrufen würde, obwohl sie ein Bruch mit dem Vertrag von Versailles gewesen war, sah ein großer Teil der Bevölkerung in diesem Schritt das herbeigesehnte Ende des »Schandfriedens von Versailles« näherrücken. Der amerikanische Journalist William Shirer notierte in Berlin über diesen außenpolitischen Erfolg Hitlers:

»Die heutige Schaffung einer offiziellen Armee in offener Herausforderung der Bestimmung von Versailles wird seine Position im Lande weiter stärken, da es nur wenige Deutsche gibt, unabhängig davon, wie sehr sie auch die Nazis hassen, die dies nicht von ganzem Herzen unterstützen. Die große Mehrheit wird die Art und Weise, wie er Versailles eine lange Nase zeigt, das sie alle abgelehnt haben, begrüßen.«

Wegen seiner Kenntnisse im Morsen und Funken wird Ernst Priebatsch in einen Nachrichtenzug gesteckt. Dort stolpert er bei einem Handballspiel über sein sportliches Talent, das ihm die Versetzung zu einem Infanterieregiment »einbrockt«, dessen Kommandant ihn als Torjäger beobachtet und zur Verstärkung der eigenen Mannschaft angefordert hat.

Der Wechsel zur allgemein eher ungeliebten Infanterie bringt ihm als Sportler einige Vorteile ein, aber mehr noch »Schinderei und bösartige Schikanen. Beim Exerzieren paßte dem Unteroffizier meine Fußstellung nicht. Er hob mein Gewehr hoch und schlug mir mit den Kolben auf die Zehen.« Der Schlag trifft nicht nur die Zehen. Blau geschwollen und schmerzempfindlich werden sie Ernst Priebatsch für Wochen behindern, aber mehr noch leidet offenbar sein Selbst- und Rechtsbewußtsein, denn eine Beschwerde gegen den Unteroffizier hält er zwar nicht für aussichtslos, aber am Ende dann doch gegen ihn selbst gerichtet, weil sie ihn zum Opfer der Unteroffiziersclique machen würde.

Das Leben auf dem Kasernenhof fällt ihm etwas leichter, nachdem die Grundausbildung beendet und er Reserveoffiziersanwärter geworden ist. Erst in den Rang seines Peinigers und dann zum Feldwebel befördert, wird Ernst Priebatsch im Herbst 1938 entlassen und studiert zwei Semester Sport in Breslau. Die Bevölkerung dort sei fanatischer gewesen als im Westen Deutschlands, und als Beispiel führt er seinen eigenen Großvater an, der es nur schwer erträgt, wenn seine Frau mit dem Enkel polnisch spricht. »Es gab«, erzählt Ernst Priebatsch, »eine Propaganda, die uns dauernd erzählte, daß die Polen sich gerührt hätten. Dazu gehörte später der Überfall auf den Sender von Gleiwitz, den ich für wahr hielt. Was Propaganda, was reine Erfindung war, um uns zu motiveren, hielten wir für Sachen, die tatsächlich passiert waren.«

Schon im Juli 1939 wieder zu seiner alten Kompanie einberufen, ist Ernst Priebatsch dabei, als die Wehrmacht ohne Kriegserklärung am frühem Morgen des 1. September in

Polen einmarschiert. In den ersten Tagen werden viele junge Männer aus seiner Kompanie getötet oder verwundet, weil sich die polnischen Soldaten »erbittert und erfolgreich« wehren. Daß Männer aus seiner Kompanie in seiner unmittelbaren Umgebung sterben, erlebt er »ohne die Erschütterung, die man vielleicht erwarten kann«. Nach dem ersten Widerstand jedoch »brauchte die Kompanie nur noch zu marschieren und nur selten hatten wir eine Schießerei.«

Direkt nach der Kapitulation Polens wird Ernst Priebatschs Kompanie ins Rheinland, in die Nähe von Köln, verlegt und er selbst einige Tage später nach Schlesien, wo eines der zahlreichen neuen Bataillone für den kommenden Krieg im Westen aufgestellt werden soll. Mit ihm kommt er schließlich nach Österreich, um Bunkerkämpfe für den Angriff auf Frankreich zu üben, an dem er als Feldwebel und Zugführer teilnimmt.

Die wenigen Wochen des Krieges bis zur Niederlage der Alliierten an der Kanalküste, die Adolf Hitler im Wald von Compiègne mit erfreuten Schlägen auf den rechten hochgezogenen Oberschenkel quittiert, sind in der Erinnerung von Ernst Priebatsch bis auf eine einzige, offenbar für ihn und seine Männer gefährliche Situation geschrumpft. Sein Zug, der aus drei Gruppen mit jeweils fünfzehn Mann besteht, erobert trotz heftigen Widerstandes ein Dorf von strategischer Bedeutung und Ernst Priebatsch erhält dafür das Eiserne Kreuz zweiter Klasse.

Von Frankreich ist darüberhinaus ein Gefühl geblieben, es sei für ihn dort »leichter als im Polenfeldzug« gewesen. Diesen Eindruck von einer scheinbaren Leichtigkeit des Krieges im Westen teilt er mit vielen anderen deutschen Soldaten. Sie findet ihre Entsprechung in dem Bedauern, als er Frankreich verlassen und nach Polen in die Stadt der Schwarzen Madonna, nach Tschenstechau, gehen muß.

Während sich Ernst Priebatsch nach der Einnahme von Paris und kurz vor der Unterzeichnung der Waffenstillstandsvereinbarung zwischen Frankreich und Deutschland bereits auf den Abmarsch nach Polen vorbereitet, berichten die »Meldungen aus dem Reich« vom 24. Juni 1940 über die Stimmung in der Bevölkerung.

Ziel der Berichte ist die »umfassende Ermittlung der Stimmung der Bevölkerung überhaupt und ihrer Reaktion auf politische Ereignisse und die Maßnahmen von Partei und Staat«. Die Informationen, die zu wöchentlichen Berichten zusammengefaßt werden, stammen von dreißigtausend V-Leuten, die aus allen Berufen und Lebensbereichen kommend dem SD, dem Sicherheitsdienst der SS, zuarbeiten. Obwohl der SD diese Berichte auch nutzt, um Gegner des Regimes aufzuspüren und zu verfolgen, ist ihr Hauptzweck, der sie zu einer ungewöhnlich aussagekräftigen Quelle macht, ein ganz anderer: Die »objektive Darstellung« der Stimmung und Haltung in der Bevölkerung, ein Seismograph und Frühwarnsystem für die Diktatur. In einer Arbeitsanweisung vom Oktober 1940 wird dieser Anspruch eines »objektiven« und dabei grenzenlosen Spitzeltums zum Manifest erklärt:

»Jeder V-Mann muß überall in seiner Familie, seinem Freundes- und Bekanntenkreis und vor allem an seiner Arbeitsstätte jede Gelegenheit wahrnehmen, um durch Gespräche in unauffälliger Form die tatsächliche, stimmungsmäßige Auswirkung aller wichtigen außen- und innenpolitischen Vorgänge und Maßnahmen zu erfahren. Darüberhinaus bilden die Unterhaltungen der Volksgenossen in den Zügen (Arbeiterzüge), Straßenbahnen, in Geschäften, bei Friseuren, an Zeitungsständen, auf behördlichen Dienststellen (Lebensmittel- und Bezugsscheinstellen, Arbeitsämtern, Rathäusern usw.), auf Wochenmärkten, in den Lokalen, in Betrieben und Kantinen aufschlußreiche Anhaltspunkte in reicher Fülle, die vielfach noch zu wenig beachtet werden. Grundsätzlich wird erwartet, daß die Stimmung in der Bevölkerung rückhaltlos, ohne Schönfärberei oder propagandistische Aufmachung, d. h. sachlich, klar, zuverlässig und verantwortungsvoll geschildert wird, so wie es ist, nicht wie es sein könnte oder sollte.«

Am 24. Juni 1940 wird in den »Meldungen aus dem Reich« berichtet:

»Unter dem Eindruck der großen politischen Ereignisse und im Banne der militärischen Erfolge hat sich im gesamten deutschen Volke eine bisher noch nicht erreichte innere Geschlossenheit und enge Verbundenheit von Front zur Heimat herausgebildet. Der Tätigkeit der Gegnergruppen ist überall der aufnahmefähige Boden entzogen. Alles schaut dankbar und mit Vertrauen auf den Führer und seine von Sieg zu Sieg eilende Wehrmacht. Gegnerisches Wirken stößt überall auf scharfe Ablehnung. Der überwiegend verbreitete gesunde Abwehrwille der Bevölkerung verschließt sich wirksam hetzerischen und miesmacherischen Einflüssen. Man beachtet sie entweder gar nicht oder lehnt sich empört dagegen auf.

Ein weiteres Moment für die allgemeine Abnahme der Gegnertätigkeit liegt in der furchtbaren Auswirkung der in den Kriegsgesetzen angedrohten schweren Strafen und in dem schnellen Zugreifen der staatlichen Exekutive.«

Entgegen seinen eher düsteren Erwartungen fühlt sich Ernst Priebatsch vom Leben in Tschenstechau angenehm überrascht und erinnert sich gern an diese Zeit. Eben zum Leutnant ernannt, die einfachen Mannschaften sind in einer Kaserne untergebracht, erhält er ein Privatquartier in dem mondänen Haus eines angesehenen polnischen Arztes. Weil er ja ein wenig Polnisch spricht, sind seine Vorgesetzten daran interessiert, daß er auch Russisch lernt, und Ernst Priebatsch kann unter ihren Augen eine enge Beziehung zu zwei jungen Armenierinnen »Maria und Lena, zwei wundervoll aussehende Schwestern« beginnen, die aus der Diktatur Stalins in den von Deutschland annektieren Teil Polens in die Diktatur Hitlers geflüchtet sind.

Mehrere Monate, sie bestehen neben den Annehmlichkeiten auch aus militärischen Übungen und Drill, bleibt er in Tschenstechau, bis sein Regiment im April 1941 in die Industriestadt Lodz verlegt wird, die nach einem preußischen General und späteren Parteigenossen der NSDAP in Litzmannstadt umbenannt worden ist. Die Industriestadt, sie liegt nach der Annektion Polens im sogenannten Wartheland und gehört damit nun zum Deutschen Reich, war vor dem Krieg eines der wirtschaftlichen und kulturellen Zentren des jüdischen Lebens in Polen. Von den nahezu siebenhunderttausend Einwohnern war ein Drittel jüdischen Glaubens.

Ziemlich genau ein Jahr bevor Ernst Priebatsch die Stadt betritt, ist dort im ehemaligen jüdischen Armenviertel Baluty ein Ghetto errichtet worden, in dem einhundertundvierundsechzigtausend jüdische Bürger der Stadt auf engstem Raum zusammengetrieben worden sind. Von zwei Durchgangsstraßen, die in andere Stadtteile führen, in drei Areale geteilt, die mit Holzbrücken untereinander verbunden sind, nimmt Ernst Priebatsch das Ghetto zwar wahr, aber kann sich an Einzelheiten nicht erinnern.

In der ersten Juniwoche wird Ernst Priebatsch weiter in den Osten Polens an die Grenze zur Sowjetunion und Ukraine verlegt. Zwei Tage nach dem Angriff auf den Verbündeten macht seine Kompanie kehrt und marschiert zurück, um bereits im Hinterland liegende Bunker einzunehmen, die weiter von russischen Soldaten verteidigt werden:»Meine Kompanie hat einen Pionierzug bekommen und wir wurden morgens, als wir angriffen, von Stukas und Artillerie unterstützt. Mit meinem Zug erreichte ich im Rücken der Russen, wir kamen ja aus Osten, einen Laufgraben, der zum Bunker führte. Ich stand an einem Knick im Laufgraben, der im Zickzack angelegt war. Und zwei Knicks dahinter lag die Stahltür des Bunkers. Von rechts kamen die Pioniere, erreichten den Bunker im toten Winkel seiner Maschinengewehre und Geschütze und haben mit einer Stange eine Sprengladung in einen Lüftungsschacht gestoßen. Es gab ein dumpfes Krachen im Bunker, die Stahltür wurde aufgerissen und Russen stürmten aus dem Eingang. Ich schoß auf den ersten mit der Maschinenpistole und er brach zusammen. Sie waren ja auch feuernd herausgekommen.

Aus dem Bunker wurden jetzt Handgranaten geworfen, die weit hinter mir landeten, und ich habe Granaten zurückgeworfen, die auch nichts ausrichteten. Ein Russe kam auf den Knien und Ellbogen um den Knick gekrochen und schob seine Maschinenpistole vor sich her, aber er machte den Fehler, nicht hochzuschauen, und ich hab sofort mit meiner Maschinenpistole geschossen. Er brach zusammen, drei Meter entfernt von mir. In dem Moment wußten die Russen, daß ich unmittelbar vor der Tür, sechs, sieben Meter entfernt lag. Die Handgranaten kamen nun kürzer geflogen und eine direkt auf mich zu. Es krachte, und ich brach zusammen. Es war mir, als ob ein Pferd mit allen vier Beinen auf mich sprang. Die Handgranate war direkt über meinem Rücken explodiert.

Komischerweise wurde ich nicht bewußtlos, sondern rief einem Melder zu, sie sollten mich mit den Füßen rückwärts rausziehen. Ich verlor viel Blut, auch aus dem Mund.

Weiter zurück sagte ich einem der Sanitäter – sie hatten keine Tragen – sie sollten mich auf die Leiter eines Panjewagens legen, und so haben sie mich zu zweit durch das

Feuer zurückgezogen. Dafür habe ich das EK I (Eiserne Kreuz 1. Klasse) bekommen.

Ich war schwerverletzt, habe auf dem Hauptverbandsplatz Blut übertragen bekommen, und wurde im Lazarettzug nach Krummhübel gebracht, einem bekannten Kurort im Riesengebirge. Dort war ich ein halbes Jahr in einem Krankenhaus, denn mein ganzer Rücken war zerfetzt und die Lunge war verwundet. Dabei hatte ich Glück. Der Ledergurt, an dem ich über dem Rücken die Maschinenpistole trug, hat mein Rückgrat etwas geschützt.«

Während Ernst Priebatsch im Lazarettzug nach Krummhübel liegt, befindet der SD in der Meldung vom 26. Juni über die Stimmung:

»Die inzwischen weiter eingegangenen Meldungen zum Krieg mit Rußland bestätigen einhellig, daß die anfängliche Nervosität und besonders bei Frauen festgestellte Bestürzung nur wenige Stunden angehalten hat und durch die umfassende Aufklärung einer allgemein ruhigen und zuversichtlichen Haltung Platz gemacht hat. Die Stimmung der Bevölkerung ist so weit umgeschlagen, daß heute Rußland als militärischer Gegner fast allgemein sehr gering eingeschätzt wird. In einigen Meldungen wird sogar von einer ›offensichtlichen Unterschätzung‹ des Gegners gesprochen... Der militärische Sieg über Rußland in kurzer Zeit ist bei diesem Krieg so sehr Allgemeingut jedes einzelnen Volksgenossen wie noch bei keinem der bisherigen Feldzüge. Die Zuversichtlichkeit weitester Volkskreise ist so stark, daß sich die Wetten, die bereits an mehreren Orten abgeschlossen wurden, nicht mit dem Ausgang befassen, sondern nur noch mit den Terminen, dabei ist die zur Zeit meist gehörte Frist für die Beendigung des Krieges der Zeitraum von sechs Wochen.«

Im Winter 1941 wird Ernst Priebatsch aus dem Lazarett entlassen und erhält Urlaub. Ausgezeichnet mit zwei begehrten Orden und unter den eingezogenen jungen Männern seines Heimatorts der erste, den die Wehrmacht zum Leutnant befördert hat, kommt er nach Hause. Seine 1875 geborene Mutter, sie steht kurz vor ihrem siebenundsechzigsten Geburtstag, wird umgetrieben von der Furcht um sein Leben und seine Gesundheit. Bei seinem Vater erinnert Ernst Priebatsch zuerst den Stolz auf die verheißungsvolle Karriere des Sohnes als Offizier und schränkt ihn dann um die Angst ein, »die er natürlich auch hatte, ob ich das alles heil übersteh«. In dieser Atmosphäre aus Stolz und Angst, die seinen Urlaub prägt, überwiegen jedoch die Furcht der Mutter und seine vergeblichen Versuche, sie zu beruhigen und ihr eine Sicherheit zu geben, von der er weiß, daß es sie nicht gibt. Monate später sitzt sie nach einem Schlaganfall im Rollstuhl. Für Ernst Priebatsch die Folge ihrer immerwährenden Furcht um die beiden Söhne, um ihn und um den älteren Bruder, der zu dieser Zeit noch als Tischler arbeitet und uk (unabkömmlich) gestellt ist, da er Modelle für Werkstücke in der Kriegsindustrie baut.

Am 14. Februar 1942 schreibt Ernst Priebatsch aus einem im Rheinland stationierten Ersatzbataillon an seine Mutter: »Ich bilde Rekruten aus und habe ein schönes Quartier. Es geht mir im Vergleich zum Schicksal meiner Kameraden draußen an der Front sehr gut. Ob ich überhaupt noch einmal an die Front komme, ist sehr zweifelhaft, freiwillig melde ich mich jedenfalls nicht. Ich warte auf meine ärztliche Untersuchung, die bisher nicht vorgenommen werden konnte, weil meine Lazarettpapiere noch nicht da sind. Dann wird sich entscheiden, ob ich weiter für die Infanterie oder für eine motorisierte Truppe in Frage komme. Ich möchte natürlich lieber zu einer motorisierten Truppe. Also du brauchst dir wirklich keine Gedanken über meinen eventuellen neuen Einsatz zu machen. Es ist noch lange nicht so weit. Du aber mußt auf Dich aufpassen. Kannst Du nicht in eine Kur gehen! Irgend etwas muß unternommen werden, sonst kann es passieren, daß ich glücklich aus dem Kriege heimkehre und Dich die kühle Erde deckt.«

Immer noch als Infanterist wird er im späten Frühling 1942 zum Kompanieführer gemacht und erhält einen Marschbefehl an die russische Front.

»Für mich begann erneut der Rußlandfeldzug. Ich war noch jung und meine Ernennung zum Kompanieführer war für mich eine tolle Sache. Ich war enorm stolz, daß ich als Leutnant die Führung einer Kompanie übernahm, denn das war sonst eine Sache für einen Oberleutnant oder Hauptmann. Die Kompanie hatte ungefähr hundertundachtzig Mann und es war eine enorme Verantwortung. Wir wurden weit nach Rußland ins Donezbecken nach Slawjanks gebracht. Der Fluß, der Donez, war nicht weit entfernt, und der Angriff, an dem wir dort beteiligt waren, führte dann zum Kessel von Charkow. Ich lag mit meinem Regiment 535 am südlichen Rand des Kessels, als ein größerer Trupp von Russen auf uns zukam. Es kam aber zu keinem Blutvergießen, weil ich die Russen herankommen ließ, aus meinem Loch sprang und sie auf russisch anschrie: ›Hände hoch. Es passiert euch nichts. Fürchten Sie sich nicht!‹

Das war Ende Mai 1942. Im Juli war uns dann klar, wir sollten nach Stalingrad, da war es noch eine große Stadt wie viele andere. In der Steppe erlebten wir keinen großen Widerstand, nur leichte Gefechte. Wir zogen zu Fuß, wir waren ja Infanteristen, durch das hüfthohe von der Sonne braungebrannte Gras und hin und wieder sahen wir dornige Kugelbüsche, die der Wind über die Steppe rollte. Es war heiß, und die armen Leute hatten in der Hitze viel zu schleppen. Als Offizier, ich glaub, ich war schon Oberleutnant, besaß ich ein Pferd, eines aus Deutschland und das machte bald schlapp. Ich organisierte mir dann ein schokoladenbraunes Panjepferd mit einer ganz hellen Mähne, das war kleiner als unsere Pferde, stabil, gut im Fleisch und konnte von dem trockenen Steppengras leben. Unsere Pferde, die unsere Wagen zogen, waren nicht daran gewöhnt, und da kein Futter mehr für sie kam, waren sie bald so erschöpft, daß sie nicht weiterkonnten und wir auch für den Troß Panjepferde bekamen.

Die Dörfer aus kleinen Holzhäusern waren selten und wir sind auch kaum auf Widerstand gestoßen. Zwanzig Kilometer marschierten wir am Tag, und die Russen versuchten zu unserer Verwunderung nicht, uns aufzuhalten. Manchmal gerieten wir unter Gewehrfeuer. Dann wurden leichte Geschütze eingesetzt, die schickten ein paar Granaten hinüber, und der Russe zog sich zurück.

Später habe ich gelesen, daß Stalin den Rückzug aus der Donsteppe befohlen hatte. Das war klug, denn dort in der Steppe gab es nichts, wir konnten uns nicht aus dem Land ernähren, alles mußte gebracht werden, die Wege für den Nachschub wurden immer länger und es fehlte uns die Verpflegung. Der Hunger begann also schon weit vor Stalingrad in der Donsteppe. Und auch die Menschen in den kleinen armen Dörfern hungerten. Fast könnte man sagen, sie waren dennoch freundlich. Einmal war ich in dem Haus einer alten Frau untergebracht, und die hat mich gebadet wie ein Kind, ohne daß ich das wollte.

In der Donsteppe hatte ich den Fall, daß einer meiner Soldaten eine Henne geklaut hatte. Die Frau kam weinend zu mir und beklagte sich. Es gab einen fürchterlichen Krach. Ich hab die ganze Kompanie versammelt, den Fall geschildert und der Mann wurde für drei Tage eingesperrt und er mußte das Huhn, das schon geschlachtet war, bezahlen. Das war der einzige Übergriff, den ich erlebt habe.

Was die Propaganda über die Russen erzählte, von ihrer Grausamkeit, von ihrer Bestialität, das hab ich nicht geglaubt. Es gab sicher Kommissare, die verrückt spielten, aber das waren einzelne und solche, die es auch bei den Deutschen gab. Parteimitglieder, die fanatisch waren, die ihre Macht zeigen wollten.

Im Herbst 1942 kamen wir an den Donbogen. Dort haben wir noch vor dem Don Bunker gebaut für den Winter, haben Munitions- und Verpflegungsreserven angelegt. Der Bataillonskommandeur war in Urlaub gefahren und ich wurde zu seinem Vertreter ernannt. In dieser Situation brach der Russe am 19. November links von uns bei den Rumänen durch. Es waren fürchterliche Kämpfe und wir mußten uns zurückziehen. Nicht nach Westen, sondern nach Osten mußte ich das Bataillon auf Stalingrad zuführen. Das war die erste schreckliche Erkenntnis.

Als wir noch bei Tag das Westufer des Dons erreichten, beschossen uns die Russen mit Raketenwerfern. Das ist ein furchtbares Feuer, die Raketen schlugen überall um uns herum ein. Es war der Tag und die Nacht, in der ich das schlimmste Raketenfeuer erlebte und nur durch Zufall oder durch ein reines Wunder war man nicht erwischt worden. Viele sind dort getötet worden.

Mit Hilfe von Pionieren sind wir nachts mit Flößen und Booten unter dem feindlichen Raketenfeuer auf das Ostufer des Dons übergesetzt, wo uns verlassene Stellungen der Russen ein wenig Schutz boten. Ich bin mit meinem Ordonnanzoffizier und meinen Meldern in ein großes Loch gesprungen, so drei Meter breit, fünf lang und einen Meter tief, in dem auch ein vorgeschobener Artilleriebeoachter saß.

Die Dämmerung kam, der Übergang unserer Truppen, die ja auf der Flucht waren, lief noch, und dahinein griffen die Russen mit Panzern an. Rechts und links von uns Panzer und einer kam an unserem Loch vorbei, machte kehrt, und fuhr auf uns zu. Im letzten Moment sahen sie aber, daß das Loch zu breit war, um drüberzufahren und es mit uns da unten drin zum Einsturz zu bringen. Der Panzer stoppte, hing zu einem Viertel über unserem Loch, und wir krochen unter ihn, weil sie oben Handgaranaten aus dem Panzer warfen. Einige Momente wackelte er da oben auf der Kante, fuhr zurück und an der Seite des Lochs entlang, auf den ausgeworfenen Sand. Die Wand brach ein und der Panzer kippte fast in das Loch und hing schräg halb auf dem Sandhaufen, halb in das Loch hinein. Das war unsere Rettung, er konnte nicht mehr schießen. Die Luke oben war offen, sie wollten wohl sehen, was passiert war, und einer der Melder ist auf den Panzer und warf eine Handgranate hinein. Mittlerweile waren auch unsere Panzerabwehrkanonen über den Don gekommen und ich sah ganz in der Nähe mehrere Panzer brennen.

Wir zogen uns weiter zurück, auf Stalingrad zu, das noch siebzig Kilometer entfernt lag. Es ging zurück und immer weiter zurück, mit dem Russen im Rücken, der nun aus Westen kam. Es war schneidend kalt geworden, die Männer lagen Tag und Nacht draußen. Der Boden war hartgefroren, sie konnten sich zum Schutz nicht einmal Löcher in der Steppe graben. Der Russe drückte nach, er wollte nicht, daß wir nach Stalingrad kamen, um es zu verstärken. Aber es waren nicht die Russen, es war zumeist die Kälte, sie brachte die meisten Leute um. Sie hatten in der Steppe nichts außer einem Schneeloch, in dem sie Tag und Nacht lagen und man weiß dann, wann der Zeitpunkt kommt, wo sie erfrieren müssen. Noch bevor wir nach vierzehn Tagen Ende November, Anfang Dezember den Rand der Stadt erreichten, waren von den hundertundachtzig Männern meiner Kompanie, die einer der Zugführer übernommen hatte, neunzig bereits tot, andere verwundet und viele hatten erfrorene Gliedmaßen. Es war ein schrecklicher und verlustreicher Rückzug und das Bataillon war zerschlagen, als Stalingrad vor uns lag.

In der Steppe hatten wir keinen anhaltenden Widerstand leisten können. Das ging erst, als wir bei Stalingrad die Zaritzaschlucht erreichten. Eine tiefe schmale Schlucht mit Steilhängen, in die wir uns eingegraben haben. Und von dort aus konnten wir dann eine Zeit lang die Angriffe der Russen abwehren.

Unsere Reserven an Waffen, Munition und Lebensmitteln waren da schon lange verbraucht. Täglich gab es eine Scheibe Brot und eine Brühe aus Pferdefleisch, das durch den Wolf gedreht und mit viel Wasser ohne Salz und Pfeffer gekocht werden mußte. Sie schmeckte so widerlich, und ich war so verhungert, daß ich mir mit Zitronenbrause, die ich noch in meinem Gepäck hatte, zu helfen versuchte. Ich schüttete sie in die Brühe und trank dann dieses Gebräu.

Die Verluste unserer Division waren so groß, daß ihre kümmerlichen Reste nach einiger Zeit im Kessel einer anderen Division zugeschlagen wurden. Wir waren bei der 384. und wurden nun der Division 378 zugeschlagen, der General hieß von Daniels. Ich kam mit den Überlebenden meiner Kompanie auch dorthin, während unser gesamter Stab, einer wie der andere, nun plötzlich zu den Spezialisten zählte, von denen gesagt wurde: man braucht sie noch. Sie wurden samt und sonders ausgeflogen. Die Heerschar, die blieb, konnte sich also sagen, uns brauchen sie nicht mehr. Dennoch waren wir irgendwie nicht davon berührt, man dachte ohnehin, daß einem niemand mehr helfen konnte, was wollte man von diesen Leuten vom Stab also noch. Wir beneideten sie, ja, aber wir beneideten auch die Verwundeten, die rausfliegen konnten.

Weihnachten aber war die Kompanie noch zusammen. Der Divisionskommandeur kam in unseren Unterstand in der Zaritzaschlucht und brachte uns eine Flasche Bommerlunder. Wir hatten kaum Brot, aber eine Flasche Schnaps. Zu diesem Zeitpunkt waren meine Leute noch da. Sie lagen an der Kesselfront in Schneelöchern oder hatten sich mühselig ein kleines flaches Loch in den gefrorenen Boden gehackt. Sie hungerten genau wie ich, und ich war nicht in der Lage, ihnen mehr als diese Scheibe Brot und das Kochgeschirr voll widerlicher Pferdesuppe zu besorgen.

Vor Weihnachten hieß es, wir werden entsetzt. Eine Armee kommt und holt uns raus. Das scheiterte und die große Schweinerei war, daß die Generalität, als es noch ging, sich nicht getraut hat, den Befehl zum Ausbruch zu geben. Nachdem Ende Dezember klar war, daß niemand uns entsetzen würde, daß wir auf nichts hoffen konnten, begann eine Wartezeit. Die es nicht erlebt haben, können es sich wahrscheinlich nicht vorstellen. Es war, als hätten sie Vieh auf einem Schlachthof in einem Gatter zusammengetrieben und dann werden einzelne Tiere herausgeholt und getötet. Es gab keine Rebellion, es wurde nicht gemeutert, es war eine Mischung aus Angst und Unruhe, und wir kamen uns vor wie dieses Vieh auf dem Schlachthof, wenn es weiß, daß es getötet werden soll.

Wir wurden immer weiter von den Russen auf engstem Raum zusammengedrängt und als wir kurz vor der Stadt waren, löste sich der ganze Verband auf. Fast jeder kämpfte nur noch für sich. Mit den Übriggebliebenen aus meiner Kompanie erreichte ich Anfang Januar die Stadt selbst. In den

Kellern der großen Häuser sammelten sich die Leute, Versprengte aus allen Waffengattungen. Ich hatte nur noch ein paar Leute, es waren gerade vierundzwanzig, mit denen ich zu einem Divisions- oder Armeestab kam. Die Offiziere dort haben mich mit diesen Männern, die meist schon verwundet oder halb erfroren waren, nochmal an die Front geschickt. Vierundzwanzig Mann, und wir sollten die Russen aufhalten.

Auf dem Weg aus der Stadt raus, das muß so um den 25. Januar 1943 gewesen sein, kamen wir an einem Verpflegungslager vorbei und das war, glaube ich, unsere Rettung, denn in dieser Zeit waren alle nicht nur halb verhungert, sondern auch schon schwer verlaust. Wir konnten uns nicht waschen und nicht entlausen und später hat das Tausende und Abertausende das Leben gekostet.

Der Zahlmeister, der da in seinem Lager auf den Lebensmitteln hockte, weigerte sich, meine Truppe zu versorgen. Das sei eine eiserne Reserve. Die war, das wußten wir, für die Offiziere in den hohen Stäben, und erst als ich die Pistole zog und ihm drohte, rückte er Brot und Konserven heraus. Das war ein dämlicher Beamter, der nicht einmal begriffen hatte, daß der Russe schon vor seiner eigenen Tür stand. Das Essen aber hat uns so gestärkt, daß wir uns ein bißchen erholten und das, was dann noch kam, etwas besser überstanden.

Hier nun, etwas entfernt von dem Stab, hab ich den Leuten gesagt, daß sie sich aus dem Staub machen sollen und alles hat sich zerstreut. Dem Befehl zu folgen hatte ich nie vor. Es war ein Selbstmordkommando und militärisch ohne jeden Gewinn. In den wenigen Tagen bis zur Gefangenschaft hatte ich ohnehin in Stalingrad über die Männer keine Befehlsgewalt mehr. Sie sahen, es war alles sinnlos und suchten Schutz in den Trümmern in einem der Keller. Es gab da, wo wir in der Innenstadt waren, schon keine Häuserkämpfe mehr. Wir hörten aus dem Norden der Stadt noch Schüsse, aber bei uns saßen alle in Kellern, versuchten sich aus allem rauszuhalten, nicht verwundet zu werden. Jeder wußte, eine Verwundung bedeutete, man verreckte, gleich oder etwas später. Auch ich habe nur noch für mich selbst gesorgt. Ein Mensch, der in einer schlimmen aussichtslosen Situation ist, empfindet nicht mehr wie ein normaler Mensch all den Schrecken, jede Qual. Man erlebt noch Augenblicke, aber alles andere ist Lethargie.

Wir wußten, hier kommst du nicht mehr raus. Und was uns bei den Russen blühte, wußte ich auch. Es war klar, sie selbst hatten auch nichts zu essen, und man ahnte seinen Tod in der Gefangenschaft. Einen oder zwei Tage vor meiner Gefangennahme habe ich meine Pistole auseinandergenommen und die Teile fortgeworfen. Das war vielleicht auch eine trotzige Geste, aber mehr ein Schutz vor mir selbst. In diesen Tagen haben sich viele erschossen.

Am 30. Januar kam ich in Gefangenschaft. Irgendein Kommandeur sagte zu den Offizieren, die in einem riesigen Keller, vielleicht war das ein Kaufhaus, auf das Ende warteten: ›Es ist so weit, meine Herren, die Russen sind da, wir sammeln uns dort vorn.‹ Die Russen warteten, bis wir uns zu einer Kolonne aufgestellt hatten, und es gab bis dahin überhaupt keine Berührung mit ihnen und es gab keine Gewalt. Es war ohne Dramatik, dazu waren alle viel zu entkräftet und niedergeschlagen. Unter den Offizieren erwarteten viele, daß sie als Gefangene sofort niedergeschossen würden. Wir waren todesbereit, und ich weiß nicht, wer in diesem Augenblick noch damit gerechnet hat, er würde je wieder nach Hause kommen.

Die Gefangenschaft ist mir besser in Erinnerung als Stalingrad selbst. Ich war dort wie betäubt, deprimiert. Es war ein absolut hoffnungsloser Zustand. Ich dachte, selbst wenn ich vorher nicht umkomme, werde ich in Gefangenschaft verhungern. Der Russe, das wußte ich, hatte ja selbst kaum zu essen.

In einer langen Kolonne sind wir aus Stalingrad nach Süden, nach Krasnoarmeisk gezogen, neben mir mein Bursche, der noch einen Rucksack mit Verpflegung aus dem Depot hatte. So alle fünfzig Meter ging ein russischer Posten neben unserer Kolonne, und einer von ihnen sieht den Rucksack, springt in die Kolonne und reißt ihn dem Burschen vom Rücken. Damit war auch das letzte, was ich noch hatte, weg. Meine Socken und warmen Sachen waren auch dringewesen. Ich hatte zum Glück noch meinen Militärmantel, einen ziemlich langen, der war mit schwarzem Stoff gefüttert. Handschuhe oder einen Schal hatte ich da nicht, die wären auch schon längst weg gewesen.

Wir marschierten den ganzen Tag und landeten so zwanzig Kilometer weit weg von Stalingrad in Krasnoarmeisk in einem Neubaugebiet, in dem die Häuser zwar schon standen, aber noch keine Fenster und Türen hatten. Dort brachte man uns unter und am nächsten Tag begann das Filzen. Wir wurden einzeln vorgeführt, abgetastet und jeder persönliche Besitz wurde uns abgenommen.

Wer dort in diesen eiskalten Räumen bei fünfzehn Grad unter Null nicht in der Lage war, sich auszuziehen und seine Kleidung von den Läuseeiern zu befreien, wer das nicht tat, der ist später gestorben. Fleckfieber. Ich habe auch das Fleckfieber bekommen, aber nicht so intensiv und habe es überstanden.

Wir blieben dort ungefähr einen Monat, die Offiziere von den Mannschaften getrennt. Die deutlichste Erinnerung aus dieser Zeit ist der Hunger. Er war so schrecklich wie schon zuvor im Kessel. Und dann erinnere ich mich, wie wir im März zum Bahnhof marschierten. Sie verluden uns in Viehwaggons, so viele in einem, daß wir nur stehen oder hocken konnten. In einer ewig langen Fahrt, der Zug blieb immer wieder stehen, kamen wir nach vierzehn Tagen in die Nähe von Jelabuga. Viel später hab ich die Stadt auf einer Karte gesehen, so tausend Kilometer nördlich an einem großen Fluß, der Kama, die in die Wolga mündet.

Die letzten achtzig Kilometer marschierten wir zu Fuß. Die nicht mehr konnten blieben unterwegs liegen. In Jelabuga kamen ungefähr achtzehnhundert Offiziere an und wurden dort in einem ehemaligen Kloster untergebracht, wo alle krank wurden. Das Fleckfieber begann. Dutzende starben täglich und man lag dabei Mann an Mann, jeder hatte sechzig Zentimeter. Die Jungen, die Achtzehn-, Neunzehnjährigen und die Älteren sah ich zuerst sterben. Ende April waren von den achtzehnhundert noch vierhundert am Leben. Die noch laufen konnten mußten die nackten Toten auf Viehwagen laden und vor die Stadt fahren. Ich war auch bei diesem Kommando und versuchte dort draußen, den Toten eine Grube zu graben, aber der Boden war steinhart gefroren.

Krank und halb verhungert haben wir erst in einem Lager für Zwiebeln und dann im Frühjahr in der Landwirtschaft gearbeitet. Wir sind wie Zugpferde eingesetzt worden. Mit drei anderen habe ich zusammen einen Pflug gezogen und Kartoffeln gesetzt. Als die Kartoffeln dann ausgetrieben hatten, und wir sie anhäufeln mußten, haben wir sie an den Blättern herausgezogen und die verschrumpelten Kartoffel, die unten dranhingen, abgemacht und roh gegessen. Der Hunger war so groß, daß wir Gras aßen und die Knospen der Ebereschen, die leicht süßlich schmecken, ein wenig nach Marzipan. Es wurde gegessen, was wir erwischen konnten.

Die Russen hatten auch Mitleid mit uns. Sie sahen, daß wir verhungerten und versuchten auch mal, uns zu helfen, aber sie hatten selbst nichts. Wir waren alle Dystrophiker, also nicht mehr als Haut und Knochen. Ich wog vor dem Krieg achtundsiebzig Kilo und nun noch eben fünfzig, als der Russe uns dann doch eine Aufbaukost mit fünfzig Gramm Butter am Tag gab, damit wir nicht alle verreckten.

Wer diese Krankheit überstanden hatte, der hat sich nun ein wenig erholt. Der Hunger aber blieb. Und über ihn und was es zu Hause zu essen gegeben hatte wurde auch am meisten gesprochen. Über den Krieg, über das, was hinter uns lag, wurde eigenartigerweise aber sehr selten gesprochen. Es wurde über Hitler geschimpft und es herrschte die Meinung, daß wir in den ersten Tagen des Kessels, als es noch Munition und Treibstoff gab, hätten ausbrechen können. Und das Unvermögen des deutschen Heeres, uns aus Stalingrad herauszuholen, hatte Spuren hinterlassen. Wir machte uns kaum Hoffnung, daß der Krieg gegen Rußland gut ausgehen würde. Über die Politik aber, die hinter diesem Krieg stand und ob es richtig gewesen war, daß Hitler diesen Krieg begonnen hatte, wurde nur sehr selten gesprochen. Dann gab es Ja- und Neinsager und ich möchte meinen, ein großer Teil der Gefangenen gehörte zu den Jasagern. Ein Drittel dachte, es war alles richtig.

1944 kam ich ins Waldlager, wo wir Holz schlagen mußten. Mit dem Schlitten oder uralten Protzenfahrzeugen mit zwei riesigen Rädern wurden die Stämme, die sechs Meter lang waren, zur Kama* gebracht. Das Geschirr, das wir dazu brauchten, hatten wir uns aus Lindenbast geflochten. Dreißig Kilometer waren es hin und zurück und eineinhalb Raummeter war die Norm, die jeder erfüllen mußte. Erfüllten wir sie, bekam jeder tausend Gramm Brot am Tag. Das scheint viel zu sein, aber das Brot war naß und schwer. Die Verpflegung war aber besser als im Lager. Der Russe hat für produktive Arbeit immer auch etwas gegeben. Wir hatten eine eigene Küche, in der wurde eine dünne Suppe gemacht und zum Brot bekamen wir Butter. Immerhin, wir konnten so viel sparen, daß wir zu

* Größter Nebenfluß der Wolga, dessen Einzugsgebiet bis hin in den nördlichen Ural reicht.

Weihnachten 1944, es gab extra Butter und Tabak, eine Buttercremetorte machen konnten.

Nach einem Dreivierteljahr im Waldlager kam ich in die Nähe von Saporroschje. Die Russen setzten uns nach der Landwirtschaft und dem Wald jetzt zu Arbeiten ein, die für sie wichtiger waren und dazu gehörte auch eine Sperrholzfabrik. In der hab ich die schon geschälten Rundhölzer zurechtgeschnitten. Das muß schon 1945 gewesen sein. Dort war der Hunger immer noch groß und wir stahlen Kartoffeln und aßen den Leim, mit dem die Furniere geklebt wurden. Nachdem die Sache mit den Kartoffeln und dem Leim aufgeflogen war, haben wir Aluminiumschüsseln, die es in der Lagerküche gab, herausgeschmuggelt und für ein paar Kartoffeln an die russischen Arbeiter verkauft. In der Sperrholzfabrik und auch sonst arbeiteten wir mit ihnen zusammen und das ging gut. Ab und zu steckten sie uns auch so ein paar Pellkartoffeln zu, aber nur sehr selten. Sie hatten selbst nichts.

1945 sagten uns die Russen, der Krieg sei zu Ende und die Faschisten in Deutschland besiegt. Mit einer gewissen Hoffnung haben wir es aufgenommen. Wir glaubten, der Russe würde uns nun eher nach Haus schicken. Doch es dauerte noch vier Jahre, und ich kam in ein Lager in der Nähe von Makejewka. Mit einer Gruppe von zwanzig Mann haben wir ein Flugplatzgebäude zu Ende gebaut, das die gefangenen Japaner angefangen hatten. Aus Holzstämmen schlugen wir mit dem Beil Balken, um daraus den Dachstuhl zu machen, den die Japaner halb fertiggemacht hatten. Keiner von uns hatte aber die geringste Ahnung, wie ein Dachstuhl gebaut wird. Wir kopierten die Japaner und irgendwie ging's. Vieles, was man sich vorher nicht hatte vorstellen können, ging irgendwie. Was aber immer blieb und immer furchtbar blieb, war die immerwährende Aussichtslosigkeit, nach Hause zu kommen. Die Russen behaupteten zwar, wir kommen alle nach

Haus, aber ich habe es nicht geglaubt. Ich habe gedacht, du stirbst, oder du bleibst für immer in Rußland.

Später wurde ich in ein Lager bei Stalino* gesteckt. Ungefähr vierhundert Männer waren da drin, das erste Mal Offiziere und Mannschaften zusammen und alle arbeiteten in einem zwei Kilometer entfernt liegenden Kohlebergwerk. Ich hatte von Haus aus eine kräftige Statur und mußte nun als Hauer unter Tage die Kohle abbauen. Nicht sehr tief, zweihundert Meter. Das hatte den Nachteil, daß die Decke immer naß und nicht richtig stabil war. Der Kohleflöz war nur einen Meter stark und deshalb mußten wir auf den Knien oder im Liegen arbeiten. Die Arbeit war hart und sehr gefährlich. Häufig brach die Decke ein und es sind viele von uns ums Leben gekommen oder schwer verletzt worden. Dort in dem Bergwerk hatte ich einen Freund, den ersten und einzigen in der ganzen Zeit. Die Offiziere, sie hatte ja in den ersten Jahren ihre eigenen Lager, haben sich immer gesietzt, bis zum Schluß.

Pro Tonne, das war schon 1947, bekam ich Geld. Zwischen fünfzehnhundert und zweitausend Rubel im Monat, nachdem zuvor das Lager sozusagen für Kost und Logis Geld abgezogen hatte. Es war immer noch eine große Summe, ein russischer Leutnant bekam sechshundert Rubel. Weil ich etwas Russisch konnte, ging ich dann für unsere Stube, das waren so sechzehn Mann, mit vielen Rubeln versorgt in die Stadt. Mit einer Tagesschicht bin ich aus dem Lager, am Tor wurden wir gezählt und bevor wir die Grube erreichten, die eineinhalb Kilometer entfernt lag, bin ich verschwunden. Das war leicht, das Grubengelände war groß und der Posten, der uns begleitete, hatte keine Übersicht. Ich bin zu den Bahngleisen gelaufen, auf einen der langsam fahrenden Kohlezüge gesprungen und nach Stalino gefahren. Dort hab ich Lebens-

* 1961 erhielt die Stadt den Namen Donezk.

mittel, Kleidung und was die Stadt so bot eingekauft. Ich kaufte mir eine sehr gute tschechische Uhr und einen tschechischen Anzug und Carepakete, die von den Amerikanern für die Gefangenen nach Rußland geschickt worden waren. Die wurden dort wie normale Ware verhökert.

Ich lernte eine Rumäniendeutsche kennen, mit der ich mich, wenn ich einkaufen ging, getroffen habe. Und wir trafen uns auch außerhalb des Lagers in einem kleinen Wald. Es war eine Liebe, eineinhalb Jahre lang. Wenn ich zu ihr ging, zog ich unter der Arbeitskluft die neuen Sachen an, die ich mir gekauft hatte, und trug auch neue braune Halbschuhe. Der russische Offizier, der die Schicht rausführte, sah die braunen Schuhe. Und nun im Wäldchen mit meiner Freundin seh ich plötzlich den Offizier auf uns zukommen, noch fünfzig Meter entfernt. Ich bin zur Grube abgehauen und er hat mich nicht erwischt. Als ich mit der Schicht zurück zum Lager ging, sagte der deutsche Schichtführer zu mir: ›Der Russe hat Sie an Ihren Schuhen erkannt. Was machen wir?‹ Es lief darauf hinaus, daß ich für den Offizier eine Flasche Wodka und ein Kilo guter Wurst kaufte und dann war die Sache vergessen.

Ich habe am Anfang der Gefangenschaft angegeben, daß ich bei der SS war. Das war meine größte Dummheit, und ich weiß nicht, warum ich es getan habe. Die anderen sagten, sie waren in der SA oder in der HJ. Aber da war ich ja nicht gewesen, also sagte ich, ich war in der zivilen SS. Als es nun hieß, wir werden entlassen, kam der Dolmetscher und sagte: ›Hör mal, dich können wir gar nicht nach Haus schicken, du warst ja bei der SS.‹ ›Das ist der Teil der SS, die nichts mit der Waffen-SS zu tun hatte, das war eine Art ziviler SS.‹ ›Ja, aber die Ärzte sagen, den müssen wir zurückhalten! Aber wenn du noch ein bißchen Geld hast, kann ich das vielleicht regeln.‹ Das war eine niedliche Geschichte und ich hab ihm fünfhundert Rubel gegeben und nichts mehr davon gehört. Er hatte wahrscheinlich meine Akte gelesen und wollte noch was für sich herausholen.

Ende 1949 wurde ich nach sieben Jahren Gefangenschaft entlassen, und wir fuhren nun nicht mehr in Viehwaggons, sondern in normalen Personenzügen nach Westen, und kamen schließlich nach Frankfurt an der Oder. Dort mußten wir antreten und wurden von einer Ärztin nach Narben untersucht. Sie sah meine Narben auf den Oberarmen, schaute mich an und sagte, ich hätte da doch eine Tätowierung der SS herausgeschnitten. Sie könne doch sehen, hab ich ihr mit dem Russisch, was ich konnte, geantwortet, daß ich überall auf den Armen und am Rücken Narben habe. Das sei eine russische Handgranate gewesen. Sie ließ mich laufen, aber ich hatte schreckliche Angst, sie würden mich so dicht vor der Heimat wieder zurückschicken.«

In Friedland, einem Dorf im Südosten Niedersachsens, das nun an der Grenze zur DDR liegt und zum Durchgangslager für Kriegsgefangene, Vertriebene und Aussiedler geworden ist, bekommt Ernst Priebatsch achtzig Mark und einen Entlassungsschein, der als provisorischer Ausweis dient, ihn nach Krieg und sieben Jahren Gefangenschaft wieder zum Studenten macht und zugleich in aller Offenheit vermerkt, daß er im Westen ohne festen Wohnsitz und durch eine Typhuserkrankung als Schwerhöriger und Rheumatiker behindert sei. Von dieser Rückkehr ist Ernst Priebatsch das Bild von »fröhlichen Leuten« geblieben und ein Gefühl der Überraschung, »daß der Krieg fast vergessen war. Nur die waren traurig, deren Söhne noch immer vermißt waren. Hunderte gingen in der Hoffnung auf eine Nachricht in Friedland mit Fotos umher.«

In Frankfurt sieht er seinen Bruder wieder, der unbeschadet durch den Krieg gekommen ist. Zwei seiner Schwestern, eine ist mit einem Fleischer am Ort verheiratet, sind in Hammer-Ratibor und bei den Eltern geblieben. Zusammen mit dem Vater werden sie im Frühjahr 1945 in ein Lager gebracht, »das die Russen oder die Polen gemacht haben, ich weiß es nicht so genau. Meine Mutter ist zum Nachbarn gebracht worden. Es ist ja nicht jedes Haus geräumt worden und da ist sie im Dezember 1945 gestorben, in ihrem Rollstuhl verhungert, wie man erzählt. Wann mein Vater, der ja im Ort als Nationalist bekannt war, auf den Hof zurückkonnte, das weiß ich nicht. Ein Jahr später vielleicht, vielleicht auch mehr. Der Pole hatte selbst nichts zu essen, und ich vermute, er ist dann aus rein wirtschaftlichen Gründen freigekommen. Ich habe auch ihn nicht wiedergesehen, man konnte dort ja nicht hin. Mit vierundachtzig Jahren hat er 1954 in unserem Garten einen Baum gefällt, ich meine, ich seh ihn noch vor mir, eine Birke, die stand an einem kleinen schönen Flüßchen, das durch unseren Garten floß. Beim Fällen des Baumes hat er sich ein Bein gebrochen und ist dann im Nachbarort, da war ein Krankenhaus, gestorben.«

In Reinbek, einem kleinen verschlafenen Ort dicht vor Hamburg, wo zwei seiner Schwestern seit ihrer Flucht aus Schlesien leben, zeigen die Einheimischen Interesse an Ernst Priebatschs langjähriger Kriegsgefangenschaft. Unter ihnen ist auch ein Professor der Hamburger Universität, der ihm anbietet, an seiner Fakultät Holzwirtschaft zu studieren, denn mit Holz habe er ja schon in Rußland Erfahrungen gemacht, und man könne ihm daher das halbe Jahr Praktikum, das von den Studenten verlangt werde, erlassen.

Mit einer Unterstützung von monatlich hundert Mark,

die er als Spätheimkehrer erhält, beginnt Ernst Priebatsch mit sechsunddreißig Jahren sein Studium als Holzwirt. Doch die ersten Semester »fielen nicht nur mir, sondern all den Alten, die jetzt dabei waren, furchtbar schwer. Die geistige Elastizität und das Erinnerungsvermögen hatten durch die Wehrmacht, die Front und die Gefangenschaft stark nachgelassen.« Zusammen mit zwei anderen Studenten seines Alters sitzt er nun abends zusammen, um sich ins Gedächtnis zu rufen, was er vor zwanzig Jahren in den höheren Klassen des Gymnasiums gelernt hatte. Trotzdem macht er statt nach acht schon nach sieben Semestern sein Diplom, wobei ihm nicht allein eine Regelung hilft, die Studenten begünstigt, die das vierzigste Lebensjahr erreicht haben, sondern auch sein Professor, der ihm zu Beginn des Studiums mit einem ironischen Lächeln um dem Mund gesagt hatte: »Bei Ihnen, Herr Priebatsch, bei Ihnen wird man sich mit besonderem Wohlwollen wappnen müssen«.

Das Büffeln wie ein um Versetzung ringender Gymnasiast steht im Studium neben einer zweiten Erfahrung: Freiheit. Gemeint ist hier ein Verständnis von Freiheit, das allein aus dem Privaten lebt, scheinbar ohne alle gesellschaftspolitischen Voraussetzungen auskommt und seltsam zeitlos anknüpft an Ernst Priebatschs Haltung im »Dritten Reich«, für das er weder Ablehnung noch irgendein Interesse empfunden hat: »Wir waren politisch ja total ungeschult und merkten nur, daß wir mehr reden konnten, daß wir mehr essen konnten, das war das Vorrangige, als wir nach langer Hungerzeit und schwerster Arbeit hierher kamen. Und was nie erwähnt wird, wir hatten endlich ein Federbett, wir schliefen ja in der Gefangenschaft nur auf sechzig Zentimeter breiten Pritschen.

Das Häusliche, das Familiäre war wichtig, um die Politik kümmerte ich mich überhaupt nicht. Das war mir völlig gleich, wer in Westdeutschland regierte. Ich hatte meine Schwestern, ein Bett, Essen und für sechs Mark Monatsmiete während des Studiums ein Dachzimmer. Die wußten, daß ich aus der Gefangenschaft kam, und ich habe ein bißchen im Garten geholfen. Ich habe mit den hundert Mark bestens gelebt. Wir lebten primitiv, aber wir waren enorm glücklich Freiheit zu haben, die Gefangenschaft losgeworden zu sein, Freunde zu bekommen.«

Während 1954 das Wirtschaftswunder schon in voller Fahrt ist, wird für Ernst Priebatsch die Suche nach einer Stelle zur trostlosen Erfahrung: »Es war ein einziger Jammer, wo ich auch hinkam, keiner wollte mich haben, weil ich zu alt war.« Schließlich nimmt ihn aber eine kleine Firma, die in einer großen Bretterbude am Rand des Hamburger Hafens haust, als Holzchemiker. In seiner von Enttäuschung und Geringschätzung geprägten Erinnerung werden dort in schon leicht rostenden alten Blechfässern Holzschutzmittel und Lacke zusammengerührt. Ahnungslos, wie das Mischen dieser auch giftigen Mixturen vor sich gehen muß, ersetzt er Praxis durch Theorie, bis ihm sein ungeliebtes Handwerk selbstverständlich geworden ist und Zeit läßt, sich mit einem neuen Handicap zu beschäftigen: Nach Krieg, Gefangenschaft und Studium fehlt ihm in einem Alter, in dem andere vor dem Zenit ihrer beruflichen Karriere stehen, »jede, aber auch jede Ahnung, was in der Wirtschaft los ist.« Zu wissen, was los ist, heißt für ihn auch voranzukommen und als sich vier Jahre später eine Chance bietet, geht Ernst Priebatsch in das bereits boomende Importgeschäft, um erneut zu lernen. Diesmal den internationalen Holzhandel und die Gesetze der Wirtschaft, »denn beim Studium hat man tausend Dinge gehört, aber nichts über die Praxis und das ist vielleicht heute noch so«.

Vom Privaten als Äquivalent für die anhaltende Unsicherheit spricht Ernst Priebatsch nicht, aber er erwähnt, daß ihn die Familie seiner Frau, die er auf der Universität kennengelernt hat, finanziell unterstützt und das Leben mit den drei Kindern, die in den nächsten Jahren geboren werden, leichter macht.

Während zwischen Regierung und Opposition heftig um die Option für eine Bewaffnung der Bundeswehr mit taktischen Atomwaffen gestritten wird und die Buttercremetorte im russischen Waldlager an der Kama nun vierzehn Jahre zurückliegt, kommt für Ernst Priebatsch 1958 der berufliche Durchbruch: Mit seinen Kenntnissen aus dem Holzhandel wechselt er in eine internationale Warenkontrollgesellschaft. Für die Begutachtung von Holz, das über den Hamburger Hafen in den Osten Europas hinter den Eisernen Vorhang geliefert wird, ist er nun ganz allein zuständig und muß über jede Schiffsladung ein Gutachten abgeben, in dem ihr tatsächlicher Wert festgestellt wird. Dabei den unterschiedlichen Ansprüchen von Lieferanten und Abnehmern gerecht zu werden ist offenbar eine »heikle Sache« und verlangt nicht nur Sachverstand, sondern auch Fingerspitzengefühl, mit dem sich Ernst Priebatsch sehr bald eine »große Vertrauensstellung« schafft.

Zwei Jahre später ist er sich dieser Tätigkeit und seiner selbst sicher genug, um noch einmal eine aufwendige Prüfungsprozedur zu ertragen, die mit der Vereidigung zum Sachverständigen für Überseehölzer endet. In Streitfällen zwischen Exporteuren und Importeuren tritt er nun als Gutachter auf, dessen Urteil in Streitfällen Rechtskraft besitzt. Über seinen Stolz auf das Erreichte spricht er nicht und stellt noch einmal die Vermittlungskunst als Gutachter und Schlichter in den Vordergrund und sein Honorar, das ihn mit fünf bis sieben Prozent vom Streitwert zu einem sehr gutverdienenden Mann macht.

Mit dreiundsiebzig Jahren geht Ernst Priebatsch in den

Ruhestand und die beiden Jagdhunde, die aus ihrem Zwinger im Garten die Gäste verbellen, verweisen auf eine seiner Beschäftigungen im Alter, in dem während der ersten Jahre der Sport auch noch eine Rolle spielt: »Sonst bin ich jetzt ein alter Esel geworden. Mein Leben lang bin ich jedes Jahr zum Skifahren gegangen, aber jetzt, in diesem Jahr, wollten mit vierundachtzig Jahren die Ski nicht mehr dahin fahren, wohin ich wollte.«

In früheren Jahren ist er im Traum auch dem Krieg wiederbegegnet. Heute erlebt er in ihm zumeist nur noch die Gefangenschaft und den Moment, wo er nach vielen Enttäuschungen die Gewißheit hat, er kommt nach Hause. Auch in seinen Erinnerungen hat sich die Gefangenschaft vor den Krieg geschoben, von dem ihm weit weniger wache Bilder geblieben sind. Immer wieder kehrt für ihn das Bedrückendste zurück, »die Not der Bevölkerung. Man hat ihre Häuser abgebrannt. Wenn wir in der Steppe, aber auch schon vorher, ein Dorf angriffen und das verteidigte sich, dann kamen unsere schweren Waffen und haben das Dorf zusammengeschossen. Es traf also auch die Leute, die sich die Häuser gebaut hatten und dort wohnten. Das beeindruckte mich, wenn wir dann in das Dorf zogen und da waren brennende Häuser und die armen Mütter saßen mit ihren Kindern etwas weiter weg und weinten. Das war ganz übel von uns.«

Von der Verfolgung und Deportation der Juden hat Ernst Priebatsch zuerst 1941 in Polen, während seines Aufenthalts in Lodz gehört und sich keine weiteren Gedanken gemacht. Alles, was er erinnert, sind die Erzählungen anderer, die ihn offenbar auch später in Rußland bis zur Einschließung im Kessel ständig begleitet haben: »Später in der Gefangenschaft wurde uns von den Russen gesagt, was mit den Juden geschehen war. Die meisten von uns hielten das für die übliche Lagerpropaganda. Die riesigen Zahlen, die dort genannt wurden, haben wir nicht für möglich gehalten, obwohl wir wußten, daß die Truppen, die hinter uns kamen, und die Verwaltung allerlei Schweinereien gemacht haben. Das weiß ich auch von Polen. Da hörten wir 1941, als wir dort in der Etappe lagen, von den Übergriffen und davon, daß Juden deportiert wurden, daß sie gesammelt wurden und irgendwo hinkamen.«

Nach dem Krieg, sagt Ernst Priebatsch, hätte er sich mit dem Mord an den Juden, die für ihn zum Synonym für alle Verfolgten des Dritten Reichs geworden sind, nicht weiter beschäftigt. Zwischen »den Schweinereien damals hinter der Front« und seiner Gegenwart liegt eine undurchdringliche Mauer aus Privatem und Beruflichem.

HANS HORN

Seinen Geburtsort Taunenrode in Westpreußen kennt Hans Horn nur aus den Erzählungen seiner Eltern. Mit dem zweijährigen Sohn verlassen diese 1925 die Stadt, »weil sie sich für Deutschland entschieden haben«. Westpreußen war 1919 bis auf zwei seiner im Osten liegenden Provinzen Polen zugesprochen worden und Hans Horn kann sich nicht erinnern, ob es die politischen, die ökonomischen oder auch andere Umstände waren, die seine Eltern zu ihrem späten Entschluß bewegt haben, das ehemals Vertraute, das nun in Polen liegt, gegen die Fremde in Deutschland zu tauschen.

In Rehhof, einem Straßendorf einige Kilometer östlich der Weichsel, das zur neuen Heimat werden soll, findet der Vater Arbeit als Kutscher in einem Sägewerk und transportiert Holzstämme aus dem Wald und die daraus gesägten Bretter, Bohlen und Balken zur Kundschaft in der Umgebung. Auch mit den kleinen Trinkgeldern, die er erhält, reicht sein Verdienst nicht, die Familie zu ernähren, die nun nicht mehr wie einst in Taunenrode auf den eigenen Garten und den Stall mit dem Kleinvieh zurückgreifen kann. Trotzdem werden in den nächsten sieben Jahren drei Mädchen geboren und es »reichte gerade nur so, weil die Mutter auch viel als Aufwartefrau gearbeitet hat und der Vater vom Sägewerk zur Gemeinde ging als Bote und nebenher für die evangelische Kirche Friedhofsgärtner und Küster war.«

1937 können die Horns mit ihren vier Kindern aus der gemieteten Wohnung in eines der sogenannten Siedlungshäuser ziehen, die als Teil eines Arbeitsbeschaffungsprogramms, das schon in der Weimarer Republik seinen Anfang genommen hatte, in vielen Teilen Deutschlands errichtet worden sind. Zum Haus gehört ein Garten, in dem die Familie nun wieder Kleinvieh, Hühner, eine Ziege und ein Schwein halten kann und der groß genug ist, um auch Gemüse und Kartoffeln anzubauen.

Das Leben ist leichter geworden. Für die vier Kinder zeigt sich das nicht nur durch die Mahlzeiten in den Töpfen und auf den Tellern, sondern auch im Platz, den sie plötzlich für sich haben und daß sie zu denen gehören, deren Eltern ein eigenes Haus besitzen. Er habe damals nicht klagen können, sagt Hans Horn des öfteren in einer Art, die den Zuhörer in Unsicherheit darüber läßt, ob er in dieser Zeit zufrieden gewesen ist oder sie nur ebenso hingenommen hat wie das Scheitern eines Plans, der ihn auf die Handelsschule »und ein bißchen weiter« bringen sollte. Das dafür notwendige Geld wird nun für den Zins und die Tilgung der Hypothek gebraucht, die auf dem Haus liegen, und für Hans Horn bleibt es bei der Volksschule, die er 1937 abschließt und seitdem arbeitet er als Laufjunge in einer Bäckerei und Konditorei.

Nach einem halben Jahr des Austragens, Besorgens und Putzens wird er Lehrling in der Bäckerei und fühlt sich trotz eines zehn- bis zwölfstündigen Tags so lange wohl, bis es gegen Ende des ersten Ausbildungsjahres zum Streit zwischen ihm und der rabiaten Meisterin kommt, die zum Besenstil greift, um Hans Horn ihren Willen einzubleuen. Hart arbeiten tust du, sagt er sich da, aber schlagen läßt du dich hier nicht. Sein Vater, der Prügel sonst durchaus für ein gängiges Mittel der Erziehung hält, unterstützt ihn darin, und auch in dem Entschluß, dem Handwerk des Bäckers Ade zu sagen.

Drei Monate schaufelt Hans Horn als Gelegenheitsarbeiter Kies, schneidet Obstbäume und mistet Schweineställe aus, bis ihn die örtliche Post als Zusteller beschäftigt.

Mit sechzehn Jahren, kurz bevor er zum Reichsarbeitsdienst einrücken soll, macht er 1939 den Sprung zum Postschaffner. Der Öffentliche Dienst hat sich – wie Industrie, Gewerbe und Landwirtschaft – längst den Zielen und Anschauungen des Nationalsozialismus untergeordnet. Die Post macht darin keine Ausnahme. Sie sehe, so das Reichspostministerium, ihre Aufgabe darin, ein »jederzeit zuverlässiges Instrument in der Hand des Führers« zu sein. Ihre zentrale Verwaltung ist »gesäubert« worden und nun mit den sogenannten alten Kämpfern besetzt, die hier ihre Pfründe haben.

In dieser Konstellation profitiert die Post seit Beginn des Krieges von großzügig gewährten UK-Stellungen, die ihre Mitarbeiter auch der unteren Dienstränge unabkömmlich machen. Auch Hans Horn kommt in diesen Genuß, ohne die Hintergründe zu kennen. Als er Anfang 1940 die Aufforderung zum Arbeitsdienst erhält und es heißt, nein, es könne auf ihn in der Dienststelle nicht verzichtet werden, glaubt er an eine persönliche Intervention seines Vorgesetzten und ist ihm dankbar. Hans Horn ist mit seiner Arbeit und den Verhältnissen in der Dienststelle zufrieden und sieht sich darin bestätigt, als er im selben Jahr ins Angestelltenverhältnis übernommen wird.

Noch bevor er seinen Musterungsbescheid erhält, wird er 1940 von der Waffen-SS aufgefordert, sich für eine Voruntersuchung zu melden. Und diesmal ist es tatsächlich sein Vorgesetzter, ein ehemaliger Berufssoldat der Reichswehr, der interveniert. Wie viele Offiziere ist er auf die SS und SA nicht gut zu sprechen, auch wenn die SA seit dem »Röhmputsch« für das Militär nicht mehr zu den Konkurrenten im Staat gehört. Er nimmt Hans Horn beiseite und sagt: »Überall kannst du hingehen, aber nicht zur SS. Du bleibst schön hier!« Der Siebzehnjährige, dem diese Anweisung nicht contre coeur geht, fordert keine Erklärung. Die Politik sei ihm nicht wichtig gewesen und alle älteren Postler in seiner Dienststelle seien einem Gespräch über Politik und selbst den Krieg, der bis dahin ja nur aus Siegesmeldungen besteht, aus dem Weg gegangen.

Auch im September 1939 ist über den Krieg gegen Polen nicht gesprochen worden. Man war ja, sagt Hans Horn, »mit seiner Arbeit ausgelastet und mußte sehen, wie man jetzt durchkam. Es gab Lebensmittelkarten und viele Sachen gab es gar nicht mehr und die Leute fingen an zu tauschen«.

Mit dem Beginn des dritten Kriegsjahrs werden in den »Meldungen aus dem Reich« vom 4. September 1941 nicht nur »stärker in Erscheinung tretende Verknappungserscheinungen in der Versorgungslage« festgestellt, sondern ein überall florierender Tauschhandel, der neben Begünstigten auch sozialen Mißmut und Enttäuschung über die antisemitische Staatsideologie hervorgebracht hat:

> »Nach weiteren Meldungen, nahezu aus dem gesamten Reichsgebiet, ist in den letzten Monaten in zunehmendem Maße eine vielseitige Hamstertätigkeit festzustellen, die sich nunmehr unter den übelsten Erscheinungen des Schleich- und Tauschhandels sowohl auf bewirtschaftete Lebensmittel und Verbrauchsgüter wie auch auf sonstige verknappte Waren, die nicht der Bezugsregelung unterliegen, ausgedehnt hat.
>
> Ganz besondere Ausmaße habe – Meldungen aus *Frankfurt/Main, Kiel, Köln, Münster, Nürnberg* und *Stuttgart* zufolge – der Tauschhandel angenommen. Vielfach würden Volksgenossen, die über die notwendige Zeit zum Anstehen oder aber über gute Verbindungen verfügten, verknappte Genußmittel wie Zigarren, Zigaretten, Spirituosen, Aale, Schokolade und andere Süßwaren

usw. aufkaufen, um sie bei der ländlichen Bevölkerung gegen Lebensmittel wie Speck, Butter, Eier usw. einzutauschen. Wer nicht in der Lage sei, etwas zum Tauschen anbieten zu können, gehe leer aus …

Den Meldungen zufolge wachse in weiten Volksschichten die Verstimmung über die sich immer mehr ausbreitenden Tauschgeschäfte. Besonders in Arbeiterkreisen sei über diese Machenschaften eine nicht unerhebliche Unruhe festzustellen, die sich mitunter in drastischen Äußerungen wie z. B. den folgenden Luft mache: ›*Der Schwindel ist heute schon wieder genauso angewachsen wie dies im Weltkrieg der Fall war*‹, *und* ›*So weit ist es nun glücklich gekommen, daß wir ohne jüdischen Einfluß ein Volk der Schieber und Beziehungen geworden sind.*‹«

Drei Monate später ist der Blitzkrieg gegen die Sowjetunion vor Moskau und mit ihm das kriegswirtschaftliche Konzept des Krieges gescheitert. Der ständige Mangel, das Unterwegssein für das tägliche Essen und die Gegenstände des Alltags, Schlange stehen und die von immer schärferen Strafen bedrohten Tauschgeschäfte, die auch nicht abreißen, als schließlich die Justiz beginnt, Schieber und Schwarzhändler hinrichten zu lassen, werden bis zur Niederlage die Volksgenossen in Atem halten.

Am 11. Dezember 1941 hält Hitler eine Rede vor dem Reichstag, den er als Parteikonvent und Ort des Applaus für seine immer seltener werdenden Angriffe folgerichtig mit »Meine Abgeordneten!« anspricht. Nachdem er wie stets die Kriegsschuld England und Rußland zugeschoben und die Erfolge des Krieges auf dem Balkan, in Griechenland, Afrika und in der Sowjetunion aufgezählt hat, begründet er Stillstand und Rückzug im Osten damit, daß »die Bolschewisten zum größten Teil nur mit Tieren zu vergleichen (sind); aber auch

Tiere sind manchmal standhaft und dadurch, daß das Sowjetsystem auf das eigene Volk überhaupt keine Rücksicht zu nehmen braucht, ist es uns in gewisser Weise überlegen«. Dem angeblichen Angriff der Sowjetunion zuvorgekommen zu sein, verdanke er einer Erleuchtung durch den Herrgott zur richtigen Stunde, der ihm »die Kraft schenkte, das zu tun, was getan werden mußte. Dem verdanken nicht nur Millionen deutscher Soldaten ihr Leben, sondern ganz Europa sein Dasein.« Die restliche Rede von gut einer Stunde besteht aus antisemitischen Beschimpfungen Roosevelts und mündet nach der in all seinen öffentlichen Auftritten herausgeschrieenen Feststellung, es ginge um das Sein oder Nichtsein Deutschlands, in der Kriegserklärung an die Vereinigten Staaten von Amerika:

> »Wir wissen, welche Kraft hinter Roosevelt steht. Er ist jener Ewige Jude, der seine Zeit als gekommen erachtet, um das auch an uns zu vollstrecken, was wir in Sowjet-Rußland schaudernd sehen und erleben mußten. Wir haben das jüdische Paradies auf Erden nunmehr kennengelernt. Millionen deutscher Soldaten haben den persönlichen Einblick gewinnen können in ein Land, in dem dieser internationale Jude Mensch und Gut zerstörte und vernichtete. Der Präsident der Vereinigten Staaten mag das vielleicht selbst nicht begreifen. Dann spricht das nur für seine geistige Beschränktheit.
>
> Auch wenn wir nicht im Bündnis mit Japan stünden, wären wir uns darüber im klaren, daß es die Absicht der Juden und ihres Franklin Roosevelt ist, einen Staat nach dem anderen allein zu vernichten. Das heutige Deutsche Reich hat aber nun nichts mehr gemein mit dem Deutschland von einst. Wir werden daher von unserer Seite auch nur das tun, was dieser Provokateur seit Jahren zu erreichen versuchte. Nicht nur, weil wir Verbündete von Japan sind, sondern weil Deutschland und Italien mit ihrer

derzeitigen Führung genügend Einsicht und Stärke besitzen, um zu begreifen, daß in dieser historischen Zeit das Sein oder Nichtsein der Nationen bestimmt wird, vielleicht für immer. Was diese andere Welt mit uns vorhat, ist uns klar. Sie haben das demokratische Deutschland von einst zum Verhungern gebracht, sie würden das nationalsozialistische Deutschland von jetzt ausrotten … Ich habe daher heute dem amerikanischen Geschäftsträger die Pässe zustellen lassen.«

In seiner Rede hat Hitler gut zehn Minuten, nachdem er sich als der Lebensretter deutscher Soldaten herausgestellt hat, auch die Zahl der Verluste bekanntgegeben. Einhundertundsechzigtausend Männer seien ums Leben gekommen. Die Zahl ist relativ genau und zugleich nur ein Teil der Wahrheit. Zwischen dem 22. Juni und Dezember 1941 sind 173 722 Soldaten getötet worden und 657 180 gelten als verwundet oder vermißt. Das ist in der Sprache des Militärs der Totalverlust eines Viertels des sogenannten Ostheers, das im Juni 1941 aus 3 200 000 Menschen bestanden hatte.

Es fehlt, konstatiert das Oberkommando der Wehrmacht, an »Menschenmaterial«, um die gravierenden Verluste auszugleichen. Um den Krieg gegen die Sowjetunion, die schon im Winter 1941 besiegt sein sollte, fortsetzen zu können, werden in den kommenden Wochen die Achtzehn- und Neunzehnjährigen einberufen, zu denen auch Hans Horn gehört. Die im Rundfunk übertragene Rede Hitlers hat er weder gehört noch Gespräche darüber wahrgenommen. Krieg und Politik liegen immer noch außerhalb seines Lebens und nur rückblickend ist der Beginn der Krieges mit Amerika ein Ereignis für ihn geworden: Er habe damals nicht begriffen, daß dies der eigentliche Beginn des Weltkriegs gewesen sei.

Im Wochenbericht des SD wird die Stimmung in der Bevölkerung, die zunehmend zwischen Skepsis und hochgemuter Siegesgewißheit schwankt, vier Tage nach der Rede Hitlers als entspannt und gelöst geschildert.

»Mit Genugtuung wurde vielfach zum Ausdruck gebracht, daß im Gegensatz zum Weltkrieg diesmal Deutschland die Initiative ergriffen und dadurch dem Ausland gegenüber überzeugend seine Stärke und unbedingte Siegesgewißheit unter Beweis gestellt habe...

Die *ausführliche Stellungnahme des Führers zum deutsch-amerikanischen Verhältnis* hat die Bevölkerung von der Notwendigkeit überzeugt, daß als einzige Antwort auf die Rooseveltschen Einmischungsversuche in Europa nur die Kriegserklärung an die USA möglich sei. In diesbezüglichen Erörterungen wurde immer wieder hervorgehoben, daß Deutschland den USA nie das Geringste in den Weg gelegt habe und die Kriegsschuld einzig und allein auf seiten der USA liege, die fortgesetzt Rechtsbrüche gegenüber Deutschland begangen und dadurch den Krieg vom Zaun gebrochen habe...

Die Zusammenfassung des Verlaufs des Ostfeldzuges und die Herausstellung der stolzen Siege und Erfolge der deutschen Wehrmacht vermittelten eindrucksvoll die Größe der geschichtlich einmaligen Leistung. Die Hervorhebung, daß die schwerste Last des Kampfes der Infanterist zu tragen habe, wurde als verdientes Lob allgemein begrüßt. Die bekanntgegebenen Verlustzahlen während des gesamten russischen Feldzuges wurde gegenüber den schweren sowjetischen Verlusten und aufgrund der vom Führer angestellten Vergleiche mit den Opfern der Volksdeutschen unter polnischer Herrschaft und den Verlustzahlen in der Sommeschlacht des Weltkriegs als *sehr niedrig* empfunden.«*

Nur drei Wochen später ist die »unbedingte Siegesgewißheit«, die der Rede Hitlers gefolgt ist, verflogen. In seiner »Meldung vom 12. Januar 1942« berichtet der SD:

»Die innere Einstellung der Volksgenossen wird entscheidend davon geprägt, daß durch den *Kriegs*eintritt Amerikas und die kriegerische Entwicklung in Ostasien allmählich *den Volksgenossen in steigendem Maße klar wird, daß ein Ende dieses Krieges zunächst überhaupt nicht abzusehen sei*...

Im einzelnen ist das Interesse vorwiegend auf das *Kriegsgeschehen im Osten und in Afrika gerichtet.* Die lakonische Kürze des Wehrmachtsberichtes, der immer wieder in der Hauptsache von fortgesetzten schweren Angriffsversuchen der Sowjets und von harten deutschen Abwehrkämpfen an fast allen Teilen der Ostfront berichtet, wirke auf die Bevölkerung oft drückend, da man auch nicht mehr im entferntesten einen derart zähen und hartnäckigen Widerstand der Bolschewisten erwartet hätte, die scheinbar ständig frische und bestausgerüstete Truppen, neue Panzer und sonstiges Kriegsgerät in den Kampf werfen würden und nahezu über unerschöpfliche Reserven an Menschen und Material verfügen müßten. Die Meldungen über größere Verluste der Bolschewisten werden nicht mehr in dem Umfang wie früher als Entlastung der deutschen Kriegsführung gewertet, da die Sowjets schon mehrfach bewiesen hätten, daß selbst größere Verluste an Menschen und Material ihre Widerstandskraft nicht erschüttern könnten.

* Hitler hatte in seiner Rede versucht, die Verluste zu relativieren. Es habe wenig mehr als das Doppelte an Toten und Verwundeten gegeben als in der Schlacht an der Somme im Ersten Weltkrieg und schon im Frieden seien in Polen 62 000 Volksdeutsche getötet worden.

Wie aus allen Teilen des Reiches gemeldet wird, habe die zurückhaltende Unterrichtung der Volksgenossen eine *verstärkte Gerüchtebildung* über erhebliche deutsche Rückschläge und schwere Verluste ausgelöst, die sich vielfach auf angebliche Erzählungen von in Urlaub befindlichen oder verwundeten Soldaten stütze. Hiernach hätten die deutschen Truppen an verschiedenen Teilen der Ostfront ihre Stellungen nicht mehr zu halten vermocht und unter Zurücklassung eines großen Teiles ihres Kriegsmaterials den oft vollkommen überraschend und mit ungeheurer Schlagkraft angreifenden Sowjets weichen müssen. Auch seien die im Wehrmachtsbericht mit der Begründung der Frontverkürzung angegebenen Rückzugsbewegungen deutscher Truppen an einigen Teilen der Front keineswegs freiwillig erfolgt, sondern unter dem Druck der mit unverminderter Stärke und dem Einsatz aller Waffen vorgetragenen sowjetischen Angriffe.«

Im April 1942 erhält Hans Horn mit neunzehn Jahren die Einberufung zur Infanterie und muß sich in einer Kaserne in einem Vorort Danzigs melden. Die Grundausbildung erinnert er als Tortur, »hart und unmenschlich«, Wochen der Angst und Beklemmung, die ihm gepaart mit einem noch immer heftigen Zorn bis heute gegenwärtig sind.

Eines Abends im Juni 1942 wird das Bataillon Hans Horns neu eingekleidet und marschiert am nächsten Morgen zur Musik der Regimentskapelle durch die engen Straßen von Danzig. Jenseits der Stadt geht es ohne Musik unter der Last des mehr als zwanzig Kilo wiegenden Marschgepäcks entlang der Weichsel nach Süden in das etwas mehr als hundert Kilometer entfernte Graudenz auf einen Truppenübungsplatz. Zwei Wochen später hört Hans Horn, daß es weitergehen soll, und um Abschied zu nehmen, schickt er seiner Mutter ein

Telegramm und trifft sie am nächsten Tag auf dem Bahnhof von Graudenz. Wie viele andere Söhne versucht auch er, die Angst der Mutter zu besänftigen, indem er sich überzeugt zeigt: Er wird ganz bestimmt zu denen gehören, die zurückkommen. Als dann aber im Juli der Truppentransport quer durch Rußland auf den Don zufährt und Hans Horn im Partisanengebiet gesprengte Züge, Verwundete und Tote sieht, fragt er sich, ob er wirklich das Glück haben wird, zurückzukehren und merkt, daß ihm schon etwas von der Zuversicht fehlt, mit der er seine Mutter getröstet hat.

»Irgendwo da draußen sind wir ausgeladen worden. Auf einem Feldflugplatz ist das ganze Bataillon in die JU 52 verfrachtet worden und in Richtung auf den großen Donbogen geflogen worden. Ausgeladen und dann marschiert, zwei Tage lang in die Steppe hinein zu unserer Infanteriedivision, die dort lag. Das war eine süddeutsche Division und das haben wir auch gleich zu spüren bekommen. Als Ersatz waren wir gekommen, und der Feldwebel der Gruppe, zu der ich kam, hat uns angekotzt, wo er uns ankotzen konnte. ›Ihr jungen Pisser, euch werd ich's schon zeigen‹, hat er gesagt, das war seine Devise, nach der hat er gehandelt.

Wir waren zu dritt zu der Gruppe gekommen, und am nächsten Morgen, es war noch nicht hell, hat er uns losgejagt, zurück zu der Balka*, wo nachts die Feldküche hinkam. Du

* Eine der in der Steppe vor Stalingrad zahlreichen Schluchten (Balka [russ.]: Schlucht), die, enstanden durch Erosion, zumeist tief und eng waren und Schutz vor Artillerie- und Fliegerangriffen boten.

warst doch noch unfähig, dich richtig zu orientieren. Hast doch weiter nichts gesehen, nur das hohe Gras und den Himmel. Hingekommen sind wir, Verpflegung haben wir empfangen, Kaffee auch. Aber nun zurück, es war schon wieder Tag geworden. Da haben wir uns tatsächlich verlaufen, da waren wir mittendrin, kurz vor uns die russischen Stellungen, hinter uns die eigenen. Von zwei Seiten haben sie auf uns geschossen. Wir wußten nicht mehr, was tun. Beinah wär's vorzeitig zu Ende gewesen, aber dann haben wir doch noch den richtigen Dreh bekommen. Ohne Kaffee, ohne alles sind wir zurückgekommen. Der Feldwebel, das war ein Lumpenhund.

Einen Tag vor dem 14. Oktober sind wir in die Balka kurz vor Stalingrad gekommen, wo die Haupttrosse lagen und hatten gerade Essen empfangen. Es gab irgendwas mit Nudeln. Und dann mußten wir das Essen ausschütten und weiter nach vorne. Am Abend waren wir in der Vorstadt von Stalingrad und mußten in die Stellungen rein. Am Morgen, das war der 14. Oktober, wo der Großangriff losging, hab ich ne halbe Stunde davor noch einen Schulkameraden am Gartenzaun einer alten Kate getroffen, es waren fünf oder sechs aus meinem Ort da. ›Mensch, Siegfried, du lebst!‹ ›Ja‹, sagt er, ›ich lebe noch. Warum fragst du?‹ ›Ja‹, sag ich, ›ich hab Nachricht von zu Hause, du bist schon gefallen.‹ Er hat mir etwas Tabak gegeben und wir haben noch zusammen geraucht.

Man hatte uns vorher gesagt: alle fünf Minuten verlegt die Artillerie das Feuer um fünfzig Meter nach vorn. In diesen fünf Minuten müssen die fünfzig Meter genommen werden. Wie der Angriff losging, dachte ich, die Erde geht unter. Es war nur Krach und Feuer, als wenn der Himmel die ganze Erde umpflügt. Menschen haben geschrien, die tödlich getroffen waren, Pferde haben geschrien. Es war eine unheimliche Macht da am Werk, das Inferno. Irgendwie sind wir aber doch vorwärts gekommen, über einen Hügel eine Straße hinunter in die Stadt rein. Alles war schon kleingemacht durch die Stukas und den schweren Beschuß von der Artillerie und den Nebelwerfern. Von rechts, von links, von oben aus den Ruinen wurde auf uns geschossen. Und dann tauchten die russischen Soldaten mit ihren Maschinenpistolen sogar aus den Gullis auf.

Am Nachmittag sollten wir unsere Schwerverwundeten drei, vier Kilometer zurückschaffen. Unterwegs haben wir noch ein paar schwerverwundete Russen mitgenommen. Auf dem Weg plötzlich wieder Feuer von überall her, das einer deutschen Panzereinheit galt, die uns entgegenkam. Wir haben ein Mäuseloch gesucht, um uns zu verstecken. Als der Angriff vorbei war, haben wir von den Verwundeten nichts mehr gefunden. Es gab sie nicht mehr. Uns blieb nur noch übrig, so schnell wie möglich nach vorn zu kommen, zurück zur Front, damit du den Anschluß nicht verloren hast. Man hat immer wieder den Anschluß an den Haufen gesucht, der war für dich ein Zuhause, deine Heimat. Wenn's auch Fremde waren, im Moment war das deine Heimat.

Wir haben wiedergefunden, was von der Kompanie übriggeblieben war. Als wir am Großen Donbogen als Ersatz in die Kompanie gekommen waren, da lebten noch mehr als hundert Mann. Jetzt, nur ein paar Wochen später, waren es noch vielleicht achtzig Mann und Mitte November, da lebten nicht mehr als zwanzig Mann.

In der Nacht haben wir in irgendwelchen Häusern gelegen und uns gefürchtet, und an nächsten Morgen ging es in Richtung Traktorenwerk. Eine riesige Anlage, die nur noch ein Gewirr war aus Eisen und Beton, fast alles zerstört.

Irgendwie sind wir dann aus dem Traktorenwerk wieder rausgekommen, durch die Arbeitersiedlung und die Gärten durch. Da gab es viele Gärten, aber die Stukas hatten auch da alles zu Kleinholz gemacht. In einem Obstgarten lagen wir, die Bäume zerfetzt, und haben wieder Feuer von der russischen Artillerie bekommen.

Und dann kamen zwei Offiziere, die hatten Halsschmerzen. Und ein Offizier mit Halsschmerzen, dem half nur ein Orden.* Drei Mann unserer Gruppe haben sie mitgeschleppt nach vorne. Ich mußte auch mit, durch einen Hohlweg, der zur Wolga führte. Links vom Hohlweg waren zwei, drei tiefe Panzerdeckungslöcher, da waren vorher die Russen drin gewesen. Die Löcher gingen bis an den Steilhang wo's runter ging zur Wolga. In das vorderste Loch ging einer der Offizier, ins nächste, da stand noch ein großer Strauch, mußte ich rein und hinter mir lag der MG-Schütze mit seinem zweiten Mann. Das war der ganze Welteroberungstrupp.

Unten am Strand von der Wolga, ein Stück weiter am Fluß ging ein Steg über einen Nebenarm, über den die Russen ihre Leute nachgeschoben haben. Die beiden am Maschinengewehr konnten den Kopf nicht hochheben, ich konnte den Kopf nicht hochheben, mit allem, was sie da hatten, haben sie uns eingedeckt. Und der Offizier vorne brüllte immer: ›Schießen Sie, schießen Sie Mensch, schießen Sie!‹

Da fing ich an nachzudenken: Du Arschloch, weshalb hast du mich hierher geschleppt. Vier Mann und unten alles gespickt voll Russen. Unsere Kompanie nen halben Kilometer zurück. Die am Maschinengewehr haben es als erste begriffen und sind abgehauen, zurück nach hinten. Nun saß ich da vorne und der Oberleutnant brüllte immer weiter: ›Schießen Sie, schießen Sie endlich!‹ Wir lagen keine drei Meter auseinander und ich hab gerufen, ›Ja, Herr Oberleutnant, ich kann nicht. Ich kann den Kopf genausowenig rausstecken wie Sie

* Das Ritterkreuz wurde am Hals getragen – deshalb »Halsschmerzen«.

und für Handgranaten ist es zu weit.‹ Mit einmal ist der still geworden. Ich hab ne ganze Zeit abgewartet und dann rührten sich auch die Russen nicht mehr, es war ganz ruhig. Ich hab gespürt, daß was nicht in Ordnung war, hab mich umgedreht, ob was von hinten kommt, ob die uns vielleicht da rausholen. Dann hab ich nach vorn geschaut und sah drei Mann den Steilhang hochkommen. Einer trug einen Ledermantel. Ich hab meinen Karabiner gepackt, einen Satz aus dem Loch raus, in den Hohlweg rein. Die waren genauso erstaunt wie ich, daß noch einer am Leben war. Ich bin kein Held gewesen, ich wollt auch keiner werden. Ich hab das gemacht, was ich unbedingt tun mußte, aber mehr auch nicht. Und Angst hab ich dabei genug gehabt.

Wir sind vom Wolgaufer zurückgezogen worden, aber nicht weit. Die Nacht mußte unsere Gruppe von neun Mann und zwei oder drei Pionieren einen Stoßtrupp machen, den Steilhang runter. Ein russischen Bunker lag neben dem anderen. Unten sollten die Pioniere den Steg für die russische Infanterie in die Luft jagen. Es hat geklappt, aber niemand soll fragen, was für Angst wir gehabt haben. Die Angst vor den Russen wurde von allen Seiten geschürt, nicht nur von den Offizieren. Die Russen machen keine Gefangenen, die Russen sind Barbaren. Sie waren aber genauso arme Schweine wie wir.

In derselben Nacht haben sie uns aus der vordersten Linie rausgezogen und wir haben im Keller einer Schule Schutz gesucht. Sie lag an einem großen Platz, und ich habe noch ein Gebäude gegenüber mit hohen Säulen vor Augen, es kann ein Theater gewesen sein. Morgens hat die Kompanie ihre ganzen Toten gesammelt. Wohin sie gebracht wurden, weiß ich nicht. Ich hab gesagt, ›ich komm nicht mit‹ und mußte dann Wache schieben. Das ging, weil ich einen guten Kompanieführer hatte.

Die Toten waren kaum weg, da mußten wir wieder angreifen, den *Roten Oktober*, ein Hüttenwerk, groß, riesige Hallen, zwei große Schornsteine, alles schon weit zerstört von den Flugzeugen und der Artillerie. Da mußten wir rein und drinnen wartete der Russe auf uns. Ohne Anschluß an deine Gruppe wärst du da nicht reingegangen. Kameradschaft, das war deine Gruppe. Ohne die wärst du da nicht hingegangen, wo du weißt, da warten sie auf dich.

Am 17. oder 18. Oktober waren wir auf dem Weg in einen neuen Einsatz in der Nähe der großen Eisenbahnschleife. Da geht die Eisenbahn vom Hauptbahnhof hoch bis unter den Roten Oktober, macht eine Schleife und führt unten an der Wolga wieder zurück. Und von dort konnte man hinübersehen zu den großen Getreidesilos. Nachmittags, kurz vor dem Dunkelwerden, sind wir dort in unserer neuen Stellung angekommen. Ein großer Häuserblock lag vor uns, einer lag hinter uns, und an einer der Seiten ein Fabrikgelände. Auf der freien Fläche dazwischen mußten wir uns eingraben. Müde waren wir ja, und der Boden war steinhart, obwohl Mitte Oktober noch kein Frost war. Und da wollten wir nicht mehr tief rein. Das war schlecht.

Am anderen Morgen, wie es hell wurde, haben die russischen Scharfschützen zu schießen begonnen. Sie lagen in den großen Häusern vor uns, in den oberen Stockwerken. Und von da aus konnten sie uns ins Visier nehmen. Einen nach dem anderen haben sie getötet. Wer so lag, daß sie ihn sehen konnten, für den gab es kaum Rettung. Die sich klein genug machen konnten, haben bis zum Abend auf dem Bauch gelegen, unter sich gepinkelt, die Zeltbahn über den Kopf gezogen, damit sie uns nicht gesehen haben.

Im Nachbarloch, so drei, vier Meter von uns weg, lagen zwei. Ein Pfarrer, der noch nicht fertig war mit dem Studieren und noch ein Mann. Den haben die Scharfschützen am Kopf getroffen. Sie haben fast immer auf den Kopf geschossen. Es war aber ein Streifschuß, er lebte und der Pfarrer, mit einem runden Gesicht, klein und korpulent hat ihm nen Verband gemacht. Und dann ist der Mann durchgedreht, hat geweint, geschrien, ich will nicht mehr, ich will nach Haus, ist rausgesprungen aus dem Loch und der Pfarrer hinterher, hat ihn zurückgeschleppt. Er hatte ihn wieder drin im Loch und dann wieder ein Schuß und der Mann war tot.

Endlich ist es dunkel geworden. Endlich konnten wir uns wieder rühren und endlich konntest du wieder denken, du hast es vielleicht doch geschafft, du lebst. Und endlich konnte man versuchen, was zu essen zu beschaffen. Seit drei Tagen hatten wir nichts mehr gekriegt, die Feldküche kam nicht mehr hinterher, weil wir ja ständig verlegt wurden. Ich gehörte zu den acht Mann, die losziehen mußten, den Küchenwagen finden. Die Suche in der Nacht war fürchterlich. Ein starker Wind ging durch die zerschossenen Häuser und Fabrikhallen, es lärmte und klapperte, und ich hab gedacht, der Teufel fährt durch die Luft.

An der Eisenbahnschleife haben wir den Küchenwagen gefunden, die hatten große gelbe Erbsen gekocht und es gab Kaffee und sogar Schokolade. So was, hab ich gedacht, haben wir schon lange nicht mehr gesehen, aber vielleicht ist es auch die Henkersmahlzeit. Wir hatten den Weg zurück noch vor uns. In jedem Haus, zwischen den Trümmern, auf den Dächern und in der Kanalisation konnte der Russe auf uns warten. Wir sind zurückgekommen, niemand soll fragen wie, und haben alles nach vorne gebracht.

Die Verpflegung war aufgeteilt und der Kompaniechef sagte: ›Dieselben Leute, die das Zeug hergeholt haben, bringen's auch zurück.‹ Viermal den Weg. Ich hab zu dem Oberleutnant gesagt: ›Ich hab Angst. Drehen Sie sich doch bitte mal um und sehen, was da jetzt los ist!‹ ›Es wird nicht so schlimm werden, Horn‹, hat er geantwortet, aber hinter uns, da waren die Russen. Wir standen da mit vielleicht zwanzig Mann. Ich griff nach einer der großen Kannen und in dem Moment gingen auf der russischen Seite Leuchtkugeln hoch, Granatwerfer schossen, ich bekam einen heftigen Schlag in den Rücken und fiel um.

Sie haben mich erst in einen Unterstand und dann auf den Verbandsplatz gebracht, zum Truppenarzt. Da lag ich zwischen den Toten und Schwerverwundeten, alles war dunkel, nur ein paar Hindenburglichter brannten. Der Granatsplitter, der mich getroffen hatte, stak noch im Mantel. Er war groß, aber hatte keine Kraft mehr gehabt, und ich bin mit einer Fleischwunde davongekommen. Von den acht Mann, die das Essensgeschirr durch das russische Feuer zurückbringen sollten, ist keiner wiedergekommen.

Die Namen fallen mir manchmal aus dem Kopf. Ich weiß nicht mehr, wie der Hauptverbandsplatz hieß, auf den sie mich am nächsten Tag schickten. Er war in einer Kirche, alles voll mit Verwundeten. Viel haben sie da nicht gemacht, aber sie haben gesagt, ich soll für acht Tage zum Troß, der hinten in einer großen Balka lag.

Als ich wieder nach vorne an die Wolga mußte, da war die Zeit noch schlechter geworden. Von meiner Gruppe waren noch vier oder fünf Mann übrig. Den einzigen Lichtblick, den man noch hatte, war, eine verpaßt zu bekommen und gleich tot zu sein. Dann war man aus dem Desaster raus.

Wir kamen in einen Bombentrichter, groß wie Zimmer, aber tiefer. Oben waren ein paar Schießscharten hingebaut und darunter war in die Flanke ein Absatz gemacht, auf dem du laufen konntest. Die Russen lagen dreißig Meter weit weg. Zwischen uns nur Bomben- und Granattrichter. Hundert Meter hinter uns lagen die Häuser, oder das, was von ihnen noch übrig war. Und dann fing es an zu regnen, tagelang. Das

Wasser sammelte sich am Boden des Trichters und man hatte keinen trockenen Faden mehr am Leib. Es gab kaum was zu essen, du konntest nicht schlafen, vielleicht mal dösen. Mehr als eine Woche hockten wir in diesem Loch.

Auf beiden Seiten schoß die Artillerie, aber es nutzte keinem. Gefährlich war das Gewehrfeuer und viele Angriffe mit Handgranaten, die wir nur mühsam abwehren konnten. Man war immer angespannt, voller Furcht und zugleich auch stumpfer und stiller. Alle haben Angst gehabt. Die kann man immer wieder verdrängen, aber sie kommt auch immer wieder auf. Wenn Sie so lange mit einem Gefühl der Angst leben, dann wird der Mensch immer stiller. Wenn von der Kompanie, das sind mit allem drum und dran hundertundvierzig Mann, wenn davon dann nur noch zwanzig übrig sind, dann kehrt der Mensch sich nach innen, wenn er sich immer wieder sagen muß: morgen bist du dran. Wie wird dein Ende sein?

Eines morgens haben die Russen immer wieder Handgranaten geworfen, bis zwei in unserem Loch waren. Wir waren sechs Mann. Einer war sofort tot und zwei verwundet, überall Löcher im Fleisch. Wir konnten sie aber nicht wegschaffen, sie lagen bis zum Abend unten, im Regen, unter einer Zeltplane.

In der Nacht vom zehnten zum elften November hörte es auf einmal auf zu regnen. Der Himmel war klar und der Frost setzte ein. Und wer noch fähig war zu stehen stand da, naß am ganzen Leib. Sie haben unsere Einheit rausgezogen, Pioniere haben uns abgelöst, und wir mußten zurück zum Kompaniegefechtsstand in einem Stollen. Wir haben Munition gefaßt und Handgranaten, Handgranaten. Morgens sollten wir da vorne die Russen rausschmeißen.

Wie's hell wurde, ging's los. Sie haben uns im Frost unsere Mäntel abgenommen, damit wir schneller laufen sollten. Die Artillerie schoß sich ein und die Russen antworteten. Wir haben angegriffen, aber auch ohne Mäntel sind wir keine zwanzig Meter weit gekommen. Es war ein Handgranatenkampf. Beim zweiten oder dritten Versuch, aus unseren Löchern zu kommen, ist neben mir eine explodiert. Im Stiefel und Fußgelenk und im ganzen rechten Unterschenkel lauter Löcher. Da hab ich gestaunt, was der Mensch aushalten kann.

Man hat Angst gehabt vor den Russen, aber man hat auch Angst gehabt vor den Vorgesetzten. Bleibst du hier, hab ich gedacht oder ziehst du Leine? Ich hab mich umgeguckt, und dann hab ich zum Unteroffizier rübergerufen: ›Ich bin verletzt!‹ Ich bin in den nächsten Trichter gerobbt, hab den Stiefel ausgezogen, das Blut ausgekippt und nachgesehen, was los war. ›Hau ab‹, hat der Unteroffizier gesagt, nachdem ich zu ihm rübergekrochen war. Hau ab, aber wie? Wie auf einem Fuß aus dem Trichter rauskommen? Da war noch ein Verwundeter und ich hab zu dem anderen Idioten gesagt: ›Los komm! Wir helfen uns gegenseitig.‹ Wie wir aus dem Loch raus waren, hab ich gemerkt, daß der weg wollte. Der hatte ein Kommißbrot unter dem Arm und ich denke, der hatte den Drang überzulaufen. Ich hab ihn kurz darauf nicht mehr gesehen. Es gab wenige Überläufer, jeder hatte Angst vor der russischen Gefangenschaft. Die Russen haben keinen geschont. Niemand hat jemanden geschont. Auch wir nicht. In einem solchen Krieg wie in Stalingrad schont keiner den anderen.

Wenn das Feuer nachließ, hab ich auf einem Bein ein paar Sätze gemacht und die nächste Deckung gesucht. So bin ich zum Häuserblock gekommen, wo die Sanitäter drin waren, und als ich runter in den Keller humpelte, lagen da schon überall die Verwundeten. Ich hab mich nicht verbinden lassen. Erst hab ich von der Feldflasche den Bezug abgemacht, sie in ein Feuer gesteckt, das da brannte und den Tee, der drin war, heißgemacht. Dazu hab ich ein Stück Kommißbrot gegessen. Und dann hab ich zum Sani gesagt: ›So, jetzt kannst mich verbinden.‹

Im Keller hab ich einen Kumpel aus meiner Gruppe wiedergetroffen, einen Schwaben, Vater von zwei kleinen Kindern, der hatte die gleiche Verwundung wie ich. Abends haben wir uns beide aufgemacht und sind zum Unterstand vom Bataillonsarzt gehumpelt. Auch da lag alles voller Verwundeter und Sterbender. Der Arzt hat uns angeschaut und gefragt: ›Habt ihr schon einen Verband?‹ ›Ja.‹ ›Was wollt ihr dann hier? Schaut euch um. Hier bleiben könnt ihr nicht. Wegbringen können wir euch auch nicht, wir haben keine Leute mehr, ihr müßt selber sehen, daß ihr auf den Hauptverbandsplatz kommt.‹ Sie haben uns noch eine Spritze gegeben, und dann standen wir da. Wieder hatten sie uns in den Hintern gebissen. Wir mußten den Weg zurück nach vorn, zu dem Sanitäter in den Keller. Du wolltest ja unter Dach. Es war kalt und schneite.

Am nächsten Morgen haben wir uns gesagt, hier können wir nicht bleiben. Mit ein paar Zaunlatten als Krücken sind wir durch die Häuserruinen gehumpelt. Schlimm war es auf den freien Flächen, und da, wo gerade noch die aufgemauerten Schornsteine der runtergebrannten Holzhäuser standen. Da lag das Feuer der russischen Artillerie drauf. Bis zum Ziegelbau haben wir uns geschleppt, so nannten wir einen Rundbau aus Ziegeln, vielleicht drei Meter hoch, ein langer Schlauch. Erschöpft saßen wir in einer Ecke und da kam ein dicker Sanitätsfeldwebel und fragte: ›Was habt ihr denn?‹ ›Wir können beide nicht mehr gehen.‹ ›Na‹, sagte er, ›der nächste Sanka kommt bald wieder.‹

Der Sanitätskraftwagen hat mich und meinen Kumpel ein paar Kilometer nach Gorodistsche gefahren auf den Hauptverbandsplatz. Sie sind beigegangen und haben meinen Stiefel aufgeschnitten. Der Fuß war schon ganz schwarz. Ich hab mich auf auf dem Operationstisch aufgesetzt und hab meinen Fuß angeschaut und dann hat mich der Arzt angeschnauzt: ›Legen Sie sich hin! Das brauchen Sie nicht zu sehen.‹ Als ich nach der Operation wieder zu mir kam, haben sie mir eine rote Karte um den Hals gehängt und mich in die Kirche geschafft, wo die Schwerverwundeten lagen. Wie lange, ich weiß es nicht genau, vielleicht einen oder zwei Tage lag ich dort auf Stroh. Ab und zu haben mich die Sanis geweckt und mir Tee gegeben.

Heller Tag war's, als sie mich auf den Flugplatz Pitomnik brachten. Erst wurde ich in ein Zelt und dann in ein Flugzeug gelegt, in Stroh. Die meiste Zeit war ich nicht mehr da. Aber ich weiß noch, daß ich einen dicken schwarzen alten Wollschal hatte, der fast davonlief, so voller Läuse war er.

Nach einer Woche vielleicht bin ich im Feldlazarett von Stalino wieder zu mir gekommen. Und dann bin ich durchgedreht. Ob am Tag oder nachts, ich hab im Bett geschrien, geschimpft, geheult, sie möchten mir doch meine Sachen bringen. Ich müßte direkt zu meiner Kompanie, ich würde doch sonst erschossen werden.«

Wie lange das Infektionsfieber der Angst alle Schranken genommen hat, erinnert Hans Horn nicht mehr. Zurückgekehrt in die Realität der Lazarettbaracke ist er froh, dort in seinem Bett zu liegen und fühlt sich, als er dann hört, daß die Russen Stalingrad eingeschlossen haben, durch Zufall und Glück gerettet.

Der Einsatz, bei dem Hans Horn verwundet wurde, gehörte zum letzten deutschen Angriff auf Stalingrad am 17. November 1942, zwei Tage vor dem Beginn der sowjetischen Gegenoffensive. Schon sechs Wochen zuvor, am 28. September, hatte der SD in den »Meldungen aus dem Reich« berichtet, daß »das Ringen um Stalingrad ... nach wie vor von den Volksgenossen als das entscheidende Ereignis der Ostfront« betrachtet werde.

»Auf's tiefste besorgt harre das Volk in seiner Gesamtheit mit zunehmender nervöser Ungeduld der Stunde, die die erlösende Nachricht von dem Fall dieser Stadt bringen werde. Die Volksgenossen vertrösteten sich – den Berichten zufolge – von Stunde zu Stunde, von Tag zu Tag und von Wochenende zu Wochenende ...
Die Schlacht um Stalingrad dauere nun – so werde vielfach festgestellt – schon länger als der ganze Feldzug im Westen. Dieser Kampf sei wohl der erbitterste und blutigste, der je stattgefunden habe und finde in der ganzen deutschen Geschichte kaum einen Vergleich. In den aufkommenden Befürchtungen äußere sich aber auch vermehrt der bedrückende Gedanke, die strategisch so wichtige Stadt könne vor Einbruch des Winters zur Errichtung der notwendigen, günstigen Riegelstellung an der Wolga nicht mehr eingenommen werden.«

In den folgenden Wochen bis Ende Oktober hatte der SD von einer schwankenden Stimmung zwischen gedämpfter Siegesgewißheit und wachsender Skepsis berichtet, die immer wieder begleitet gewesen sei von »Vermutungen über die Möglichkeit einer Verständigung mit Sowjetrußland ...« In den »Meldungen aus dem Reich« vom 26. Oktober 1942 heißt es schließlich:

»Das Interesse für *Einzelheiten der Kämpfe im Osten* ist gegenwärtig rückläufig. Durch Bekanntgabe der wesentlichen Fortschritte in den letzten Tagen im Kampf um

Stalingrad entstand teilweise die Hoffnung, daß der Ausgang des Ringens um die Stadt nun tatsächlich nur noch eine Frage kurzer Zeit sein könne, jedoch macht sich andererseits eine wachsende Enttäuschung über den schleppenden ›Verlauf‹ der Kämpfe um diese Festung bemerkbar. Die Kämpfe um Stalingrad werden immer wieder mit den Kämpfen und vor allem mit den schweren Verlusten um Verdun im Ersten Weltkrieg verglichen. Vielfach besteht die Ansicht, daß von den deutschen Armeen durch diese Schlacht die besten Kräfte abgesaugt werden und auch von den deutschen Truppen sehr große Blutopfer gebracht werden müssen. Zu dieser Meinung haben auch – teils verzweifelte – Feldpostbriefe beigetragen, in denen von ›überaus großen deutschen Verlusten‹ und teilweise von einem deutschen ›Rückzug‹ gesprochen wurde...

Die in den letzten ›Meldungen aus dem Reich‹ bereits gemeldeten *Gerüchte über einen angeblichen Waffenstillstand* mit der Sowjetunion finden immer noch in allen Teilen des Reiches starke Verbreitung und haben sich bis in die letzten und kleinsten Dörfer durchgesetzt. Die Wirkung dieser Gerüchte bei Teilen der Bevölkerung, insbesondere bei Frauen, ist weiterhin sehr stark. So wird zum Beispiel aus Freital bei Dresden gemeldet, daß dort am 23. 10. 1942 bei Bekanntwerden dieses Gerüchtes stärkste Begeisterung einsetzte und Verbrüderungsszenen auf offener Straße stattfanden, wobei alles ›außer Rand und Band‹ gewesen sei. Neuerdings werden diese Gerüchte jedoch mit dem Zusatz versehen, wonach der *Führer das Angebot Stalins* abgelehnt habe... da er nur eine ›bedingungslose Kapitulation‹ entgegennehmen werde. Hierüber ist eine ziemliche Diskussion entstanden, wobei geäußert wurde, daß wir ›mit dem Erreichten in Rußland doch zufrieden sein könnten‹. Wenn auch alle diese Gerüchte nur bei einem Teil der Bevölkerung Glauben fanden, so darf doch nicht übersehen werden, daß der Kreis derjenigen Volksgenossen, die entweder überzeugt sind, daß die Sowjetunion bereits vernichtend geschlagen ist und deshalb um eine Beendigung der Kämpfe bemüht sein muß oder die den Wunsch haben, den Ostfeldzug – sei es auch unter Aufgabe eines Teils der deutschen Forderung und unter Eingehung eines Kompromißfriedens mit der Sowjetunion – möglichst schnell zu Ende zu führen, bereits außerordentlich groß geworden ist. Demgegenüber sind die Stimmen, die allen diesen Gerüchten um einen Waffenstillstand mit der Feststellung gegenübertreten, daß es gelte, den Bolschewismus um jeden Preis zu vernichten, in der Minderzahl.«

Im Dezember 1942 gilt Hans Horn als transportfähig und wird in Lazarettzügen über Bialyastock zurück nach Deutschland gebracht. Die nächsten Wochen verbringt er in einem katholischen Krankenhaus in Menden (Kreis Arnsberg) in einem Wechselbad der Gefühle. Auf der eine Seite die Nonnen, deren Fürsorge er bewundert, auf der anderen ein Stabsarzt, den er als »Lumpenhund« empfindet, weil er bei der geringsten Störung der Lazarettordnung auch erst halbgesunde Männer zurück in die Genesendenkompanie und damit an die Front schickt. Und schließlich das Zitttern, als sich eines Morgens die Tür zur Krankenstube öffnet und zwei Offiziere hereinkommen, um ihn zu verhören. Wo sein Soldbuch geblieben sei? Zu welcher Einheit er gehöre? Welchen Namen sein vorgesetzter Offizier habe? Wo er in Stalingrad verwundet worden sei und dann gegen Ende des Verhörs die Frage, aus welchem Lazarett man ihn auf den Transport nach Deutschland geschickt habe? Die Frage nach seinem verlorengegangenen

Soldbuch, das Hans Horn irgendwo auf dem Weg von Stalingrad-Mitte zum Feldflugplatz Pitomnik vermutet, ist ihm unangenehm, weil er nicht weiß, ob seine Verwundung ihn vor der sonst fühlbaren Disziplinarstrafe schützen wird, die üblicherweise mit dem Verlust des Soldbuchs einhergeht. Angst jedoch, die er als ohnmächtig empfindet, weil es mehr noch als draußen im Schützenloch keine Aussicht auf Flucht gibt, macht ihm die letzte eher harmlos klingende Frage, wie er wohl aus Rußland zurück nach Deutschland gekommen sei. Von anderen in Stalingrad Verwundeten hat er zuvor im Lazarett in Stalino gehört, daß es den Befehl gäbe, daß alle Verletzten der 6. Armee in den in Rußland gelegenen Lazaretten bleiben müßten. Nichts solle von der Katastrophe nach außen dringen. Obwohl sich Hans Horn eigentlich sagen müßte, daß ja nicht er seinen Rücktransport nach Deutschland zu verantworten hat, fühlt er sich bedroht und beschließt, nachdem er unbehelligt geblieben ist: »Über Stalingrad, da hältst du besser den Mund.«

Nach drei Monaten gilt Hans Horn als »garnisonsverwendungsfähig« und bekommt einen Urlaubsschein, mit dem er vierzehn Tage zu seinen Eltern fahren kann. Während die Luftangriffe den Krieg längst in die großen Städte getragen haben, begegnet er ihm in Ostpreußen nur in den Fragen, die ihm nach der Front gestellt werden und wenn ihm erzählt wird, in welchen Familien des Orts der Vater, der Sohn oder der Verlobte gefallen oder vermißt sind. Das Wort gefallen erscheint ihm plötzlich wie eine Lüge, und er merkt, daß er sich auch hier von der Angst nicht befreien kann.

Im März 1943 muß er sich in Karlsruhe bei einer »Genesendenkompanie« und acht Tage später bei einer »Marschkompanie« melden. Schon bei der ersten großen Übung brechen während eines Gewaltmarschs die Narben seiner Verletzungen wieder auf. Was Hans Horn als Quälerei empört, hat zugleich aber einen großen Vorteil, der mehr als fünfzig Jahre später noch immer die gleiche Mischung aus Wut und Zufriedenheit in ihm weckt. Mit dem Blut im Stiefel hat er nun seine Ruhe und kann sich fern von Übungsgeländen und Kasernenhof »herumtreiben«. Als Brandwache im Kinderkrankenhaus, wo es noch gut zu essen gibt, als Bahnhofswache und Gepäckträger für anreisende Generäle und als Bursche im Offizierskasino, wo »es zuging, als ob die im Frieden lebten«.

Im Mai erhält er einen Marschbefehl nach Nordfrankreich, wo seine im Kessel von Stalingrad vernichtete Division neu aufgestellt und später nach Südfrankreich gebracht wird. Zum ersten Mal im Süden Europas ist Hans Horn überwältigt von der Wärme, dem hohen Himmel, dem Licht und den intensiven Farben der im Frühsommer verschwenderisch blühenden Landschaft. Es bleibt aber allein beim Blick auf das Schöne und Fremde, denn Hans Horn verbringt die Zeit hinter den Mauern einer französischen Kaserne, wo seine Einheit sich dem Klima anpassen soll und eine Tropenuniform erhält.

Über den Grund, warum Hans Horn im Mai in eine Tropenuniform gesteckt wird, obwohl sich gut vierzehn Tage zuvor die deutschen Truppen in Tunesien den Alliierten ergeben haben, ließe sich allenfalls spekulieren, und er selbst hat diese Episode auch nur in Erinnerung behalten, weil er sich in der kurzen khakifarbenen Hose und dem pilzförmigen Tropenhelm »wie aus dem Film« vorkommt.

Noch bevor Benito Mussolini Ende Juli 1943 verhaftet wird und sich die faschistische Partei Italiens kurz vor ihrem Zusammenbruch befindet, kommt die Division, in der sich Hans Horn befindet, nach Süditalien. »Sie machten mich zum Tragtierführer. Ich war immer im Gebirge, hatte zwei Maulesel und gehörte zum Gefechtstroß. Der mußte die Leute vorn versorgen, Munition, Verpflegung und was sonst noch war, haben wir an die Front gebracht.«

Hans Horn ist in die Kämpfe geraten, mit denen noch weit südlich von Rom der Vormarsch der Alliierten zum Stehen gebracht werden soll. An den schrittweisen Rückzug, der daraus wird, erinnert er sich kaum. Er ist zum Alltag des Krieges geworden. Lebendig für ihn ist aber ein Zwiespalt geblieben, den er im Sommer 1944 in der Nähe von Monte Casino erlebt.

»Eine Station vor Monte Casino sind wir ausgeladen und ins Gebirge rein. Der letzte Ort, wo ich war mit meinen Mulis, hieß Picinisco. Eine Kirche, einige Häuser. Ich nannte es den Ort des letzten Menschen. Dann gab es nur noch riesige Eßkastanien, die haben wir eimerweise gefressen. Wie es da zurückging und ich mit meinen Mulis nach vorn mußte und die Gefechtsstände abgeräumt habe, da waren die Kompanien schon fünf bis sechs Kilometer weiter hinten. Da hätte ich desertieren können. Ich wollt's nicht. Ich hatte Angst um mich und meine Eltern.

Die Verpflegung und den Nachschub mußten wir durch die Berge bringen und das war eine gefährliche Ecke. Vor uns haben die Engländer gelegen und hinter uns die Partisanenverbände. Jeden Abend mußten wir los, da durch und den Nachschub nach vorne bringen. Jede Nacht wurden die Fahrer von den Partisanen abgeschossen. Es war ne Kleinigkeit, daß man abgemurkst wurde. Wenn wir gefangene Partisanen sahen, dann haben wir sie mit bösen Augen angeguckt. Es war gemein, daß der Krieg nicht mehr vorne ausgetragen wurde, sondern daß die Menschen auch noch von Zivilisten getötet wurden.«

Monat für Monat, Woche für Woche wird die Lage der deutschen Truppen in Italien immer prekärer und nicht nur weit hinter der Front aus den sogenannten rückwärtigen Diensten und aus den Lazaretten, sondern auch vorn aus den Mannschaften der Gefechtstrosse werden die Männer herausgeholt und zur Infanterie geschickt. Ende 1944, kurz bevor die britischen Truppen die Hafenstadt Ravenna an der Adria erreichen, wird auch Hans Horn geholt.

An einem Nachmittag im Februar 1945, im Westen Deutschlands ist Köln bereits in den Händen der Alliierten, wird in einer Stellung auf einem tiefverschneiten Berghang der Apenninen die gesamte Gruppe von Hans Horn durch die Engländer getötet. Mit seinem zerschossenen Karabiner in der Hand gelingt ihm die Flucht hinunter ins Tal zum Gefechtsstand. Dort befiehlt ihm der Zugführer, allein die Stellung wieder zu besetzen, aber Hans Horn weigert sich wie schon zuvor in Stalingrad, als er im feindlichen Feuer das Essensgeschirr und später die Toten der Kompanie zurückbringen soll. Seine Weigerungen sind immer mit dem Appell an die Vorgesetzten verbunden, sich in seine Haut zu versetzen, seine in den unterschiedlichen Lagen berechtigte Angst zu begreifen. Doch der Oberfeldwebel besteht auf seinem Befehl, den er insgesamt dreimal wiederholt und dann seine Pistole zieht. Wider Erwarten läßt die Angst Hans Horn keine Beine wachsen, sondern sie macht ihn standhaft, bis der Zugführer seine Waffe zurück in die Pistolentasche schiebt und mit einer Klärung der Angelegenheit auf eine andere Weise droht. Auf eine persönliche, wie sich herausstellt und nicht durch das Kriegsgericht in Verona: Hans Horn verbringt die Tage und Nächte als Horchposten in einem Schützenloch kurz vor den englischen Stellungen. »Der Boden war gefroren, es war im Februar 1945. Die Leute, die vorher in dem Loch waren, haben sich gar nicht die Mühe gemacht, tief reinzukommen. Vom Bauch bis zum Kopf stand ich im Freien. Ich hab mir aber immer wieder gesagt: Du kommst nach Hause. Und so hab ich es hier auch gemacht, ich hab mir gesagt, du kommst hier rein, und ich bin reingekommen, auch wenn ich hinterher vom Seitengewehr kaum noch was übrig hatte. Als das Loch tief genug war, hab ich den Zugführer mit seinem Haufen da oben in Bewegung gehalten. Sobald sich vor mir was geregt hat, hab ich Handgranaten geworfen und mit dem Karabiner um mich geschossen wie ein Verrückter. Den Kopf hab ich dabei aber nicht rausgesteckt. Die kamen dann, das war ne ganz schöne Tour, von oben runter: Was ist los? Was ist los? Gute drei Wochen saß ich in dem Loch. Das war die Strafe. Aber ich hab's durchgestanden, aus Gemeinheit schon, mein Bauch war immer noch voller Wut.«

Was als Strafe noch auf ihn hätte zukommen können, erlebt Hans Horn im April 1945 in Oberitalien in den Ausläufern der Apenninen, in denen schon die Mimosen blühen. Morgens kommt der Befehl, daß sich alle Soldaten bis auf die MG-Besatzungen beim rückwärts gelegenen Gefechtsstand des Regiments zu melden haben. Von dort geht es auf eine freie Fläche vor einer fast senkrecht aufsteigenden Felswand, wo die Männer Aufstellung nehmen und zuschauen müssen, wie ein verheirateter fünfundreißigjähriger Mann, Vater von zwei Kindern, wegen »Feigheit vor dem Feind« erschossen wird.

Nur Tage später, am 28. April, kapitulieren die deutschen Truppen in Italien. Hans Horn kommt bei den Engländern in Gefangenschaft, die auf die Masse der deutschen Soldaten völlig unvorbereitet sind und ihn in ein Lager stecken, in dem sich die Gefangenen in den ersten Tagen selbst bewachen müssen. Nach einigen Wochen wird das Lager aufgelöst und die Gefangenen werden in die Nähe von Rimini gebracht. Dort liegen sie ohne Zelte auf dem vom Regen aufgeweichten Boden, und weil es über Tage keine Verpflegung gibt, essen sie rohe Zuckerrüben und deren Kraut, bis es auf dem Feld neben dem Lager keine Rübe und kein Blatt mehr gibt.

Hunger und Elend kennzeichnen das Gros der Gefangenen, aber auch Erleichterung, in Oberitalien bei den Briten und nicht auf dem benachbarten Balkan bei den Russen in

Gefangenschaft geraten zu sein. Hunger aber ist und bleibt das herausragende Lebensgefühl und als die Engländer Gefangene suchen, die freiwillig arbeiten wollen, meldet sich Hans Horn und kann nicht nur das Massenlager gegen ein kleines, besser organisiertes vertauschen, sondern er zieht zugleich das große Los. Er landet als Hilfskraft in der Küche, die in den Lagern und in dieser Zeit schon dicht neben dem Paradies liegt.

Im November 1946 hört Hans Horn, daß er entlassen werden soll und gibt als Ziel ein kleines Dorf im Nordosten der Mecklenburgischen Seenplatte an, das jetzt in der Sowjetischen Besatzungszone liegt. Auf der Flucht vor der Roten Armee nach Westen sind seine Mutter und seine beiden mittlerweile erwachsenen Schwestern hier im Winter 1945 gestrandet, während der Vater, der als »Unteroffizier einer Nachrichtentruppe keine Stunde in Rußland war«, im Alter von achtundvierzig Jahren in Ostpreußen in russische Kriegsgefangenschaft geraten ist.

Obwohl es an allem mangelt, ist seine Mutter froh, daß er aus der Kriegsgefangenschaft nicht mehr als einen kleinen Pappkarton mitbringt, denn in dem Zimmer des kleinen Schnitterhäuschens, in dem sie mit ihren beiden erwachsenen Töchtern untergekommen ist, müssen sich nun vier Personen während des Winters ein Zimmer von vierzehn Quadratmetern teilen. Dieses Kunststück, daß unter Millionen von Flüchtlingen damals Alltag heißt, wird etwas leichter, als Hans Horn nach einigen Tagen von den Russen geholt wird und nun tagsüber in den nahegelegenen Wäldern Holz schlagen muß.

Von den Behörden in die von ihnen beschlagnahmten Zimmer, Keller- und Dachräume eingewiesen, werden die Flüchtlinge von den Dorfbewohnern als »bettelarme Störenfriede« gesehen – die Frauen, von denen in den unmittelbaren Jahren nach dem Krieg gern als Überschuß geredet wird, mehr noch als die Männer, die immerhin die Chance haben, als vollwertige Arbeitskraft oder gar Ehekandidat gefragt zu sein.

Auf einem Bauernhof kann Hans Horn sich seine Zukunft aber nicht vorstellen, »die Landwirtschaft, die lag mir nicht«. Er wechselt, als die Russen ihn ziehen lassen, in einen kleinen Baubetrieb, wo er Handlanger und »weil die da drüben das gefördert haben« wenige Wochen später mit dreiundzwanzig Jahren Maurerlehrling wird. Den Gesellenbrief erhält er aufgrund einer der vielen Sonderregeln, die es in der direkten Nachkriegszeit für die sogenannten Kriegsheimkehrer gibt, schon nach eineinhalb Jahren, und als ihm kurz darauf angeboten wird, die Holzpantinen, das Sirupbrot und die fünfundfünfzig Pfennig Stundenlohn gegen Lederstiefel und die Uniform eines Volkspolizisten einzutauschen, greift er zu, weil es »die Gelegenheit« ist.

Im Sommer kommt er auf die Polizeischule nach Rostock und nach bestandener Prüfung auf eine Dienststelle in der Nähe von Malchin. Wenige Monate später jedoch muß Hans Horn die Uniform wieder ausziehen. Eine Überprüfung seiner Westkontakte hat ihn zum Sicherheitsrisiko gemacht: Seine beiden Schwestern haben vor einiger Zeit nicht nur die Unwirtlichkeit des Mecklenburgischen Dorfs gegen den Westen und den Kurort Bad Pyrmont getauscht, sondern eine von ihnen hat dort auch noch einen Polizisten geheiratet, der Hans Horn zum Verwandten eines Staatsdieners des Kapitalismus macht.

Vier Wochen gibt man Hans Horn Zeit, sich eine neue Stelle zu suchen, aber als entlassener Volkspolizist macht er auf den Baustellen wie auf den Ämtern, auf denen er vorspricht, die immer gleiche Erfahrung: Er wird, auch wenn die Motive nicht gegensätzlicher sein könnten, vom Polier wie vom Beamten wie ein »Aussätziger« behandelt, bis er das Gefühl hat, er könnte »einen Knüppel nehmen und ein paar der Bonzen wegbringen«. Als er nach Ablauf der Frist keine Stelle vorweisen kann, wird er mit »einem einzigen Federstrich zwangsverpflichtet«, für die Russen Uran zu schürfen.

Während seine Frau, die er vor einigen Monaten geheiratet hat, schwarz über die Grenze geht, um Verwandte im Westen zu besuchen, steigt Hans Horn hilflos und wütend im Dezember 1949 in einen Zug nach Johanngeorgenstadt im Thüringer Wald, wo sich die Urangruben befinden, die für das sowjetische Atombombenprogramm von großer Bedeutung sind.

Russisches Militär bestimmt die Stadt, in der er zusammen mit hunderten von Neuankömmlingen drei Tage darauf warten soll, daß ihm die sowjetische Verwaltung seine Arbeitspapiere aushändigt. Voll Widerwillen, mit Hacke und Schaufel seine Tage unter der Erde zu verbringen, aber auch mitgenommen vom militärischen Gepräge der Stadt und der regennassen winterlich dunklen Berglandschaft, steigt Hans Horn am Abend des dritten Tages in den Zug und steht am folgenden Mittag als Zonenflüchtling in Niedersachsen in der Nähe von Uelzen im Westen.

In Uelzen wird Hans Horn wie jeder andere, der aus der sowjetisch besetzten Zone geflüchtet ist, verhört und »immer wieder verhört, denn ich war ja bei der Volkspolizei gewesen und nun wollten sie mich zurückschicken. Sie waren überall gleich, hier wie da. Schließlich hab ich aber doch die Anerkennung als Flüchtling bekommen, und sie haben mich mit meiner Frau nach Rheinland-Pfalz verfrachtet. Du bist hin und her geschoben worden wie ein Stück Vieh. Und die Polizei war mir auch da noch auf den Fersen: ›Wo kommen Sie her, aus der Zone? Da waren Sie doch Volkspolizist, bei Ulbricht!‹ Aber irgendwann hat mir das nichts mehr ausgemacht. Ich hab mir meine Arbeit gesucht als Maurer. Immer wieder, denn wenn du bei ner kleinen Firma warst, haben sie dich nach ein paar Monaten wieder rausgesetzt. Dann war schlechtes Wetter, dann war dies oder das, und auch bei den großen Firmen warst du ein paar Wochen vor Weihnachten sicher draußen.«

Für dreißig Pfennig Zulage auf den Stundenlohn von einer Mark und siebzig mauert Hans Horn im Akkord auf den großen Baustellen in Süddeutschland am Wiederaufbau Westdeutschlands, das jetzt Bundesrepublik heißt. Den materiellen Aufstieg der Republik erlebt er aber nicht als Erfolgsgeschichte, an der er partizipiert. Für ihn ist es die Geschichte einer heute vergessenen Schinderei, die begleitet wird vom Kampf zwischen Maurern und ihren Polieren, die sie so drangsalieren, bis sie handgreiflich werden und sie samt ihrem Zollstock, mit dem sie über die Zulage entscheiden, von der Großbaustelle jagen, vor deren Lohnbüros schon die Arbeitslosen stehen und auf ihre Gelegenheit warten.

»Es war ne Schinderei da. Menschenverachtend die ganze Arbeit. Deswegen hat es mich immer so gewurmt, wenn die katholischen Bonzen mit ihren Monstranzen auf den Straßen ihre Feste gefeiert haben. Da haben sie gebetet und gebetet und gebetet und nochmal gebetet um Aufklärung und Erlösung und uns haben sie behandelt wie Dreck.«

Irgendwann, sagt Hans Horn, habe er sich nichts mehr gefallen lassen und sei, wenn es ihm nicht mehr gepaßt habe, von einer Firma zur anderen gewechselt. Von den Magengeschwüren, die er dann bekommt, erzählt er nicht beiläufig, aber es ist auch nicht mehr als eine einfache Feststellung, die ohne Verbindung zu dem unruhigen Leben bleibt, das er und mit ihm seine Frau seit nunmehr drei Jahren führen. 1951 kommt eine Tochter zur Welt, aber da ist die Ehe, in der es »schon drüben gewackelt hat«, für beide Teile offenbar längst eine Belastung geworden. Vier Jahre später ist alles, was noch Zusammenhalt geboten hatte, verbraucht, und es kommt zur

Scheidung, die für Hans Horn zu einer doppelten Zäsur wird. Denn er folgt nun auch seinem Widerwillen gegen Rheinland-Pfalz, in das man ihn »verfrachtet« hat und das er wegen seiner »religiösen Heuchelei« noch heute verachtet.

Seit einem halben Jahrhundert wohnt Hans Horn nun in Hannover und bereut es nicht, auch wenn die im Krieg weitgehend zerstörte Stadt ihm nie »zu Herzen gegangen ist«. Er hat in ihr eine Umgebung gefunden, in der er zur Ruhe kommen und es noch einmal mit Westdeutschland versuchen konnte.

Zwölf Jahre bleibt er in der Hauptstadt Niedersachens bei einer Baufirma, von der er aber nicht mehr als ihren Namen und das Jahr 1967 erwähnt, in dem er sie verlassen muß, weil er wegen eines Kreislaufproblems nicht mehr oben auf dem Baugerüst stehen kann. Die nächsten vierzehn Jahre arbeitet Hans Horn in der Poststelle einer Bank und erzählt diesen langen Abschnitt seines Lebens wie einen um einige Sätze erweiterten tabellarischen Lebenslauf. Zu dieser Erzählweise gehört auch seine erneute Heirat, der Tod seiner zweiten Frau, die nach vielen Krebsoperationen 1976 stirbt und all die Jahre, die sich seitdem aneinandergereiht haben.

1981 geht Hans Horn mit achtundfünfzig Jahren in Rente. An die Stelle der Arbeit, die bis dahin sein Leben dominiert hat, rückt die Literatur. Nicht die Belletristik, die vielleicht eher den um wenig Gefälligkeit bemühten Landschaftsbildern entspräche, die er malt, sondern die historische Literatur zu Krieg und Politik im 20. Jahrhundert. »Ich wäre gern Historiker geworden, um an die Wahrheit heranzukommen. Können Sie mir denn sagen, was die Wahrheit ist? Man darf nicht nur eine Seite kennen. Ich will wissen, wer für die Geschichte verantwortlich ist. Wer für den Orlog verantwortlich ist, in den sie mich reingezogen haben. Sie haben uns in den Krieg geschleppt und wir sind schuldig geworden. Nur wir allein? Ich kann damit nicht klarkommen. Der größte Teil der Menschen ist damals gezwungen worden, ob sie nun Nationalsozialisten waren, das weiß ich nicht und kann ich auch nicht beurteilen. Und die uns gezwungen haben, wo waren sie dann, als der Krieg aus war? Da haben sie wieder oben gesessen und eine neue Geschichte angefangen, so als wär nichts gewesen, als hätte es uns nicht gegeben.

Ich hab versucht den ganzen Weg zurück nach Stalingrad, nach Frankreich, nach Italien zu verfolgen. Ich habe alles gelesen, was ich lesen konnte. Aber ich bin bis heute nicht damit fertig geworden.«

BERTOLD KÖNIG

In einem Vorort von Wuppertal, in dem sein Vater ein Schuhgeschäft mit einer Reparaturwerkstatt besitzt, wird Bertold König 1922 geboren. Die Mutter, die in den folgenden Jahren noch drei Söhne und eine Tochter zur Welt bringt, ist Hausfrau. Seine Familie beschreibt Bertold König als »normal« und meint damit nicht, daß sie einfach durchschnittlich, sondern daß sie fest verwurzelt war im katholischen Milieu und den Traditionen des Handwerks, die das Leben in dem Ort bestimmen. Die Bindung an den christlichen Glauben und die katholische Kirche ist nicht nur ein Halt in den ersten von Gewalt und Unruhe begleiteten Jahren der Weimarer Republik, sondern sie schafft auch nach 1933 eine Distanz gegenüber den Nationalsozialisten, die nicht zum Rückzug ins Private führt. Im Elternhaus von Bertold König ist Politik Gesprächsthema und zugleich Zankapfel.

Nachdem Adolf Hitler Reichskanzler geworden ist und die Nationalsozialisten in den folgenden Monaten eine Diktatur errichten, glaubt sein Vater dennoch an eine bald eintretende Beseitigung von »politischen Auswüchsen« und an die Rückkehr zur Normalität. Die Mutter hingegen sieht nur eine Lösung: Hitler muß weg. Die Appelle ihres Mannes, die Dinge nicht »so haarscharf« zu sehen, überhört sie und weigert sich, mit Freunden gemeinsam zu essen, die Parteimitglieder der NSDAP geworden sind. Nach der Wahl zum Reichstag im

März 1933, die vom Terror der SA und SS begleitet gewesen ist, bleibt sie der Wahl im November fern, die Hitler mit einer Volksabstimmung über seine »Friedenspolitik« verknüpft hat und bei der es außer der NSDAP keine andere Partei mehr gibt. Auch dann, als ein Wagen der NSDAP durch die Straßen des Wuppertalers Vororts fährt und ein Parteigenosse über den auf dem Dach montierten Lautsprecher verkündet, daß Frau König die einzige Volksgenossin im Ort sei, die noch nicht gewählt habe.

Als Vierzehnjähriger verläßt Bertold König 1936 die katholische Grundschule, deren Lehrer er in guter Erinnerung behalten hat. Den Besuch einer weiterführenden Schule verhindert seine Mutter aus Angst, er könne dort »den Nazis in die Hände geraten«. Schon zuvor hatte sie sich gegen seinen Eintritt in die Hitlerjugend gesperrt und dabei Rückhalt in der katholischen Gemeinschaft des Ortes gefunden. Noch vor der gesetzlich verordneten Dienstpflicht in der HJ, 1939, führen die Lehrer immer wieder die Schüler, die ihr zehntes Lebensjahr erreicht haben, zum ersten Antreten in der Hitlerjugend und immer wieder bleiben die meisten Kinder nach kurzer Zeit dieser von ihren Eltern ungeliebten Organisation fern, ohne daß es von seiten der NSDAP zu mehr als unverbindlichen Mahnungen kommt. Ein Katz- und Mausspiel, in dem allerdings die NSDAP in den folgenden Jahren immer deutlicher ihre Krallen zeigen und schließlich einen der Hauptopponenten im Ort, den katholischen Priester, ins Konzentrationslager bringen wird.

Dem Schulabgänger eröffnet der Vater, daß er ihm eine Lehrstelle als Schuhmacher besorgt habe. Eine Entscheidung, die sich für den Vierzehnjährigen, dessen Herz daran hängt, Journalist zu werden, als unverrückbar erweist. »Das ist«, urteilt der heute Neunundsiebzigjährige »damals eben so gewesen. Und im Krieg war es dann ein großer Vorteil.«

Drei Jahre geht er im Zentrum von Wuppertal bei einem Schuhmacher in die Lehre. Im April 1939 macht er seine Prüfung und beginnt als Geselle in der Reparaturwerkstatt, die zum Schuhgeschäft seines Vaters gehört, bis er wenige Wochen später zum »Arbeitsdienst« auf dem Land in der Nähe von Stade eingezogen wird.

»Bauern, die das sich bis zum Horizont im Wind wiegende Getreide ernten« hat Bertold König noch immer genau vor Augen. Die Bauern und das sich im Wind wiegende Getreide, die ihn so beeindrucken, stammen aus einem Propagandafilm, den er zusammen mit einer Gruppe Wuppertaler Jungen sieht, bevor sie hinausgeschickt werden, um mit Hacke und Spaten bei der Entwässerung des Teufelsmoors zu helfen. »Damals«, stellt Bertold König lakonisch fest, »war das ein Kulturgut, was heute zu recht als ökologischer Unsinn gilt.«

Kurz vor der Entlassung, ein halbes Jahr später, wird er zusammen mit drei anderen Jungen in einen »Strafvollstreckungszug« gebracht, weil sie sich – »Hamburg stach uns in die Nase« – unerlaubt vom Dienst entfernt hatten. In Bremen-Werderhöhe muß Bertold König im »Haus des Reiches«, in dem auch die Gauleitung residiert, drei weitere Monate Arbeitsdienst leisten – diesmal in einer bequemen Bürotätigkeit, die er sich selbst organisiert hat, indem er einem Funktionär der NSDAP, der in die Parteikasse gegriffen hat, hilft, durch den Verkauf von belegten Brötchen und Bowle bei einem Sommerfest das Geld wiederzubeschaffen und dem Revisor zu entgehen. Ende 1940 erhält er dort seinen Gestellungsbefehl, den er erst einmal ignoriert. Statt direkt nach Ingolstadt in die Kaserne zu fahren, verbringt er zwei Tage zu Hause.

In Ingolstadt kommt er mit einigen anderen Wuppertalern zu einer niederbayerischen Infanterieeinheit, und nachdem er gelernt hat, daß die Bayern lieber die Fäuste schwingen, als sich »veräppeln« zu lassen, kommt er gut mit ihnen zurecht. Während der Grundausbildung fühlt er sich nicht wie im Arbeitsdienst schikaniert. »Keiner«, erinnert er sich, »hatte den Krieg gern. Aber die Stimmung war nicht gegen die Wehrmacht.«

Wer sich aber in der Kaserne über die Politik in Deutschland, den Krieg und die Unterwerfung halb Europas unterhalten will, so wie Bertold König es aus seinem Elterhaus gewohnt ist, muß vorsichtig sein und »genau wissen, mit wem und worüber« er spricht. Gleichwohl beschreibt Bertold König die Offiziere in Ingolstadt als »liberal« und bringt diese Einschätzung in Zusammenhang mit einer Geschichte, die zwei Jahre zurückliegt und ihn in der Kaserne wieder eingeholt hat.

Damals war ein Zeitungswerber in der Uniform der SA in den Laden seines Vaters gekommen und hatte unter Verweis auf seinen Status und Rang ein Abonnement verkaufen wollen. Der Vater ist hilflos, von der Uniform des Mannes eingeschüchtert und an seiner statt versucht der Sohn, den SA-Mann abzuwimmeln. Es endet schließlich mit einem Abonnement der »Braunen Post«, die Bertold König für das gemäßigste unter »den Krawallblättern« hält. Weil er aber im ersten Zorn über die unverhohlene Drohung des Mannes, mit der er seine Geschäfte zu machen sucht, vom Mist redet, den er nicht haben will, findet er sich einige Zeit später vor dem Schreibtisch eines Gestapobeamten wieder, bei dem ihn der SA-Mann denunziert hat. Nach einem Verhör kann er zwar wieder nach Hause gehen, aber nun, ein Jahr später, liegt die Ermittlungsakte auf dem Schreibtisch seines Kompanieführers, der sich seine Geschichte anhört und die Akte »bis nach dem Krieg, dann fragt keiner mehr danach« in einer der Schubladen seines Schreibtisches verschwinden läßt.

Über eine Zwischenstation in Augsburg kommt Bertold

König im niedrigsten Dienstgrad, als Schütze der Infanterie, im Sommer 1941 zu weiteren Übungen nach Polen. Seine Erinnerungen an das besetzte Land sind heute jedoch so weit verblaßt, daß er sich nur noch an die drückende Hitze des Sommers und an den Geruch des Staubes zu erinnern vermag, der über den marschierenden Kolonnen in der Luft hing.

Die Einnahme Moskaus ist bereits gescheitert und die Wehrmacht befindet sich auf dem Rückzug, als er in ein Marschbataillon kommt und mit ihm nach Rußland gebracht wird. Noch weit hinter den sogenannten Auffangstellungen dieses Winters kommt er in die Etappe. Da sei alles »nicht von Bedeutung, eher so eine Art von Beschäftigungstherapie« gewesen, »die mit Krieg nichts zu tun hatte«. Bertold König kann sich auch nicht mehr an die Umstände und die wechselnden Orte erinnern, in denen er mal in Kasernen, mal in Zelten untergebracht ist und mal einen General in dessen Befehlsstand bewacht und mal zum Gebell von Feldwebeln und Unteroffizieren in der verschneiten, eiserstarrten Landschaft den preußischen Parademarsch übt. Aber er erinnert sich, daß die Bauern aus ihren Häusern vertrieben werden, um Platz für die deutschen Soldaten zu machen, an die »entsetzliche Armut der Russen«, die er nur selten zu Gesicht bekommt, daran, »wie toll ihre Schulen waren«, und an die kleinen Milchgeschäfte, in denen er zusätzlich Butter, Milch und Quark kaufen kann.

Von Soldaten, die an dieser ersten »Winterschlacht« teilgenommen haben, erfährt er vom Rückzug und von großen Verlusten weniger an Menschen als an Material aller Art. »Eigenartigerweise hat das aber die Stimmung nicht beeinflußt« und Bertold König erlebt, daß bei den Erzählenden das Glück, die eigene Haut gerettet zu haben, die Erinnerung an Tod, Verwundung und Niederlage verdeckt. Dabei bleibt das

Gefühl der Überlegenheit so ungebrochen wie der Glaube an den Sieg und an ein baldiges Ende des Krieges.

Im zeitigen Frühjahr 1942 wird Bertold König von der Infanterie zum Artillerieregiment der 29. Panzergrenadierdivision versetzt und kommt als Obergefreiter in der Nähe von Kiew, mehr als tausend Kilometer entfernt von Stalingrad, erneut in die Etappe. Sie war, sagt er, auf eine so erschreckende Weise perfektioniert, daß er sich hätte einbilden können, er sei nicht Tausende von Kilometern von Wuppertal entfernt in einem fremden besetzten Land, sondern noch immer in Deutschland. Nur hin und wieder wird er als Munitionskanonier abkommandiert oder er trägt in dem »schönen Papierkrieg der Wehrmacht« Sprit- und Munitionsmeldungen nach vorn zum Gefechtsstand, wo sie abgezeichnet werden müssen.

Zugleich herrscht aber ein ständiger Kampf gegen die Partisanen, den Bertold König, der daran nicht beteiligt ist, militärisch für weitgehend nutzlos hält. Der Umgang der Alarmeinheiten mit den Partisanen sei abhängig von den einzelnen kommandierenden Offizieren gewesen. »Ihr wißt schon, was ihr zu tun habt, wenn ihr sie schnappt«, hätten die einen gesagt und die andern ausdrücklich verlangt, daß die Gefangenen abzuliefern seien.

Die Russen, Zivilisten wie Soldaten, gelten bei nicht wenigen Soldaten in der Einheit von Bertold König als »Untermenschen« und die Propaganda, die diesen politischen Rassismus nährt, erlebt er in der Etappe als allgegenwärtig. Ihre Parolen hat er noch im Ohr: Die deutschen Soldaten müßten Europa vor dem Bolschewismus bewahren, die Russen seien Untermenschen, die Heimat müßte davor gerettet werden, aus dem Osten überrannt zu werden. Vermittelt wird diese Ideologie des Kampfes und der Verachtung durch Filme, während das Regiment in Ruhestellung liegt. Zumeist werden sie als Vorspann zu Unterhaltungsstreifen gezeigt oder auch als

Ouvertüre, wenn Künstler im Rahmen der Truppenbetreuung auftreten, wie die schwedische Schauspielerin und Sängerin Zarah Leander*. Protegiert von Joseph Goebbels war sie zur Erotik versprühenden Diva des nationalsozialistischen Films geworden. Bertold König allerdings ist enttäuscht von ihr, er hatte sie sich »schöner und begehrenswerter vorgestellt«.

Als im April 1942 die Kämpfe an der Ostfront wieder heftiger werden, erweist sich Bertold Königs Berufsausbildung als »Vorteil«. Als Schuhmacher bleibt er weiter hinter der Front, nun aber im Gefechtstroß, dicht hinter den kämpfenden Einheiten, wo er die kaputten Schuhe repariert und dafür sorgt, daß immer etwas übrig und er bei dieser Arbeit weiterhin unabkömmlich bleibt. Das Leben läuft auch hier »so weiter vor sich hin« und abends wird »es dann auch schon mal gemütlich, es gab ja auch Alkohol in Rußland«.

Die ersten Monate in diesem Jahr erinnert Bertold König als eine Zeit der Siegesgewißheit und zugleich als die eines Bruchs in der Auffassung und im Verhalten der Männer seiner Kompanie. Während einige Soldaten aus seiner Einheit die russischen Soldaten plötzlich als Menschen entdecken, die wie sie selbst sind und den gefangenen Russen »mit Respekt begegnen«, machen andere dann, wenn sich die Gelegenheit ergibt, nämlich bei der Gefangennahme von nur zwei oder drei Rotarmisten, »kurzen Prozeß« mit ihnen. Dieser Bruch in der Wahrnehmung und im Verhalten findet sich im August 1942, als Bertold König an die Front kommt, auch in den Berichten des SD, den »Meldungen aus dem Reich« vom 17. August 1942 wieder:

* Obwohl zahlreiche Künstler Teil der Truppenbetreuung waren, gibt es keinen Beleg dafür, daß auch Zarah Leander dazu gehörte. In der Erinnerung von B. K., der sie dort wohl in einem Film gesehen hat, ist sie offenbar der Phantasie entstiegen.

»In letzter Zeit gehen aus den verschiedenen Reichsgebieten und aus allen Bevölkerungsschichten zahlreiche Einzelmeldungen ein, wonach sich die Bevölkerung in ständig größerem Umfang um ein *zusammenhängendes Bild von der Sowjet-Union,* dem Land, seinen inneren Verhältnissen, von den Menschen, ihrer inneren und äußeren Existenz bemüht. Dabei wird zumeist zum Ausdruck gebracht, daß sich alle *bisherigen Vorstellungen* im Laufe des Krieges gegen die Sowjet-Union *vielfach verschoben haben* und eine Reihe von Widersprüchen bestehe, für die man kaum eine befriedigende Erklärung habe…

Die Menschen der Sowjetunion seien als tierisch, viehisch, animalisch hingestellt worden. Im Kommissar und Politruk werde dieser Mensch zum ›Unmensch‹ schlechthin. Die Berichte über die Greueltaten, die in den ersten Monaten des Ostfeldzuges gegeben wurden, verfestigen die Meinung, daß es sich bei den Angehörigen der Feindarmee um ›Bestien‹ handele. Es wurde mit Sorge gefragt, was wir mit diesen ›Tieren‹ in Zukunft anfangen wollten. Viele Volksgenossen stellten sich vor, daß sie radikal ausgerottet werden müßten…

Dem stehe nun heute schon für viele Volksgenossen das geistige und charakterliche Verhalten der *Tausenden von Ostarbeitern* gegenüber. Gerade in Arbeiterkreisen werde festgestellt, daß diese Russen doch oft recht intelligent, anstellig, schnell in der Auffassung selbst komplizierter maschineller Bearbeitungsvorgänge seien. Viele lernten recht rasch die deutsche Sprache und seien offenbar auch schulisch gar nicht so schlecht vorgebildet. Diese Erfahrungen hätten das bisherige Bild vom Menschen aus dem Osten *zwiespältig* gemacht.

Das Menschentum im Osten werde im großen und ganzen als *rassisch minderwertig* bezeichnet. Vielfach hätten Typen der *Mongolen und Turkvölker* dabei Verwendung gefunden, um den tierischen Charakter der Soldaten der Sowjetarmee bildlich und anschaulich herauszustellen. Dem stünden zahlreiche Erzählungen von Soldaten entgegen, daß gerade diese Mongolen und Turkvölker gute Soldaten seien, oft sauberer und intelligenter als die anderen und dem Bolschewismus keineswegs restlos verfallen. Auch unter den Muschiks gebe es sehr viel große, blonde und blauäugige Menschen und viele Berichte aus der Ukraine gehen dahin, daß die Menschen dort im Vergleich zu Deutschland zwar ebenfalls unerhört primitiv seien und ebenso primitiv in ihrer Lebensweise, aber gesund, oft gutmütig, arbeitssam und erfreulich im Erscheinungsbild.«

»An die Front bin ich zum ersten Mal gekommen, als nach dem Donübergang, der für unser Artillerieregiment noch ganz generalstabsmäßig ging, Not am Mann war und alles eingesetzt wurde. Ich kam zum vorgeschobenen Beobachter der Artillerie, der vorn bei der Infanterie lag. Wir saßen zu fünft in einem Loch, beobachteten die Russen, die dicht vor uns lagen und gaben von da aus an die Geschützführung die Daten für das Feuer durch. Das war nicht angenehm, man fühlte sich wie auf dem Präsentierteller und war froh, wenn man wieder zurück konnte.

Hinter dem Don verändert sich die Landschaft total. Ist da vorher noch fruchtbares Land, dann wächst dort in der Klamückensteppe außer Gras und mal ein paar Sträuchern gar nichts mehr. Die Umstellung war groß. Wir wußten aber jetzt: Stalingrad war das Ziel. Da wollten wir auch unbedingt hin. Nachdem wir nämlich die Steppe gesehen hatten und uns vorstellten, da müßten wir den Winter verbringen, waren wir alle scharf darauf, in die Stadt zu kommen. Wo sollten wir denn sonst auch hin? Stalingrad war die Erfüllung aller Wünsche, wenn wir nicht in der Steppe verrecken wollten.

Die Russen verteidigten sich in der Steppe nicht stark. Sie haben sie aber angezündet, der Wind stand uns ins Gesicht und die Flugasche war überall und sehr unangenehm. Jeden Tag rollten wir voran und dann sollten wir in einen Ort, der hieß Kotelnikowo, steht auf jeder Weltkarte und ist doch nur ein armseliges Nest mit einem Wasserloch und einer Bahnstation hundert Kilometer südlich von Stalingrad. Alles war schon zerstört und wurde nun instandgesetzt, die Eisenbahn und was drum herum war, aber es gab dennoch keine richtige Verpflegung mehr. Wir kriegten nur noch Brot, Ölsardinen, Tubenkäse aus Wien und Suppe. Mit der Verpflegung hatte es vorher oft auch nicht geklappt, aber dann sagten die Offiziere, wir sollten aus dem Land leben. Da gab's aber kaum was und was blieb, waren die schwarzen Bestände. Auch Wasser hatten wir nicht, die Feldküche holte es dreißig Kilometer entfernt aus irgendeinem Loch und jeder kriegte ein Feldgeschirr voll Wasser am Tag. Man konnte sich nicht mehr waschen und alle bekamen die Gelbsucht und Durchfall.

Kurz hinter Kotelnikowo leisteten die Russen Widerstand, und da ging der Krieg für mich richtig los. Seitdem ich zur Artillerie gehörte, war ich Munitionskannonier. Ich mußte die Granaten hochstemmen, die in die Geschütze kamen. Man muß sich vorstellen, was für riesige Flächen das dort in Rußland waren. Die Front war so lang, die Russen konnten sich immer wieder dazwischenschieben, und dann hieß es: Da müssen wir hin. Und da kam es schon zu Handgemengen, zu

Nahkämpfen. Da stand man sich mit dem Spaten gegenüber oder schlug mit dem Gewehrkolben aufeinander ein. Das waren aber noch Vorgeplänkel zu Stalingrad.

Stalingrad, die Vorstädte, hab ich wohl Ende August, Anfang September das erste Mal gesehen. Die Vorstadt wirkte wie ein Geflecht von vielen Dörfern und die meisten Häuser waren aus Holz. Jeden Tag griffen die Stukas* und Bomber die Stadt an. Und fast jeden Tag kam's zu gewaltigen Artillerieangriffen, an dem auch mein Regiment beteiligt war. Es gab Tage, an denen wir mit unseren Geschützen um die drei-, vierhundert Granaten verschossen haben. Als Munitionskanonier ging das zuerst in die Arme. Ich mußte ja die schweren Granaten hochwuchten. Der Lärm, die Verwundeten und im August war's in der Steppe heiß. Das läuft einfach ab. Zum Nachdenken kommt man da nicht. Mit dem normalen Verstand kriegt man das gar nicht mehr gepackt.

Wir schossen auf die Stellungen der Russen in der Stadt und auf die Insel in der Wolga. Das hat nichts genützt, die Russen schossen immer weiter. Sie hatten da eine große Artillerie aufgebaut. Das Schlimmste war, wenn sie mit den Stalinorgeln und ihren schweren Flakgeschützen schossen. Die Artilleriegefechte waren mörderisch und wir hatten viele Verluste.

Ich kann mich nicht erinnern, ob es noch September oder schon Oktober war, als wir ins Stadtgebiet verlegt worden sind. Mein erster Eindruck von der Stadt war niederschmetternd. Die kaputten Häuser. Keine Menschen. Jeder duckte sich und suchte Schutz. Kaum einer wagte sich zu bewegen, sonst waren da die russischen Scharfschützen, die einen abknallten und unsere Scharfschützen machten dasselbe mit den Russen.

* Stuka (Abk.): Sturzkampfbomber.

Im Stadtzentrum waren die Häuser aus Beton oder Stein, sonst waren sie aus Holz. Die Zerstörung war schon groß, aber es stand noch einiges. In so einem Haus aus Beton saßen wir vier Tage lang. Nachts fuhr dann die Feldküche vor. Nachschub, Versorgung, das passierte ja alles nachts. Den Lastwagen, auf dem die Küche war, erkannten wir schon an dem Geräusch, das war ein sogenannter Einheitsdiesel. Einer von uns ging dann, um die Verpflegung zu fassen. Und der kam und kam nicht wieder und als wir eben auf die Suche gehen wollten, da erschien er, ganz blaß und schlotterte von oben bis unten. Er hatte sich an der falschen Feldküche angestellt, an der von den Russen. Die hatten eine Feldküche mit dem Einheitsdiesel von uns erbeutet und versorgten damit ihre Leute. Der war fix und fertig, aber er kam mit unseren Portionen, die er vom Russen hatte. In der Dunkelheit war er nicht aufgefallen. Die Verpflegung von den Russen war auch nicht dolle. Die kriegten Brot, ein klebriges Zeug, ein Stück Speck und ein Stück Zucker.

Nun haben wir uns gesagt, wir müssen uns bekümmern, wer denn da noch in dem Haus sitzt, in dem gab's mehrere Stockwerke. Und dann haben wir festgestellt, daß unter uns und über uns Russen saßen. Wir waren die einzigen Deutschen in dem Haus. Das war ein furchtbares Gefühl, und etwas, woran ich mich genau erinnere.

Die Einzelheiten, von denen sind aber viele weg. Stalingrad, das sind Bilder. Das Bild, wie die Toten auf den Straßen lagen, in den Häusern, zwischen ausgebrannten Fahrzeugen. Das Bild, wie alte Männer, Frauen und Kinder an der Straße stehen und darauf warten, daß Lastwagen kommen, um sie abzutransportieren, heraus aus der Stadt. Da waren sie noch ganz gut beieinander, aber das hat sich später dann geändert.

Wir haben dann den Roten Platz hinter uns gelassen und sind bis kurz vor die Wolga gekommen. Da lagen die Russen mit dem Fluß im Rücken. Jetzt waren wir so dicht aufeinander, russische und deutsche Soldaten, daß wir anfingen, uns gegenseitig mit Spaten zu behandeln. Wir sollten das Stück, daß noch zwischen uns und der Wolga lag, unbedingt nehmen. Die Offiziere sagten: ›Das ist ein Befehl des Führers!‹ Es war ein großes blutiges Getümmel, aber die Russen sind nicht weggegangen. Von unseren Infanteristen, dem Infanterieregiment 15, sind nicht viele übriggeblieben. Und dann hieß es auch, wir, die Artillerie, ziehen uns zurück. Wir sind aus dem großen ›Sichtotschlagen‹ geflüchtet. Zurück nach Zybenko, so dreißig Kilometer südwestlich von Stalingrad in der Kalmückensteppe. Da haben wir dann den Befehl bekommen, eine Stellung vor der Stadt aufzubauen, um dort zu überwintern. Die Infanterie blieb zurück und hatte einen schrecklich zermürbenden Häuserkampf, an dem wir dann aber nicht mehr beteiligt waren.

In Zybenko sollten wir uns erholen und da sollten wir auch Ersatz für all die Toten und Schwerverwundeten bekommen. In dieser Ruhestellung gab es einen Feldgottesdienst, den einzigen, den ich in Rußland erlebt hab. Wir standen angetreten, die Regimentsmusik hatte gespielt, so eigenartige Lieder, die gingen mir nicht mehr aus dem Kopf: ›Harre meiner Seele, harre des Herrn, alles ihm befehle, hilft er doch so gern. Sei unverzagt, bald der Morgen tagt und ein neuer Frühling folgt dem Winter nach.‹ Seltsam, hab ich gedacht, solche Lieder, so düster. Der Feldgeistliche machte auch so seltsame Bemerkungen und sagte, auf dem Stalingrader ›Heldenfriedhof‹ sei ein Hochkreuz errichtet worden aus Anlaß des zweitausendsten Toten unserer Division. Kriegsstark war die Division schon lange nicht mehr gewesen und die hatte nun zweitausend Tote, all die Verwundeten nicht mitgezählt.

Während des Gottesdienstes flog ein russisches Aufklärungsflugzeug über uns. ›Nähmaschinchen‹ nannten wir das.

Wir haben das nicht für voll genommen und darüber gelacht. Wir hatten doch tatsächlich damals noch ein Überheblichkeitsgefühl den Russen gegenüber. Wir haben uns nicht vorstellen können, daß die uns vielleicht mal einkesseln oder sogar besiegen. Das hab ich auch nicht geglaubt.

Der Glaube an den Sieg, den hat man aber nicht, weil man an den Krieg glaubt. Den Glaube an den Sieg, den hat man, weil man glaubt, daß man dann überleben kann.

Für das Winterquartier sollten wir anständige Bunker bauen. Das Dorf Zybenko war zerstört und drumrum war nur die Steppe. Wohin man schaute war nichts zu sehen. Holz für die Bunker wurde aus Stalingrad geholt. Vierzehn Tage, vielleicht auch drei Wochen habe wir an den Bunkern gebaut, aber sie kein einziges Mal benutzt. Bevor sie fertig waren, kam der Kessel und die Russen. Für uns, für das Fußvolk, das von den Offizieren hierhin und dann dahin kommandiert wurde, kam das überraschend. Wir sind nie über die Lage informiert worden. Wir wußten gerade mal das, was sich vor uns abspielte. Aber nachdem der Divisionspfarrer beim Feldgottesdienst so komische Andeutungen gemacht hatte, hab ich gedacht: Na Gott, was redet der denn da so, was uns noch alles bevorstehen könnte. Und dann bin ich zum Stab gegangen, wo ich jemanden kannte, und der sagte, die Russen hätten Truppen zusammengezogen.

Wir lagen in einer dieser Balkas, in der wir unsere Unterkünfte in den Hang gebaut hatten. Am Morgen, als der Russe angriff, um den Kessel zu bilden, sah ich, wie in der Nähe ein Lastwagen explodierte und dann ein ganzes Munitionslager in die Luft flog. Aber da haben wir aber noch immer nicht gedacht, daß die Russen einen Angriff machten. Es hat jedoch nicht lange gedauert, bis ein heilloses Durcheinander begann. Wir lagen im Süden ganz am Rand, wo plötzlich die Russen auftauchten. Jetzt wir sind stiften gegangen und einfach hingelaufen, wo noch Platz war, wo der Russe nicht war. Es war ein furchtbares Durcheinander. Alles fuhr kreuz und quer und ich hörte keinen Offizier, der noch irgendeinen Befehl gab. Niemand hatte damit gerechnet, es gab eine große Verwirrung.

Ich erinnere mich an ein großes Chaos. Nur ein Bild steht mir noch ganz genau vor Augen. Ich hatte, kurz bevor der Angriff losging, Wache an diesem Morgen und stand oben am Rand der Balka, wo ich auf und ab patrouillieren mußte. Es schneite leicht, die Flocken tanzten durch die Luft und auf der weiten Steppe lag ganz fein der Schnee. Der, mit dem ich auf Wache war, sagte: ›Das sieht aus wie ein Leichentuch.‹ Und ich dachte, das ist doch einfach makaber, was der da sagt. Aber es war eines. Ein Leichentuch für die ganze Armee.

Vierundzwanzig Stunden später war alles wieder einigermaßen sortiert, man stellte fest, was man noch besaß. Das hatte die Wehrmacht da noch im Griff. Es gab wieder eine Front. Unsere Versorgungseinheiten, die in Kotelnikowo stationiert waren, lagen nun außerhalb vom Kessel und wir waren von allem abgeschnitten. Schließlich war klar: Die Russen hatten uns eingeschlossen. Doch nach und nach entwickelte sich das Gefühl, das ist nicht so schlimm. Die Offiziere sagten: ›Das ist nicht das erste Mal, daß wir eingeschlossen sind. Da kommen wir wieder raus! Die Truppe muß zusammenhalten!‹ Eine Weltuntergangsstimmung gab's nicht. Wir haben gesagt: ›Wir müssen gucken, daß wir wieder auf die Füße kommen.‹ Es wurde ein Führerbefehl verlesen und darin hieß es: Wir werden entsetzt. Das wurde geglaubt, ja, sogar, daß wir aus eigener Kraft da wieder rauskommen.

Ich glaubte auch, daß alles gut ausgehen würde. Ich konnte mir nicht vorstellen, daß eine so große intakte Armee untergehen könnte. Das glaubte ich auch später noch, als es dafür schon keinen Grund mehr gab. Hitler, der große Feldherr, hatte uns ja wissen lassen, daß er uns entsetzen würde. Bis zum Schluß hat sich jeder dagegengestemmt, daß es in dem Kessel nur noch ums Verrecken ging. Immer wieder gab's in verschiedenen Varianten die Parole, der Kessel ist jetzt gesprengt worden und wir kommen raus. Es sah auch danach aus, als würden wir ausbrechen. In Stalingrad waren sehr viel schwere deutsche Geschütze, große Kaliber, mit denen wir die Stadt beschossen hatten, und die haben wir alle gesprengt. In unserer Einheit wurden auch Fahrzeuge zerstört, die nicht mehr in Ordnung waren, und die man unter anderen Umständen irgendwo hinten rangehängt und mitgenommen hätte. Ich glaube auch, wir wären rausgekommen. Ohne das Material, aber die Menschen wären gerettet worden.

Für mich begann nun der Krieg, wie er für die Infanteristen schon immer war. Ich lief mit meinem Gewehr und ein paar Handgranaten, beladen mit Munition, neben einem Maschinengewehrschützen her und mußte sie ihm geben, wenn er nichts mehr hatte. MG-Schütze zwei war ich nun. Als wir hörten, daß Hoth* nicht kommen würde, daß er uns nicht entsetzen würde, da fingen wir an zu begreifen, wir werden hier kaputtgehn. Ich dachte: In deinem Alter kann das doch nicht alles sein. Das kann doch nicht das Ende sein. Und dann hab ich mir gesagt: Doch, das ist hier das Ende. Das war's.

Weihnachten hob unser Instandsetzungstrupp ein Loch aus und stellte einen mannshohen Christbaum hinein, den sie aus Brettern zusammengebastelt hatten. An diesem Baum hingen Lampen, die sie mit einer Batterie zum Leuchten brachten. Der Batterieoffizier verteilte Pferdefleischfrikadellen und jeder kriegte eine Dose Schoka-Cola. Der Offizier sagte: ›Wir wollen daran denken, daß heute Weihnachten ist.

* Kommandierender General der 4. Panzerarmee, deren Versuch, den Kessel aufzubrechen, scheiterte.

Ein Weihnachtsgedenken an die Heimat.‹ Davon war aber nicht zu reden, die Russen machten erst ein entsetzliches Trommelfeuer und lasen dann über Lautsprecher Feldpostbriefe vor, die sie erbeutet hatten. Sie wußten ganz genau, welche Einheit ihnen gegenüberlag. Die Feldpostbriefe, die sie vorlasen, waren an uns gerichtet. Frauen schrieben da an ihre Männer, Eltern an ihre Kinder, Kinder an ihre Väter. Und dann sagten die Russen: ›Ihr werdet eure Angehörigen nicht wiedersehen, wenn ihr weiterkämpft. Aber ihr könnt jetzt überlaufen! Ihr könnt rüberkommen und euch eure Briefe abholen. Wir garantieren euch ärztliche Versorgung, Essen und eine gute Behandlung.‹ Es war schrecklich deprimierend. Wir waren gerade zwanzig Jahre alt und sollten nun begreifen, daß das Leben zu Ende war.

Geglaubt aber hat den Russen keiner. Ich habe Stellungen von uns gesehen, die wir den Russen kurzfristig noch einmal abgenommen hatten, und da lagen deutsche Soldaten, denen die Russen die Köpfe eingetreten hatten. Nicht wenige. Bei der Kälte konnte man das gut sehen, die Stiefelspuren. Ergeben hat man sich nicht aus Angst vor den Russen.

Ab und zu kam es zu Kämpfen und ein paarmal mußten wir uns auch zurückziehen. Der Kessel wurde kleiner und es gab Auseinandersetzungen mit Offizieren. Die sagten: ›Dieser Abschnitt muß unbedingt verteidigt werden!‹ Zur Verteidigung gab es aber nichts mehr. Es war nichts mehr da. Keine Munition, keine Waffen, die auf die Russen noch Eindruck gemacht hätten. Und körperlich waren wir auch nichts mehr. Tagelang gab's nicht zu essen. Auch die Offiziere, die bei den Mannschaften waren, hungerten. Daß es in den Stäben anders war, daß es da zu Essen gab, hörte man und auch, daß es bei Paulus noch weiße Tischdecken gab. Hätten wir sie gehabt, hätten wir sie uns um die erfrorenen Füße gewickelt.

Im Januar lösten wir vor Stalingrad in Novoalaskjes eine

Kompanie ab, und das war gespenstisch. Es war nachmittags um halb eins, um halb zwei war's da unten in Stalingrad ja schon dunkel, und da zog das Regiment, was wir ablösten, aus der Stellung raus. Was übriggeblieben war. Der Regimentskommandeur mit ein paar Leuten, die schoben einen Panjewagen. Ich hab gedacht: Mit Mann und Maus und Wagen, so hat sie Gott geschlagen.

Wie wir in den Ort reinkamen, sah ich auf der rechten Seite an einer Hauswand einen deutschen Soldaten stehen mit einem angelegten Gewehr. Einen Moment dachte ich: was tut der da? Und dann sah ich, der war tot, der war erfroren. Und in der Richtung, in die sein Karabiner zeigte, sah ich dann vielleicht sechzig Meter entfernt einen Russen auf dem Boden. Der lag dort mit seinem Gewehr im Anschlag und war auch erfroren. Das ist eines der Bilder, die ich bis heute immer wieder ganz genau vor mir sehe. Und noch ein weiteres aus diesem Ort. Da steh ich vor einem halb zerstörten Bahnwärterhäuschen und sehe dort Zivilisten sitzen, alte Leute. Sie waren arm dran. Halb verhungert, jammernd und in ihren Lumpen frierend saßen sie dort und kochten über einem kleinen Feuer in einem Topf Pferdefüße. Das war das letzte Mal, daß ich Zivilisten im Kessel sah.

Wir hatten ein paar Veterinäre dabei, die sie auch zur Infanterie gesteckt hatten. Zu tun hatten sie nichts mehr, die Pferde waren ja alle geschlachtet worden. Bei uns hatten sie allerdings auch nichts mehr zu tun, denn wir hatten nichts mehr zu schießen. Diese Veterinäre sagten uns, daß die Soldaten, die vor uns in der Stellung gewesen waren, Menschenfleisch gegessen hätten. Anhand der Knochen, die sie da fanden, sagten sie, die haben Menschenfleisch gegessen. Wir haben das gehört und hingenommen. Für ein Gefühl hatte keiner mehr die Kraft.

Man war immer weiter abgestumpft. Auch die vielen Toten schienen einem nichts mehr auszumachen. In Zybenko habe ich eine Nacht in einem Bunker geschlafen. Da standen sie alle, es war so eng, es konnte keiner umfallen, auch die nicht, die schon gestorben waren. Da waren auch Leute mit Erfrierungen und das stinkt bestialisch. Ich bin also durch eine Öffnung aus dem Bunker rausgeklettert und kam auf einen Haufen und fiel hinein, zwischen lauter abgeschnittene Arme und Beine. Früher lag da wohl ein Feldlazarett. Weil das Verrecken überall so beständig war, nahm man es einfach hin.

Das einzige, was ich außer dem Zeug, das ich anhatte, noch besaß, war ein Rosenkranz. Ich habe gebetet, daß ich gerettet werden möchte aus dem Verderben, daß Gott ein Ende macht mit dem Krieg und mit denen, die ihn befohlen hatten. Ich denke, jeder hat da gebetet und jeder hat sich auch Illusionen gemacht. Ich hab zum Beispiel in einer Nacht mal ein Komißbrot gefunden, ein erfrorenes. Da hab ich gedacht, mit diesem Komißbrot könnte ich mehr als hundert Kilometer durch die Steppe und den Schnee bis in unsere Riegelstellung nach Kalatsch vordringen. Das Brot bringt mich dahin. Zuerst bin ich aber in einen geheizten Bunker gegangen, der zu unserem Feldlazarett gehörte. Und da sind sie über mich hergefallen. Von dem Brot hatte ich kein Stück.

Im Januar funktionierte das mit der Befehlsgewalt nicht mehr. Die Soldaten lagen in den Ecken und taten nichts mehr. Das erlebte man jeden Tag, daß Offiziere kamen, auch mit der Pistole und sagten: ›Du mußt an die Front, auf.‹ Dann antworteten die: ›Du kannst mich ja erschießen, ich hab keine Lust mehr. Ich mach nicht mehr mit.‹ Bei den meisten Offizieren hat sich dann die Erkenntnis durchgesetzt, daß es dem Ende zuging. Ich hab aber auch andere gesehen, die noch mit der gezogenen Pistole dastanden und schrien: ›Wer hier zurückgeht, der wird erschossen!‹ Aber das dann wirklich geschossen wurde, das habe ich nicht gesehen.

Ich wurde abgestellt als Melder auf einen Gefechtsstand, das war ein Divisions-, Bataillons-, Regiments- und Kompaniegefechtsstand, das war nun alles in einem. Die lagen alle zusammen. Der Gefechtsstand war ein großes Loch, das hatten sie im freien Feld ausgehoben, nichts drum herum, nur Schnee und Schneeverwehungen. Und da war eine Höhe, ich glaube die hieß 102, die war wohl gerade fünfzig Meter hoch. Die Russen lagen davor, die sah man deutlich. Sie hätten da spazierengehen können. Wir hatten keine Munition, nicht mal Gewehrmunition.

Dort in dem Gefechtsstand sah ich zum ersten Mal in meinem Leben einen Fernschreiber. Das hätte für mich eigentlich eine Sternstunde der Technik sein sollen. Aber es war trostlos. Der stand in dem Gefechtsstand und dirigierte Einheiten, die es überhaupt nicht mehr gab, die längst ausgelöscht waren. Und hinten standen Offiziere, die bedrohten die eigenen Soldaten mit Pistolen. Die sollten die Höhe da vorn verteidigen. ›Wenn die Höhe verlorengeht‹, schrie einer der Offiziere, ›dann sind wir alle verloren!‹ Die Soldaten haben nur mit dem Kopf geschüttelt.

Einige Tage später kam ich von einer Einheit zurück, von der ich etwas melden sollte. Aber da war nichts mehr zu melden, die Offiziere, es waren vielleicht zwanzig da, die wollten überhaupt nichts mehr hören. ›Können Sie wegschmeißen‹, sagte einer der Offiziere, ›das brauchen wir nicht mehr‹. Einige der höheren Offiziere sahen noch sehr geregelt aus. Gewaschen, rasiert, was bei uns seit langer Zeit nicht mehr der Fall war. Und sie waren jetzt sehr freundlich, das war ja nicht üblich. Sie hatten eine Kiste Hustenbonbons, da hab ich mir welche von genommen, weil es sonst nichts mehr zu essen gab. Einer hatte eine Flasche Sekt, darüber konnte man sich auch wundern. Sie machten die Flasche auf, prosteten sich zu und haben sich dann erschossen. Gegenseitig. Die Hälfte der Offiziere, die auf diesem Gefechtsstand waren, ließen

Deutschland hochleben, ihre Frauen und Kinder und haben sich dann, wie sie wohl meinten, mit Stil erschossen. Einer sagte zuvor zu mir: ›Wenn einer von uns überlebt, dann tun Sie uns den Gefallen und erschießen ihn.‹ Aber sie waren alle tot.

Es war Mitte Januar. Wir saßen in einem Erdloch. Oben ein paar Bretter und eine Plane. Das war schon viel. Und dann fingen die Russen an zu schießen. Einige hatten ein paar festgefrorene Leichen als Kugelfang aufgetürmt. Gegenwehr gab's ja gar nicht mehr, wir hatten keine Munition. Und so wurde dann die Einheit abgeschlachtet. Innerhalb kürzester Zeit, innerhalb von Stunden, waren von unserer Einheit, ich schätze, daß das damals noch sechzig Leute waren, zwei Drittel tot oder verwundet. Neben mir explodierte eine Granate, und ich wurde von Splittern getroffen, aber ich konnte noch laufen.

In heilloser Flucht strömte alles zurück, zurück nach Pitomnik. Ich hätte so weit gar nicht laufen können. Aber ganz zum Schluß, fast alle waren schon an mir vorbei und hinter mir nur noch die Russen, da kam ein Kübelwagen mit einigen Offizieren. Sie hielten an, haben mich aufgeladen und mit nach Pitomnik auf den Flugplatz gebracht. Ich weiß nicht, wieviel Tausende Verwundete da auf freiem Feld lagen. Halb eingeschneit waren sie, und wer noch laufen konnte, ging einfach über die hinweg. Ich hab immer nur gedacht: du darfst den Verstand nicht verlieren. Ein Großteil der Landser war nicht mehr bei Sinnen. Die schlugen sich mit dem Stahlhelm auf den Kopf oder waren völlig apathisch. All das Elend hat sie um den Verstand gebracht. Und dann der eisige Wind, die Kälte, in der die Glieder abfrieren und nichts zu essen, die sind übergeschnappt.

Ich bin nicht in Pitomnik geblieben. Da flogen keine Flugzeuge mehr, die Russen waren ja schon fast da. Ich bin nach

Gumrak gelaufen. Vielleicht zehn Kilometer, überall Tote im Schnee. Ich hab mir gesagt: du darfst dich nicht hinsetzten, nicht einschlafen, sonst bist du tot. Und ich habe gebetet, daß mir Gott Kraft gibt.

In Gumrak sah es nicht anders aus als in Pitomnik. Ich sah, ich weiß nicht wie viele Tote und Halbtote, und ich sah eine Feldküche der Luftwaffe, wo eine Suppe gekocht wurde. Das konnte es eigentlich gar nicht mehr geben, das war wie eine Erscheinung, auch wenn ich keine Suppe bekam. Von der Luftwaffe war da so ne Art Büro, da bin ich hin und hab zu einem Offizier gesagt: ›Ich bin verwundet. Wie ist es denn mit Ausfliegen?‹ ›Ja‹, sagte der, ›wenn ne Maschine kommt, dann können Sie vielleicht ausgeflogen werden.‹ Mehr Auskünfte gab der nicht. Später dann sagte er, daß eine Maschinen kommen sollte, an diesem 20. Januar. Und tatsächlich kam eine, eine Heinkel 111*, und landete.

Eine Reihe Leute stand schon bereit, die hatten einen Ausflugschein um den Hals hängen. Ich hab mich dazugestellt, auch ohne den Zettel. Es wurden welche verladen, aber ich bin nicht mehr in die Maschine reingekommen, die war dann besetzt. Das Elend rundherum war furchterregend, und es sah aus, als ob alles drunter und drüber geht. Aber als die Maschine kam und beladen wurde, da sind die Soldaten nicht losgestürzt, die waren längst zu schwach und apathisch. Nur ein Offizier, ein Ritterkreuzträger, der heulte laut, er wolle in die Maschine rein. Und als er nicht reinkam, ist er schier durchgedreht.

Der Offizier, der das da regelte, sagte, es würde noch eine Maschine kommen. Ich sagte: ›Gut, dann stelle ich mich dazu.‹ Und weil für den wohl alles schon egal war, sagte er: ›Ja, stel-

* Zweimotoriger Bomber, der während des Kessels als Transportflugzeug eingesetzt wurde.

len Sie sich da hin.‹ Die Maschine, wieder einen Heinkel 111, landete. Ich stand da bei denen mit den Zetteln und hoffte, daß ich nicht auffallen würde. Die Besatzung stieg aus und ich bin unbehelligt reingekommen. Als die Maschine voll war, sieben, acht Leute, kam die Besatzung zurück und sagte, daß alle wieder raus müßten, die Maschine hätte einen Motorenschaden. Ich hab gesagt: ›Tut mir leid, ich steig hier nicht aus, lieber verreck ich in der Maschine, aber hier kriegt mich kein Mensch mehr raus. Ich hab noch ne Pistole, und ich schieße wild um mich, ich erschieße alles, wenn ich hier raus muß!‹ Die Besatzung hat darauf überhaupt nicht reagiert. In ihren Gesichtern sah ich, daß die sprachlos waren, nachdem sie gesehen hatten, was auf dem Flugplatz los war. Sie konnten es nicht fassen und sind wieder ins Flugzeug und sofort losgeflogen.

Die Maschine hatte zwei Motoren und einer war wohl nicht in Ordnung. Ich war nur froh, daß ich da drin war, habe das Fliegen genossen und gar nichts davon gemerkt. Ich bin nur ins Flugzeug gekommen, weil ich noch bei Verstand war. Sonst wären ja noch Tausende auf solche Maschinen zugestoßen. Ich hab gesehen, daß sich, ich weiß nicht wie viele, auch bemühten und auf die Maschinen zukrochen. Und dann gab es eine ganze Menge Offiziere, die unbedingt da reinwollten. Die waren auch noch nicht so kaputt. Dramatische Szenen auf dem Flugplatz, daß Leute an den Maschinen hingen, hab ich nicht gesehen.

Als wir in Nowotscherkask gelandet sind, hagelte es für die Besatzung Glückwünsche zu ihrem erfolgreichen Flug. Uns haben sie überhaupt nicht gesehen, und auf den Ausflugschein hat mich da niemand angesprochen. Ich hatte Splitter im Rücken, konnte laufen und war ohne Schmerzen. Die Verwundung war nicht schwer.

Im Lazarett sollten wir verbunden werden. Wir mußten uns nackt ausziehen. Einer der anderen ging vor mir her, und ich dachte: was hat der denn da bloß am Hintern? Ich dreh mich zu einem hinter mir um und frag: ›Was hat der denn da am Hintern?‹ ›Ja‹, sagt der, ›dem hängt die Haut da runter. Das ist bei dir auch so.‹ Es war kein Hintern mehr da. Erst jetzt hab ich begriffen, in was für einem schrecklichen Zustand wir waren. Ich wog noch achtunddreißig Kilo. Ich war schon ein bißchen schlanker als heute.«

Nach der Versorgung im Lazarett von Nowotscherkask kommt Bertold König wenig später auf einen Lazarettzug, der ihn in einer langen Fahrt über fast zweitausend Kilometer zurück nach Lublin ins besetzte Polen bringt. Im Februar 1943 liegt er schließlich in einem zum Lazarett verwandelten Priesterseminar.

In dieser Zeit erhält Bertold König zusammen mit anderen Überlebenden von Stalingrad eine besonders aufwendige Verpflegung. Die Männer sollen offenbar möglichst schnell aufgepeppelt werden. Doch die Wirkung des reichhaltigen Essens hat fatale Folgen. Zwar verschwinden die Falten am Körper, aber nur, weil sich darunter Wasser gebildet hat, das die Männer anschwellen läßt und sie dazu zwingt, sich täglich in einer unangenehmen Prozedur punktieren zu lassen, um es wieder loszuwerden.

Wem diese medizinische Tour de force tatsächlich gilt, stellt sich einige Zeit danach heraus, als man den Verwundeten und Kranken ankündigt, daß der Reichsmarschall Hermann Göring sie im Lazarett besuchen wird. In einem Gemisch aus nervöser Aufregung und wortreicher Großspurigkeit werden die Kranken von einer eigens angereisten Propagandakompanie auf den hohen Besuch vorbereitet. Haltung sollen sie im Bett annehmen und stolze gefaßte Gesichter zeigen, wenn der Herr Reichsmarschall kommt. Als Göring dann tatsächlich wortlos in einer von Orden übersäten Uniform durch einige der Zimmer eilt, hat Bertold König den Eindruck, daß er sich »kein bißchen für die Davongekommenen interessiert«. Und statt dem so schnell wieder Verschwundenen hält dann ein Offizier in dessen Namen eine Rede, in der Göring versprechen läßt, daß keiner der Geretteten noch einmal zurück nach Rußland müsse.

Mit einer Tonbandmaschine ausgerüstet kommt am nächsten Tag ein Offizier der Propagandakompanie zu Bertold König. Nach einer umständlichen Installation des großen, schweren Geräts soll er erzählen, mit welchem Heldenmut die 6. Armee bis zum allerletzten Blutstropfen gekämpft und wie sie tapfer bis zum Schluß das zivilisierte Europa verteidigt hat. »Wenn Sie mal mehr als zwei Monate kaum oder gar nichts zu fressen hätten«, antwortet ihm Bertold König, »wenn Sie mal so lange in eisiger Kälte in irgendeinem Erdloch gelegen hätten, während rings um Sie alles krepiert, dann wären Sie auch nicht mehr tapfer«. Als er dann hört, daß sein Verhalten für einen deutschen Soldaten unwürdig sei, beendet er das Interview mit der Bemerkung, er habe nicht Unwürdiges, sondern die Wahrheit erzählt. Und über die möglichen Folgen seines mangelnden Heldentums beruhigt er sich, indem er sich sagt, daß es im Gefängnis immer noch besser als an der Front sei.

»Sie haben mich in Ruhe gelassen und zwei Wochen später kamen wir in die Genesendenkompanie, und da hab ich mein Soldbuch weggeschmissen. Ich hatte die Schnauze voll und wollte auf keinen Fall mehr zur Infanterie. ›Es tut mir leid, ich hab mein Soldbuch in Stalingrad verloren.‹ ›Ja, bei welcher Einheit sind Sie gewesen?‹ Und da hab ich die Einheit eines Kumpels angegeben: ein Artillerieregiment in Mühlhausen in Thüringen. Und dann bin ich zusammen mit dem nach Mühlhausen gefahren. In dem Durcheinander ist das gar nicht aufgefallen.«

Mit einem Urlaubsschein steht er später im Februar 1943 auf dem Düsseldorfer Hauptbahnhof und trifft dort in der Halle seinen um zwei Jahre jüngeren neunzehnjährigen Bruder, der eben mit einem anderen Urlauberzug aus Rußland gekommen ist. Ende 1941 ist der Bruder Hans in den Arbeitsdienst gekommen, den er im besetzten Teil Rußlands leisten mußte, und ein halbes Jahr später kommt er mit achtzehn Jahren als Infanterist an die Ostfront.

Als die beiden Brüder nach Hause kommen, ist ihr Elternhaus in Wuppertal durch eine Fliegerbombe der Alliierten zerstört und die Familie wohnt auf dem Hof neben der Waschküche in einem Stall. Regelmäßig verbringt die gesamte Familie die Nächte im Luftschutzbunker, und Bertold König fragt sich, ob es überhaupt noch irgendwo einen Platz gibt, wo der Krieg die Menschen ausgespart hat.

Zwei Wochen nach der unausgesprochenen Kapitulation der 6. Armee haben die Geschwister Scholl am 18. Februar von einer Empore Flugblätter in den Lichthof des Hauptgebäudes der Universität München geworfen, auf denen unter anderem zu lesen war:

»Kommilitonen! Komilitoninnen! Erschüttert steht unser Volk vor dem Untergang der Männer von Stalingrad. Dreihundertdreißigtausend deutsche Männer hat die geniale Strategie des Weltkriegsgefreiten sinnlos und verantwortungslos in Tod und Verderben gehetzt. Führer, wir danken Dir!«

Am selben Tag fordert Joseph Goebbels im Berliner Sportpalast in einer Rede vor einem ausgesuchten Publikum aus überzeugten Anhängern der NSDAP, unter ihnen einige hundert genau instruierte Claqueure, den totalen Krieg. Stalingrad ist in der Rede ein tragischer Schicksalsschlag, durch den das deutsche Volk »aufs tiefste geläutert« dem Krieg »in sein hartes und erbarmungsloses Antlitz hineingeschaut« habe. Das »große Heldenopfer« aber sei nicht umsonst gewesen. Nie sei die Gefahr deutlicher gewesen, überrannt zu werden »durch den Ansturm der Steppe gegen unseren ehrwürdigen Kontinent«. Allein »der totale Krieg sei das Gebot der Stunde«. Es sei Zeit, die »Glacéhandschuhe auszuziehen und die Faust zu bandagieren«. Nach zwei Stunden, die von organisierten Sprechchören unterbrochen werden, rast das ohnehin schon gläubige Publikum, und Goebbels, nach so viel schweißtriefender Rethorik angeblich um einige Pfunde leichter, verläßt mit dem Satz »Nun, Volk, steh auf, und Sturm brich los!« das Podium.

Auch der 360. Bericht des Sicherheitsdienstes der SS, »Meldungen aus dem Reich«, geht an diesem Tag an einen ausgewählten Personenkreis der nationalsozialistischen Führung:

> »Die Bevölkerung gehe zum Teil bei der Ausdrucksweise der Wehrmachtsberichte nicht mehr mit und befürchte, daß die ›Frontverkürzungen‹, ›beweglichen Abwehrkämpfe‹ und ›planmäßigen Räumungen‹ in Wirklichkeit durch den unerwartet starken Druck des Feindes erzwungene Rückzüge seien. Feldpostbriefe, in welchen die Soldaten von ›regelloser Flucht‹ unter Zurücklassung aller schweren Waffen und Materialien schrieben, bei denen sie nur das nackte Leben gerettet hätten, tragen mit dazu bei, daß die Volksgenossen sich zum Teil schreckhafte Vorstellungen von der Lage an der Front machen …
> *Positive Stimmen zur Kriegslage* werden *verhältnismäßig wenig* gemeldet …
> *Die Angehörigen der an der Ostfront stehenden Truppen* – mit ihnen der Kreis der Verwandten und Freunde – *leiden äußerst unter der Ungewißheit und Sorge um das Schicksal ihrer Soldaten.* Viele Frauen erklären, sie könn-

ten vor Angst um den Mann oder Sohn nachts kaum noch schlafen…

Die eingetroffenen *Abschiedsbriefe der Stalingradkämpfer* würden nicht nur für die Angehörigen, sondern darüber hinaus für weite Kreise der Bevölkerung eine große seelische Belastung darstellen, umso mehr, da der Inhalt dieser Briefe schnell verbreitet werde. Die Vorstellung von den Leiden der letzten Kampfwochen – in den Briefen stehe z. B., daß es pro Mann und Tag nur noch 100 g Brot zu Essen gegeben habe – verfolgt die Angehörigen Tag und Nacht.«

Nach dem Auftritt von Joseph Goebbels im Sportpalast hat sich die Stimmung aufgehellt, aber die Skepsis ist geblieben. In der »Meldung aus dem Reich« vom 22. Februar 1943 heißt es über die Rede:

»Ihre Wirkung sei, darin stimmen die Meldungen überein, ungewöhnlich groß und günstig gewesen… Dr. Goebbels habe die Lage ›*schwärzer gemalt als sie sei*‹, um den *Totalisierungsmaßnahmen* Nachdruck zu verleihen. Bei der Behandlung dieser Maßnahmen habe Dr. Goebbels der Bevölkerung aus dem Herzen gesprochen, wenn auch verschiedentlich festgestellt worden sei, daß seine Ausführungen über die bisher bekannten Maßnahmen und Gesichtspunkte nicht hinausgegangen seien und nach wie vor darüber gesprochen werde, daß der totale Krieg ›reichlich spät‹ durchgeführt werde…

Die meisten Volksgenossen setzen *alle Hoffnungen auf die Frühjahrsoffensive,* ohne sich schon genauere Vorstellungen über deren Ziele und Erfolge machen zu können. Nachdem seitens der Führung jetzt mehrfach zugegeben worden sei, daß die Kampfkraft des Feindes nicht richtig eingeschätzt wurde, frage die Bevölkerung, ob nunmehr Klarheit darüber bestünde, was die Russen noch zu leisten vermögen. *Sehr viele Volksgenossen* seien jetzt mehr denn je *geneigt, die militärische Stärke der Sowjetunion als unbegrenzt anzusehen.*«

Ohne daß Bertold König den Urlaub als eine Pause vom Krieg empfunden hat, kommt er nach vierzehn Tagen in das besetzte Frankreich in die Nähe des Wallfahrtsorts Lourdes. Mit einem dort neu aufgestellten Artillerieregiment wird er im Juni 1943 nach Sizilien gebracht, wo zwei Wochen später amerikanische und englische Truppen landen.

Der Krieg in Italien erscheint Bertold König im Vergleich zu seinen Erfahrungen in Stalingrad das bessere Los. Eine Rolle spielt dabei auch, daß es ihm gelingt, aus den wenig bedrohlichen Splittern im Rücken einen Lungensteckschuß zu machen, der ihm für einige Monate die Rolle als Munitionskannonier erspart. Während die Wehrmacht erst Sizilien und dann Kalabrien räumen muß, ist Bertold König beim Troß und wird, nachdem Italien im Oktober 1943 dem ehemaligen deutschen Verbündeten den Krieg erklärt hat, nach Rom in die Standortkommandantur versetzt.

In der Kommandantur ist das Verhältnis der Offiziere zu den einfachen Soldaten wie Bertold König distanziert. Sie kehren »den Kommandoton heraus« und glauben, sich im Kontakt mit den Mannschaften »etwas zu vergeben«. Nur wenn man sie näher kannte, stellt Bertold König fest, »dann ging es«. Zum näher Kennenlernen zählt er aber auch den Konflikt, der entsteht, wenn er einem Offizier widerspricht, von ihm angebrüllt wird, doch bei seiner Meinung bleibt und so manchmal den Vorgesetzten in eine Debatte manövriert. Viel häufiger jedoch macht Bertold König die Erfahrung, daß Widerspruch aus den Mannschaftsdienstgraden niedergebrüllt wird.

Am 20. Juli 1944 kontrolliert Bertold König die Wache der Kommandantur, als einige sehr gutgekleidete Männer in Uniformen hereinkommen und sagen: »Auf den Führer ist ein Attentat verübt worden.« Weil er jung und unerfahren gewesen sei, habe er entgegnet: »Ist er denn tot?« »Nein«, hört er, »aber Sie kommen mal gleich mit.« In Verona während eines Verhörs löst sich der Verdacht, er habe etwas mit dem Widerstand zu tun, sehr schnell auf, und Bertold König erzählt die Geschichte auch nicht wegen der Gefahr, die ihm kurze Zeit gedroht hat, sondern weil er bis heute die Stimmung nicht begreift, die er damals erlebt hat. Denn bis auf wenige, die geschwiegen hätten, sei die große Mehrzahl froh gewesen, daß »dem Führer nichts passiert ist«.

In den »Meldungen aus dem Reich« vom 28. Juli 1944 wird nicht nur von Erleichterung berichtet, das Hitler das Attentat überlebt hat, sondern auch von überall aufblühenden Gerüchten über die Täter und ihre Hintermänner, unter denen die auf Rache sinnenden Volksgenossen auch Generalfeldmarschall Paulus vermuten:

> »Der mißglückte Anschlag auf den Führer und der Putschversuch der Offiziersclique haben die Erörterungen über die Lage an den Fronten in den Hintergrund treten lassen. *Nachdem sich der erste Schreck über das Attentat selbst gelegt hat, beschäftigen sich die Volksgenossen in ihren Gesprächen mehr mit den Hintergründen und den evtl. Folgen dieses Ereignisses. Eine Verschlechterung der Stimmung ist nach den vorliegenden Meldungen nicht eingetreten.* Die Bevölkerung atmet erleichtert auf, daß der Führer dem Anschlag nicht zum Opfer fiel. *Fast durchweg ist die Bindung an den Führer vertieft und das Vertrauen zur Führung gestärkt worden,* die sich als Herr der Lage gezeigt hat (z. B. Berlin, Frankfurt/O. Innsbruck, Kattowitz u. a.)...

Die Volksgenossen können sich immer noch nicht damit abfinden, daß der Anschlag auf den Führer überhaupt möglich war. Sie ergehen sich in den verschiedensten Vermutungen über die ›Drahtzieher‹ und *machen ihren Verwünschungen gegen die Täter in sehr drastischer Weise Luft* (z.B. Frankfurt/M., Innsbruck, Klagenfurt u.a.). Immer wieder wird bedauert, daß das gerade bei uns passieren mußte, während es bei den anderen bestimmt nicht möglich sei...

Das Rätselraten um die beteiligten Offiziere hält an; in den Gesprächen tauchen dabei weiterhin die Namen Brauchitsch, Rundstedt und Fromm auf. Vereinzelt wird auch Generalfeldmarschall Paulus genannt, mit dem die Verschwörer in Verbindung gestanden seien...

An die *Ernennung des Reichsführers-SS* zum Befehlshaber des Heimatheeres wird von den Volksgenossen die Hoffnung geknüpft, daß nun ein ›gründliches Reinemachen‹ an allen Stellen erfolge, in die sich irgendwie reaktionäre Elemente eingeschlichen hätten. Dies sei umso notwendiger, als der Kreis der Verschwörer wahrscheinlich viel größer sei, wie ursprünglich verlautet habe. Schon lange vorher seien in Gegnerkreisen ›Prophezeiungen‹ im Umlauf gewesen, ›daß bald eine überraschende Wendung eintreten werde‹ (z. B. Innsbruck, Bayreuth). Auch die Ostarbeiter seien bereits geraume Zeit vor Bekanntgabe des Anschlags durch den Rundfunk unterrichtet gewesen und hätten teilweise ihrer Freude unverhohlen Ausdruck gegeben (z.B. Innsbruck, Klagenfurt). Banditen hätten bereits vor drei Wochen bei einem Überfall auf ein Bauernhaus erklärt, daß Brauchitsch demnächst den Führer beseitigen werde (Klagenfurt). Aus solchen und ähnlichen Vorfällen wird geschlossen, daß die Vorbereitungen zum Anschlag von langer Hand geplant gewesen seien und daß wohl noch eine größere Zahl reaktionärer Offiziere über die Klinge springen müsse.«

Nachdem die alliierten Truppen Rom erreicht haben, wird Bertold König wieder zu seiner Einheit versetzt, diesmal in die Schirrmeisterei. Ein knappes Jahr später erreicht er mit ihr im April 1945 Norditalien. Die Alliierten in sicherer Entfernung im Rücken, nicht wie fast alle anderen zu Fuß, und in den Kanistern Benzin bis nach München, ist Bertold König gelöster Stimmung. Bozen liegt hinter ihnen und der Brenner, der Übergang nach Österreich, ist nur noch fünfzig Kilometer entfernt, als ihnen aus den Bergen Fahrzeuge entgegenkommen, die Bertold König für ein neues Modell des alten VW-Kübels hält und den anderen im Scherz zuruft: »Seht mal! Da kommt nun endlich Goebbels Geheimwaffe!« Aber Goebbels Wunderwaffe sind amerikanische GI's, Schwarze in ihren Jeeps, die den Rest von Bertold Königs Einheit in einem undramatischen Akt in die Gefangenschaft winken.

Obwohl Bertold König und die Angehörigen seiner Einheit, die den fast zwei Jahre dauernden Rückzug durch Italien überlebt haben, nun Kriegsgefangene sind, behalten sie doch Fahrzeuge und Waffen und bleiben für die nächsten Tage mit nur einer Anweisung der Sieger auf sich selbst gestellt: Sie dürfen den Fluß Elseck, der den Weg nach Norden versperrt, nicht überschreiten. Lebkuchen aus Bruneck werden das Grundnahrungsmittel, anderes tauscht man mit den Italienern und allein Bertold Königs Wunsch nach »einem hübschen Glas Wein« bleibt unerfüllt.

Vom lässigen Verhältnis der Amerikaner zu ihren Kriegsgefangenen erst verblüfft und schließlich in den höheren Diensträngen auch irritiert, drängen die deutschen Soldaten den GI's ihre Waffen und Fahrzeuge geradezu auf. Und kurz danach kommt für sie auch Bewegung in die Sache: Die Amerikaner übergeben sie an die Engländer. Nun ordnungsgemäß in einem Kriegsgefangenenlager, läßt der Regimentskommandeur, »ein alter Nazi«, seine Truppe antreten und verkündet ihr, daß sie jetzt eine neue Aufgabe hätte: Zusammen mit den Engländern und Amerikanern würde man den Kampf gegen die Russen fortsetzen. So viel hochgemute Unverdrossenheit versetzt nicht nur Bertold König in Erstaunen, denn als der Offizier auf einem Gedenkgottesdienst Kapitulation und Wiedergeburt der Wehrmacht in nur Wochenfrist feiern will, sieht er sich auf dem eilig eingerichteten Appellplatz mit dem Geistlichen fast allein. Und statt nach Rußland geht es nach Modena und dann nach Rimini am Adriatischen Meer in ein Lager mit dreihunderttausend Kriegsgefangenen. Dort sind die Engländer »guten Willens, aber von Gefangenen einfach überrollt«, so daß es bis auf einige Kekse täglich monatelang kaum etwas zu essen gibt.

In einer Baracke, die innen ganz schwarz gestrichen ist und in der auf einem Podest ein englischer Offizier sitzt, wird Bertold König wie alle anderen Gefangenen verhört: »Sie haben da und da in einem KZ Häftlinge bewacht!« »Sie müssen irren. Ich bin nie in einem KZ gewesen.« Sie waren aber bei der SS!« »Es tut mir leid, aber wenn Sie mich begucken, ich bin einen Meter und fünfundsechzig groß, die hätten mich gar nicht genommen.«

Mit dem Gefühl, daß die Engländer sich lächerlich gemacht haben, kann er die Verhörbaracke wieder verlassen. Und als den Gefangenen später Filme über deutsche Konzentrationslager gezeigt werden, denkt Bertold König, das kann gar nicht sein, das sind Trickaufnahmen. Er kann sich vorstellen, daß »die Nazis Leute, die ihnen nicht gefielen, umgebracht haben. Aber daß sie Menschen fabrikationsmäßig vergast haben, das konnte ich mir nicht vorstellen.« Und weil er glaubt, im »Dritten Reich« genug Erfahrungen mit Propaganda gemacht zu haben, hält er nun auch die alliierten Filme über die Vernichtungslager dafür. Bis zu seiner Heimkehr kann er von sich fernhalten, was ihm auch heute noch als »unvorstellbar« erscheint. Erst als sein Vater ihm das Schicksal der Schuhvertreter jüdischen Glaubens schildert, die ehemals seine Geschäftspartner waren, kann Bertold König begreifen, daß es Lager, Gaskammern und Verbrennungsöfen gegeben hat.

Anfang 1946 wird er nach einigen Zwischenstationen in Wesel, einer kleinen Stadt oberhalb des Ruhrgebiets, aus englischer Kriegsgefangenschaft entlassen. »Dann bin ich nach Hause gekommen. Ob sich meine Mutter gefreut hat, daß ich zu Hause war? Einesteils sicher. Auf der anderen Seite war die nicht so begeistert: noch ein Esser mehr. Es war ja nichts da. Alles kaputt. Ich schlief in ner Garage auf leeren Zementsäcken.« Während sich die Mutter ängstigt, wie sie die nun wieder sechsköpfige Familie satt machen soll, ist der Vater nach dem Verlust einer der Söhne, der 1944 in Rußland getötet worden ist, und nach den Jahren des alliierten Luftkriegs gegen die Zivilbevölkerung, in dem er Haus, Laden und Werkstatt verloren hat, depressiv geworden. Die beiden jüngeren Brüder von Bertold König sind daher froh, als er heimkehrt. Beide hatte die Wehrmacht im Herbst 1944 eingezogen, der eine siebzehn, der andere achtzehn Jahre alt, und nach einer Ausbildung von nur wenigen Wochen an die Westgrenze Deutschlands gebracht, an der bereits die anglo-amerikanischen Truppen standen. Kurz bevor dort auf Geheiß Hitlers die deutsche Generalität die letzte große nutzlose und selbstmörderische Offensive in den Ardennen begann, hatten sie am Seelenamt für den toten Bruder teilnehmen können und sich am Ende dieses Kurzurlaubs zur Desertion entschlossen.

Mit einem der Brüder gräbt der Heimkehrer nun im Spätherbst 1945 aus dem Schutt die Werkstatt aus, denn der Beruf des Schusters hätte »damals noch Zukunft gehabt«. Schuhe wurden gebraucht, weil sie zumeist »das einzige Fortbewegungsmittel im ersten Nachkriegswinter waren und nicht wie heute fortgeschmissen wurden, wenn die Sohlen durch waren, sondern repariert«. Als dann auch noch der Laden wieder aufgebaut ist und der Vater sich aus seiner Trauer und Lähmung gelöst hat, schaut sich Bertold König nach einer neuen Existenz um, denn ihn und seinen jüngeren Bruder können die Geschäfte nicht ernähren. Er findet sie in der Nähe von Düsseldorf, wo er ein neues Schuhgeschäft gründet, in dem er heute noch arbeitet.

1944 in Italien hatte sich Bertold König im Gespräch mit einem Gleichgesinnten, der zudem auch aus Wuppertal stammte, gefragt, »was aus Deutschland werden sollte, denn der Krieg war längst verloren, das wußten wir. Wir konnten uns aber nicht vorstellen, was nach dem Ende der Nazis kommen könnte«. Diese Unsicherheit darüber, wie die politische Zukunft Deutschlands aussehen könnte, bleibt Bertold König in der ersten Zeit nach dem Krieg erhalten, in der es für ihn mit Auschwitz als Synonym nun auch um ein moralisches und ethisches Desaster geht. Daher sind es zuerst auch nicht politische, sondern praktische Gründe, aus denen Bertold König die Bemühungen begrüßt, einen neuen deutschen Staat zu gründen. Er will als Geschäftsmann wie auch privat eine Verwaltung mit klaren Kompetenzen und nicht länger zwischen den Instanzen der Besatzungsmacht und den von ihnen autorisierten deutschen Behörden hin und her geschickt werden. Es soll sich endlich wieder etwas tun.

Aufbruch und neue Handlungshorizonte prägen auch seine Erinnerungen an die frühen Jahre der Bundesrepublik. Die Beziehung zu ihr ist für Bertold König damit aber immer noch nicht hergestellt. Denn zuerst empfindet er sich als Rheinländer und dann, mehr allgemein, als Deutscher. Und als Rheinländer ist er zuerst einmal froh, daß das Rheinland die ungeliebte Herrschaft Preußens nun endlich losgeworden ist, auch wenn das Land Nordrhein-Westfalen, in dem es nun aufgeht, für ihn ein Kunstprodukt bleibt.

Die Bonner Demokratie wird in den kommenden Jahren für ihn dann doch zum Erfolgsmodell, dessen Ursprung er weniger im eigenen als im politischen Willen der amerikanischen und britischen Besatzungsmächte sieht, denen »wir auch heute noch dankbar sein sollten«. Den Erfolg mißt er aber nicht allein am wirtschaftlichen Aufschwung der ersten drei Jahrzehnte, an dem er teilhat, sondern mehr noch an der neuen Fähigkeit ihrer Bürger, die eigene Gesellschaft kritisch und zum Widerspruch bereit zu mustern.

Mit mehr Mut und einer anderen Erziehung, »wäre man auf diese Brüder nicht hereingefallen. Meine Mutter war zwar gegen Hitler, aber daß man ihn umbringen sollte hat sie auch nicht gesagt. Es wäre richtig gewesen, Hitler umzubringen. Das wäre kein Mord, das wäre ein Tyrannenmord gewesen und ein Tyrannenmord ist Notwehr.« In der Zeit nach dem Krieg, sagt Bertold König, ist viel passiert, er hat geheiratet, es sind drei Kinder und später Enkelkinder gekommen. »Doch der Krieg«, fügt er hinzu, »kommt einem in der Erinnerung ungeheuer lang vor im Gegensatz zu den anderen Zeiten, die man verlebt hat«. Und auf die Frage, was diese lange Zeit des Krieges besonders geprägt habe, stutzt er einem Moment, und erzählt dann eine letzte Geschichte, in der das Sinnlose, Furchtbare und zugleich Groteske dieser Zeit zusammenkommen:

Einer der Geschützführer, Unteroffizier Wunderlich, hat einen sehr kleinen Kopf und alle Stahlhelme sind ihm viel zu groß. Ohne passenden Stahlhelm jedoch kann er laut Dienstvorschrift nicht an die Front geschickt werden. Über diese Vorschrift nicht unglücklich, bleibt er, unbeeindruckt vom Vorwurf des »Drückebergers«, beim Troß. Im Sommer 1944, als die Ausfälle durch Tod und Verwundung immer größer und die Bedeutung der Dienstvorschriften immer kleiner werden, kommt der Unteroffizier mit einem für ihn viel zu großen Stahlhelm dann doch an die Front. Von dort schreibt er in einem Brief nach Hause, daß ihn die Wehrmacht wie einen Hammel zur Schlachtbank führen wolle. Ohne passenden Stahlhelm habe man ihn an die Front geschleift. Keine Dienstvorschrift gelte noch etwas und er wisse nicht, was noch aus ihm werden solle. Dieser Brief wird von der Zensur, also wahrscheinlich von einem seiner vorgesetzten Offiziere, geöffnet. Da, wie Bertold König glaubt, der Regimentskommandeur ein Exempel statuieren will, wird der Unteroffizier wegen »Wehrkraftzersetzung« angeklagt und vor ein Kriegsgericht gestellt. In einer kurzen Verhandlung verurteilt ihn ein Kriegsgerichtsverwaltungsrat zum Tode.

Als am folgenden Tag das Urteil vollstreckt werden soll, erscheint ein Offizier in der Stellung von Bertold König und bestimmt einige der zwischen den Geschützen herumstehenden Männer für das Exekutionskommando. Doch der erste, auf den er gezeigt hat, schüttelt den Kopf und sagt: »Nein, ich nicht. Ich kann das mit meinem Gewissen nicht vereinbaren.« Der Offizier droht, aber der Mann bleibt standhaft. Als die Situation eskaliert, weil sich schließlich alle zum Erschießungskommando bestimmten Männer hinter den Verweigerer gestellt haben, melden sich einige der zuschauenden Soldaten freiwillig, um Wunderlich zu erschießen. Es sei, sagen sie zur Begründung, doch besser, wenn der Unteroffizier Wunderlich von Bekannten als von Fremden erschossen würde.

JOHANN SCHEINS

Nachdem er den Krieg, 1916 gerät er in russische Gefangenschaft, unverletzt überstanden hat, arbeitet der Vater von Johann Scheins seit 1918 wieder als Huf- und Nagelschmied auf einer der Zechen im Aachener Kohlengebiet. Er fährt meist mit der Nachschicht unter Tage, wo er die Pferde beschlägt, die in den Stollen die mit Kohle beladenen Loren ziehen. Für Jahre bleiben die Pferde dort unten, bis sie als verschlissen gelten, wieder über Tage gebracht, in einen dunklen Stall gesperrt und langsam ans Tageslicht gewöhnt werden, damit sie nicht erblinden. Zwei oder drei von ihnen stehen immer im Stall von Johann Scheins' Vater, der sie gesundpflegt und dann – sie sind als fügsame und schlaue Tiere beliebt – an die Kleinbauern verkauft, die mit ihnen ihre Wirtschaft betreiben.

In der Reihe von neun Geschwistern, fünf Mädchen und vier Jungen, ist Johann Scheins, der zwei Jahre nach Kriegsende geboren wird, der viertjüngste. Seine erste Erfahrung mit den Soldaten macht er auf der Straße vor seinem Elternhaus, an dem eine Kolonne belgischer Soldaten aus der nahegelegenen Kaserne vorbeizieht, als der Offizier, der sie befehligt, plötzlich seine Pistole zieht, zielt und die Lieblingskatze des Kindes, die neugierig am Wegrand sitzt, erschießt. »Ich bin da hingelaufen, ich war acht Jahr, hab ihn angepackt, in den Finger gebissen und mit meinen Holzschuhen vor's Schienbein getreten, da ließ er mich los, das tat ihm weh. Die

Soldaten haben gegrinst, wie ich ihn getreten hab. Ich hab's meinem Vater gesagt, und der Offizier hat sich zig mal entschuldigt bei uns Kindern, aber auch bei den anderen im Dorf. Die Katze haben wir an der Straße begraben mit nem Kreuz und Blumen, und wenn er wiederkam, dann haben wir Kinder ihm gedroht, und dann hat er uns, das werde ich nie vergessen, Schokolade gegeben.«

Schokolade wie die aus der Rocktasche des belgischen Offiziers, der zu den Besatzungstruppen gehört, die seit 1918 Aachen besetzt haben, gibt es für das Kind erst 1930 wieder. Auch mit der kleinen Landwirtschaft, die von der ganzen Familie für die eigenen Bedürfnisse betrieben wird und auch mit den Pferden, die der Vater verkauft und zuvor den Bockigen, den Laumännern das Parieren beibringt, ist für elf Menschen bis in den Anfang der dreißiger Jahre nur das Notwendigste da. »Wenn die Bauern fünf Kühe hatten und drei Kälbchen, dann kamen die Belgier und die Franzosen wieder, die Besatzung: hey, nächste Woche müßt ihr zwei Kühe abgeben, Besatzungskosten. Pferde, Kühe, Ziegen, Hühner mußten sie abgeben an die Besatzung. Hier waren die Leut arm. Wir haben nur Siephat (Zuckerrübenkraut), Flötekiess (Magermilchquark), Speck und Kartoffeln gefressen.«

1926 kommt Johann Scheins auf die Volksschule, in der erst zwei und später vier Jahrgänge eine Klasse bilden. Hier wie auch in seinem Elternhaus spielen der katholische Glaube und die Kirche noch eine große Rolle. Daran ändert auch die Haltung seines Vaters nichts, der den Priester des Ortes und dessen Kirche boykottiert, seitdem dieser einige Kumpel seiner Zeche, die nach der Nachtschicht in der Frühmesse eingeschlafen sind, vor der Gemeinde als »faule Christen« beschimpft hat.

Obwohl Johann Scheins zusammen mit seinen Geschwistern nach der Schule im Haus wie in der Landwirtschaft helfen und in der Erntezeit auch schwere und mühsame Arbeit verrichten muß, erinnert er die Kindheit in dem Dorf von dreihundert Einwohnern als Ort der Geborgenheit. Auf die größere Nachgiebigkeit der Mutter ist ebenso Verlaß wie auf die Strenge des Vaters und seinen ausgeprägten Gerechtigkeitssinn. Man kennt einander im Dorf, weiß um die unterschiedlichen Formen von Temperament, Eigensinn und Schwäche und versucht in der räumlichen und materiellen Enge, die das Leben prägen, miteinander auszukommen.

1928 tritt der Vater der NSDAP bei, weil er an die Initialen der Partei, Nationalsozialistische Deutsche Arbeiterpartei, glaubt und überzeugt ist, daß die autoritäre Politik Adolf Hitlers der Arbeiterschaft eine bessere Existenz sichern wird. 1933 jedoch tritt er aus der Partei aus und sagt zu Hause: »Was der Hitler uns verspricht, das hält der nicht. Die jetzt in der SA sind, das waren vorher alles Gauner, die suchen jetzt auf der Zeche Streit mit den Kommunisten und stecken Häuser in Brand. Und der Hitler, mit dem gibt es Krieg.«

Der heute achtzigjährige Johann Scheins erinnert sich an diese Sätze genau. Fast ein Kind noch sei ihm damals aber das Politische daran nicht klar gewesen. »Wir hatten ja keine Ahnung von Politik. Ich wollte in die Hitlerjugend zusammen mit meinen Kameraden. Aber ich durfte nicht rein, Papa und Mama wollten das nicht haben. Ich wollte als Kind gern da rein, aber ich wurde zusammen mit einem anderen ausgestoßen. Wir gingen gucken, wie die am Exerzieren waren und wollten mitmachen. Das war aber nix, wir wurden zum Teufel gejagt. Mein Vater war ja verhaßt. Ohne den Kreisleiter, der war ein Freund von meinem Vater, wäre der ins Konzentrationslager gekommen, weil er gesagt hat, Hitler und seine Partei, das ist Pack, und den Obersten von der SA mit der Luftpumpe vermöbelt hat. Der kam bei uns rein. 1934. Jeden Monat gab es einen Sonntag Eintopf, von Hitler aus. Wir hatten ja Schweine und sonntags hatten wir einen anständigen Braten, das war der einzige Tag, an dem wir alle zusammen am Tisch saßen, in der Woche schlief mein Vater meist. Das Fenster war angelehnt und der Schweinebraten im Kessel. Plötzlich macht der Karl Koch, der von der SA, das Fenster auf und sagt: ›Trud, (Gertrud) heute ist Eintopfsonntag!‹ ›Kannst mich am Arsch lecken, Karl‹, sagt meine Mutter.

Der Koch kommt ins Haus: ›Herr Scheins, heute ist Eintopf, der Braten kommt aus dem Kessel raus!‹ ›Ich hab in der Gefangenschaft und in der Inflation genug Kohldampf geschoben. Ich eß heute was mir schmeckt.‹ Dann hat mein Vater den gepackt und schmeißt ihn raus. ›Scheins, du wirst noch sehen, wer ich bin!‹ Und kurz nachher kommt er mit seiner SA-Uniform rein. ›Ich werde euch an die Partei melden!‹ Mein Vater packt ihn wieder, nimmt die Luftpumpe und haut ihm auf die Kapp, die war platt und hing ihm über der Nase. Zieht ihn am Koppel raus und tritt ihm am Tor in den Hintern, da lag der wieder draußen. Und da schreit der: ›Du kommst hin, wo du noch nicht gewesen bist!‹ Später kamen zwei in Zivil, die Gestapo, und dann kam der Kreisleiter. Er hat gesagt: ›Das regeln wir hier.‹«

1934 kommt Johann Scheins aus der Schule und wird Lehrling in Aachen in einer Vertretung von Büssing, einem Braunschweiger Unternehmen, das damals zu den größten Anbietern von Lastwagen und Omnibussen gehört und ihm die Möglichkeit bietet, seinen Traumberuf, den des Autoschlossers, zu erlernen. Nach ein paar Monaten ruft ihn sein Meister und gibt ihm die Entlassungspapiere. Nicht er sei daran schuld, es sei von oben gekommen. Wer von oben den fünfzehnjährigen Johann Scheins in eine frühe Form der Sippenhaft nimmt, die Kreisleitung, die Gestapo oder eine andere Instanz, bleibt offen. Weil sein Vater aus der Partei ausgetreten ist, muß nun der Sohn die Lehrstelle verlassen und in der

Landwirtschaft arbeiten. Zweieinhalb Jahre ist er, unterbrochen nur vom Arbeitsdienst, erst bei einem Klein- und dann bei einem Großbauern als Knecht, bei dem die Motorisierung der Landwirtschaft bereits begonnen hat und wo er sich wenigstens um den Traktor kümmern kann, den er auch während der Arbeit fährt.

Im April 1938 wird Johann Scheins achtzehn. Er sieht die Musterung und damit weitere Repressalien auf sich zukommen und ist froh, als ihm ein mit der Familie befreundeter Spediteur, der einen Wink von seinem Vater bekommen hat, Arbeit in Herzogenrath anbietet. Dort macht er den Führerschein für Lastkraftwagen und wechselt mit dem Wohnsitz auch in einen Wehrbezirk, in dem man ihn nicht kennt und wegen der Rolle seines Vaters nicht »haßt«.

Als Fernfahrer ist er nun für die Firma Conrad, bei der er zusammen mit einem anderen Fahrer auch ein Zimmer hat, auf einem Büssing 145 zwischen Aachen, Hamburg, Berlin und Königsberg unterwegs. Im Sommer 1939 dürfen sie plötzlich nicht mehr in die Boxen, wo ein alter großer Möbelwagen abgestellt ist. Auch ihr Zimmer ist verschlossen, und sie müssen auf dem Dachboden des Speichers schlafen. »Eines abends sind wir trotzdem zu unserem Zimmer hin und haben gemerkt, daß da Leute waren. Da lagen die in unseren Betten. Die waren da mit einem Dienstmädchen und Kinderwagen, die waren reich. Ja, die haben wir da schlafen lassen, hat die Frau Conrad gesagt, das sind Holländer. Und das haben wir geglaubt, die Grenz war ja um die Eck und abends um zehn war sie dicht.«

Ob die Chefin von Johann Scheins aus Erklärungsnot in die Offensive gerät, denn auch im Möbelwagen befinden sich Leute, »tagelang«, oder ob sie von seiner Bereitwilligkeit zu helfen ohnehin überzeugt ist, eines Tages hört er: »Hören Sie, Hannes, unter uns. Morgen müssen Sie das Leergut zurückfahren zur Firma Reissler. Und da nehmen Sie was mit. Aber schweig!« Was mitgenommen und worüber geschwiegen werden soll, das sind Bürger jüdischen Glaubens, aus Aachen, Berlin und Frankfurt, die offenbar über das Netzwerk befreundeter Spediteure und auch in den eigenen Lastwagen nach Herzogenrath gebracht worden sind und dort auf eine Gelegenheit warten, über die wenige Kilometer entfernt liegende Grenze nach Holland gebracht zu werden.

»Wie die dort hinkamen weiß ich nicht, aber sie kamen aus Frankfurt, aus Köln und aus anderen Städten. Ich hab mit ihnen gesprochen, sie hatten ja Angst und taten mir leid. Sie saßen da in dem Möbelwagen und ich hab den Pferdewagen mit Leo, einem Kaltblut aus Belgien, da hingesetzt, der hörte auf alles, der war schlau. Die mußten aus dem Möbelwagen in die Kisten, das Leergut von Reissler. Die Kisten standen hochkant auf dem Wagen, nebeneinander und festgebunden, damit sie nicht umkippten. Deckel oben drauf, ein paar Nägel reingekloppt.

Ich hatte keine Angst, aber Wut. Auf die Nazis, die saßen da an der Grenze und spekulierten, ob sie einen kriegen konnten, der da rüber wollte. Ich fuhr dann mit Leo einen guten Kilometer bis zu Reissler, die Fabrik lag direkt an der Bahn. Dahinter war die holländische Grenze, und da war ein Graben, Gestrüpp und Gras, wie überall. Der Leo, der wußte das genau und ging dann da Gras fressen, und ich hab extra gebrüllt für die Zöllner und Wachen an der Grenz, die waren jetzt im toten Winkel: ›Leo, du Sauaß, was machst du da, Gras fressen, was!‹

Ich bin dann auf den Wagen mit dem Montiereisen, die Nägel raus. ›Jetzt‹, hab ich gesagt, ›die Luft ist rein‹ und dann sprangen die von dem Wagen. Meist waren das ältere Leute und Kinder und die waren am Zittern, das tat mir leid. Mit ihren Köfferchen an der Böschung vorbei, gebückt und im

Graben rüber nach Holland. Und da müssen Holländer gewesen sein, die sie in Empfang genommen haben. Einer hat mal sein Köfferchen stehen lassen, ich hab's mit zurückgenommen. Da war ein Revolver drin und anderes Zeug. Der Revolver liegt heute noch unten in nem Jauchkeller bei meinem Schwager. Ich hab dann den Leo nochmal ausgeschimpft, für die Zöllner, und ich glaub, da waren auch welche von der Wehrmacht. Ich bin umgedreht, zur Lagerhalle von Reissler gefahren und hab die Kisten abgeladen. Von den Zöllnern waren welche dabei, die wußten das unter Garantie. Die Conrad sagte: ›Ja, heute morgen kannst du nicht fahren, erst heute nachmittag, vier Uhr.‹«

Zwanzig-, vielleicht auch dreißigmal, genau kann er sich nicht mehr daran erinnern, macht Johann Scheins diese Fahrt. Das Risiko, das ihm vielleicht nicht in seinem ganzen Ausmaß bewußt gewesen ist, wird überdeckt von der Wut, es »ihnen zu zeigen«, den Zöllnern und Grenzposten. Es war sein »Hobby«, sagt er heute, und auch mehr der nie ausgesprochene Auftrag seiner Mutter. Für einen Schlachter jüdischen Glaubens hat sie vor Jahren Fleisch zu seinen Kunden ausgefahren. »Meine Mutter war politisch doof, eine Hausfrau, aber die Juden kamen immer Mamas Rat suchen. Und als Kind hatte ich große Ohren, wenn sie in der Kammer saßen und mit ihr ein Schnäpschen tranken. Die Juden sagten zu ihr: ›Trüd, wat is der Unterschied zwischen en Jude und en Butz (Hose)?‹ ›Wie soll ich das wissen?‹ ›En Jude wird gemacht und wenn er gemacht is, wird er beschnitten. Un en Butz, die wird erst beschnitten und dann gemacht.‹ Mit den Juden konnte meine Mama immer gut. Und dann, als es mit den Nazis immer schlimmer wurde, kamen die Juden und fragten: ›Trud, was sollen wir machen?‹ ›Haut ab, haut ab, haut bloß ab‹, hat sie da gesagt.«

Im Mai 1940 wird ein Lastwagen der Spedition Conrad

samt Johann Scheins von der Wehrmacht requiriert. Versehen mit einer gelben Armbinde »Im Auftrag der Wehrmacht« fährt er erst Handgaranten, die als Stühle deklariert sind, und später Fliegerbomben ins mittlerweile besetzte Frankreich. »Da kriegten wir vierzehn Mark pro Tag. Das war viel Geld, bei Conrad kriegten wir fünfundvierzig Mark die Woche und die Spesen kriegten wir wieder, obwohl die Frau Conrad so furchtbar geizig war, aber hundertpunkt christkatholisch.«

In Frankreich, das auf Johann Scheins durch seine heimatliche Nähe zu Holland und Belgien weniger Eindruck macht als auf andere, bricht er sich den rechten Fuß und wird aus der Zwangsverpflichtung der Wehrmacht entlassen. Wieder gesund fährt er nun meist im Aachener Raum und weil seine Speditionsfirma ihn offenbar als uk (unabkömmlich) reklamiert hat, erhält er seinen Gestellungsbefehl nach Wuppertal erst im April 1941 und kommt dort zu einem »Schützenregiment mit Schützenmannschaftstransportfahrzeugen, einem fahrenden Sarg, nen Panzer mit vorne Rädern daran«. Nach seiner Grundausbildung, die er in ähnlich schlechter Erinnerung hat wie viele andere Rekruten, kommt er nach einigen Zwischenstationen erst in Garnisonen nach Rumänien und im Dezember 1941 nach Polen ins Generalgouvernement. Zur gleichen Zeit hält dessen oberster Dienstherr für die zivile Verwaltung, Hans Frank, der ebenfalls zu den Empfängern der »Meldungen aus dem Reich« gehört, zum Schluß einer seiner Regierungssitzungen in Krakau im internen Kreis eine Rede:

> »Mit den Juden – das will ich Ihnen auch ganz offen sagen – muß so oder so Schluß gemacht werden. Der Führer sprach einmal das Wort aus: wenn es der vereinigten Judenschaft wieder gelingen wird, einen Weltkrieg zu entfesseln, dann werden die Blutopfer nicht nur von den in den Krieg gehetzten Völkern gebracht werden, son-

dern dann wird der Jude in Europa sein Ende gefunden haben. Ich weiß, es wird an vielen Maßnahmen, die jetzt im Reich gegenüber den Juden getroffen werden, Kritik geübt. Bewußt wird – das geht aus den Stimmungsberichten hervor – immer wieder versucht, von Grausamkeit, von Härte usw. zu sprechen. Ich möchte Sie bitten: einigen Sie sich mit mir zunächst, bevor ich jetzt weiterspreche, auf die Formel: Mitleid wollen wir grundsätzlich nur mit dem deutschen Volk haben, sonst mit niemandem auf der Welt. Die anderen haben auch kein Mitleid mit uns gehabt. Ich muß auch als alter Nationalsozialist sagen: wenn die Judensippschaft in Europa den Krieg überleben würde, wir aber unser bestes Blut für die Erhaltung Europas geopfert hätten, dann würde dieser Krieg doch nur einen Teilerfolg darstellen. Ich werde daher den Juden gegenüber grundsätzlich nur von der Erwartung ausgehen, daß sie verschwinden. Sie müssen weg. Ich habe Verhandlungen zu dem Zweck angeknüpft, sie nach dem Osten abzuschieben. Im Januar findet über diese Frage eine große Besprechung in Berlin statt, zu der ich Herrn Staatssekretär Dr. Bühler entsenden werde. Diese Besprechung soll im Reichsicherheitshauptamt bei SS-Obergruppenführer Heydrich gehalten werden. Jedenfalls wird eine große Wanderung einsetzen. Aber was soll mit den Juden geschehen? Glauben Sie, man wird sie im Ostland in Siedlungsdörfern unterbringen? Man hat uns in Berlin gesagt: weshalb macht man diese Scherereien; wir können im Ostland oder im Reichskommissariat auch nichts mit ihnen anfangen; liquidiert sie selber!«

Drei Monate nach den Äußerungen des promovierten Juristen Dr. Hans Frank zur »Judenfrage« hat die von ihm erwähnte

Konferenz, die »Wannsee-Konferenz«, in Berlin stattgefunden und Johann Scheins ist kurz nach seinem ersten Einsatz in Rußland zum Oberschützen degradiert worden. Im Dunkeln war er mit seiner Munitionskolonne ohne Kartenmaterial an die fünfzehn Kilometer entfernt liegende Front geschickt worden und hatte deshalb dem befehlenden Offizier, der selbst nicht mitfahren wollte, mit der Bemerkung »leck mich am Arsch« den Befehl verweigert.

»Anfang 42 bin ich dann verfrachtet worden. Ich war immer in der 16. Panzerdivision. Massenmörder Muss, Hauptmann Muss hieß der, wo ich bei war. Wir hatten Raketen, die nannten sie ›Stuka zu Fuß‹. Die wurden an den Mannschaftswagen befestigt und dann gezündet, und die haben wir zweimal gebraucht.

Wir hatten die Russen eingekesselt, in ner Schlucht. Die kamen nicht raus, und wir kamen nicht ran. Da wurden zwei von den Raketen eingestellt und abgeschossen. Ganz steil stiegen sie auf, mit so einem lauten Heulen und Wimmern. Nicht weit, zwei Kilometer, und als sie fielen, konnt ich sie sehen. Los, hieß es dann, und wir sind mit den Autos und Motorrädern bis an die Schlucht. Vor der Schlucht war Wald und alles war ruhig. Ich bin am Waldrand entlang, und plötzlich seh ich halb im Busch einen Mongolen mit den Schlitzaugen und einem großen Schnauzbart auf einem schweren Motorrad sitzen. Und der guckt mich an. Da hab ich mir vor Schreck in die Hose geschissen. Ich war klein und flink und ich lief nie weg. Wenn du wegläufst wie'n Hase, können die nachladen und draufhalten. Ich bin an dem vorbeigesaust, wie, weiß ich nicht mehr, und dann kamen ein paar andere und sagten, ›wie, der sitzt doch da drauf und ist tot!‹

Nach Luft hab ich geschnappt. Der hatte nur Blut an den Augen und am Mund und der stand ganz offen. Und da waren viele Russen so. Wir haben sie zusammengetragen und dann kamen deutsche Ärzte und haben sie aufgeschnitten. Die Lungen sind kaputtgegangen durch den Druck, haben sie gesagt. Geplatzt. Aber was wirklich passiert ist, haben wir nicht gehört. Da war noch so'n gelbes Zeug. Ein Tropfen an einem Baum, da gab's Löcher so groß wie ne Faust, so fraß das das Holz weg. Wo das an den Panzern, an den Autos, auf dem Blech war, sah das aus wie nasses aufgequollenes Sperrholz. Ich weiß bis heute nicht, was für 'n Zeug das war. Dann kamen die Russen mit Lautsprechern und mit Flugblättern, die haben sie aus Flugzeugen abgeworfen. Wenn wir noch einmal die Raketen schießen, dann würden sie mit Gas kommen, und auf den Flugblättern stand, daß sie eine Belohnung für den Massenmörder Muss zahlen. Die Raketen haben wir nie wieder abgefeuert, auch später nicht in Stalingrad, wo noch ein paar hundert in Pitomnik in der Schlucht standen.

In der Nähe von Charkow lagen wir im April 1942 mit den Panzern dicht bei nem Feldflugplatz. Wir waren in einem Sumpfgebiet, die Panzer standen abseits, weil man da mit ihnen nix machen konnte, und die Russen lagen nicht weit weg. Ich hab einen Windzug gemerkt, die Explosion hab ich gar nicht gehört, bin in den Sumpf reingefallen, und wie ich aufstand, seh ich mich um, einige von uns waren tot. Ein Leutnant guckt mich an und sagt, ›Mensch, die Hose ist kaputt‹. Da schau ich runter, seh was, mach das Koppel ab, die Hose und der Rock zerfetzt, und dann wurde mir schlecht. Ich hatte von einem Splitter ne große Wunde im Bauch. Das erste was wir taten: auf einen Lappen pinkeln und drauflegen. Wenn einer von uns verwundet wurde haben wir den angepinkelt mit zwei, drei Mann. Das beste, was es gibt, sagte unser Stabsarzt, ist Urin. Hatte einer ne Hand ab oder sonst was, dann wurde auf die Wunde gepinkelt. Der sprang ein paarmal hoch und dann wurde das verbunden. Jod war ja ne Sauerei.

Wie, weiß ich nicht mehr, bin ich in einen Zug gekommen, voll mit Verwundeten. In Lemberg haben sie mich ausgeladen. Erst lag ich in der Universitätsklinik, ein wunderbares großes Gebäude. Die polnischen Schwestern haben uns verbunden und gepflegt, aber Medikamente geben durften sie uns nicht. Dafür waren ein paar deutsche Sanitäter und Rotkreuzschwestern da. Wie ich keinen Eiter mehr in meinem Bauch hatte – die haben mir Sandsäcke draufgelegt – bin ich in eine Baracke mit Verwundeten gekommen. Alle, die sich selbst verpflegen konnten, waren da drin.

Hinter der Baracke ging's nen Hügel rauf, da war Niemandsland. Aber davor war ne Buchenhecke, so eineinhalb Meter hoch. In die haben wir reingeschmissen, was wir nicht essen wollten. Zu fressen hatten wir satt. Morgens früh kamen so zwanzig, dreißig Mann den Hügel runter, vorne ein SS-Mann mit Karabiner und hinten noch zwei mit Karabinern. Eines morgens, der Posten ging fünfzehn Meter vorn, sind welche, zack, mit dem Kopf in die Hecke und aßen das direkt. Die guckten nicht, was das ist. Ich wußte da noch gar nicht, was Hunger war. Die SS schlug denen nun den Karabiner ins Kreuz und trat die in den Hintern, um sie aus der Hecke rauszubringen.

Jeden Morgen kamen die, und dann haben wir sie gefragt: ›Heh, wo kommst du von?‹ ›Von Frankfurt.‹ ›Wo kommst du von?‹ ›Ja, ich komm von Köln.‹ Das waren Juden. Der von Köln war Metzger. Nach dem Krieg hab ich da gefragt. Ja, die Metzgerei hat existiert, am Dom. Als der weg war, is ne Tabakfirma hingekommen, Reemtsma.

Die Juden mußten arbeiten gehen. Aufräumen, die Straße

fegen und bei der SS und der SA, die bessere, die höhere, da lagen sie auf dem Bauch und mußten das Plumpsklo ausschöpfen. Mit Eimern, da waren Löcher drin, das Wasser lief unten raus und die Scheiße blieb hängen. Das war gemein und ich hab den Obersten von der SA ausgeschimpft. Die SA war da hingekommen und sollte in Polen die Industrie aufbauen. Nachher bin ich bei uns mit nem Papierkorb rumgegangen und hab gesagt, ›He, tut mal die Reste rein.‹ Brot, Käse, Butter. Draußen auf der Straße hab ich den hingesetzt oder ausgekippt, weil die sonst dachten, der Papierkorb sei laufen gegangen. Die Leute, die kamen, schnappten das Brot und kriegten dann Schläge von der SS. Und dann haben wir gesagt, ›He, seid ihr bekloppt, ihr gehört an die Front!‹ Keine Antwort. Wir haben uns an die Straße gestellt, wir hatten keine Angst vor denen. Ein Jude aus dem Lager schenkte mir nen Ring. Den hatte er aus einem Zloty gehämmert, damals gab's noch viel Silber im polnischen Geld. Den Ring hab ich heute noch.

Oststraße Nr. 46, da war ein Wehrmachtspuff. Da gab's Kartoffelsalat und Brötchen und vielleicht zwölf Mädchen. Ich bin oft da gewesen, essen, der Kartoffelsalat war so gut. Am Eingang mußte man das Soldbuch zeigen, und es hieß, ›Na, wollt ihr euren Schwanz leermachen, he!‹ Man setzte sich hin, trank ein Bierchen, es war so wie in ner Kantine. Dann kamen die Mädchen zu dir, und dann konnte man mit dem Mädchen aushandeln, was sie haben wollte. Nu kriegte das Mädchen den Schlüssel für das Zimmer. Ich bin da nie gewesen, so wahr ich hier steh, aber der Soldat, der mußte zum Sani. Lüllerflicker, das ist das Pittermännchen, Vorhaut zurück und dann bekam man vom Sani so'n Zeug wie Maggi in die Harnröhre gespritzt. Dann konnte man mit dem Mädchen raufgehen.

Da unten saß ein blondes, herrlich feines Mädchen. Die sprach ein bißchen Deutsch. Da sagt ein Kamerad, der war von Wien: ›Die vögle ich, ist egal was es kostet!‹ Ne, nix zu machen, das Mädchen wollte nicht. Achtzehn Jahre war es alt und hat uns erzählt, es war von Reichshofen, zwanzig Kilometer hinter Lemberg auf Rußland hin. Es sollte nach Deutschland, in einer Munitionsfabrik arbeiten. Die SS hat das Mädchen aus dem Zug rausgeholt, und es kam in den Puff, ob es wollte oder nicht. Das Mädchen war christkatholisch und hat gesagt: ›Das tu ich nicht.‹ Und ich hab gesagt: ›Da hast du Recht.‹

Ich bin die Oststraße runtergegangen, da lag ein Kamerad von mir im Lazarett. Ich komme den Berg runter, rechts das Lazarett und vor mir eine Überführung über die Straße, das war so'n modernes Gebäude. Das Tor war auf und ich geh da von hinten rein, und weil das Haus am Berg stand, war ich gleich in der ersten Etage. Ich denk: Wat stinkt denn hier so? Ich kam zu einer Treppe, und da lagen überall kleine Patronen von ner Maschinenpistole. Ich guck in den Treppenschacht, und unten lag alles voll von Toten. Über das Geländer hingen welche, die sich hatten retten wollen und wimmerten. Die waren noch nicht tot. Da plötzlich kommt ein großer Kerl in schwarzer Uniform und schimpft mich aus: ›Wie ich da reingekommen wär?‹ ›Ja, durch das Tor.‹ Dann bin ich weggejagt worden.

Ich bin die Straße weiter runtergegangen, aus der Stadt raus und mach mir eine Zigarette an. Da war ne große Kieskuhle und ein Nebengleis vom Ostbahnhof und ich sah oben einen Zug ankommen. Ich stand unten an der Kuhle, so hundertundfünfzig Meter weg und hab die Waggons gezählt. Vierundfünfzig. Die waren alle mit Stacheldraht zugehängt. Mit Stacheldraht, und auf den Trittbrettern SS mit Gewehren. Ich denk: Wat is dat denn? Der Zug hielt an und die sprangen ab. Dann gingen die Waggontüren auf und Männer, Kinder, Frauen von achtzig bis ein Jahr haben sie aus den Waggons rausgeschmissen. Die mußten ein paar Meter vom Gleis zum

Hang und da runterrutschen und unten standen sie mit Maschinengewehren und haben sie alle kaputtgeschossen. Vierundfünfzig Waggons voll.

Wie ich gesund war, kriegte ich mit einem anderen in Lemberg, in einer Kaserne, nen Laster, den mußten wir mit zur Front nehmen, weil der Transport auf einem Zug schwierig war. An der Grenze zu Rußland, in der Ukraine, wurden nachts viele Schienen losgedreht Und da ging ich zum Stadtkommandanten von Lemberg, der war von Wuppertal. Alter Offizier, rote Backen. Der war in so ner Art Schloß. Ein Posten stand da und ich hatte ja kein Koppel um, ich hatte ja ne Bescheinigung, daß ich kein Koppel tragen konnte. Und da haben die gedacht, ich gehör zu denen, zur Wache, und hab gerade Pause. Dem Kommandanten hab ich gesagt, ich würde nach Reichshofen fahren und dann hab ich ihn ausgeschimpft, weil ein Mädchen, echt katholisch, im Puff war, die nicht wollte. Da kriegte der Oberfeldwebel, der die Kantine führte, so hieß der Puff, der kriegte den Befehl, das Mädchen rauszulassen und ich hab zu ihm gesagt: ›Dich nehm ich mit nach Hause.‹ Reichshofen, das lag auf dem Weg nach Charkow, Stalino, wo wir hinmußten. Drei Tage sind wir mit dem Mädchen gefahren, ne alte Wehrmachtsjacke an und ne Kappe auf, damit sie nicht auffiel, das war so ne Schöne.

Bis nach Haus haben wir sie gebracht. Die hatten auf dem Hof zwei Pferde und da war noch ne Oma und ne Schwester von zwölf Jahren und die sprachen gebrochen Deutsch. Das Auto haben wir hinten auf den Hof gesetzt, getarnt, damit es nicht auffiel. Wir sind verpflegt worden, die haben uns alles gewaschen, Rock und Socken. Und die haben gebetet, das wir sollen nach Haus kommen, mit dem Rosenkranz, echt katholisch.

Jetzt kam ich zurück an die Front vor dem Donez bei Makejewka, das war so im Juni 1942. ›Ja, Hannes, bist du wieder hier.‹ Abends hab ich denen alles erzählt. Von den Toten im Treppenschacht, vom Zug und wie die SS sie erschossen hat mit den Maschinengewehren. ›Heh, du bist ja blöd, du Arsch, erzähl so was nicht, das gibt es ja gar nicht.‹ Ich sag, ›es ist Tatsache!‹ Kein Mensch wollt es glauben, die Landser nicht und die Offiziere im Regimentsstab. Nachher kam ein Offizier, der war im Urlaub in der Heimat gewesen, und hat gesagt: ›Ja, das kann sein.‹ Er hätte viel gehört und gesehen.

Im Juli ging es nach Tazinskaja, da wollten sie einen Flugplatz machen, auf Stalingrad zu. Stalingrad lag so zweihundert Kilometer weiter im Nordosten. Ich kam mit noch einem Kamerad gefahren, der war aus nem Nachbardorf bei mir. Es war schön warm und an einem Hohlweg gingen wir hoch, da standen überall Kirschbäume mit dicken Kirschen dran. Und alles war voller Tote. Die qualmten noch. Die vielen Toten, die von uns und die von den Russen, haben kaum noch Empfindungen geweckt. Wir waren ja praktisch keine Menschen mehr, wir haben nicht mehr gedacht, nur gehorcht. Als Soldat darfst du nicht denken. Wenn du denkst, gehst du kaputt.

Wir haben Kirschen gepflückt und kamen den Hohlweg runter mit unseren Käppis voll. Unten kam ein General gefahren mit einem Geländewagen. Der hat uns die Kirschen geklaut, wir sollen uns neue pflücken. Wir haben uns mit dem unterhalten. Das war ein Mensch, weil er allein war. Wir haben gesagt, ›wir laufen uns ja tot und sehen kein Ende. Was soll werden?‹ Viel gesagt hat er nicht, aber er war ein anständiger Kerl.

Es ging immer weiter und weiter und eines nachts bin ich die Donhöhe bei Kalatsch runtergekommen. Donhöhe 216 hieß das, und da hing ein Schild: Berlin 3000 Kilometer. Ich fuhr einen Diesel, einen Fünfzehntonner mit zwei Anhängern. Unten waren Pontons, Gummiboote, an der Seite nen Balken, acht mal acht. Rauf mit dem Laster, der ist schwer beladen, das Gummiboot sackt ab, ohne Licht, dunkel, aber nicht so dunkel wie hier, Tür auf, eine Hand am Steuer, ein bißchen Handgas und dann nach unten geguckt, daß ich schön an den Balken vorbeikomme. Wäre ich abgerutscht, wäre ich mit versoffen. Da hab ich Angst gehabt. Auf der anderen Seite, da war's ja eben, ein Morast. Da standen Planierraupen, ein Drahtseil angehängt, und die haben dann die Laster rausgezogen.

Es ging in die Steppe und wo einer fuhr, fuhren sie alle, es gab ja keine Straßen. So viele tote Russen, wie da lagen, hab ich noch nie gesehen. Jeden Tag gab's Gefechte und abends kamen die Russen auch viel mit ihren Flugzeugen, eine kleine Maschine, die nannten wir den UvD, den Unteroffizier vom Dienst. Die war wie ne Badewanne mit Motor, in der saßen zwei Mann, ab der Brust ganz frei. Rechts und links schmissen sie ihr Zeug raus. Die kamen, wenn es dunkel wurde, und wenn sie dann den Motor ausstellten, wurd's kriminell. Die schmissen Betonminen voll Nägel und anderen Sauereien und haben viele aus der Infanterie verletzt.

Da, wo wir durchzogen, war der Weizen gerade abgeerntet, und wenn wir in die Dörfer kamen, war da nichts mehr. Der Russe hat die Schulen, die Kirchen, die großen Gebäude, alles hatte er gesprengt, damit wir kein Quartier mehr hatten. In der Gefangenschaft haben sie behauptet, wir hätten das gemacht. Da hab ich den Russen Bescheid gesagt. Dafür war ich Bandit. Sechs Jahre war ich in einem Banditenlager*.

Ich konnte die Schnauze nicht halten, gerade vor den Offizieren. Zweimal bin ich degradiert worden. Heute war ich Gefreiter, dann war ich wieder Schütze. Bäcker, Metzger und

* Sonderlager des NKWO, des Volkskomissariat zur Bekämpfung der inneren Gegner, aus dem das KGB (Komitee für Stabssicherheit) hervorging.

die ihr Abitur nicht bestanden hatten, die wurden Unteroffiziere. Gott erschuf Menschen und Tiere, geht ein altes Sprichwort, aber keine Unteroffiziere, die haben sich selbst gebildet. Ich sollte Unteroffizier werden und hab gesagt: ›Nix, ich bleib bei dem großen Haufen.‹ Ich wollte bei meinen Freunden bleiben.

Stalingrad hab ich zum ersten Mal im August gesehen, vielleicht war's auch schon September. Wir hatten neue Panzer gekriegt. Mit denen sind wir an einem Friedhof gewesen, ein Judenfriedhof, das sah man an dem Davidstern auf den Grabsteinen, der liegt zwischen Stalingrad-Mitte und Stalingrad-Süd. Die Stadt fing da gerade an. Da kamen ein paar Zivilisten und auch Russen in Uniform und guckten. Die konnten nicht glauben, daß wir Deutsche waren. Das war ein bißchen Unglück, daß wir so weit gekommen sind. Das fährt sich so schön durch die Steppe, und da sind wir wohl durch das Niemandsland einfach durchgefahren. Du siehst keinen Mensch und fährst immer weiter und weiter.

Als wir zurück waren, haben sie gesagt: Wir wären wohl wahnsinnig gewesen. Hauptmann Muss, der war bang, wir hätten die Panzer verloren. Es hieß: Wenn man einen Soldat verliert, braucht man nur ein Blatt Papier und dann wird ein neuer angefordert. Kostet also nur ein Blatt Papier, aber ein Panzer kostet eine Million. Auf den Panzer durfte ich nun nicht mehr und war nun bei der Kolonne und hab Sprit, Munition und Lebensmittel gefahren. Ich war Junge für alles. Wenn es abends hieß: In Stalino liegt neue Munition für uns mit nem Bleimantel rum, die bringen sie nicht. Wer holt die? Ich sag, ›ich fahr sie holen‹. Dreihundert Kilometer hinter der Front. Und da war's immer besser wie vorne. Hinten konnte man von den Partisanen kaputtgemacht werden, aber vorne war's heiß.

Und dann sind wir durch die Zaritzaschlucht zum Industriegebiet von Stalingrad. Unten war der große Bahnhof, ne Schule, ein Getreidesilo. Und dann haben sie uns zum Traktorenwerk geschickt, ans andere Ende von der Stadt. Die Traktoren standen noch auf Güterzügen, eben lackiert, die sollten noch weggehen, aber wir waren zu schnell da. Auf dem Weg durch die Schluchten hat uns der Fieseler Storch viel geholfen. Keiner konnte ihn abschießen, der flog so tief und sprang über die Hindernisse, ein drolliges Ding. Und der gab uns den Wink. Beim Traktorenwerk sind erst die Flugzeuge gekommen, mit Bomben. Und dann haben wir mit Handgranaten gekämpft. Im Traktorenwerk standen Träger, da stand drauf: Krupp 1922. Zwischen den Trägern haben wir gesessen, ich glaub, im September, und wollten die Russen rausscheuchen. Wir hatten eine Ecke, die Russen eine andere. Ich war klein und wendig und hab mich oben an ner Flansch von einer Laufkatze festgeschnallt. Wenn die Russen unten durchliefen, wo die Laderampen waren für die Züge, dann kriegten sie was von oben. Bis andere von uns winkten oder flöteten und ich wußte: runter und weg.

Es hieß dann: der Russe hat zuviel Verstärkung, und unser Nachschub kommt nicht. Keine Munition. Russische Geschütze, die wir erwischt haben, die haben wir uns in Ordnung gebracht. Für's MG hatten wir keine Munition mehr und unsere Maschinenpistolen, die taten's gar nicht. Die russischen Maschinenpistolen, die konnten im Schlamm liegen, einmal ausschlagen und die gingen wieder. War bei unseren ein bißchen Sand drin, hatten sie Ladehemmung. Wir hatten nachher fast alle russische Maschinenpistolen, da waren wir scharf drauf.

Zu essen gab's auch nichts. Da gab's den Kessel noch gar nicht, aber wir hatten da schon nix zu fressen. In die Getreidesilos hatten die Russen Kerosin reingepumpt. Das war schöner Weizen, den konnst du nicht mehr fressen, der stank.

Nachher sind wir da rumgestrolcht. Die Leute haben Dichtungsmasse gefressen, die war rot und schmeckte so süßlich. Dann sagte einer: ›Oh, wenn ihr davon zuviel freßt, dann geht ihr drauf, da ist Gift drin.‹ Am Tag haben wir uns verkrochen, daß uns keiner fand. Das Traktorenwerk ist riesig und wir waren getrennt, konnten unsere Einheit nicht mehr finden. Dann hörten wir Geschütze. Ein deutsches Geschütz erkannte man ja genau wie ein Auto am Klang: Halt, die sind da hinten, müssen wir gucken, wie wir da hinkommen. Das waren ja rheinische Divisionen und dann haben wir gebrüllt auf Platt: ›Hey seid ihr bekloppt, ihr Arschlöcher.‹ Das ruft ja kein Russe und dann waren wir wieder bei denen.

Wir waren da ja mit den Panzern vorgestoßen und dann bin ich zurück mit meinem Laster im Geleitschutz mit ein paar Panzern, durch die Zaritzaschlucht über die Höhen rüber, Sprit holen in Obliwskaja am Bahnhof. Voll mit Spritfässern bin ich mit meinem Laster zurück bis hinter Gumrak. Nein, hieß es dann, nicht zurück durch die Zaritzaschlucht mit dem Sprit, das ist zu gefährlich. Die Russen hätten mich in Brand geschossen. Der Sprit wurd umgeladen, immer nur ein paar Fässer auf einen Opel-Blitz. Und ich bin zurück nach Tschir, das lag so achtzig Kilometer westlich von Stalingrad, ich sollte da Mehl und Lebensmittel holen.

In Tschir auf dem Güterbahnhof standen waggonweise Winterklamotten für uns und das Getreide lag noch da haufenweis. Ich sollte zu unserer Bäckereieinheit und als ich abends da hinkam hieß es: ›Ja, wir hauen ab, die Russen kommen!‹ Ich hab's nicht geglaubt und blieb mit Jupp Höhne und dem Lastwagen an der großen Getreidemühle stehen. Nachts war das so komisch, da war kein Mensch, da haben wir ein bißchen Fracksausen gekriegt. Alles war stiften gegangen. Ich sag, ›Jupp, komm, wir hauen hier auch ab!‹ Nachts gegen ein oder zwei Uhr sind wir abgehauen mit dem Laster Richtung Stalingrad.

Am 20. November um halb acht, es war schönes Wetter, frisch, die Sonne schien, kamen wir in Obliwskaja an. In Obliwskaja war eine schöne Holzkirche mit zwei Türmchen. In einem Haus, so zwölf mal zwölf Meter, lagen unsere Offiziere und sechzehn Verwundete, die lagen da halbnackt. Das Haus stand nen halben Meter hoch auf Holzpfählen, wegen dem Hochwasser, ein, zwei Kilometer weg lag ein Fluß. Ein Stück weiter hinten gab's ne Schlucht, zwei, drei Meter tief, da sollten wir Winterquartier machen. Vor dem Haus stand unser Hauptmann. Ich melde mich: ›Bin zurück.‹ Und der guckt da hin zum Fluß, nimmt das Fernglas und sagt: ›Da oben fahren russische Panzer. Die Russen sind bei den Rumänen durchgebrochen.‹

Um halb zehn stand ich auf der Schreibstube. Ein Kamerad hatte mir aus dem Urlaub ein Paketchen von zu Hause mitgebracht, das hatten ihm meine Eltern mitgegeben. Da waren Zigarillos drin, Kuchen und Pfefferminz. Ich hatte es gerade angebrochen und mir Zigarillos in die Tasch gesteckt und guck aus dem Fenster raus und seh draußen die Russen. Wir sollten die Hände hochtun. Da bin ich hinten aus dem Fenster rausgesprungen, in den Laster, Anhänger stehenlassen, Vollgas und ab Richtung Stalingrad. Rückwärts ging nicht, da war der Fluß und die Russen. Ich bin vielleicht einen Kilometer fort in die Schlucht rein, in der wir Winterquartier machen sollten. Die Russen sind aber wieder abgezogen, und ich bin zurück zum Haus. Von den Verwundeten haben ein paar auch versucht, aus den Fenstern zu springen, barfuß, und die hat der Russe kaputtgeschossen. Ich hab geguckt, aber die waren so kaputt, die sind alle gestorben. Die Russen sind aber gar nicht ins Haus rein, wo sich die Offiziere wohl verkrochen hatten. Das waren ja Arschlöcher. Die meisten, nicht alle. Sie hatten so ne Schnauze und wenn's hart war, haben sie den Arsch zugekniffen. Ich bin ins Haus, und da stand mein Paketchen noch in der Schreibstube. Die Offiziere waren nun wieder da, und mein Pfefferminz und Kuchen hatten die Brüder aufgefressen, und ich hab sie ausgeschimpft.

Wir sind nach Peskowatka runtergefahren, da lag in der Steppe in Löchern unsere Infanterie. Unterwegs kamen uns drei Panzerspähwagen entgegen, deutsche. Die fahren an uns vorbei, wir gucken, und da schießen die auf uns. Vor Schreck bin ich angehalten, den Anhänger abgemacht, damit ich schneller wegkam. Das waren Russen, die hatten die Panzerspähwagen geklaut. Wir sind dahin, wo unsere Panzer standen, ohne Sprit. Wir haben die Munition verschossen und sind stiften gegangen. Es hieß nun, wir sollen ausbrechen. Ich bin mit noch einem rumgefahren und hab überall aus den Lastern, die da standen, Benzin und Diesel gesammelt. Fässer- und kanisterweise. Zum Schluß hatten wir 149 Laster, die noch gingen. Mit denen sollte es losgehen, aber überall lagen Schneeverwehungen, ein, zwei Meter hoch und wir hatten ja keine Winterklamotten. Ich hab zu nem Offizier gesagt: ›Haben Sie mal ein Karnickel gesehen, wenn es in der Not ist? Das kriecht in die Höhle und läuft nicht ins Freie rein. Da wird es abgeschossen. Das mach ich nicht mit. Ich hab lieber ein Kellerloch, als in der Steppe zu krepieren.‹ Nachher hieß es auch: Ne, wir machen das nicht, das ist zu weit.

Ich hab immer geguckt, daß ich ein Auto hatte, zu Fuß kamst du nicht weg in der Steppe. Und ich hab jedes Auto angekriegt. Von unserem Haufen war ich der letzte, der noch nen Laster hatte, der fuhr. Morgens früh, wenn's zwanzig Grad unter Null war, die Luftfilter ab, zwei Lappen, Rohöl dran, angesteckt, vorgeglüht, die Lappen, die brannten an nem Stock, in den Luftfilter gehalten, und dann lief der Motor. Damals war ja im Getriebe noch kein Öl, da war Fett drin. Wir hatten aber, das hatten uns die Hiwis gesagt, halb Rohöl, halb Fett im Getriebe. Im Differential genauso. Der Wagen konnte sonst nicht laufen. Morgens war der so steifgefroren, da klebte alles fest.

David Ulrich, der ist in der Gefangenschaft gestorben, wo der Hein Meter geblieben ist, der war vorher Tippelbruder, Wandergeselle gewesen, weiß ich nicht. Der bumste ja russische Frauen und gab ihnen Dieselöl für ihre Lampen. Ich habe nie eine russische Frau gebumst, da hatte ich Angst. Ich hab den Hein Meter gesucht, aber konnte ihn nicht finden, und nun war David Ulrich bei mir, der war steinreich. Zu Hause hatten sie ein großes Sägewerk und Wald. Zusammen fuhren wir in die Zaritzaschlucht, die berühmte Schlucht, wo so gekämpft wurde mit dem Russen. Da lagen alle Einheiten durcheinander. Wild-West. Da lag die 94. Infanteriedivision, die hatten gut hundert Pferde geschlachtet, weil es ja nichts zu fressen gab. Ich hab denen ein Viertel geklaut und wieder verscheuert gegen Zigaretten und was zu fressen.

Wir standen da noch in der Schlucht, es war ein herrliches Wetter, Sonne und kalt. Plötzlich kommen drei Flugzeuge mit so spitzen Flügeln. Wir gucken, wir hatten so was noch nie gesehen. ›Das sind deutsche Flugzeuge.‹ ›Aber die haben doch keine Kennzeichen.‹ Die flogen weg durch die Schlucht und kamen ganz tief zurück. Und dann, brrrr, haben sie auf uns geschossen. Da sind viele kaputtgegangen. Und dann hieß es: Das sind Spitfire. Der Amerikaner hätte die nach Wladiwostock gebracht. Da waren wir sprachlos und dann wurde erzählt: Der Amerikaner, der Drecksack, der liefert denen Flugzeuge und Munition.

Das Benzin für den Lastwagen hab ich organisiert. Ich hab überall organisiert. Ich bin herumgestreunt, war neugierig. Ich war ein Zigeuner. Die vom Feldgericht, die hatten zwei Busse von der Reichspost und standen mit denen in ner Schlucht, schön geschützt. Unten hatten die Kofferkästen, wie heute noch die Busse. Ich kannte den Schreiber da, der kam aus meiner Nachbarschaft, und hat mir gesagt, die haben Cognac. Und die hatten auch Huren. Und als die mit denen im Bus am Singen waren, hab ich mir einen Dreikantschlüssel besorgt und ne Zeltplane. Hingekrochen, der Kofferkasten ging auf, und dann hab ich denen so zehn große Büchsen Fisch und ein paar Flaschen Schnaps geklaut. Das war ein paar Tage, nachdem der Kessel dicht war. Da haben sie noch gesungen, der Hitler hatte gesagt, er holt uns raus.

Anfangs sind wir nach Stalingrad-Mitte gefahren, um Holz zu holen, vom Abriß von den Häusern. Damit haben wir geheizt und gekocht. Morgens früh fuhr ich hin und nachts zurück, wegen der Artillerie der Russen, die auf die Höhe schießen konnten, über die man oben bei der Molkerei rüber mußte, um runter nach Stalingrad zu kommen. Wenn ich zurückkam in die Steppe, kriegte ich ein Kochgeschirr Suppe, das hatten sie mir aufgehoben, wenn's Suppe gab. In Stalingrad fand ich ja immer was. Da lagen ja genug Tote rum, denen ich ihr Brot abnehmen konnte.

In Stalingrad mußte man mit den Häusern aufpassen. Hier saßen wir in den Häusern, da die Russen und das war immer wieder anders. Wo ich einmal das Holz holte, war ein Brunnen. Wasserleitungen gab's nicht. Dort hatten sie alles kaputtgeschossen. Weiter hinten auf ner kleinen Anhöhe war ein Holzhaus, das war heil. Von da kam ne Frau. Uniform an, nen dicken Busen, dicken Arsch. Und auf die wurde nicht geschossen. Wenn wir kamen, ging's gleich los. Da lagen genug Landser, die tot waren. Ich guck so aus ner Entfernung von fünfzehn Metern und denke: Was holt die da aus dem Busen, was hat die, kippt die da was rein? Dann kam sie näher ans Haus ran und ich sag: ›Komm mal her.‹. Ich hab sie an der Bluse genommen, da war noch ein Knopf auf, da hat sie so'n Fläschchen dringehabt. Aufgemacht, das stank, ich dachte, wat is dat? Da kamen noch ein paar Landser von den Straßenkämpfen und die sagten: ›Das ist Gift.‹

Ich hab sie mit ein paar anderen kaputtgeschossen. Wer, weiß ich nicht. Da waren noch ein paar Offiziere aus den Häusern gekommen, die zogen Revolver. Ob ich sie erschossen hab, weiß ich nicht. Ich hab sie miterschossen.

Ich fuhr fast jeden Tag mit ein paar Mann dorthin Holz sammeln. Die Frau war immer oben zu dem schönen Holzhaus gegangen. Wir wunderten uns: Da wurde nie geschossen, da konnten deutsche Soldaten vorbeilaufen, die schossen nicht aus dem Haus. Da sind dann von uns welche, die den Straßenkampf machten, hingegangen, das Haus kontrollieren. Sechzehn deutsche Soldaten haben sie hinten in einer Kammer gefunden, kaputt. Die Soldbücher und Uniformen waren weg. Die Uniformen hatten sich die Russen angezogen. Als der Kessel zu war, gab's manche, die deutsche Uniformen anhatten und Russen drinsteckten. Das waren praktisch Partisanen, um uns besser kaputtschießen zu können.

Einmal bin ich von Stalingrad zurückgekommen mit dem Laster und dem Holz. Ein deutscher Panjewagen mit vier Pferden davor kriegte vor mir einen Volltreffer. Vorne die Scheibe aus dem Laster ist mir rausgeflogen, und ich bin über den Wagen hergefahren, es hat gekracht, Pferde, alles kaputt. Und einer von uns, der war hinten auf dem Laster, der ist kaputtgeblieben durch die Splitter.

Dann sollte Generaloberst Hoth kommen, mit der 4. Panzerarmee. Wir hörten es auch schießen. Ob das von Hoth kam oder woanders her, das wußten wir nicht. Es war genauso, als ob man in nem Loch sitzt, das fünf Meter tief ist. Oben steht einer und sagt: ›Hier, du kannst meinen Arm nehmen, aber die vier Meter bis dahin mußt du selbst hoch.‹ Die konnten uns am Arsch lecken, da war ja nix zu machen. Ich hab nicht daran geglaubt, daß die uns rausholen. Die Offiziere haben gesagt: ›Wenn die uns hier rausholen, geht weiter unten der Kaukasus verloren. Das will Hitler nicht.‹ Die Offiziere wußten Bescheid. Wir waren doof, wir wußten nur von dem, wo wir gerade waren.

Wir hatten sehr viele Hiwis bei uns. Bei den Spritkommandos, auf den Munitionsplätzen, da hatten ne Menge Hiwis gearbeitet. Das waren Lehrer, Rechtsanwälte, Bauern. Jetzt lag von der Schlucht, wo wir waren, nur einen Kilometer weg, der Russe. Die Pferde von einer bespannten Division, die auch da war, die waren dabei, die Speichen von den Holzrädern der Panjewagen durchzufressen, vor Hunger. Die sind so umgekippt. Wir hatten nichts zu fressen und die Hiwis und Gefangenen, siebenhundert waren es, auch nicht. Von uns sind Offiziere rübergegangen mit der weißen Fahne zum Russen. Die haben mit denen verhandelt, ob sie ihnen unsere Hiwis und Gefangenen über den Hügel schicken können. Die Russen wollten nicht. Da haben sie dann die Gefangenen belogen und gesagt: ›Haut ab, ihr könnt über den Hügel gehen, nach Hause, die warten auf euch.‹ Und dann hat der Russe sie alle kaputtgeschossen, wie sie über den Hügel gegangen sind.

Am Heiligen Abend 1942 waren wir noch vierundsechzig Mann von unserer Kompanie. Wir lagen vor der Zaritzaschlucht in der Steppe. Da war ein Bunker, vielleicht zwanzig mal zehn Meter, halb in der Erde, oben mit Holz abgedeckt und dann dick Erde drauf. Mit vierundsechzig Mann kriegten wir zwei Bündel Dörrgemüse und eine Flasche weißen klaren Schnaps. Ich trink nie Alkohol, aber da hab ich getrunken. Ein Viertel Schnapsglas kriegte jeder, damit sind wir genau hingekommen. Das Dörrgemüse sah aus wie Heu. Das wurde nen Tag lang eingeweicht und dann gekocht.

Es war kalt am Heiligen Abend. Ich geh in die Steppe rein und seh da einen von der 64. bespannten Infanteriedivision stehen, die im Sommer aus Frankreich gekommen waren. Ich komme näher, es ist aber ein Hiwi. Der steht da mit einem schwarzen Gaul, eher so'n Pony, vor den Stengeln vom Steppengras, die aus dem Schnee rauskamen, wie Brennesseln, die vertrocknet sind. ›Komm!‹, sage ich, und bin mit dem zum Bunker gegangen. ›Komm! Wir haben was zu fressen.‹

Wir haben dem Pferd vor den Kopp gehauen, es kippte um, und dann haben wir es mit dem Seitengewehr abgezogen. Da waren wir hinten am Abziehen, das Fell, und vorn haben sie schon die Batzen rausgeschnitten, was noch dran war an dem Klepper, mit dem Seitengewehr. Das Fleisch haben wir kleingehackt und dann haben wir Gulasch und Frikadellen daraus gemacht, mit Schnee in der Bratpfanne. Das Seitengewehr hatte ja nicht die Sehnen von dem Pferd durchgehauen, die hatte man wie ne Perlenschnurr in der Frikadelle und konnte sich damit die Zähne rausziehen. Da war auch noch unser Leutnant Hofheins bei, so'n feiner Pinkel von vierundzwanzig Jahren. ›Nein, mag ich nicht, soll essen wer will‹, und nachher hat er's doch gefressen, wie wir da am Schmatzen waren, weil er so'n Hunger hatte. Das war das letzte Mal, daß wir zusammen waren.

Ab Weihnachten gab es keinen Offizier mehr für uns. Von unserer Division hab ich keinen Offizier mehr gesehen. Im Gefangenenlager Beketowka war ich sprachlos, wie da siebenundzwanzig Generäle waren. Die wurden von den Russen mit Handschlag empfangen, uns haben sie in den Hintern getreten. Das war der Kommunismus. Später in den Lagern bin ich von den Russen aber nie geschlagen worden.

Von da an war alles zerstreut. Es war dann keiner mehr da, der uns kommandiert hat. Ich war jetzt beides: Knecht und Chef und selbständig. Unsere Offiziere, die hatten ja nix mehr zu tun, Nachschub gab's kaum noch. Es hieß, sie sind nun in der Sicherungskompanie an der Front. Die sind an die Front gegangen, aber rückwärts. Sie waren abgehauen nach

Stalingard. Die lagen in den Bunkern, die der Russe gebaut hatte, vier Meter tief. Die hatten alles: zu fressen, Pelze und Heizung.

General Seydlitz ließ uns vorne kaputtschießen und saß in seinem Bunker. Ich bin da dringewesen. Ich mußte zum Flugplatz Pitomnik fahren und eine große Glasflasche holen mit Brennspiritus für nen Ofen. Und dann kam ich in das Haus, wo er lag. Das hat er sich schön winterfest gemacht, mit Teppichen und allem drum herum. Beim Abladen kommt ein russischer Flieger und die Flasche ist am Arsch. Der Seydlitz kam rausgelaufen und hat gebrüllt, weil er nun nichts zu heizen hatte, und wir lagen draußen in der Steppe im Schnee.

Wild durcheinander lagen wir in Gumrak in der Nähe vom Lazarett. Da konnte man vielleicht ein bißchen Verpflegung kriegen. Gumrak liegt an der Bahn nach Stalingrad-Mitte. Am Bahndamm, fünf Meter breit, sechs Meter hoch, war alles Lazarett, in Bunkern und Zelten und da war auch ein Verbandsplatz. Tausende von Verwundeten krochen durch den Schnee zum Verbandsplatz. Aus ganz Stalingrad kamen sie dorthin. Da lagen sie auf der Erde und hatten nichts zu fressen. Und Tausende und mehr sind da krepiert. Was vom Lazarett und Verbandsplatz übrig war, die noch laufen konnten, die gingen an die Front. Ich hatte aber ja noch den Laster und hab beim Stab vom Lazarett gesagt: ›Komm, ich geh Brot holen.‹ Das Brot und den Verbandsstoff hab ich aus Pitomnik vom Flugplatz geholt, wo die JU hinkam. Drei, vier Mann hatte ich bei mir, die wollten sich satt fressen, wenn's Brot gab. Der Weg dahin war so'n bißchen über Berg und Tal, da fingen die ganzen Schluchten an. Einige Male hab ich auch Brot gekriegt.

Die Feldpolizei hatte die Aufgabe, daß die versprengten Soldaten wieder zu den Einheiten kamen, die wußten ja mehr wie wir. Daran hatten sie aber kein Interesse. Wir fuhren durch die Steppe, da kamen die gefahren, mit drei, vier Mann, groß, kräftig. Vorne auf der Brust das Schild an der Kette, wie ein Viertel Mond. Kettenhunde. Unser Auto haben sie kontrolliert. Unter dem Sitz, wo die Batterie drunterstand, hatten wir unser Brot liegen. Das war ein halber Laib, den haben sie mitgenommen, daß wir nichts mehr zu fressen hatten, mit vier Mann. Ja, das hätten wir von den Flugzeugen. Und die hatten solche dicke Köpp. Bei der Feldpolizei waren die größten elendsten Drecksäcke, die ich je im Leben gesehen hab. Ich sprech da nur von Stalingrad. Wir hatten so ne Wut. Das war so ein Elend. Die nahmen uns alles ab. Ich hab einen kaputtgeschossen. Ich schäme mich auch nicht, das zu sagen.

Ich fuhr von Gumrak aus zu dem kleineren Flugplatz Stalingradski, acht Kilometer entfernt. In einem Monat sind auf der Strecke mehr als dreißigtausend krepiert. Ich fuhr im Dezember eines morgens mit dem Lastwagen zum Flugplatz und blieb im Schnee hängen. Und da kamen die Landser über den Schnee, Decken über den Kopf, Winterkleidung hatten wir nicht. Hinter sich zogen sie auf ner Tür oder ner Munitionskiste Verwundete. Sie wollten auf den Flugplatz Pitomnek, nach Hause. Dann waren sie erschöpft, haben sich hingesetzt und sind erfroren. In einem Monat sind auf dieser Strecke mehr als dreißigtausend Mann krepiert. Da hat sich keiner darum gekümmert, die sind im Schnee liegengeblieben. Auf dem Flugplatz hab ich dann hunderte Schwerverwundete gesehen, die lagen da auf Zeltbahnen im Freien bei vielleicht zwanzig Grad unter Null. ›Heh, komm, nimm die Pistole!‹ haben welche gerufen.

In die JU gingen wohl so sechzehn Mann. Ich weiß es nicht so genau, ich hab nur den Hauptmann Althoff da reingedrückt, der war vierundfünfzig Jahr. 1950, als ich aus der Gefangenschaft kam, hab ich seine Frau besucht, da war er drei Monate tot. Er war Namensträger, der einzige Mann der Althoffs. Hitler, hieß es, hatte Befehl gegeben, all die einzelnen Söhne, wo dann kein Name mehr war in der Familie, die wurden entlassen. Der war Reserveoffzier hinten bei der Spritkolonne. Er war herzkrank. Klein, dick und traurig kam er an. Sie wollten ihn nicht rauslassen. Ich sag: ›Herr Hauptmann, Sie kommen schon raus.‹

David Ulrich und ich haben uns ein Krad, eine BMW mit Seitenwagen, geklaut. Die waren in nem Haus, ab, weg waren wir. Zebrali heißt das, ›organisiert‹. Mit der BMW hab ich den Hauptmann, der hatte noch Orden aus dem Ersten Weltkrieg, nach Stalingrad-Süd gefahren, da lagen tote Pferde und russischen Soldaten hinter dem Judenfriedhof. Alles ganz frisch. Ich sag zum Hauptmann: ›Ziehen Sie Jacke und Hemd aus.‹ Dann hab ich Verbandstoff rumgemacht. Mit dem Finger hab ich erst das Pferdeblut eingerieben. Das war schwärzer und ich dachte, das fällt auf. Mit dem Messer hab ich bei nem toten Russen die Bauchschlagader aufgeschlitzt, da kommt das meiste Blut. Eingerieben hab ich ihn bis an den Hals. Und er hielt ruhig. Unters Hemd hab ich dem Hauptmann nen Brief an meine Familie gesteckt, und der ist auch zu Hause angekommen. Den Brief hab ich noch, der ist vom 7. Januar 42.

Ich hab ihn aufs Motorrad geladen, Kradmantel umgehängt und mit Schnur festgemacht, damit er nicht aufging. Ich mußte noch zum Arzt ein Scheinchen besorgen, das war lang wie ne Zigarettenschachtel, davon gab's rote und grüne. Transportschein, Schwerverwundeter eins, der muß sofort raus. An den Mantel gehängt und mit ihm zum Flugplatz Pitomnik. ›Bleib sitzen‹, ausgestiegen, geh zur JU hin, da stehen die Offiziere, nicht von der Luftwaffe, von uns welche. Die gucken: ›Der kann nicht mit.‹ ›Der hat nen Bauchschuß oder nen Brustschuß, ich hab keine Ahnung, gucken Sie.‹ Sie gucken auf den Transportschein und dann hatten sie keine Leiter. Ich hab mich so'n bißchen gebückt vor die Luke vom

Flugzeug gestellt, und sie haben ihn raufgezogen, über meinen Buckel. Da war er drin und hat noch gegrinst.

Der Kessel wurde immer kleiner und ich bin dann in die Stadt. Stalingrad-Mitte hab ich den Lastwagen stehenlassen. In Stalingrad konnste kein Auto gebrauchen, die hätten dich direkt kaputtgeschossen. Da war ne lange Schlucht, im Winter lief da viel Wasser runter. In der Schlucht hab ich mir ein Loch gemacht. Da haben wir mit dem Karabiner, mit dem Revolver gekämpft, wir hatten ja sonst nichts. In der Hauptsache haben wir geguckt, daß wir nicht kaputtgingen, und wo man was zu fressen fand. Drei Tage waren wir da, dann ging's weiter in einen Keller.

Vorn lag die Hauptstraße, die war breit, gepflastert, in der Mitte die Straßenbahngleise. Von da konnte man zur Wolga sehen. Auf der war dickes Eis. Die Russen hatten sich ein Meter große Löcher ins Eis gemacht. Da holten sie Wasser und fingen Fische, das konnten sie gut, das waren alles Zivilisten. Frauen waren auch dabei, aber die konnte man kaum erkennen, die trugen alle so ne Art Einheitszeug. Von nem Holzschiff aus haben sie Wasser geschöpft. Die Russen waren nicht doof.

Von uns sind Soldaten da hingegangen, die hab ich gesehen, wie sie aus den russischen Häusern kamen, das waren zweihundert, dreihundert Mann. Auf das Eis von der Wolga haben sie die Munition gepackt, die sie gefunden hatten. Da lag genug von rum. Hingestellt mit alle Mann. Es lebe Deutschland. Dann gab es einen Knall, das Eis ging unter Wasser, kam wieder hoch, drehte sich ein paarmal und die waren weg. Viele von uns haben sich so das Leben genommen. Die wußten nicht mehr weiter und hatten ein paar Fanatiker bei sich. Von der Wolgainsel schossen die Russen mit Artillerie. Und die konnten schießen, die schossen auf den einzelnen Mann, wenn der da auf der großen Straße lief. Auf die, die dabei waren sich das Leben zu nehmen, auf die haben sie nicht geschossen. Ich hab immer gesagt, so viele Tausende können die Russen nicht kaputtschießen, vielleicht bleibst du mit über. Wenn ich das hier nem normalen Menschen erzähle, der sagt: Johann, du lügst.

Die Straßenkämpfe waren kriminell. Wir haben im Keller gesessen vom Polizeipräsidium, die Russen oben. Ein Stück weiter in der Glasfabrik saßen wir oben, man wußte nicht, wer wo eigentlich war. An den Türklinken haben wir Handgranaten festgemacht, wenn die aufging, waren sie weg, die Russen. Und die Russen haben das mit uns gemacht. Abends bin ich mit noch ein paar Mann auf die Hauptstraße an der Wolga. Wir wollten gucken, ob's da was zu fressen gab. Die Toten haben wir zweimal rumgedreht und wenn der im Beutel ein Stück Brot hatte, das haben wir gefressen. Wir haben nix drum gegeben, wenn Blut dran war. Blut is Vitamine. Ich war nicht mehr feinfühlig.

Nun kam unsere Oma JU, die schmissen überall Kisten ab mit Brot, mit Schoka-Kola. Da waren nun alle hinterher. Wir und die Russen. Alle kamen aus den Häusern, versuchten, sich das Brot und die Schokolade zu schnappen. Es war Wild-West. So ein Karton kommt vor mir runter, ich will ihn greifen, er überschlägt sich noch und patsch! fällt er in ein Kanalloch, wo kein Deckel drauf war. ›Verdammt nochmal‹, sag ich, ›den geh ich holen.‹ ›Ja, wie denn?‹

Wir haben an der Straßenbahn Kupferseil geholt, und ich hab's mir um den Bauch gemacht. Nun war's das Unglück, es war ein Sammelschacht. Oben drei, vier Tritteisen und dann fünf Meter nichts. Das Kabel oben an nem Stück Holz festgemacht haben sie mich runtergelassen. Der Karton war da. Es saßen schon die Ratten drauf, die hatten das gerochen. Es war Brot drin, so säuerliches Afrikabrot in ner Silberfolie. Ich ruf hoch, ›Brot!‹. Aber keine Sau antwortet. Der Draht hing runter, den hatten sie losgelassen. Keiner war mehr da. Was jetzt? Bin ich in die Kanäle reingekrochen, wie weit weiß ich nicht, aber es kamen Ratten.

Wenn man nachts unten in der Erde sitzt, hört man alles. Schritte, Laufen, Schüsse, das Wasser, die Ratten. Und wenn ich dachte, da kommt doch einer, dann hab ich gepfiffen. Es kam keiner, nur die Ratten. Vor nix ekel ich mich, nur vor Ratten. Ich hab nur gedacht, sitzenbleiben und beten. Erst in der Nacht drauf kamen die, haben gesucht, wo war es. ›Hannes‹, hörte ich sie rufen und hab Antwort gegeben. Der Draht lag nun unten, und sie haben sich einen neuen geholt. Den Draht um den Bauch, Löcher in den Karton gemacht und den zwischen die Beine geklemmt. Das war alles schwierig, die lagen auf dem Bauch, als sie mich hochzogen, sonst wären sie abgeschossen worden.

Mit zwanzig, dreißig Mann waren wir zusammen in nem Keller auf einem Trümmergrundstück. Die JU 52 tauchte wieder auf und schmiß Verpflegungsbomben. Ein Teil kam bei den Russen runter, ein Teil bei uns. Ich bin durch ein Gebüsch nen kleinen Abhang runtergerutscht, aber da hatte der Russe mir den Karton, den ich holen wollt, schon weggeschnappt. Ich fand aber noch ein paar Dosen Schoka-Kola, damit sind wir zur Nagelfabrik hin und da nahmen uns die Säue, die Kettenhunde, alles ab. Und wo das blieb, das sah man an ihren Backen und Ärschen.

Uns blieb nichts anderes über, als uns irgendwo anzuschließen. Wir waren ja ein wilder Haufen und die anderen, das waren auch Splittergruppen, da kannte einer den anderen nicht. Wir hatten russische Maschinenpistolen und haben uns verschiedenen Kämpfen angeschlossen. In der Glasfabrik war ein Innenhof, so fünfzig mal achtzig Meter, da waren oben so Löcher drin, da wurde das Glas reingekippt in die Öfen, die waren aber nicht mehr in Betrieb. Und auf dem Hof lagen

Einheiten und da waren auch noch Kommandeure. Wir sollten durch die Keller, wo das Glas lag, nach der anderen Seite, da waren die Russen. Im Keller haben wir verdammt Angst gekriegt. Wir kannten uns da unten mit den Gängen und den Türen nicht so aus wie die. Da hieß es: Wir müssen oben rum. Viele von uns sind dabei kaputtgegangen.

Wir sind dann in ein Gebäude reingekommen, das war in der Nähe von der Glasfabrik. Da hatte ich ein bißchen Angst vor den Rumänen. Die hatten in ner großen Blechtonne ein Feuer, und wir wollten uns was aufwärmen. Der Raum war ziemlich dunkel und es kam ein rumänischer Offizier und sagt, daß sie sich ergeben wollen. Wir gucken so und sehen, alles voller Rumänen. Die warteten auf den Russen. Die waren irgendwo ganz nah, aber wir wußten nicht, wo die waren. Der Offizier sagte, wir müßten dableiben, die Russen kämen nun. Sie hätten welche rübergeschickt, sie täten nicht mehr kämpfen.

Wir haben uns gut aufgewärmt, und der Rumäne hat uns noch beklaut, Brot und ne Armbanduhr. Einer von uns sagte noch zu mir: ›Soll ich dem was auf die Mütze hauen?‹ ›Bist du verrückt! Da kommen wir nicht gegen an, da im Schuppen nebenan liegen die Rumänen auch.‹ Da wurde es heiß, da sind wir wieder abgehauen.

In den letzten Tagen vom Januar lagen wir im Gebäude vom NKWD. Das war groß und wir waren in dem Teil zur Wolga hin. Am 28. Januar 1943 ging ich raus vor das Gebäude. Stück weit weg lagen die von der Feldpolizei in nem Keller von einer Hausruine. Ich guck und seh, wie einer von denen, ein dicker Kerl, hinter nem Landser her ist. Ah, denk ich, jetzt ist's Zeit. Den Karabiner an die Mauer angelegt, von da waren's vierzig, fünfzig Meter und ich hab ihm eins verpaßt. ›Hannes‹, sagte der Feldwebel, ›das hast du gut gemacht.‹ Der war hinter dem Landser her, weil er ihm den Laib Brot abnehmen wollte, den der gefunden hatte.

Am nächsten Morgen geh ich rund, fast auf die andere Seite von dem Gebäude und in einem Eck bin ich zur Tür rein. Ich denke, was sind das auf dem Boden für Drähte? Die liefen ein Stück durch den Gang und durch ne Tür rein. Hier stand ein Tisch, und da saß hier ein General dran und hier einer auf der anderen Seite. Die drehten an den Telefonen. Ein Feldwebel kommt gelaufen, das war vielleicht um zehn Uhr morgens rum, der trug noch ne schöne Uniform und nahm richtig stramme Haltung an: ›Herr General, unten stehen vier T-34-Panzer. Die haben die Kabel durchgefahren. Keine Verbindung mehr.‹ Der eine General, ein großer Mann, feine rote Backen, steht auf, setzt sich die Mütz auf den Kopf und steht da vor dem Stuhl am Tisch. Er guckt, nimmt seinen Revolver, wie neu in einem braunem Lederetui. ›Es lebe Deutschland! Es lebe der Führer!‹ Und dann schoß er sich unter dem Kinn in den Kopp rein. Ich hab mal Hering ausgenommen, da war auch so ein weißes Zeug drin. Das kam ihm oben raus, das war Gehirn. Erst war's weiß, dann fing das an zu bluten, er kippte nach vorn, die Kappe schlug hoch und lag auf dem Tisch, da war er tot.

Der andere General geht raus, und ich und ein paar andere sind mit. Mir war das zu kriminell da mit den russischen T-34. Draußen sah man auf nen Bahndamm. Ich sage noch: ›Herr General, da an dem Bahndamm, da sind die Russen auf der anderen Seite.‹ Und da geht der Idiot auf den Bahndamm rauf, mit dem Karabiner, in seiner schönen Uniform mit den breiten Litzen. Er war oben, setzt sich die Mütze stramm und kippt nach hinten auf die Böschung. Ob er geschossen hat, hab ich nicht gesehen. Wir haben ihn runtergeholt von der Böschung. Ich hab ihn mitgezogen an seinen wunderbaren feinen Stiefeln. Unten haben wir ihn hingelegt. Später mit den Russen durfte keiner mehr von uns ran, und ob er dort gestorben ist, weiß ich nicht. Das war ein patenter Kerl, und dann da dieses Arschloch: ›Es lebe Deutschland. Es lebe der Führer.‹

Vor dem Gebäude in ner Ecke stand ein Küchenwagen, ein Opel-Blitz, da haben sie Schnee geschmolzen. Hauptmann Namesdorf von Hamburg, ein feiner Kerl, der schon im Ersten Weltkrieg war, der kam die Einfahrt hoch mit nem Karabiner. Er guckt um die Ecke, da war ne kleine Schule, aus der die Russen rausschossen. Er zielt und peng!, fiel er um. Ich bin hin, hab ihn unter den Arm genommen und zurückgezogen, aber ich schaffte es nicht ganz. Da kam der Feldwebel vom Küchenwagen und hat mir geholfen. Als wir den am Keller hatten, kamen welche von uns. Der Feldwebel ist zurück zum Opel-Blitz. In dem Moment kam die Ratschbomb, wie ein Fastnachtskörper, die springt immer und ist erst in der einen Ecke und dann in der anderen explodiert und da stand der Feldwebel. Sein Bein ist bis oben in die Dachrinne geflogen, da hing es.

Der Hauptmann hatte nen Bauchschuß. Wir haben ihn in den Keller gelegt, wo schon die anderen Verwundeten lagen. Dreißig waren das vielleicht. In die Lichtschächte vom Keller hatten wir Grabsteine vom Friedhof geworfen, damit die Russen keine Handgranaten reinwerfen konnten. Wir schossen aber nicht mehr raus, wir hatten keine Munition mehr. Dann kamen ein paar Konsomolzen* rein. Vierzehn, fünfzehn Jahr alt, russische Hitlerjungen nannte ich die. Den Hauptmann Namesdorf haben sie kaputtgetreten. Der hatte ja das EKI um, und sie haben gedacht, das ist ein Bandit. Unsere Uhren, Bleistifte und Füllfederhalter wollten sie haben. Da hab ich meine Armbanduhr abgemacht und kaputtgetrampelt. Das haben sie gesehen und mich vermöbelt.

Ich wollte dem einen die Kehle durchbeißen: ›Hannes,

* Mitglieder der Sowjetjugend.

Hannes, tu das nicht.‹ Die waren stark, die hatten MP's auf der Brust hängen und deutsche Tarnjacken an. Uhren hatten sie an den Armen schon bis zum Hals. Wegen dem Hauptmann hab ich sie ausgeschimpft, und da wurden sie ein bißchen ruhiger. Die anderen von uns haben mir gedroht: ›Hannes, halte deinen Mund, die schießen doch alles kaputt.‹ ›Ist doch egal, ist doch aus!‹

Fünfundvierzig Mann waren in dem Keller. Achtundzwanzig von denen waren verwundet und lagen in einem Raum auf Stroh. Willy Remscheid, er war Boxer, hatte nur noch ein halbes Ohr und hieß das Ohrläppchen bei uns, dem hatten sie kurz vorher ins Knie geschossen. Der Knochen, alles kaputt, aber er konnt das Bein, das hing so, noch ein bißchen bewegen. Der ist auch liegengeblieben. Die Verwundeten kommen in ein Hospital, hieß es, und wir anderen sollten rauskommen auf den Platz. Ich hab zu den Russen gesagt: ›Wie, die sind doch alle kaputt, die Hospitale. Die schießt ihr kaputt!‹ Und kaputt, das ist international, das haben sie verstanden. ›Bandit‹ haben sie gesagt. Und dann sind wir rausgegangen, freiwillig, sie haben uns nicht gestoßen.

Oben standen dann so an die sechzigtausend Mann bis runter an die Wolga. So um halb vier stehen wir da auf dem Hof und dann, brrrr. Das hört man gut, wenn im Keller geschossen wird. Der Willy kommt aus dem Keller gelaufen, wie ein Hase, dem sie ein Bein weggeschossen haben und fällt auf uns. ›Willy wat is?‹ ›Da haben sie die MP draufgehalten.‹

Uns haben sie die Hauptstraße runtergejagt, zwei Tage und Nächte, glaube ich, die Straße ist lang, viele Kilometer. Erst nach Norden, an das eine Ende und dann nach Süden, durch die ganze Stadt. Mit zehn, zwanzig Mann nebeneinander, die Straße war breit. Einige Zivilisten mit Eimern Wasser kamen raus und haben sie uns über den Sack gekippt. Sie kamen zu uns rein und haben uns die Ringe abgenommen. Den Offizieren haben sie die Stiefel ausgezogen, die gingen barfuß oder haben sich von Toten die Schuhe angezogen. Die russischen Posten taten nichts.

Wir wußten nicht, wie lange wir gelaufen sind mit sechzigtausend Mann. Wir blieben ja oft stehen, weil wir nicht mehr konnten, und dann blieben welche liegen, die waren tot. In Beketowka waren wir, als Goebbels oder Göring ne Rede hielten. Da hingen Lautsprecher, es war Mittag, so zwölf oder ein Uhr. Die Stalingrad-Armee wäre vernichtet, hörten wir, wir wären weg. Die Russen, die Offiziere, haben gesagt: ›Hitler kaputt, Sie kaputt.‹ Und dann kamen Panzer raus, die fuhren über uns, langsam, die da standen waren wie ein kaputtgeschlagenes Ei. Auf den Panzern standen Kommissare darauf, keine russischen Soldaten. Große Kerls mit den blauen Mützen und den roten Schlips. Mit Karabinern standen die auf den Panzern. ›Hitler kaputt, Sie kaputt!‹ So sind sie über die Menschen gefahren und mit den Kolben vom Karabiner schlugen sie die Köpfe ein, von denen, die groß waren.

Das Lager in Beketowka war ne Betonhalle, das war ne Maschinenhalle gewesen, aber die Russen hatten da auch Pferdescheiße und Munition gelagert. Viele haben sich in die Halle reingelegt, da war's wärmer, es war kein Fenster und nix drin. Zwischen der Pferdescheiße und dem Sand, der da lag, war Phosphor. Viele haben sich da den Arsch verbrannt und sind kaputtgegangen.

Wir lagen draußen auf der freien Fläche, wie die Feldhühner aneinander. Latrinen gab's nicht, kein Wasser, nix zu essen. Wir saßen auf dem Schnee, den Schnee ins Kochgeschirr, zwischen die Hände und haben uns den geschmolzen. Das war dann mehr Urin und Scheiße als sonst was. Das haben wir gesoffen. Da kamen die Rumänen, wir lagen nebeneinander. Die Rumänen hatten bei den Russen mehr Freiheit. ›Kamerad, Kolbar‹, Kamelfleisch. Sie wollten nen Bleistift haben, ein Rasiermesser, was wir noch hatten, und wir kriegten so'n Stück Fleisch. Da ging ich mit Pater Rohm und mit anderen in die Halle rein, die war nicht so beobachtet von den Russen. Wir haben nen Stiefel zerschnitten, das Leder in Streifen, Papier hatten wir, Wattejacken von den Russen auch und ein Feuerzeug. In die Kartusche wurde Watte reingedreht, vorn ein bißchen raus und mit dem Feuerstein Funken geschlagen. Der fiel in die Watte, und die glühte ein bißchen. Damit haben wir uns ne Zigarette angemacht. Unten hatten wir das Leder, bißchen Holz, das brannte dann und an nem Draht das Fleisch. So haben wir das geröstet, das wurde lilablau und dann haben wir's gefressen, da war's noch halb roh.

Die Österreicher hatten ein bißchen Narrenfreiheit bei den Russen, die haben uns nachher bewacht, mit Karabinern. Pater Rohm war in Wien 1940 zum Priester geweiht worden. Er hatte noch Verbindung zu den Österreichern, und dadurch kam ich auch bei denen rein. Ich gehe da mal wieder in die Betonhalle, da stehen die in ihren Mänteln um ein Feuerchen und ich wollte auch ran, um meine Hände warmzumachen. Hab mich zwischen die gestellt. Weil ich so schlapp war, hab ich den einen angepackt und zieh mich so hoch, da fällt dem unter dem Mantel ein Arm raus. Den hatten sie abgedreht von nem Toten und den haben sie da geröstet und gefressen.

Bis dahin haben wir geglaubt, das Fleisch da sei Kamelfleisch von den Rumänen. Aber das war Fleisch von den Toten. Den Toten wurden die Arschbacken abgeschnitten. Zu der Zeit war an den Toten ja noch ein bißchen was dran. Aber die Arschbacken ließen sich nicht leicht abschneiden. Es war leichter, nen Arm abzudrehen. Das haben wir dann auch gemacht.

Ein paar Tage darauf ist der Russe dahintergekommen. Die Russen waren ja Drecksäcke, aber es waren auch gute Leute dabei. Mehr Gute wie Schlechte. Da kam ein Befehl: Wer in die Halle reingehen würde oder ein Feuerchen anmacht, der würde sofort erschossen. Wir würden Menschenfleisch essen und das würde die Pest geben, Flecktyphus. Ich hab dann gesehen, daß sie Feuerchen machten. Wofür, weiß ich nicht, das Gelände war groß, sechzigtausend Mann waren da. Ein paar Russen kamen mit Maschinenpistolen und haben den ganzen Haufen kaputtgeschossen.

Die Russen durften sonst nicht mit Waffen in das Lager reinkommen. Die mußten sie, auch wenn sie aus Moskau kamen, an der Wache abliefern.

In Beketowka kamen auch Sanitäter, Zahnärzte und Ärzte, deutsche Gefangene wie wir, mit so ner Zange, Kneifzange, Knie bei uns in den Bauch und haben die Goldzähne rausgezogen und bei den Russen verscheuert. Ich hatte, Gott sei Dank, keine Goldzähne. Ich hab das nur in diesem Lager erlebt. In dem Lager sind in einem Monat fünfundvierzigtausend Mann krepiert.

Am 21. Februar 1943 bin ich weggekommen. Alle, die laufen könnten, kämen in ein Hilfslazarett, das wär nur ein paar Kilometer weg. Mit tausendzweihundertundachtzig Mann haben wir uns gemeldet. Pater Rohm, Hans Jungmann, Willy Büffel, die sind ja alle tot, bis auf Pater Rohm. Sie haben uns Wolga abwärts getrieben. Da waren kaputte Pferde und wir haben einen Fuß vom Pferd erwischt, noch mit Hufeisen dran. Das haben wir gefressen, zwei Tage lang, so wie's war. Hinten fuhren die Russen mit deutschen Motorrädern, wenn sie die zum Laufen kriegten. Am Ufer waren Weidenkätzchen, die waren ein bißchen grün, die haben wir gefressen wie Zuckerstengel. Mehrere Tage sind wir marschiert und irgendwo ging's über die vereiste Wolga und bis nach Kapustin Jar.

In dem Dorf gab's vielleicht tausend Einwohner und sie hatten ne Windmühle da. Tausendzweihundertundachtzig Mann wurden gezählt, als wir weggingen. Als wir ankamen, wurden wir wieder gezählt. Fünfhundertsechzig Mann sind auf der Strecke geblieben. Die blieben liegen oder sitzen und sind kaputtgegangen. Die Aasgeier haben sie auseinandergerissen. Die Russen hatten ihren Spaß an den Geiern. Sie haben darauf geschossen, aber sie haben nie einen erwischt.

An ner Bahnlinie, einspurig, die nach Astrachan ging, lag das Dorf ganz allein in der Steppe. ›Los! Los!‹, sagte der Russe, und dann mußten wir uns pullnackend ausziehen. Es waren zehn, fünfzehn Grad unter Null. Die ganzen Klamotten kamen auf einen Haufen und wir kriegten ein Schüsselchen mit braunem Zeug drin. Damit mußten wir uns desinfizieren. Mir hatten die Läuse alles kaputtgefressen, am Sack war alles roh von den Läusen, die Lippen kaputt. Fünfzig Mann kriegten was ab zum desinfizieren, der Rest, wir waren noch sechshundert, siebenhundert Mann, stand da. Die Klamotten wurden in eine Sauna gebracht und erhitzt. Aber die Läuse gingen nicht kaputt, die waren hinterher noch einmal so schnell wie vorher.

Wir lagen in Bunkern, die hatten die Kosaken in einen kleinen Hügel gegraben. Und dann kam Tauwetter, der Schnee schmolz. Wir sind da weggeschwommen und saßen draußen mit den Enten auf den Inseln, die's noch gab. Rundherum Wasser. Wegen des Wassers sind wir in die Schule gekommen, und da sind sie alle krepiert. Morgens kam der Russe: ›Wie viele sind da? Es gibt heut was zu essen.‹ Trockenbrot in Öl getaucht. Dann ging der Russe rund an den Pritschen vorbei und zählte. ›Eins, zwei, drei, vier, fünf, hey, Kamerad!‹, dann mußte der sich bewegen und bekam ein Stück Brot hingeschmissen. Bewegte der sich nicht, sagte der Russe, ›ah, kaputt‹. Wir haben spitzgekriegt, der zählte nur, die noch lebendig waren. Wir haben die Toten, die unten auf den Pritschen waren, nachts und auch am Tag nach oben gelegt. Die Toten haben wir so hingelegt, daß die Beine aufgerichtet waren. Unterm Knie haben wir dann ne Schnur oder was wir hatten, festgemacht. Und wenn der Russe kam, ›hey Kamerad‹, dann haben wir gezogen, und das Bein kam über die Pritsche raus. Nachher lag oben alles voll mit Toten. Die haben wir so lange liegenlassen, bis das gelbe Zeug ablief, aus dem Arsch, aus der Nase und wo das herkam.

Draußen, fünfzig Meter weiter, hatten wir im Frühjahr 1943 einen Graben ausgehoben, der war zehn Meter lang, zwei Meter breit und zweieinhalb Meter tief, darüber lief ein Balken, und da saß man darauf zum Scheißen. Viele hatten Durchfall. Die Kosaken übten da mit ihren Pferdchen. Mit dem Mund haben die ein Fähnchen geschnappt, was sie in die Steppe hingesetzt hatten. Die hatten Spaß, uns in den Arsch zu schießen, wenn wir auf dem Donnerbalken saßen. Die flogen dann in die Scheiße rein. Deshalb bin ich da nie raufgegangen. Der Graben war dann voll. Nicht nur mit Scheiße, auch mit Toten, die kriegten wir nicht mehr raus.

Die nachts krepiert sind, die mußten wir auf die Seite vom Lager einbuddeln, im Sand, mit den Händen, mit ner alten Dachrinne oder einem Stück Blech. Der Unteroffizier Boos, den hab ich da eingebuddelt, der war noch nicht tot, der war schlapp, ein großer, kräftiger Kerl. Der hat noch die Augen verdreht. Aber der Russe sagte ›dawai‹, schnell, morgen sind sie sowieso kaputt. Wir mußten die dann eingraben. Der Russe hatte Angst vor Typhus, aber am Tag kamen die Hühner und die Schafe, die da rumliefen, die haben sie wieder ausgescharrt und da lebten noch welche.

Viele waren schon kaputt, da hieß es: ›Wer ist Handwerker?‹ Ich hab mich mit Heinz Zimmermann gemeldet, als Autoschlosser. Pater Rohm konnte ja nichts, der konnte beten. Der hat für uns gebetet. In einem kleinen Haus, groß wie ein Zimmer, haben wir Autos repariert, Opel Kadett und BMW.

Ich hab viel anderen geholfen, aber erst hab ich mir selbst

geholfen. Wenn ich Kraft hab, und ich bin noch klar mit den Gedanken, wenn die anderen sich hängenlassen, dann hab ich für die mitgeklaut, daß die wieder auf die Füß kamen. Für Pater Rohm hab ich auch geklaut. Hat ihm gut geschmeckt, trotzdem es geklaut war. Mich hat der Geist nie verlassen. Als wir alle vor dem Hungertod waren, hab ich zu den Russen gesagt: Mein Fleisch könnt ihr haben, aber die Knochen, die nehm ich mit nach Haus.

Der Lagerkommandant, das war ein Kerl. Wenn wir den nicht gehabt hätten, dann wären wir alle krepiert. Der hat den Zivilisten Brot und Kascha, Hirsebrei abgenommen, damit wir auch was zu fressen hatten. Das war ein Jude, der hat das zu uns gebracht und gesagt: ›Hier habt ihr was, ihr seid auch Menschen.‹ Der konnte besser deutsch als zwei von uns zusammen. Wo ich von her wäre, hat er mich gefragt. Aus der Nähe von Aachen. Und da fing er an, da war er frei. Er war von Aachen, ein deutscher Jude, 1934 ist er dort stiften gegangen. Und wenn wir die Juden nicht gehabt hätten, die waren Offiziere, dann wären wir alle kaputtgegangen. Juden haben viel für uns getan. Ich kann heute den Juden verdanken, daß ich nach Hause gekommen bin. 1946 oder 1947, da hat der Stalin die Juden alle krepieren lassen. In der Zementfabrik, im Lager Volsk, wo wir dann waren, sind die plötzlich alle verschwunden. Wenn wir nach ihnen fragten, sagten die Zivilisten, wir sollten ruhig sein.

In Kapustin Jar sind wir mit vierunddreißig Mann übergeblieben. Am 15. Mai 1943 hieß es, wir kommen weg. Drei amerikanische Fordbusse kamen mit acht Offizieren. Pater Rohm und ein paar andere waren bei mir. Die Offiziere kannten Goethe, Schiller, Beethoven besser als Pater Rohm, der studiert war. Überschlau waren die. Wir sind einige Tage gefahren und kamen auch mal an ein Lazarett, das war ganz weiß. Wir sind reingekommen, da lagen die russischen Schwerverwundeten. Wir haben bei denen auf der Erde gelegen und uns mit denen unterhalten. Am nächsten Tag fuhren wir weiter, mit den Offizieren. Die haben immer gesoffen. Wir waren da gut aufgehoben.

Wir kamen an der Wolga an, oberhalb von Stalingrad bei Dubovka, Ende Mai, da war Hochwasser und die Wolga vierunddreißig Kilometer breit. In der Steppe waren riesige Tümpel, da standen Tausende Kühe, Schafe und Dromedars und soffen. Dort hielten wir an. Es hieß: Wir fahren jetzt mit der Fähre über die Wolga rüber. Nach Hause, hieß es. Die Offiziere waren nett mit uns. Wir kriegten schöne große Scheiben Trockenbrot und Konservenbüchsen: amerikanische Bierwurst. Jeder kriegte ne Dose. Wir konnten so viel Brot fressen, wie wir wollten, und es gab Tee im Bus. Und nun hatten wir den Durchfall. Im Bus stand mittlerweile ein Eimer. Ein paar Mann waren schwerkrank geworden. Jetzt standen wir da an so nem Tümpel und hatten kein Wasser mehr. Wir hatten zuviel gesoffen im Bus. Der Durst brannte. Ich bin an den Tümpel, die Kühe standen da, und der war grün vor Scheiße. Die Kühe weggejagt, den Entenflatter beiseite geschoben und dann haben wir alle ein paar Konservenbüchsen davon getrunken. Von der Zeit bis heute hab ich keine Scheißerei mehr gehabt.

Das Lager Dubovka war ein Kloster von der ehemaligen Zarenzeit. Da waren Kosaken drin gewesen, die waren an der Front, es war ja noch Krieg. In den Gebäuden waren so breite Fußböden, schneeweiß, sauber, sauber, sauber. Da kriegten wir amerikanische Bierwurst in die Suppe. Viereckige Würfel kriegten wir, da waren festgepreßte Datteln, Rosinen und weiß der Teufel was. Amerika! Wir waren sprachlos!

Sechzehn Bauten gab's da, wo, ich weiß nicht wie viele hundert russische Patres drin gewesen waren. Rundherum eine Mauer, anderthalb bis zwei Meter dick. Runde Tore, die mit

Holzbalken zugemacht wurden. Wir gingen da zu einem großen Weiher, der lag draußen vor dem Lager, drei, vier Morgen groß, Wasser holen. In der Mitte war er mindestens drei, vier Meter tief. Auf'm Weg konnte man Brennessel und Schafgarbe besorgen. Das haben wir kleingehackt, Salz hatten wir, und dann wurde das gekocht. Hirse dabei oder Reis, was wir gerade hatten und das war lecker.

Im Kloster gab's eine große Kirche, wunderbar. Die Kirche war in Ordnung. In den Städten hatten sie aus den Kirchen sonst nen Bazar gemacht, einen Marktplatz. Der Altar aus dickem Holz, geschnitzt, bunt, wunderbar, wer weiß wie alt. Hinter dem Altar hat Pater Rohm mit noch einem Brennessel gekocht, damit sie nicht gesehen werden. Die hören was, gucken, und wie sie zurückkommen, brennt der Altar. Die Kirche ist ausgebrannt. Die Russen haben Pater Rohm nicht erwischt, aber er betet heute noch, daß Gott ihm das verzeihen tut.

Im Juni 1943 fing der Weiher an auszutrocknen. Es war immer weniger Wasser drin, und ich war beim Wasserkommando. Wir gingen das Wasser in Holzfässern holen, siebenhundert Liter. Mit zehn, zwanzig Mann und Seilen wurde dann gezogen und in der Küche kriegten wir ne Kelle Kascha, das ist Brei aus Kartoffeln oder Hirse oder was da war. Nun wurd das Wasser weniger im Tümpel und wir fuhren da direkt rein. Da lagen da Tote drin. Wo die Toten mit dem Arsch im Schlamm gelegen hatten, haben wir sie hochgeschoben, und da drunter war das Wasser schön klar. Wir haben das Faß vollgemacht und dann brach Flecktyphus aus.

Im Lager sind sie gestorben, gestorben, gestorben. Wenn's zu Ende ging, sind die oft durchgedreht. Wir hatten einen Oberschirrmeister, der lief aus dem Lager raus: ›Da kommt mein Flugzeug, ich fahr nach Haus zu meiner Frau‹, und dann fiel er um und war tot.

Es hieß, die müssen alle begraben werden. Wir luden sie auf die Panjewägelchen. Da lagen sie drauf wie kaputte Säcke. Mit fünf, sechs Mann fuhren wir sie zum Tor raus in die Steppe. Da wurden acht Mann übereinander hingestapelt, eine Reihe rechts, eine links, damit wir mit zwei Panjewägelchen reinfahren konnten. Am Tag war's heiß. Wenn wir am anderen Morgen wieder hinkamen, hatten die solche Bäuche, wie Ballons, blaurosa. Dann sagte der Russe, ›hauruck‹ und wir mußten die da oben raufschmeißen. Dann platzten die oben. Grünlich-gelbliches Wasser zischte über uns zig Meter weit. Hinten lagen die Toten noch zwei, drei Meter hoch, und vorne wurden sie immer weniger. Hirschkäfer, wir sagen Totengräber dazu, die haben vorne so'n Haken, die haben das Fleisch von den Toten abgezogen. Die machten Kügelchen draus, ein, zwei Zentimeter dick und rollten die weg. Auf hundert Meter war das schwarz von den Totengräbern.

Was da noch von den Toten war, blieb so in der Steppe liegen. Nachher kam eine Frau, ein junges Mädchen noch, mit langen schwarzen Haaren bis auf den Arsch, eine Schwedin, mit einem französischen Offizier, ein kleines Männchen, kleines Gesicht mit so ner hohen Kappe. Die kamen vom internationalen Roten Kreuz und dann wurden die Toten mit Kalk bestreut. Wir sind rasiert worden, auf der Brust, am Arsch, überall, von netten russischen Mädchen, die sprachen gebrochen Deutsch. Die waren auch vom Roten Kreuz und hatten seidene Strümpfe an, wir waren sprachlos. Das Rasieren mußte schnell gehen, und die hatten auch nichts richtiges, da haben wir geblutet wie'n Schwein. Dann sind wir mit einem Zeug eingerieben worden, das hat mächtig gebissen. Unsere Klamotten wurden verbrannt und wir kriegten andere, russische und tschechische.

Unter den deutschen Lagerkommandanten waren welche, die waren eklig. Die haben uns auch geschlagen. Der Baumann von Hildesheim, dem dort ne Bäckerei gehörte, war so einer. Der lief im Lager rum mit Uniform und braunen Stiefeln, der hat sich kaputtgefressen. Wenn es Blinis gab, das ist Teig mit ein bißchen Ei, wenn sie's haben, dann wußte das der Baumann. Kamst du von der Arbeit, die deutschen Lagerkommandanten standen am Tor, und hast den nicht gegrüßt, dann haben sie dich ins Loch gesteckt. Dreißig, vierzig Mann lagen wir da drin, abends.

Die Kommandanten standen ja immer beim Essenholen in der Küche, da wurden die Blinis genau gezählt, die Russen waren ziemlich ehrlich. Und die gingen nun zu dem Russen, der die Küche bewachte, der war ehrlich, und sagten: ›Komm, wir nehmen die Blinis für die, die im Loch hocken mit, die Arbeit kannst du dir dann sparen.‹ Mit dreißig Pfannkuchen gingen die hoch in ihre Bude, die drei Kommandanten. Die hatten es schön da, groß. Und der Baumann hat sich da an den Blinis, die waren ja mit Öl gebacken, an denen hat er sich kaputtgefressen. Wenn der nach Hause gekommen wäre, da wäre ich hingegangen in die Bäckerei, Messer in der Tasche und hätt ihn abgeschlachtet. Das war ein großes Ekel.

Im Juli 1943 hieß es: Wir kommen auf ein Schiff, wir kommen weg. Zehn, fünfzehn Kilometer sollten wir zur Wolga marschieren. Unser russischer Lagerkommandant sagte, ›die Leute sind zu schlapp, die können nicht bis zur Wolga laufen‹. Andere Offiziere, die aus Moskau kamen, die waren wütend. Aber der hat sich quergesetzt. Und dann stellte sich raus, der Offizier, der Lagerkommandant, das war der Franz aus Leningrad, ein Lehrer. Der war als Hiwi bei uns im Spritkommando und ist nach nem Jahr stiften gegangen. An dem Morgen ist das rausgekommen. Sie haben ihn in der Kommandantur in den Keller gesperrt. Auch ein paar von uns, acht auf neun Mann. Offiziere und Soldaten, aber ich weiß nicht, was die damit zu tun hatten. Dann haben wir sie schreien hören, und als wir gingen, da haben wir gehört, wie sie die kaputtgeschossen haben.

Mit Lastwagen haben sie uns an die Wolga gefahren. Pater Rohm, Hans Zimmermann und Willy Büffel waren immer bei mir. Unten lag ein Schiff, das kam von Astrachan. Ein so schönes Schiff, das hieß *1. Mai*. Unten im Schiff war Ladung und auch Kühe und Ziegen. Oben waren Kabinen, wie im D-Zug, vier Mann gingen da rein. Wir kriegten gut zu essen, da waren wir sprachlos. Und auf dem Schiff, da waren Messingplatten und da stand drauf: Mannesmann-Thyssen 1936.«

Das Schiff fährt die Wolga hinauf. Es gibt, wie in einem Traum, wie aus einem der endlosen nächtlichen Gespräche über das Essen zu Hause, Weißbrot und dicke, nach Speck duftende Erbsensuppe. Die Schwerkranken liegen an Deck in weißbezogenen Betten und von Mund zu Mund geht erst als Gerücht und dann als unverrückbare Tatsache: Die Gefangenen kommen nach Hause, sie werden gegen die Wlassov-Armee ausgetauscht.

Andrej Wlassov, der als einer der fähigsten Kommandeure Stalins galt, war ein Jahr zuvor in deutsche Kriegsgefangenschaft geraten und hatte im September 1942, als ein Sieg über die russischen Truppen in Stalingrad scheinbar bevorstand, ein Flugblatt unterschrieben, das die russischen Soldaten zum Überlaufen bewegen sollte und ihnen eine Freiwilligenarmee versprach, mit der er das stalinistische System beseitigen wollte. Bisher allein für Propagandazwecke gebraucht, schien für Wlassov im Sommer 1943 sein Ziel näherzurücken: eine russische Armee im Schulterschluß mit der Wehrmacht.

In den um Macht konkurrienderen militärischen und zivilen Dienststellen in den besetzten sowjetischen Gebieten waren zu dieser Zeit unter dem wachsenden militärischen Druck Denkschriften entstanden, wie weit gerade in der Ukraine die menschenverachtende repressive und nicht selten tödliche Besatzungspolitik geändert werden könne, um den Widerstand der Bevölkerung nicht weiter zu schüren und sie zugleich für die eigenen militärischen Ziele einzuspannen. Während Hitler diesen Überlegungen sehr schnell ein kategorisches Ende macht, tauchen zeitgleich sehr unterschiedliche Gerüchte dazu in den russischen Gefangenenlagern und unter der Bevölkerung in Deutschland auf. In den »Meldungen aus dem Reich« vom 25. Juni 1943 berichtet der SD aus Südwestdeutschland und den »Alpengauen«:

»Es steht vollkommen außer Frage, daß die militärische Entwicklung der letzten Monate für die gesamte Bevölkerung eine starke *Nervenbelastung* darstellt. Die Volksgenossen seien weit davon entfernt Stalingrad, Tunesien und den Luftkrieg als Schönheitsfehler anzusehen, sondern sind der Meinung, daß es sich um eine Häufung von Katastrophen schwerwiegenden Ausmaßes handelt. Der Ring um die ›Festung Europa‹ schließe sich immer enger und nehme an Gefährlichkeit zu ...

Soweit in der Bevölkerung noch Gespräche über die Ostfront geführt werden, sind sie meist an die vielfachen Urlaubererzählungen angelehnt, die gerne und meist vorbehaltlos geglaubt werden. Nachfolgend einige Beispiele: ›Von unserer Seite wird jetzt buchstäblich eine russische Armee gegen die Bolschewisten aufgestellt. Die Ursache des starken Zulaufs durch die Einheimischen ist die Rückgabe des Eigentums an diese.‹ – ›Ein russischer General hat sich dem Führer gegenüber verpflichtet, binnen zwei bis drei Monaten ein aus Russen bestehendes

Heer aufzustellen und diese Armee Stalin entgegenzuwerfen. Der deutsche Landser wird es bald nicht mehr nötig haben im Osten zu kämpfen und wird sehr bald den Endkampf gegen England aufnehmen können.‹«

Während Johann Scheins noch an den Austausch mit einer fiktiven russischen Freiwilligenarmee glaubt, hat das Schiff auf der Wolga Anker geworfen, eine zusätzliche Abteilung Wachsoldaten kommt an Bord, und die Gefangenen müssen bei verhängten Fenstern in ihren Kabinen bleiben. Nach langem Warten geht die Fahrt ohne Kontakt zur Außenwelt weiter und endet zwei Tage später am rechten Wolgaufer unterhalb der Stadt Volsk im Gefangenenlager 137. Von dort geht es aber nicht mit dem Zug nach Westen dem Austausch entgegen, sondern vor die im Freien stehenden Tische einiger Ärzte, die alle Dystrophiker ins Krankenhaus und weil sie dort kaum versorgt werden, in den meist sicheren Tod schicken. Die als arbeitsfähig Beurteilten dürfen zur anderen Seite wegtreten und kommen damit in das Arbeitslager einer großen Zementfabrik. Zu ihnen gehört auch Johann Scheins.

In deutschen Öfen vom Baujahr 1924 brennt er Zement, bis es Ende 1943 erneut heißt: Es geht nach Hause, es stünde ein Austausch mit dem Sohn von Josef Stalin* bevor, der sich in deutscher Kriegsgefangenschaft befindet. Die Güterwagen, in die je vierundsechzig Männer einsteigen müssen, haben einen kleinen Ofen und jedem Wagen ist eine bestimmte Menge Holz zugeteilt, das sich als wichtig erweist, denn die

* Jakob Dshugaschwili, der Sohn Stalins, ist zu diesem Zeitpunkt in Wirklichkeit bereits tot. 1941 in dtsch. Kriegsgefangenschaft geraten, hat er im April 1943 im KZ Sachsenhausen den Freitod gewählt.

Wochen währende Fahrt geht nicht nach Westen, sondern nach Osten durch das sibirische Flachland und dann durch die Berge entlang dem Amur bis an die Küste des Japanischen Meers in die Hafenstadt Wladiwostok. »Da lagen hunderte von amerikanischen und englischen Schiffen. Da gab's Blöcke von goldgelber Butter, vier Zentner schwer, wie ein Quadrat, mit ein paar Dachlatten und Draht rum. Das erste Mal hab ich Milchpulver gesehen, in Pappfässern. Da waren Flugzeuge, die Tragflächen abmontiert, da war Munition, da war alles. Und dann hieß es, ne, wir sind zu schlapp zum Ausladen. Die wollten uns da nicht haben. Wieder in den Waggon rein, wir wußten nicht, was uns passiert, viele waren auf der Fahrt schon kaputtgegangen.«

Zurück geht es an den Rand des Sibirischen Tieflands nach Nowosibirsk, wo man die Gefangenen nach einigen Wochen Arbeit im Bergwerk aber auch nicht mehr haben will. Während die Zahl der Toten wächst – die Gefangenen legen die Leichen bis zum nächsten Halt vor die Türen, um die eiskalte Zugluft abzuhalten – geht die Fahrt weiter nach Omsk, Tscheljabinsk und über den Ural, bis sie schließlich im Winter 1944 nach mehr als einem Jahr wieder die Wolga bei Saratow und ihren Ausgangspunkt, das Lager 137 bei Volsk, erreichen.

Eines der Außenlager, in dem in drei Schichten Eiche gehäckselt und zu Holzteer verkocht wird, ist Johann Scheins' nächste Station. Dort, wie wahrscheinlich überall in den Lagern, hat sich durch ein Dekret Moskaus die Situation der Gefangenen verbessert. Sie sollen am Leben bleiben und für den Wiederaufbau des Landes arbeiten. Die Toten, auch die aus den vergangenen Jahren, werden für die russische Kommandantur zur Gefahr und Johann Scheins muß zusammen mit anderen die nur oberflächlich verscharrten Leichen ausgraben, mit Schubkarren aus dem Lagergelände aufs freie Feld bringen und sie in tiefen Gruben verstecken.

Obwohl es nun mehr zu Essen gibt, bleibt für die Gefangenen neben der Ungewißheit, ob sie je nach Hause kommen, der ständige Hunger die größte Qual. Die chronische Unterernährung im Zusammenhang mit schwerer Arbeit ist noch immer die häufigste Todesursache. »Wir waren immer noch eine Clique: rette sich wer kann.« Und immer noch ist Johann Scheins derjenige, der die Offiziere »ausschimpft«. Jetzt sind es die russischen, die ihn dafür ins »Banditenlager« bringen.

Die nächsten Jahre verbringt Johann Scheins dort im Wechsel zwischen einer Kolchose, auf der er die Felder pflügt und der Zementfabrik. Im November 1946 wird die Fabrik mit der Roten Fahne ausgezeichnet und vom Arbeitsminister besucht: «Dicker roter Kopf, dicke rote Backen, ein großer Kerl und ich ging hin und sagte, ob ich ein Bild von mir, das sie da gemacht hatten, nach Haus schicken dürfte, ich hätte Mama und Papa und Geschwister, die nicht wüßten, wo ich wäre.« Sieben Tage später kommt in seinem Dorf bei Aachen eine Karte an, mit dem festgenähten Bild in der oberen linken Ecke, um zu verhindern, daß sich darunter eine Botschaft verbirgt. Vierundzwanzig Worte nicht von ihm selbst, sondern auf der russischen Kommandantur geschrieben berichten, daß es Johann Scheins gutgeht. Das fünfundzwanzigste Wort ist seine eigenhändige Unterschrift. Für Eltern und Geschwister ist die Karte das erste Lebenszeichen und das Ende der vier Jahre dauernden Ungewißheit.

Im November 1949 wird Johann Scheins entlassen und trifft Mitte Dezember auf dem Gebiet der DDR an der Grenze zwischen den beiden deutschen Staaten ein. Um die Gefangenen zu registrieren, bevor sie am nächsten Tag an der Grenze den Engländern übergeben werden sollen, bringt man sie in einer ehemaligen Schule unter. »Oben war eine Kantine und Musik. Mit ner alten Siebenliterkanne von der Wehrmacht ging ich Bier und Würste holen. In meiner Wattejacke hatte ich einen Fünfundzwanzigrubelschein eingenäht. Mit dem hab ich bezahlt, und da hat mich einer angezeigt. Wir durften ja kein Geld aus Rußland mitbringen. Ich wurde in ein Zimmer gebracht, wo man registriert wurde, und da lag der Schein auf dem Tisch. Das sei Sabotage, ich sollte warten. Als alle durch waren sagt der Otto Hoffmann: ›Hannes, die sind da hinten am Suchen nach dir.‹ Da bin ich in den Keller reingesaust, die ganze Nacht.

Am nächsten Morgen kam der Zug zur Grenze. Sie standen schon alle am Tor, immer zehn Mann beieinander, Holzköfferchen, und wurden abgezählt. Auf einmal kippt einer um, bleibt liegen. Das war ein Durcheinander, ich hab mein Köfferchen genommen und mich da reingestellt. Und als wir dann durchs Tor waren, da war plötzlich einer zuviel. Mich hatten sie ja nicht registriert. Ich bin vorn zur Lok: ›Wollt ihr Machorka*?‹ ›Jo.‹ ›Hört, wie ist die Lok, ich war auch Lokführer. Kann ich mitfahren?‹ ›Ja, komm mal rum.‹ Auf der Lok bin ich mit zur Grenze und hinten wurde der Zug durchsucht. An der Grenze bin ich raus, und da kam eine Frau mit Kind und Handwägelchen, die wollte die Köfferchen von uns tragen. Ich hab mein Köfferchen rein und das Wägelchen mitgezogen bis an die Grenze. Ich war am Gucken und denke, verdammt. Da war ne Schranke, wo wir durchmußten, und da stand ein russischer Offizier. Feiner Offizier, grüne Uniform, ein Arm ab, das war der Oberste da. Englische Sanitäter, die kamen und brachten erstmal die rüber, die nicht laufen konnten. Ich bin zu dem russischen Offizier und war wieder was näher an der Schranke. ›Ja‹, sag ich, ›mein Herr, da sind wir nun.‹ ›Ja‹, sagt er, ›hören's, wir haben viel verkehrt gemacht. Wir konnten euch kein Kotelett und keine Bratkartoffeln spendieren, aber wir hätten euch doch besser behan-

* Machorka (russ.): Tabak, Zigarette.

deln müssen.‹ Und dann ging er nach vorn gucken, und ich ging mit, acht, zehn Meter, hab mich mit ihm unterhalten. Und vorn, ich stand ja nicht auf der Liste, ein Satz und unter die Schranke durch. Hände kaputt, da war so Splitt und da bin ich durchgerutscht. Ich lag da, die Hände blutig, die Hose kaputt, und der Offizier kam gucken, bis an die Schranke. Aber er kam nicht rüber. Da standen die Engländer. Es gab ein bißchen Krach da, aber andere, die schon entlassen waren, die kamen und wußten ja was war.«

Im Auffanglager Friedland gibt es nach einem eiligen Begrüßungsritual für Johann Scheins eine neue Hose. Er wird von Offizieren des englischen Geheimdienstes verhört und ist erstaunt, daß sie über seine Division bis hinunter zu seiner Kompanie besser Bescheid wissen als er selbst. Am nächsten Tag aber liegt er mit einem Malariaanfall im Bett, bekommt Chinin und soll, obwohl er findet, daß es ihm bereits wieder viel besser geht, nach Göttingen ins Krankenhaus gebracht werden. Statt dessen nimmt er abends sein Holzköfferchen, geht zum rückwärtigen Teil des Lagers, wo an einer Stelle der Stacheldraht schon plattgetreten ist und macht sich in der Dunkelheit auf, den Bahnhof zu suchen, wo ein Zug des Roten Kreuzes mit Schwestern und Ärzten steht.

In der Morgendämmerung erreicht der Zug Gütersloh. »Da standen eine Menge Leute, die haben uns Äpfel und Brot gegeben, der Zug blieb da lange stehen, der mußte Güterzüge abwarten. Da waren auch welche, Frau, Kinder, Bruder, Schwester, Eltern, die suchten einen von uns, der hatte von Friedland aus ein Telegramm geschickt, aber wohl gedacht, die würden an ner anderen Station warten. Der Zug fährt ab, der sieht seine Schwester, läuft raus, Tür auf, will rausspringen und springt zwischen den Zug und den Bahnsteig. Einer zieht die Notbremse, aber der war schon ganz durchgemahlen. Wir haben alle geheult.«

In Langenfeld endet für Johann Scheins die Reise. Er wird in die zum Lazarett umfunktionierte Stadthalle gebracht, und nachdem ihn eine Rotkreuzschwester rasiert hat, nimmt er trotz des Fiebers erneut Reißaus und marschiert wieder mit seiner wattierten Russenjacke und dem Holzköfferchen in der Hand zum Bahnhof. Ohne Geld und ohne Fahrschein mogelt er sich, vorbei an dem Fahrkartenhäuschen, das damals noch jeden Bahnsteig absperrt, in den Zug, um dann schließlich, von der Bahnpolizei bereits als Schwarzfahrer angekündigt, in Aachen auf dem Bahnsteig zwei Beamten in die Hände zu laufen. Die lassen sich geduldig von ihm beschimpfen und laden ihn, als sie seine Geschichte begriffen haben, zu Kaffee und Selters in die Bahnhofskneipe ein. Nach einem Besuch bei einem Freund in Aachen erreicht er erst am Abend das Haus seiner Eltern und will, nach den Tränen der Überraschung und Freude, gleich wieder zurück nach Rußland, weil seine Schwester argwöhnt, daß es in seiner wattierten Jacke vor Läusen nur so wimmle.

Zu dem damals weitverbreiteten Vorurteil, man müsse nur genau hinsehen, um auf den zurückgekehrten russischen Kriegsgefangenen die Läuse hüpfen zu sehen, gesellt sich wenig später ein hartnäckigeres hinzu, das zudem den Beistand von Medizinern und Bürokraten genießt. Denn die Malaria, mit der Johann Scheins aus der Gefangenschaft zurückkommt, wird von den Ärzten, die ihn kurz nach seiner Rückkehr in der Bonner Universitätsklinik noch einmal wegen der Bauchverletzung operieren, bezweifelt. Unbeeindruckt von den immer wiederkehrenden schweren Fieberanfällen, dem Schüttelfrost und den Schweißausbrüchen, beharren sie darauf, daß es Symptome ohne körperliche Ursachen seien und ihr Patient mithin ein Simulant. Erst nach einem Jahr der Krankheit und zahlreichen quälenden Untersuchungen, die bis hin zu einer Punktion des Rückenmarks gehen, sehen sie sich genötigt, die seit Friedland bestehende Diagnose auf Malaria zu bestätigen. Was bei diesem Verhalten die ausschlaggebende Rolle spielt, ärztliche Ignoranz oder das Bewußtsein, daß mit der Diagnose auch Ansprüche auf eine Kriegsrente formuliert werden, läßt sich nicht mehr feststellen.

Die Malaria beschäftigt Johann Scheins in den folgenden Jahren aber nicht nur gesundheitlich, denn er kann sich mit der ihm zugesprochenen Rente von sechzehn Mark im Monat nicht abfinden. Nicht, weil es ihm zuerst ums Geld geht, das er gleichwohl dringend braucht, sondern weil er den Umgang mit seinen gesundheitlichen Problemen als »ehrabschneidend« empfindet. Er prozessiert sieben Jahre gegen den Bescheid, bleibt aber erfolglos, denn das Gericht entscheidet, er könne sich die Malaria auch vor dem Krieg als Tourist bei einem Auslandsaufenthalt geholt haben.

1951, er arbeitet wieder als Fernfahrer, bricht Johann Scheins beim Entladen zusammen und darf nun keinen Lastwagen mehr fahren. Noch einmal helfen ihm der Vater und dessen Interesse an verschlissenen Grubenpferden. Unter Tage sind sie längst verschwunden, aber die Erinnerung an sie teilt er mit einem Aachener Industriellen. Durch dessen Vermittlung kommt Johann Scheins als Chauffeur in die Kreisverwaltung, fährt dort den Landrat, ist wieder »Junge für alles« und kommt nicht nur im Kreis, sondern auch in Deutschland und halb Europa weit herum.

Um das junge Mädchen, das er nach seiner Heimkehr kennengelernt hat und ihn bei der ersten Begegnung so traurig und ernst angeschaut hat, daß er es nicht mehr vergessen kann, muß er lange werben, bisweilen dabei auch sein Temperament wie seine Lust an der Respektlosigkeit verstecken, und schließlich die Fürsprache der älteren Schwester des Mädchens in Anspruch nehmen, die etwas von der Ernsthaftigkeit in die Waagschale werfen kann, die ihm scheinbar fehlt. 1954 bekommt er dann doch das Jawort und läßt sich von Pater Rohm in Köln trauen. 1956 wird eine Tochter und 1959 ein Sohn geboren.

Nachdem er fünf Landräte und in ihren Diensten die doppelte Zahl von Limousinen »verschlissen« hat, wird er 1980 Rentner, beschäftigt sich mit Installationen als »Spezialist für Gas und Scheiße«, sammelt alte Geräte aus dem Handwerk und der Landwirtschaft und kümmert sich um den Garten, das dort angebaute Gemüse und Kleinvieh wie Hühner, Gänse und Enten.

Von der Politik hält Johann Scheins »auch heute noch nicht viel. Wie ich nach Haus kam, da saßen in den Behörden noch immer die alten Nazis. Die hatten alle nu den anderen Rock an und haben wieder viel rumkommandiert. Ich hab nen Oberkreisdirektor gefragt, den hatten die Nazis zum Teufel gejagt, wie das kommt. ›Ja, hören Sie, Herr Scheins, das sind Fachkräfte. Wer soll die Verwaltung führen, wir brauchen die Leute, die müssen wir haben.‹« Mit dieser pragmatischen Auskunft über das Ausbleiben eines Elitetauschs, der nicht wenige Kritiker der Bundesrepublik bis in die siebziger Jahre hinein beschäftigt, hat sich Johann Scheins bis heute nicht abfinden können. Nicht, wie damals geklagt wird, wegen eines verpaßten »Neubeginns von Grund auf«, sondern weil ihn dieser Vorgang bis heute darin zu bestätigen scheint, daß die Politik »eine Hur ist. Ich hab deshalb immer die Person gewählt, nie die Partei. Ich hab Politiker gewählt, die noch ein bißchen Charakter haben.«

Aus dem russischen Lager hat er trotz strikten Verbots einhundertundacht Adressen von den Gefangenen herausgeschmuggelt, die dort in seiner unmittelbaren Umgebung gestorben sind. Kurz nach seiner Rückkehr hat er sie dem Roten Kreuz übergeben, bei dessen Suchdienst die Informationen über vermißte Soldaten und Zivilisten zusammenlaufen. Hunderttausende sind in den Nachkriegsjahren auf der Suche nach ihren Angehörigen und für einige von ihnen wird Johann Scheins, dessen Adresse ihnen das Rote Kreuz vermittelt hat, zur letzten Station auf einem häufig langen Weg, der ihnen Gewißheit bringen soll. Für die Menschen, denen Johann Scheins dabei begegnet, bedeutet Gewißheit nicht allein, nun doch vom Tod des Vermißten zu hören, sondern auch etwas über dessen Umstände und über das Leben zu erfahren, das der Mann, der Sohn, der Bruder im Lager geführt haben. Die Fragen und Antworten sollen Erlösung aus der jahrelangen Ungewiß-heit bringen und zugleich nicht jeden Trost verwehren. Ein Balanceakt aus Direktheit und Vorsicht nicht nur für Johann Scheins. Fast immer jedoch gelingt er und führt zu langjährigen Kontakten, in denen sich die Angehörigen an ihre Toten und Johann Scheins sich an seine Erfahrungen in Krieg und Gefangenschaft erinnern kann und dafür aufmerksame und interessierte Zuhörer findet, die es sonst für ihn nicht gibt.

Mit seinem Bedürfnis über den Krieg und die Gefangenschaft, über das Töten und das Sterben, über die Hoffnungslosigkeit und den Verrat alles Menschlichen, über den Hunger und die Verzweiflung zu sprechen, stößt er immer wieder auf Ablehnung und ungläubiges Staunen. Deswegen habe er sich aber nie geschämt zu sprechen, auch wenn er eines Tages habe einsehen müssen, »daß mir keiner glaubt. Die sagen, der muß nach Gangelt, in die Beklopptenanstalt. Du darfst alles essen, aber nicht alles sagen, dann heißt's, du bist bekloppt.« Und als sich nach zwei Jahren der Gespräche abzeichnet, daß sich das Erscheinen des Buches verzögern wird, zeigt sich, daß auch das Zuhören über eine lange Zeit seine Skepsis nicht hat besänftigen können. Am Bahnhof entläßt er mich am Ende eines unserer letzten Zusammentreffen mit dem Satz: »Die Wahrheit wird doch nicht geschrieben und ich glaub heut noch nicht, daß Sie das, was ich erzählt hab, wirklich schreiben und daß es verlegt wird.«

Die aufgeschriebene »Wahrheit« bedeutet für Johann Scheins Genugtuung nach langer Zeit. Nicht, weil es für ihn die allgemeingültige Wahrheit des Krieges wäre, sondern allein seine, die neun Jahre seines Lebens bedeutet, die der Schrecken losgelöst hat von den anderen Jahren, denen der Kindheit und Jugend und denen des Danach. Zuerst haben Krieg und Gefangenschaft diese Jahre isoliert und dann in einer anderen, aber offenbar ähnlich schmerzhaften Weise noch einmal das Land, in das er zurückgekehrt ist, und das sich weigert, seine Erinnerungen mit ihm zu teilen und ihn allein läßt. Auch mit den Fragen nach dem Warum, die er sich bis heute stellt.

»Ich hab viel gebetet. Ich bete heute noch viel. Für mich allein! Im Krieg und in der Gefangenschaft hab ich gebetet, daß wir nach Hause kommen, daß der Herrgott den Menschen mal helfen soll, daß sie Einsicht kriegen, und ob er bekloppt wäre, daß er dem allen zuguckt. Warum wir so viele Sprachen hätten, daß wir uns gegenseitig nicht verständigen können. Wenn wir uns besser verständigen könnten, dann wäre kein Krieg. In der Ukraine, da war ne schwere Schlacht gewesen. Wir waren zurück mit den Panzern im Wald, da kamen sie auf einmal mit der weißen Fahne. Parlamentarier. Es hieß aufhören mit Schießen, die Toten müssen wegkommen. Da hielten alle ein. Da gingen wir hin in das Schlachtfeld zwischen uns, Tote, Tote, Verwundete. Da lagen Deutsche und Russen. Da lag einer auf der Seite, den ganzen Arsch weggeschossen, alles weg. Ein Russe. Der sagt was, hat Angst. Ich guck so und denke, was hat er denn in der Hand, die Sonne schien drauf. Da hatte er ein Bild in Postkartengröße, Frau mit vier Kindern. Ich sag Papuschka, ob das seine Frau wäre, Malinkis, seine Kinder. Er nickt und zwischen den Händen hat er einen Rosenkranz gehabt. Ich greife in meine Tasche und nehme meinen Rosenkranz raus und zeig ihm den. Da fing der Mann an zu lachen, weil ich auch ein Christ war. Ich werde das nie vergessen.

Wer gab uns das Recht, den Mann kaputtzuschießen? In Lemberg, in Krakau, in Ostpreußen, in Münster, überall haben sie die Glocken geläutet und laß uns bitten, daß unser Land nicht vernichtet wird. In Holland über die Grenze haben sie dasselbe gebetet, in Belgien auch. Wo war denn der Feind? Wir waren doch Christen. Warum hat sich das Christentum daran beteiligt? Das war nicht das Christentum, wie ich's mal gelernt hab. Darauf haben die bis heute noch keine Antwort gegeben.«

JAKOB VOGT

Jakob Vogt ist drei Jahre alt, als im August 1914 das deutsche Kaiserreich die Truppen für den Krieg mobilisiert und seinen Vater zum Sanitätsdienst einzieht. Bewahrt in der Erinnerung hat er dessen Rückkehr 1918 nach Stuttgart und das Bild der durch die Stadt ziehenden Soldaten, die auf den Siebenjährigen nicht den Eindruck von »Geschlagenen« gemacht haben.

Vielleicht ist es die Strenge seiner religiösen Erziehung und das für Kinder nicht leicht zu ertragende Gefühl, anders sein zu müssen als ihre Umgebung. Vielleicht ist es auch das sich in seiner Erzählung erst sehr viel später zeigende Unbehagen an der Religion, oder vielleicht gibt es auch einen ganz anderen Grund, der ihn daran hindert, kaum etwas über seine Jugend und sein Elternhaus preiszugeben. Sein Vater, er sei unpolitisch gewesen, ist Mitglied der Brüdergemeine, eine aus der Sicht der lutherischen Kirche abtrünnige Religionsgemeinschaft, die aus dem Pietismus kommt. Bruderliebe, eine persönliche Bindung an Gott und die Bestimmung zum Dienen und zur weltweiten Mission haben bis heute die Brüdergemeine lebendig und zugleich das Mißtrauen der Kirche wachgehalten.

Jakob Vogt ist ein Einzelkind. Nach seiner Geburt hat die Mutter ihren Beruf als Postangestellte aufgegeben und ist zu Hause geblieben, während der Vater als Leiter eines Jugendheims der Brüdergemeine in Stuttgart arbeitet. In dieser Welt soll der Sohn offenbar weiter hinaus als der Vater. Er soll Theologe werden, aber er weigert sich. Ob daraus ein anhaltender Konflikt mit dem Vater wird, bleibt unerwähnt, doch Jakob Vogt erzählt, daß er schon während seiner Schulzeit im Gymnasium als Hilfskraft im Krankenhaus arbeitet und eine enge Beziehung zum Hausarzt der Familie unterhält, der wahrscheinlich seine Interessen gefördert hat.

1930 beginnt Jakob Vogt sein Medizinstudium in Tübingen. Als Schüler schon Mitglied des Christlichen Vereins Junger Männer, tritt er nun dem Wingolf bei, einer religiös orientierten Studentenvereinigung, deren Name aus der nordischen Mythologie kommt und den Saal bezeichnet, in dem sich vor dem Gott Odin die Auserwählten versammeln. 1933 wird der Wingolf gleichgeschaltet und von der Studenten-SA übernommen. Der Sturmführer und Kommilitone, dem Jakob Vogt nun zwangsläufig unterstellt ist, entpuppt sich als äußerst unangenehmer Zeitgenosse. Ihn reizt nicht nur dessen Religiosität und der Taufname Jakob, sondern auch dessen scheinbar elitäres religiöses Selbstbewußtsein zu immer neuen, immer heftigeren Attacken, bis Jakob Vogt sich wehrt und es zu einer lautstarken Auseinandersetzung vor interessiertem Publikum kommt. In der, so muß man vermuten, gibt der Sturmführer kein überzeugendes Bild ab, denn Jakob Vogt erhält postwendend eine Vorladung beim Sturmbannführer und Vorgesetzten seines Peinigers. »Weich der Sache aus«, hört er überrascht moderat klingende Töne, »und mach dich für eine Weile unsichtbar, studiere ein, zwei Semester im Ausland.«

Mit Hilfe einer Angestellten des italienischen Konsulats eignet sich Jakob Vogt die Grundkenntnisse des Italienischen an und geht Wochen darauf an die Universität von Bologna. Als Student und Ausländer lebt er am Rand der italienischen Gesellschaft, trifft aber auf Wohlwollen, lernt die Sprache der

Medizin durch Übersetzungen von Fachartikeln aus dem Italienischen ins Deutsche, und reist, wenn ihm Zeit und Geld dafür bleiben, durchs Land – ein Kunstsuchender zwischen Oberitalien und Rom, zwischen italienischer Hochrenaissance, Barock und Futurismus, der in Deutschland längst zur »entarteten Kunst« zählt.

Nach zwei Semestern kehrt er zurück nach Deutschland und erhält für das Frühjahrssemester 1935 in Berlin einen Studienplatz. Er fühlt sich verloren, die Größe der Stadt, die Ruhelosigkeit ihrer Menschen sind ihm fremd, und er sehnt sich nach dem »italienischen Schlendrian«. Schon kurze Zeit später ist Jakob Vogt in Königsberg, bleibt dort ein Semester und geht dann zurück in den Süden Deutschlands, nach München.

1936 macht er sein Staatsexamen, wird Assistent an einem Krankenhaus in seiner Heimatstadt Stuttgart, beginnt die Fachausbildung als Internist und heiratet 1938 seine langjährige Freundin. Bis auf die Weigerung, Theologe zu werden und dem Vater in dessen Welt zu folgen sowie die Flucht nach Italien, die für ihn zum Gewinn wird, erscheinen Kindheit, Jugend und Studium von einer von den unruhigen politischen Verhältnissen unberührten Normalität.

Die Medizin hat ihm die Menschen, ihre Leiden und Hoffnungen, nicht aber die Politik und die Gesellschaft nähergebracht, deren autoritärer Gemeinschaftssinn so wenig widerspiegelt von der individuellen Beziehung zwischen Arzt und Patient. Mit der »Revolution der deutschen Medizin« ist die Verantwortung des Mediziners für den »Volkskörper« über das gesundheitliche Schicksal des einzelnen gestellt worden. Eine Idee, die nicht aus dem ideologischen Repertoire des Nationalsozialismus stammt, sondern schon seit dem Sozialdarwinismus des 19. Jahrhunderts ihre Verfechter hat, die nun unter den Schlagworten »Aufartung der nordischen Rasse« und »Ausmerze von Artfremden und Schwachen« den

Ton angeben und in Bereichen wie den Euthanasieanstalten und Psychiatrischen Kliniken auch die Praxis bestimmen. Einer von Hitlers favorisierten Ärzten, der SS-Hauptsturmführer Karl Brandt, dem Jakob Vogt im Kessel von Stalingrad begegnen wird, bringt es nach 1945 vor dem Nürnberger Ärzteprozeß, wo er als Leiter der Euthanasieaktion T4 und der Menschenversuche in den Konzentrationslagern angeklagt ist, auf den Punkt: »Ich glaube nicht, daß der Arzt als solcher von seiner ärztlichen Ethik oder seinem moralischem Empfinden aus einen solchen Versuch durchführen könnte oder würde.« Erst wenn der Arzt sich zum Instrument des Staates macht, »wird dieser einzelne Mensch völlig benutzt im Interesse der Gemeinschaft.«

Während die Ausgegrenzten und Verfolgten des Dritten Reichs auch Opfer einer gewalttätigen Medizin werden, zeigt sich schon vor dem Krieg für die als »artgerecht« geltenden Volksgenossen, daß die Gesundheitspolitik der Nationalsozialisten ihren Aufgaben nicht mehr gewachsen ist. Seit dem 25. Juli 1938 gilt ein allgemeines Berufsverbot für Ärzte jüdischen Glaubens, das bereits erhebliche Lücken reißt. Mit Beginn des Krieges, dreizehn Monate später, wird durch die Einberufung vieler Mediziner der Mangel chronisch und greift durch die Erweiterung des Krieges mit dem Angriff auf die Sowjetunion immer weiter um sich. Am 2. Oktober 1941 heißt es schließlich in den »Meldungen aus dem Reich«:

> »Die augenblickliche *Lage in der ärztlichen Versorgung* der Bevölkerung wird in zahlreichen Berichten (Frankfurt, Stuttgart, Weimar, Dessau, Stettin, Kiel, Danzig, Posen, Breslau, Reichenberg u. a.) als *sehr ernst bezeichnet.* Aus diesen Gebieten werden Klagen über die *ungenügende Versorgung mit Ärzten* und über die *Überlastung der vorhandenen*, meist älteren *Ärzte* laut. In vielen Orten könne von einer ausreichenden Versorgung

der Zivilbevölkerung durch die Ärzte nicht mehr gesprochen werden. So sei es in zahlreichen Fällen keine Seltenheit mehr, daß die Patienten bereits Stunden vor der Sprechstunde erschienen und auf der Straße und in Treppenhäusern warten müßten...
Wenn sich auch die Bevölkerung in weitgehendem Maße mit der geringen Zahl von Ärzten als einer kriegsbedingten, unabänderlichen Tatsache abzufinden versucht, so macht sich doch immer wieder bemerkbar, daß *das Vertrauen zu den Ärzten schwindet*. Dies liegt vor allem daran, daß sich jeder darüber klar sei, daß die jetzige Form der »Behandlung« eben nur eine Massenabfertigung sein könne...«

Jakob Vogts wachsendes Gefühl der Fremdheit schafft eine große Distanz, aber keine unmittelbare Kritik am Regime, das nach seiner Rückkehr aus Italien seinen eingeschlagenen Weg nicht weiter behindert hat. Das ändert sich drei Tage vor dem 1. September 1939, als er in der Post einen Gestellungsbefehl findet, der ihn als Internist nach Baden-Baden in die Innere Abteilung eines Militärlazaretts bringt.

Der von Deutschland begonnene Krieg entsetzt ihn, und er hat das Gefühl, daß er »wie ein Berg« vor ihm liegt, etwas riesiges von nicht überschaubarer Gestalt, dem er nicht ausweichen kann. In dieser Stimmung erlebt Jakob Vogt die ersten Verwundeten, die aus Polen kommen, zuvor schon in anderen Lazaretten behandelt worden sind und in Baden-Baden rehabilitiert werden sollen. Über den Krieg wird nicht gesprochen, weder von den Verwundeten, die sich verschlossen zeigen, noch von den Ärzten, die nicht nach dem Hergang der Verletzung, sondern nach ihrer Therapie fragen und die Soldaten behandeln wie andere Patienten in anderen Krankenhäusern auch.

Im Spätsommer 1940 kommt Jakob Vogt in den besetzten Teil Frankreichs, wo zwei neue Sanitätskompanien für die 305. Infanteriedivision aufgebaut werden, die eine motorisiert und die andere, zu der Jakob Vogt gehören wird, bespannt, also auf Pferde angewiesen. Ein Chefarzt, vier Ärzte – drei Chirurgen und ein Internist –, ein Zahnarzt, ein Apotheker und ungefähr einhundert alle in ihrem Fach ausgebildeten Sanitäter gehören zum medizinischen Personal einer Kompanie. Die Ärzte sind Anfang dreißig, die Sanitäter und Soldaten gut zehn Jahre jünger zwischen zwanzig und zweiundzwanzig Jahren. Im August 1941 wird die Kompanie verladen und nach Rußland transportiert.

Drei Wochen nach dem Angriff auf die Sowjetunion war in den »Meldungen aus dem Reich« festgestellt worden, daß die Sondermeldungen der zu einer ständigen Reichssendung zusammengeschalteten Rundfunksender »mit ruhiger Freude und Zuversicht aufgenommen« würden.

Die jüngste, wie alle anderen von hochgemuten Fanfarenklängen eingeleitete Sondermeldung, in der von einem Durchbruch deutscher Truppen durch die sogenannte Stalin-Linie berichtet worden war, zeige »erneut, daß militärische Erfolge auch allergrößten Ausmaßes nicht mehr wie vor einem Jahr im Westen als Sensation auf die Bevölkerung wirken, sondern mit gelassenem Stolz auf die Genialität der deutschen Führung, die Kampfkraft der Wehrmacht und den Kampfeswert des einzelnen deutschen Soldaten aufgenommen werden. Viele Volksgenossen wollen wissen, daß noch immer mit der Bekanntgabe des militärischen Fortschritts gewartet werde.

Dabei stützen sie sich auf Erzählungen von Soldaten, die angeblich von der Ostfront zurückgekehrt sind und behaupten, daß deutsche Truppen sowohl in Kiew als auch in Petersburg und bereits zwanzig Kilometer vor Moskau stünden und ferner auf zahlreiche ähnlich lautende Gerüchte.«

Kaum acht Wochen später, als für Jakob Vogt der Einsatz in Rußland beginnt, hat sich die Stimmung an der »Heimatfront« geändert und wird im gesamten weiteren Verlauf des Krieges immer seltener zum »gelassenen Stolz auf die Genialität der deutschen Führung« zurückkehren.

»Die Sondermeldung über den Vorstoß der deutschen Truppen auf Schlüsselburg«, berichten die »Meldungen aus dem Reich« vom 11. September 1941, »und die damit vollzogene Abschließung Leningrads von allen Landverbindungen hat das allgemeine Interesse am *Kriegsgeschehen im Osten* erneut belebt. Eine grundlegende Veränderung in der Einstellung der Bevölkerung hat aber nach vorliegenden Meldungen auch dieser Erfolg nicht auszuüben vermocht. Viele Volksgenossen bringen zum Ausdruck, daß mit Ausnahme dieses Vorstoßes im Norden die übrige Frontlinie nach den bisherigen Nachrichten seit Wochen nahezu unverändert sei. Die ›immer bescheidener werdenden Gefangenenzahlen und Beutemeldungen‹, ferner das Fehlen von ›Nachrichten über Raumgewinn‹ ließen darauf schließen, daß an allen Frontabschnitten heftige Kämpfe im Gange seien...

Starke Beachtung fanden Gerüchte über angeblich *zahlreiche Einberufungen* der letzten Zeit. Die Einziehung älterer Jahrgänge und von bedingt tauglichen Männern wurde vielfach dahin ausgelegt, daß es schlecht aussehen müsse, wenn die Wehrmacht bereits auf das ›letzte Aufgebot‹ zurückgreife. Ein anderer Teil der Bevölkerung bringt die neuen Einberufungen mit beträchtlichen deutschen *Verlusten* in Zusammenhang, die eine Auffüllung der zum Einsatz gekommenen Truppen-Einheiten erforderlich machen würden.

Die *Feldpostbriefe* von der Front in die Heimat tragen mehreren Meldungen zufolge in letzter Zeit vielfach zur

Stimmungsbeeinträchtigung der Bevölkerung bei. Während zu Beginn des Ostfeldzuges äußerst optimistische Nachrichten in die Heimat gelangten und größte Verbreitung fanden, muß seit einiger Zeit die Wahrnehmung gemacht werden, daß Soldaten von ›zunehmenden Schwierigkeiten in der Verpflegung‹, von ›unvorstellbaren großen Reserven der sowjetischen Armee an Menschen und Material‹ und ›der Aussichtslosigkeit einer Entscheidung in absehbarer Zeit‹ berichten. Meldungen dieser Art verbreiten sich in Windeseile und tragen nicht unerheblich zur Vertiefung der ungewissen Vorstellung der Bevölkerung über den Verlauf des Feldzuges im Osten bei.«

»Am schlimmsten waren die Verletzungen durch die Stalinorgel, die haben wir am meisten gefürchtet. Ein Durchschuß von der Gewehrkugel ist glatt, ein Metallsplitter von einer Granate reißt Fetzen. Wir waren ein Hauptverbandsplatz, kein Übernachtungsinstitut, und die ärztliche Versorgung war genormt. Wenn einer einen glatten Durchschuß und einen Verband hatte, wurde er von uns nur weiterverfrachtet. Ich ging jede Stunde durch die bei einem schweren Angriff sich immer wieder neu füllenden Reihen der Verwundeten, um zu unterscheiden: Wen mußten wir sofort drannehmen und wo hatte es noch Zeit. Ein Hirnverletzter, der zwar furchtbar aussah, mußte bis abends auf den Abtransport warten. Mit dem, was auf dem Hauptverbandsplatz vorhanden war, konnte man ihm nicht sehr viel helfen. Er kam weit nach hinten und wurde dort operiert. War da aber einer mit einem

Bauchschuß, den mußte ich sofort rausnehmen und als nächsten auf den Operationstisch bringen oder sogar eine laufende Operation unterbrechen, denn bei Bauchschüssen dringen Erde und Fetzen der Kleidung mit den Splittern in den Bauchraum. Die Infektionsgefahr ist sehr groß. Penicillin gab es noch nicht. Man mußte alles tun, was man ohne Medikamente tun konnte: die Wunde ausräumen, nachoperieren. Und Bauchverletzungen waren häufig, denn von vorn gesehen ist der Bauchraum die größte Fläche, der fängt am meisten auf. Jemand mit einem Durchschuß am Bein, der nicht blutete, den konnte man lassen, aber war eine Arterie durchschossen, mußte operiert werden. Das spielte eine große Rolle.

Für die große Operationstätigkeit waren wir nicht da. Einige Kilometer weiter vorn hatte der Truppenarzt erste Hilfe geleistet und den Verwundeten einen Verband angelegt. Wir machten den Verband ab, schauten, ob wir die Verwundung sanieren konnten, und dann kamen die Verletzten sofort weiter, manchmal zehn, manchmal zwanzig Kilometer auf Pferdefuhrwerken nach hinten zur nächsten Verladestation. Wie weit, das hing davon ab, wo es Wasser gab. Wasser braucht man überall, wo medizinische Hilfe geleistet werden soll.

Uns wurde gesagt: Um die und die Uhrzeit beginnt die Truppe den Angriff. Dann mußten wir aufnahmefähig sein. Die andere Sanitätskompanie stand abfahrbereit da. Wenn wir mit Verwundeten volliefen, mußten sie über uns hinweg der Truppe schon gefolgt und einsatzbereit sein. Ich habe dabei viel, sehr viel Elend gesehen. Um damit fertigzuwerden, um weiterarbeiten zu können, versucht man, dieses Elend von sich fernzuhalten. Das gelingt nur zum Teil.

Manchmal hatten wir auch Russen zur Versorgung. Erst wurden unsere Leute versorgt und dann die Russen. Gelegentlich haben wir die Russen auch ausgetauscht. Wenn die Russen laufen gingen, dann blieben die Kabel ihrer Telefone liegen. Hatten wir zu viele Russen da, für die wir keine Verpflegung kriegten, dann nahm der Divisionsarzt Kontakt auf. Wo das Kabel eben hinging. Hatte er auf der anderen Seite einen russischen Arzt erwischt, die sprachen fast alle Deutsch, sagte er: ›Wir haben dreißig Leute da, wir können sie nicht abtransportieren. Holt sie ab.‹ Unbewaffnete russische Soldaten kamen dann und holten ihre Verwundeten und wir bekamen im Austausch ein paar eigene Leute. Das ging auch später noch, als den russischen Ärzten verboten worden war, mit uns zu sprechen.

Am Anfang klappte die medizinische Versorgung. Je näher wir aber an den Don kamen, um so schlechter wurde sie. Noch bevor wir den Fluß erreicht hatten, mußten wir die Hälfte unserer Ausrüstung vergraben. Es gab nicht mehr genug Zugpferde, Wagen und Leute. Benzin gab es auch nicht. In der ganzen Division, aber auch in anderen Divisionen wurde das Benzin aus den Fahrzeugen geholt und auf wenige Zugmaschinen verteilt. Es fehlte an allem und auch die Verpflegung wurde auf die Hälfte herabgesetzt.

Am Don mußten wir warten, die Brücken waren zerstört. Zwei Wochen lagen wir vor dem Fluß. Geräte wurden geputzt, die Kisten, in denen unser Material lag, neu gepackt. Manchmal schoß die russische Artillerie.

Auf der anderen Seite war dann auch nicht viel los. Wir wußten, daß Stalingrad erobert werden sollte. Warum, was für Pläne damit verbunden waren, davon wußten wir kaum etwas.

Es gab einen Befehl, sich aus dem Land zu ernähren. Aber es gibt kaum Landwirtschaft zwischen Don und Wolga. Und kam man zu einer Kolchose, war sie leer. Wir konnten uns nicht aus dem Land ernähren, aber wir waren bespannt. Wir haben langsam die Pferde aufgefressen, schon lange, bevor wir Stalingrad erreichten. Motorisierte Einheiten hatten es viel schwerer, bei ihnen blieb der Kochtopf leer.

In der Steppe gab es kaum Wasser. Selten ein Tümpel und wenn, war er verschmutzt. Die Leute bekamen also Fieberanfälle und Durchfälle. Wenn man merkte, es gab sich wieder in ein, zwei Tagen, war's gut, sonst mußten sie zurückgebracht werden. Fleckfieber kam erst im Winter auf, als man die Häuser und Läuse nicht mehr meiden konnte. Aber auch jetzt waren die Ausfälle, nicht durch Verwundungen, sondern durch Krankheiten verursacht, schon groß. Es gab auch Tote, aber die Kranken waren in der Regel nach vier Wochen wieder auf den Beinen.

Auf dem ganzen Vormarsch sahen die Soldaten in den russischen Soldaten den Feind, der sie totschoß. Man war in Abwehr. Der Bevölkerung gegenüber war man distanziert. Ich hatte mit ihr nur zu tun, wenn ich jemanden suchte, der meine Hemden wusch. Waren wir in einem Dorf, dann kamen die Frauen und wollten Tabletten haben. Und die Tabletten hab ich dann gegen das Waschen meiner Hemden getauscht.

Man glaubte zuerst nicht, daß die deutsche Propaganda einen aufhetzte. Was die Leute von den Russen hielten, war häufig von der Propaganda beeinflußt, und es gab den Kommissarbefehl. Bei unserer Truppe wurden die Kommissare sofort ausgesondert. Aber dann kam man in die Dörfer und sah, wie die Russen, die von der Propaganda als Untermenschen geschildert wurden, lebten. Selten war ja alle geflohen. Der Bürgermeister, der Politische Kommissar und die jungen Leute waren fort. Die anderen waren geblieben und dann sah man: die sind ja wie unsere Bauern, die sind wie wir auch.

Die Leute in meiner Kompanie, die waren groß geworden zwischen den Kriegen. Da gab es ein Gemisch aus Vaterländischen Verbänden, Schützenvereinen, dem Stahlhelm und der Hitlerjugend. Daraus kamen sie und daraus ist der Nationalsozialismus aufgeblüht. Es war ein jahrelanger Prozeß, der in den Leuten vorausgegangen war. Und die ganz Jungen, die aus der HJ kamen, die tönten wie die Nationalsozialisten, aber denen haben sie den Mund schon auf dem Vormarsch auf Stalingrad gestopft. Schon vor dem Don war vom Nationalsozialismus kaum noch etwas zu sehen und zu hören, auch kein SS-Mann. Die Leute sagten sich, wir sind Landser, Gott hat uns verdammt dazu, und jetzt müssen wir gucken, daß wir heil heimkommen.

Im August gab's extreme Wetterverhältnisse. Von Trockenheit zu sturzbachartigen Regenfällen. Dann war die Piste nicht mehr da, plötzlich weg und alles aufgeweicht. Die Pferde schafften es nicht mehr. Wir schoben unsere Karren selber oder baten vorbeifahrende Panzer, uns ein Stück durch die aufgeweichte Steppe zu helfen. Es ging dann nur noch langsam voran. Bei gutem Wetter aber haben wir einmal sechzig Kilometer an einem Tag geschafft. Das ist für eine bespannte Einheit sehr viel.

Parallel zu uns sah man in der Ferne manchmal eine andere Einheit über die Steppe ziehen. Als einmal eine solche neben uns ziehende Einheit vor uns an ein Wasserloch kam, stellte sich raus, daß es Russen waren. Es war schwer zu erkennen, wer da neben dir zog. Wir trugen ja auch russische Beuteuniformen. Wenn die eigene Hose kaputt war, dann zog man sie einem toten Russen aus. Das war nichts Besonderes. Und die Russen machten es nicht anders. Wir waren auf dem Vormarsch, die Russen neben uns auf dem Rückmarsch. Und waren sie vor uns in einem Dorf an der Wasserstelle, dann wartete man eben, bis sie raus waren und dann gingen wir hin.

Die Dörfer und Wassertümpel in der Steppe waren so dreißig, vierzig Kilometer auseinander. Das Wasser war dreckig und wir mußten unsere Desinfektionsanlage, die zu klein war, ständig laufenlassen. Zum dreckigen Wasser gehörten die Fliegen. Wenn man essen wollte, war sofort alles schwarz von Fliegen, es war eine furchtbare Plage. Wir waren machtlos. Und diese Plage blieb uns erhalten, wenn wir weiterzogen, die Fliegen folgten den Pferden. Sie oder die Läuse übertrugen wahrscheinlich das Wolhynische Fieber, das war etwas Teuflisches. Die Leute kriegten Gelenkschmerzen, in den Knien, in den Beinen und die Nieren wurden angegriffen. Ein Mittel dagegen hatten wir nicht.

In den Unterkünften haben wir einen Graben mit dem Spaten gemacht und gesagt, das ist die Latrine. Aus. Kleider wechseln für die Infanteristen gab's nicht. Wenn's gut ging, hatte man eine zweite Unterhose. Man mußte ja alles schleppen. Kam man in ein Dorf, dann versuchte man eine Frau zu finden, die einem für Eßbares das Hemd wusch. Bis es wieder trocken war lief man eben ohne rum.

Weil unsere Pferde langsam in den Kochtopf wanderten, wurden sie, wenn es ging, durch Ochsen und Kamele ersetzt. Die ungarische Armee aber setzte Juden als Zugtiere ein. Juden, die in Ungarn festgenommen worden waren, und die sie in die Kalmückensteppe gebracht hatten. Dort sah ich, wie sie die Karren und Fuhrwerke ziehen mußten. Sechzehn Mann zogen ein Fuhrwerk. Es war zum Erbarmen. Später bin ich diesen Menschen in der Gefangenschaft wiederbegegnet. Sie kamen in unser Lager und dachten, daß sie nun bei den Russen im gelobten Land seien. Von dort würde man sie wie Freunde nach Hause schicken, denn russische Juden waren die Lagerkommandanten und Ärzte. Die Russen sagten aber: ›Nein, nein. Ihr seid beim Gegner gewesen. Ihr bleibt als Gefangene hier.‹ Das war sehr schwer für sie. Es waren fast alles Intellektuelle, und sie konnten sich auf die Situation kaum einstellen.

Stalingrad sah ich Ende September 1942 zum ersten Mal. Die Fabriken und Wohnhäuser waren beschädigt, aber noch nicht total zerstört. Wir haben unseren Verbandsplatz, wenn es ging, in Kirchen eingerichtet, dort konnten wir die Verwundeten und Kranken unterbringen.

Unseren ersten Platz hatten wir in der Kirche von Gorodistsche, einem Vorort ungefähr zehn Kilometer vom Zentrum der Stadt entfernt. In der Sakristei war der Operationsraum und im Kirchenschiff haben wir die Verwundeten gelagert. Die Front war nicht weit entfernt und ab und zu wurden wir auch beschossen. Die Russen hatten im allgemeinen aber Respekt vor dem Roten Kreuz. Es war ein tragischer Unfall, wenn ein Lazarett unter Beschuß geriet, und man versuchte daher dort, wo man war, so lange wie möglich zu bleiben. Das hatte auch mit der wachsenden Zerstörung zu tun, denn als die Stadt mehr und mehr zu einem einzigen Trümmerhaufen wurde, fand man keine Plätze mehr, wo man hinkonnte.

Von Anfang 1942 bis in den Oktober hinein hatte es unter den Sanitätsoffizieren einen Verschleiß gegeben, der über hundert Prozent lag. Von denen, die krank oder verwundet waren, kamen viele zurück nach Deutschland und wurden dann häufig nicht noch einmal zurückgeschickt. Andere kamen, wie ein Arzt, der vorher in Norwegen gewesen war. Der fand sich so wenig zurecht, daß er auf seltsame Weise verschwand und dann plötzlich weit hinter der Front wieder auftauchte. Es gab nur noch ganz wenige Ärzte, die seit dem Abmarsch dabei waren.

Schon im Oktober, ein oder zwei Wochen, nachdem wir Stalingrad erreicht hatten, ging auf unserem Hauptverbandsplatz in Gorodistsche plötzlich etwas vor sich, was wir nie zuvor erlebt hatten. Wir bekamen Leute mit leichten Verwundungen, die wir versorgten und dann in unserer Kirche hinlegten. Am nächsten Morgen, wenn nach ihnen geschaut wurde, waren sie tot. Solche Fälle hatte es zuvor nicht gegeben. Am Anfang haben wir zu wenig darauf geachtet. Erst, als sich die Todesfälle mehrten, fragten wir uns, was da passiert. Eine medizinische Erklärung hatten wir aber nicht. Wir sahen, daß die Leute abgemagert waren, aber wir haben nicht erkannt, daß sie, verstärkt durch ihre Vorerkrankungen wie Malaria, Durchfallerkrankungen und im Winter dann auch Typhus, vor dem Hungertod standen. Wurden sie dann auch nur leicht verletzt, brach der letzte Widerstand zusammen und sie starben.

Diese Fälle häuften sich und es starben nun auch Leute, die keine Verletzungen hatten. Weil niemand eine Erklärung fand, schickte der Armeearzt einen Pathologen. In einem Keller in Stalingrad sezierte er die Toten und meldete dann nach einer gründlichen Untersuchung: Die Leute sind im Dienst verhungert. Berlin hat gewußt, daß die Soldaten im Dienst verhungern. Mein Divisionskommandeur zeigte mir einen Brief an seinen Sohn und sagte: ›Lesen Sie ihn.‹ In diesem Brief verbot er seinem Sohn, freiwillig ins Militär einzutreten. Er schrieb, es bliebe ihm als Divisionskommandeur nichts übrig, als weiterzumachen, aber die Wehrmacht sei ein einziger Saustall. Lesen sollte ich den Brief, weil er Angst hatte, er könnte nicht ankommen oder er selbst durch die Zensur geschnappt werden. Er wollte, daß einer seinem Sohn später sagen könnte, was er gedacht hatte. Aber der Brief kam an.

Da war Berlin. Da war das Oberkommando der Wehrmacht, da war der Generalstab der 6. Armee und da waren auch die Pfarrer und Priester. Manchmal war morgens Gottesdienst. Wir hatten zwei Geistliche, einen katholischen und einen protestantischen, die mit den Soldaten zu Gott beteten. Und wenig später hieß es antreten, und es kam der Befehl zum Angriff und die Leute sollten losziehen, Russen totschießen. Was war das für eine Religion, die die Geistlichen verkündeten!

In dieser Zeit fingen die Russen an, Phosphorgranaten zu schießen. Wenn es draußen kalt war, ging es noch. Kamen die Leute aber in die Unterkünfte, wo es warm oder wärmer war, dann brannte plötzlich ihre Kleidung. Wir bekamen immer mehr Leute mit schweren Brandverletzungen und wir konnten kaum etwas tun: Mit Schnee kühlen, Infektionen vermeiden und sie nach hinten schicken, solange es noch ging. Auch im Kirchenschiff, wo unsere Verwundeten lagen, fing immer wieder einer an, plötzlich zu brennen. Die Verwundeten wurden uns in ihren Uniformen gebracht und von uns versorgt. Dann legten wir sie, so wie sie waren, in das Kirchenschiff auf Stroh. Dicht wie die Heringe. Sie waren aus der Eiseskälte gekommen, und ohne daß sie's gemerkt hatten, war in ihre Kleidung Phosphor geraten. Drinnen war's nun warm und dann entzündete sich das Phosphor. Es war eine ganz widerliche Sache. Wenn die Kleidung anfing zu brennen, dann warfen seine Kumpane, die neben ihm lagen, den armen Kerl raus. Brenn draußen! Da sorgte jeder bloß noch für sich. Wir konnten ihn bloß noch ausziehen und gucken, ob wir Kleidung von einem Toten hatten.

Die Kleidung von Toten hat eine riesige Rolle gespielt. Die Truppe ist ständig zu uns gekommen, um Kleidung zu holen. Wenn einem eine Hose kaputtging, wo kriegte der eine her? Nur von einem Toten.

Der Druck von Osten kam. Wir mußten in eine andere Kirche umziehen. Sie war kleiner, alles viel enger. Und wir kriegten nun die Leute nicht mehr weg. Der Weg zum Abtransport der Leute war zu weit, es war zu schwierig und durch Partisanen und versprengte Russen zu gefährlich geworden. Die Verwundeten kamen also nicht mehr weg, schon bevor wir im Kessel steckten. Wer bald wieder schießen konnte, der wurde vielleicht nach hinten transportiert. Aber nicht weiter als bis zum Dnjepr. Die Schwerverwundeten blieben da.

Im November hatten wir und auch die Sanitätskompanie neben uns bereits kein Verbandsmaterial und auch keine Medikamente mehr. Wir zogen den Toten die Hemden aus, blutig, dreckig, wie sie waren und rissen sie in Streifen. Das waren unsere Binden und das Gefühl der Trostlosigkeit sickerte langsam ein.

Am 14. November 1942, vier Tage bevor die Russen angriffen, um uns einzukesseln, sagte mein Divisionsarzt: ›Gehen Sie nach hinten und treiben Sie Sanitätsmaterial auf, egal wo.‹ Und dann gab er mir ein Begleitschreiben, in dem er um Hilfe bat. Mit einem Feldwebel bin ich vom Flugplatz Pitomnik nach Stalino (Donezk) geflogen, eine größere Stadt im Südosten der Ukraine und Zentrum für das Donezgebiet. Zwei Tage bin ich umhergetigert, bis ich schließlich fünfundzwanzig Kilometer außerhalb von Stalino einen sogenannten Sammelsanitätspark fand, das waren vier Häuser und mehrere Baracken. Von dort aus wurden zwei Armeen mit Sanitätsmaterial versorgt. Ich sah, es war mehr als genug da, aber ich bekam nichts und fuhr zurück nach Stalino zum verantwortlichen Apotheker der Heeresgruppe B.

›Nein‹, sagte er, ›was wollen Sie eigentlich. Hier in meinen Unterlagen steht, Sie haben doch alles was Sie brauchen. Jeden Tag werden am Don vierundzwanzig Güterzüge mit Nachschub entladen und dabei ist auch genug Sanitätsmaterial.‹ Ich sagte ihm, daß ich auf dem Flug nach Stalino die Bahnstrecke und überall ausgebrannte und ausgeplünderte Züge gesehen hatte. Fast nichts sei angekommen. Er wurde wütend, versuchte, meinen Divisionsarzt anzurufen, konnte ihn nicht erreichen und wollte mich nun verhaften lassen. ›Woher weiß ich, daß Sie aus Stalingrad, daß Sie von der Front kommen.‹ Meine ramponierte Uniform überzeugte ihn schließlich und nun sollten meine Wünsche nach ›Maßgabe des Möglichen‹ erfüllt werden. Das Mögliche hieß, daß er in meiner Liste die Nullen strich. Aus einer 10 wurde eine 1, aus 50 wurden 5 und aus 100 wurden 10.

Zurück im Sanitätspark hatte ich aber Glück und der Feldwebel, der das Material rausgab, setzte hinter die Eins wieder eine Null und vor die Fünf eine Zwei. Es war wie in einem bürokratischen Irrenhaus. Dazu gehörte auch, daß dort achtzehn fahrbereite Entlausungsanlagen standen. Das war ein großes liegendes Faß, aber ich bekam keine, obwohl die Verlausung der Leute in Stalingrad unbeschreiblich war. Und Verlausung bedeutete Fleckfieber und für viele auch den Tod. Die Hilfe, die wir dringend brauchten und die ich vor Augen hatte, war aber nicht vorgesehen.

Ich stand dann in meiner zerrissenen Uniform am Straßenrand und hielt ein Auto an. Das war verboten. Ein Wagen stoppte und ein Major der Luftwaffe saß drin. Er hat mich angeschissen und wollte mich verhaften. Dann merkte er, ich bin auch Schwabe. Wir verstanden uns gleich besser, und dann sagte er mir, daß sein Bruder Divisionsgeneral in Stalingrad war. Er nahm mich also mit zum Flugplatz.

Einen Tag später standen dort vier Maschinen, die nach Stalingrad sollten und sie hatten nichts zum reintun. Nach langen Hin und Her, es war wieder mal nicht vorgesehen, hatte ich Glück und bekam das Zeug nun kistenweise nach Stalingrad auf unseren Verbandsplatz. Glück im mehrfachen Sinn. Die Russen hatten kleine leichte Flugzeuge, tuchbespannt. Man sah, wie sie dort die Bomben rausschmissen. Im Landeanflug auf Pitomnik wurden wir von so einer Maschine gerammt. Wir waren schon sehr dicht über der Landebahn und unser Flugzeug sackte durch und krachte auf die Bahn. Trotzdem sind wir mit heilen Knochen aus dem Wrack gekrochen.

Am 17. November hatte ich Geburtstag. Am 19., an den ich mich deshalb gut erinnern kann, wurde die Verpflegungsration erneut gekürzt. Auf die Hälfte gekürzt hatte man sie ja schon, als wir noch am Don waren. Die Zangenbewegung der

Russen hatte an diesem Tag begonnen. Am 21. November, zwei Tage nach Beginn der russischen Offensive, wußten wir, daß wir eingekesselt waren. Wir nahmen an, daß eine Armee aus dem Westen kommen würde. Dann kam ein Befehl: Alles herrichten, alles verbrennen, nur das Tragbare lassen, wir brechen aus. Wir hätten eh nur mitnehmen können, was man in der Manteltasche tragen konnte. Wir hatten keine Fahrzeuge und kein Benzin. Die Pferde waren in die Gulaschkanone gewandert. Wir hätten die Karren selbst ziehen müssen. Die Stimmung unter den Leuten war aber: Ach, da kommen wir schon raus.

Es war der Befehl da, zu einer bestimmten Uhrzeit abzumarschieren. Vorher wurden Medikamente, Verbandsstoff, Ersatzkleidung und Akten und Unterlagen, die den Russen nicht in die Hände fallen sollten, verbrannt. Es war ein schauriges Bild, als überall am Horizont und in unserer näheren Umgebung Feuer aufflammten. Und als die Truppe mit einem Fuß schon unterwegs, schon aus ihren Unterkünften raus war, kam ein neuer Befehl: Halt! Alles bleibt da. Dieser Befehl war tragisch, weil die Russen sofort in die schon aufgegebenen Stellungen einrückten und unsere Leute nun draußen im Schnee lagen. Verzweiflung gab es aber in der ersten Zeit nicht. Die Leute hatten lange das Gefühl: Hitler haut uns raus. Sie wußten, in Frankreich lagen zwei SS-Divisionen. Wenn die kommen, hieß es, holen die uns hier raus.

Ich sah immer mehr Verwundete mit Schußverletzungen, weil im Häuserkampf hauptsächlich das Gewehr und die Maschinenpistole benutzt wurden. War vor dem Kessel wenigstens ein Teil der Verwundeten zurück in Lazarette im Hinterland gebracht worden, war es jetzt ganz aus. Die Transportmaschinen flogen in der ersten Zeit nur Material, das als unersetzbar galt, und sogenannte Spezialisten. Die Verwundeten blieben liegen. Das war schwer zu ertragen. Die ersten

Verwundeten wurden dann zusammen mit den jungen Frauen ausgeflogen, die als Krankenschwestern in Pitomnik im Lazarett gearbeitet hatten.

Die Ärzte auf den Hauptverbandsplätzen legten zweimal wöchentlich dem Armeearzt eine Liste mit Verwundeten vor, die aus ihrer Sicht ausgeflogen werden mußten. Und der Armeearzt bestimmte anhand der Diagnose, die neben dem Namen des Verwundeten stand, wer rauskam. Es sollten Leute ausgeflogen werden, von denen es hieß, sie würden unbedingt für die Kriegsführung gebraucht, oder Verwundete, die bald wieder kv – kriegsverwendungsfähig – waren. In Pitomnik aber hatte sich ein Stau gebildet, immer mehr Leute, die einen Ausflugschein hatten, kamen von da nicht weg, weil es nicht genug Maschinen gab. Das war für viele der sichere Tod.

Die Arbeitspartner der Ärzte waren die Sanitätsfeldwebel. Die behandelte man möglichst gut. Wären sie auch noch ausgefallen, dann hätte man nichts mehr machen können. Ohne sie, ohne die Unteroffiziere und Soldaten hätten wir Ärzte aufgeben müssen. Der Verbandsplatz wäre zusammengebrochen. Wir hätten die Verwundeten nicht ruhighalten können. Sie haben viel phantasiert, wurden unruhig und dann mußte jemand hingehen und mit ihnen reden, ihnen manchmal auch eine Morphiumspritze geben. Und als die Leute dann merkten, sie wurden nicht mehr abtransportiert, als sie sich verraten fühlten und wußten, man würde sie dort sterben lassen, wurde es noch schwieriger. Es gab keinen Aufstand, aber es ging den Leuten schwer runter und manche haben sich erschossen.

Ein paar Tage vor Weihnachten hieß es, Hoth kommt, wir werden entsetzt. Alles wurde genau eingeteilt, die Marschordnung festgelegt. Aber es gab kein Benzin, es war verschneit und es gab keine Straße. Wir hätten unsere Karren selbst ziehen müssen, aber im Schnee und den Verwehungen in der

Steppe war das unmöglich. Querbeet sollte es gehen. Meine Einheit wäre die letzte gewesen. Lumpensammler. Da waren wir nicht begeistert. Hinterhertrotten und immer Leute kriegen, die man nicht versorgen kann.

Man hörte den Hoth schießen und rieb sich die Hände. Der kommt, der hat genug Panzer. Und dann hörte man nichts mehr. Es sprach sich sehr schnell herum, er war abgezogen worden. Das hat die Moral enorm reduziert. Da kam die Idee auf: Wenn du überleben kannst, dann überleb. Vaterland oder Patriotismus, alles schnuppe: Ich will überleben. Die, denen du den Treueid geschworen hast, die scheißen auf dich.

Neben der Kirche hatten wir uns eine Unterkunft gemacht. Vielleicht vierzehn Mann hausten dort. Jeder hatte eine Schlafgelegenheit, einen Stuhl und wir hatten einen Tisch. Mit einem kleinen Ofen aus einem russischen Bauernhaus wurde geheizt, mit Fenster, Türen und Balken, die aus den Ruinen stammten. Weihnachten haben wir eine Wolldecke an die Wand gehängt und Sternchen aus Zigarettenpapier dran befestigt. Mehr war nicht. Abends saß man dann dumm da und erzählte sich Geschichtchen. Aber es gab immer den großen Wunsch, beieinander zu bleiben. Ich hatte ihn auch. Bei seiner Gruppe, die man kennt, ist man aufgehoben. Ein gewisses Heimatgefühl.

Aus dem Kessel wurden jetzt nur noch Leichtverwundete oder hohe Offiziere und Beamte ausgeflogen. Die Leichtverwundeten, weil die wieder eingesetzt werden konnten. Für die Befehlshaber ganz oben war das Menschenmaterial und die Schwerverwundeten taugten nichts mehr, die waren Ballast für sie geworden.

Ab und zu schickten sie aber auch jetzt noch kleine Ersatzeinheiten. Aus Ulm kam eine Pioniereinheit, die, wie es in Deutschland so schön hieß, die allerletzten Häuser sprengen sollte. Sie wurde bei uns abgeliefert. Ihr seid eine Sanitätseinheit, ihr bringt die schon unter, hieß es. Am Nachmittag kamen die zurück, alle verwundet und am Abend lebte fast keiner mehr.

Die alten Feldwebel, die schon Monate dort lebten, die wußten, wo sie gehen konnten. Die hatten auch Arrangements mit den Russen: Ihr schießt nicht auf unsere Essenholer, wir schießen nicht auf eure. Im Laufe der Zeit hatte man ein Gefühl dafür, wann geschossen wurde. Oder man wußte es. Man mußte zum Beispiel Straßenkreuzungen vermeiden. Die russische Artillerie hatte sich darauf eingeschossen. Eine Gruppe von Ärzten aus Berlin, da war die Militärarztschule, wurde geschickt. Die sollten zeigen, daß sie für die Front taugten. Nach drei Tagen war keiner mehr da.

Das größte Elend sah ich, als unsere schwerverwundeten Soldaten begriffen, daß sie nicht mehr ausgeflogen wurden. Sie wurden einfach abgelegt. Zugleich wußten sie, daß Spezialisten ausgeflogen wurden oder höhere Offiziere den Schein bekamen, mit dem sie ins Flugzeug steigen konnten. Das mit anzusehen, sich hilflos zu fühlen, war das schlimmste Elend. Man hörte auf zu sprechen, wurde schweigsam, und wenn die Leute fragten und man antworten mußte, dann versuchte man Optimismus in die Stimme zu legen. Und man hörte sich und merkte, daß es vergeblich war.

Nach Weihnachten 1942 kam die nächste Kürzung. Die Truppe kriegte so zwischen fünfzig und achtzig Gramm Brot täglich. Im besten Fall also jeder zwei Scheiben. Das war auch unsere Ration. Und wir hatten das Glück, immer noch ein paar Pferdchen zu haben. Nach und nach wanderten die alle in die Gulaschkanone. Mit dem Fuhrwerk und Pferden zu fahren war gefährlich geworden. Standen da zehn Soldaten irgendwo und sahen ein Pferdefahrzeug kommen, dann haben sie das Pferd erschossen: ›Da hat ne Bombe eingeschlagen! Kutscher geh weiter.‹

Die Verwundeten aber kriegten nichts mehr. Oben im Generalstab hatte man sie abgeschrieben, dort waren sie schon tot. Wenn wir sie zusammengeflickt hatten, dann lagen sie da auf ihrem Stroh und kriegten nichts zu essen. War ein Verwundeter den ganzen Vormarsch bei seiner Einheit gewesen und die merkten, der verhungert uns da auf dem Verbandsplatz, dann knapsten sie sich noch etwas ab und brachten es ihm. Waren die Verwundeten aber gehfähig, dann gingen sie ohnehin wieder zur Truppe. Deshalb war die Truppe gespickt voll mit Verwundeten. Leute mit eingegipstem Arm, mit Kopfverbänden, mit Verbänden an den Beinen, die sagten: Hier kriegen wir wenigstens noch ein bißchen was, und um den Verband zu wechseln können wir ja zu den Sanitätern gehen. Es waren also noch höchstens zwanzig Prozent der Männer in der Truppe kampffähig. Alle, auch Schreibstubenbullen, wurden nun an die Front geschickt. Sogar unsere Sanitätssoldaten wurden trotz der Genfer Konvention an die Front geschickt.

In den Rüstungsfabriken, Stalingrad war ja voll davon, waren große Becken mit Öl, um Geschützrohre zu kühlen. Die Männer nahmen von dem Öl, kochten es, schöpften es ab und ließ es kalt werden. Es wurde dann hart, und sie schnitten sich Bonbons daraus. Und wenn sie die dann aßen, bekamen sie furchtbare Darmerkrankungen. Das war die reine Chemie, giftig. Sie aßen alles, selbst den blutigen Schnee, wenn irgendwo noch ein Pferd geschlachtet worden war. Sie haben versucht, aus allem etwas zu Essen zu machen.

Ich kannte jemanden auf dem Flugplatz Pitomnik, der dort bei dem Kommando war, das die Transportmaschinen auslud. Eine war voll mit Majoran und Pfeffer, eine andere brachte Kölnisch Wasser. Statt Brot flogen sie Bücher ein, Oswald Spenglers ›Untergang des Abendlands‹ und Tonnen von Haaarwaschpulver. Auch daraus versuchten die Leute, sich was zu essen zu machen.

Die Truppe war miserabel ausgerüstet für den Winter. Keine Winterschuhe, keine Mützen. Wenn es Winterschuhe gab, dann schadeten die mehr, als daß sie halfen. Unten hatten sie eine Ledersohle und oben Filz. Wenn Schuh und Fuß naß wurden und naß blieben, dann wachte man am nächsten Morgen mit erfrorenen Füßen auf. Der ganze Schuh hätte aus Filz sein müssen wie bei den Russen. Den Filz konnte man über Nacht trocknen. Dieser Schuhe, aber auch ihrer Pelzmützen wegen ist wahrscheinlich mancher Russe erschossen worden.

Der Mangel war nicht nur bei uns. Die Rumänen hatten zwar Pelzmützen und Pelzmäntel, aber es fehlten auch ihnen häufig die Schuhe. Im Winter sind sie barfuß gelaufen. Und dann hieß es bei denen: Na ja, das sind zum Teil Zigeuner, die sind das gewöhnt.

Auf unseren Verbandsplatz kamen immer mehr Leute mit Erfrierungen. Ihnen waren die Finger, Füße, Ohren, Nasen, und ganze Beine erfroren. Das erfrorene Fleisch wurde porzellanweiß. Und wenn man draufklopfte, klang es auch wie Porzellan. Am schlimmsten waren die Erfrierungen von Füßen und Beinen. Sie werden kaum bemerkt. Sie sind in den Schuhen drin. Sie können, wenn Sie unterwegs sind in der verschneiten Steppe oder in der Stadt, nicht mittendrin die Schuhe ausziehen und wechseln. Wir hatten keine.

Wir haben auch später in der Gefangenschaft sehr viel mit Erfrierungen zu tun gehabt. Wir hatten kaum Möglichkeiten zu amputieren und gingen dazu über, die Erfrierungen offenzulassen. Es hat natürlich gestunken. War der Fuß in dem Porzellan mit drin, ist das tote Fleisch abgefault, die Knochen sind abgefallen, wenn die Bänder weg waren, und das gesunde Fleisch hat sich dann abgegrenzt, wenn man nur Luft dran ließ. Das waren unerträgliche Schmerzen bis dahin. Aber die Leute überlebten.

Anfang Januar hatten wir Besuch von einem Arzt aus Berlin. Er kam in unsere Kirche. Wir operierten in der Sakristei, wo wir alle Fenster zugemauert hatten. Dort stand er eine ganze Stunde rum und schaute uns zu. Schließlich wurde ihm zu warm und er zog den Mantel aus. Wir sahen: Der hatte ja ne SS-Uniform an, und da gab er sich zu erkennen. Es war Karl Brandt, Hitlers favorisierter Arzt. Wir dachten, der soll sich wohl anschauen, wie es den Leuten im Kessel geht, um dann einen Bericht für Hitler zu schreiben. Zuvor hatten wir gedacht: Na ja, wer soll das schon sein. Als wir nun wußten, das ist der Arzt von Hitler, habe alle geschimpft. Jeder hat ihm die Meinung gesagt, Ärzte und Sanitäter. Daß wir die Leute nicht richtig versorgen konnten, daß es uns an allem fehlte. Daß die Leute nicht mehr wegkamen.

Er ging von uns aus, wir haben ihm jemanden mitgegeben, zu einer Infanterieeinheit. Als er zurückkam, war er fix und fertig. Und als er dann aufbrechen wollte zum Flugplatz, haben wir gesagt: ›Jetzt nehmen Sie aber unsere Post mit! Es geht hier nichts mehr weg!‹ ›Das darf ich nicht. Da hinten hängt mein Mantel.‹ Und da haben wir unsere Briefe nach Hause in seinen Mantel gesteckt. Nachdem er weg war, bekamen wir alle von unserem Divisionsarzt einen Verweis, weil wir uns bei ihm beschwert hatten. Aber mein Brief kam an, das erzählte mir meine Frau, als ich aus der Gefangenschaft kam.

Solange Verwundete noch ausgeflogen wurden, war die zentrale Sammelstelle erst Pitomnik und dann Gumrak. Die teilten uns mit: schickt zehn Leute. Wir haben dann zehn Leute ausgesucht und gewußt, für die anderen war es das Todesurteil. Wir gaben ihnen eine Akte mit, Name, Verwundung, Einheit. In Pitomnik kamen sie in einen Erdbunker. Aus allen Himmelsrichtungen, von allen Hauptverbandsplätzen. Nun kam der Armeearzt oder einer seiner Assistenten und sagte: Jetzt hab ich hundert Leute da. Zwanzig krieg ich weg. Wen nehm ich da? Er ging dann die Listen durch: die zwanzig da. Die anderen blieben einfach liegen. Vielleicht kamen sie am nächsten Tag weg, vielleicht wurden sie vom Armeearzt zurückgeschickt oder sie blieben dort liegen, bis sie tot waren.

Die Leute sagten sich: wir werden abgeschrieben. Wir sollen Stalingrad halten, damit die Front im Süden nicht ganz zusammenbricht. Das heißt, ich soll vernichtet werden. Als das den Leuten klar wurde, da glaubten sie, zu Hause würden ihre Angehörigen sich das nicht bieten lassen. Sie würden auf die Barrikaden gehen, Hitler und seine Regierung stürzen und das Militär davonjagen. Sie glaubten, es würde eine Revolution kommen. Darauf baute dann später in der Gefangenschaft das Nationalkomitee Freies Deutschland* auf.

Nach Neujahr bekamen wie aus Berlin den Befehl, wir sollten uns erschießen. Kein deutscher Soldat sollte in Gefangenschaft gehen. Die letzte Kugel behält er für sich. Eines nachts, wir konnten nicht schlafen, hab ich mit einem Kollegen darüber gesprochen. Wir fanden es absurd, daß wir uns von Amts wegen erschießen sollten. Und was sollte aus den Verwundeten werden? Wir haben beschlossen, daß wir für anderes und nicht dafür da sind, uns eine Kugel durch den Kopf zu schießen.

Dieser Befehl machte die Hoffnungslosigkeit noch größer. Vielleicht bot er manchen auch einen Ausweg aus der Verzweiflung. Überall Tote in den Häusern, die man nicht mehr beerdigen konnte, weil man nicht mehr in den Boden kam. Mein Divisionsarzt, er war fünfzig, hat sich dann erschossen. Und in meiner unmittelbaren Umgebung erschossen sich einige Verwundete, aber keine weiteren Ärzte. Von den

* Ziel des Nationalkomitees war der Sturz Hitlers durch eine Volkserhebung. Sein Einfluß auf die dtsch. Ostfront und in den Kriegsgefangenenlagern blieb aber gering.

acht, die es einmal in der Sanitätskompanie gab, waren eh nur noch drei da.

Als die Flugplätze verlorengingen, hieß es, wir werden aus der Luft versorgt. Nicht bei Tag, nachts wurden nun Verpflegungsbomben abgeworfen. Es wurde immer bekanntgegeben, wie man die Lichter – hier sind wir – für die Flugzeuge aufstellen sollte. An einem Tag als Dreieck, am anderen als Kreis und so weiter. Die Russen haben aber abends aufgepaßt: Wie stellen die Deutschen die Lichter auf? Die Hälfte der Sachen landete also beim Russen. Mit denen haben wir uns den Tropfen auf den heißen Stein geteilt und immer mehr verhungerten. Die Verhungernden, die nicht verletzt waren, hatten eine Phase, in der sie sich aufbäumten, noch einmal versuchten, sich zur Wehr zu setzen. Die anderen mit ihren Kräfte verzehrenden Schußverletzungen, mit Malaria oder Typhus, die verdämmerten. Kurz bevor sie starben wurden sie noch einmal wach. Dann grüßten sie die Mutter, den Vater, die Geschwister, ihre Frauen, ihre Kinder und einige von ihnen auch Deutschland.

Wir haben die Toten ausgezogen und auf Stapel gelegt wie Eisenbahnschwellen. Vergraben konnten wir die nicht mehr. Festgefroren lagen sie da, und die Leute gingen hin und tranchierten die Leichen. Sie schnitten ihnen die Arschbacken raus und haben sie gekocht. Das ging schon vor dem Ende los und auch nach der Gefangennahme, als ein Teil der Leute noch frei in Stalingrad herumlaufen konnte, wurde Menschenfleisch gekocht und gegessen.

Die Russen schnürten den Kessel wie einen Sack immer weiter zu, und nach den beiden Kirchen hatten wir nun unseren Verbandsplatz direkt am Rande der Stadt in einem früheren Sanatorium, einer großen Bretterbude. Dort teilten uns die Russen mit: Heute Vormittag geht unsere Infanterie über euer Gelände weg. Ihr habt die Möglichkeit, die nicht gehfähigen Verwundeten liegenzulassen, wir kommen und übernehmen sie. Wer irgendwie gehen konnte, der ist weg. Wenn er sie fand, ging er zu seiner Einheit, die alle gespickt voll waren mit Verwundeten. Und wir sind mit den Verwundeten, die wir selber transportieren konnten, in die Stadt rein. Die Russen wollten die Leute schonen.

In einer Schule in der Nähe der Fabrik *Roter Oktober* haben wir unseren Verbandsplatz neu aufgeschlagen. Kurze Zeit nur. Die Russen kamen immer näher, man sah sie ja, die Infanteristen, und haben Kontakt mit uns aufgenommen. Sie sagten: »Wir wollen kein Blutbad. Wer von euren Verwundeten zu Fuß gehen kann, soll auf die Straße kommen. Die Straßenkreuzung liegt dann nicht unter Beschuß, sie können zu uns rüberkommen.« Die nicht Gehfähigen sollten mit einem Sanitätsfeldwebel dort bleiben, bis sie kämen. Sie würden kommen und das Lazarett übernehmen. Ohne daß ein Schuß fiel, sind die Verwundeten in Gefangenschaft gekommen.

Wir sind dann weg in den *Roten Oktober* direkt hinein. Wir fanden in irgendeinem Teil der Fabrik noch zwei intakte Räume und einen Keller. Das war der letzte Zufluchtsort, den wir hatten. Erst haben wir in den Räumen die Fenster zugemauert, damit wir etwas Schutz vor den Granatsplittern hatten und dann das Stromaggregat aufgestellt, das wir bis dahin gerettet hatten. Man versuchte, einen Platz für die Verwundeten zu finden, der möglichst sicher vor feindlichem Beschuß war. Einer der Truppenärzte, die ja direkt bei den kämpfenden Einheiten waren, hatte sich in einer stählernen Hochofenbirne eingerichtet, in der er die Verwundeten versorgte.

Einen Tag nachdem Paulus sich ergeben hatte, hörten wir auf zu arbeiten. Russische Panzer fuhren vor. Die Soldaten kamen rein, grüßten korrekt und sagten, daß wir Gefangene seien, und wir sollten uns auf die Übergabe am nächsten Tag vorbereiten. Ob wir was wollten? Wodka und Schokolade haben sie uns angeboten. ›Nein danke‹, habe ich gesagt. Ich hatte keine Lust, die Gefangennahme war mir unsympathisch.

Zuerst wurden wir Gehfähigen weggeführt auf einen furchtbaren Marsch, der sieben Tage dauerte. Viele Leute sind da verzweifelt. Sie haben sich den Mantel über den Kopf gezogen, auf die Straße gesetzt und sich totschießen lassen. Sie wußten: Wer sich hinhockt auf die Straße, der wird erschossen. Auf vielleicht fünfhundert deutsche Soldaten kam ein Russe als Wache. Der konnte nicht stehenbleiben und sie bewachen. Er erschoß sie.

Irgendwann kam ein Lastwagen mit Wolgadeutschen gefahren. Die suchten Ärzte, und ich bin mit einigen anderen aufgestiegen, wir sollten uns um die Verwundeten kümmern, die noch in der Stadt waren. Mit einigen Helfern ging ich in die Keller des Traktorenwerks und versuchte, die Leute dort herauszuholen. Einige, die noch humpeln konnten, kamen mit. Viele wollten in ihren Kellerlöchern bleiben, sie hatten Angst vor allem, was kam. Sie vegetierten da unten in einem unglaublichen Dreck, die Läuse wie grauschwarzer Schimmel auf ihren Körpern und zerrissenen Uniformen. Überall der Gestank von Eiter, Schmutz und Fäkalien. Ich sah da Leute hocken, die vor Hunger irre ihren eigenen Kot aßen. Den einen fehlte die Kraft zum Schreien, den anderen die zum Schweigen.

Sie hatten die Toten dicht nebeneinander auf den nassen kalten Betonboden gelegt, ein paar Decken drauf, und so lagen sie auf den Leichen, um weniger zu frieren. Trotzdem war es immer ein Geschiebe und Gedränge, ein Geschrei und Gestöhn, die Typhuskranken im Delirium und die Sterbenden, die sind nicht ruhig. Es ging nicht nur hier so zu, in den Kellern der Fabrik, sondern auch in denen der umliegenden, zerstörten Häuserblocks, in die ich kam. Die Leute wollten Essen und meine Hilfe als Arzt, aber ich kam mit leeren Händen. Ich versuchte sie aus ihrer Apathie zu holen, aber an dieser Not war nichts mehr, was sie vereinte.

Irgendwo dort zwischen den Trümmern hausten wir in einem Keller. Wir konnten hausen, wo wir wollten. Es war den Russen wurscht, wir mußten nur in der Stadt, in der Trümmerwüste bleiben. Dort kroch wer noch konnte umher, fraß den dreckigen Schnee oder versuchte ihn irgendwie aufzutauen und trank die Brühe wie sie war. Wir durchwühlten Abfallgruben nach etwas Eßbarem, und wer etwas fand, der aß es gefroren oder tauschte mit Leuten, die kamen und Gulasch anboten. Das Gulasch sollte von Hunden und Katzen sein, die es aber längst nicht mehr gab, es war das Fleisch von Toten.

Mit ein paar anderen fand ich eine volle Feldküche, die eingefroren war. Erbsensuppe, oben im Eis sah ich Fettaugen und dachte, ich könnte den Speck und die Suppe riechen. Unten im Eis schimmerte der Speck weiß. Im Dunkeln dann haben wir den Kessel unter großer Mühe aus dem Fahrtgestell gehoben und über den Schnee zu unserem Keller gezogen, zum auftauen. Als er nicht durch den Eingang ging, haben wir eine Mauer eingerissen. Immer mehr Leute kamen, die davon gehört hatten, und wir waren alle rasend vor Verlangen. Wir hackten Stückchen aus dem Eis, es schmeckte schal, aber unten waren Speck und Erbsen. Als genug aufgetaut war und wir drankamen, war es eine alte Unterhose voller Läuse. Voller Wut hab ich mit den anderen gegen den Kessel getreten und geweint.

Kein Toter, dem wir nicht die Taschen umdrehten und keine Krume, die man nicht unbesehen aß. Ich suchte gerade in einem dunklen Gang in den Taschen, als mich ein usbekischer Posten packte, mir den Mund zuhielt und mir ein großes Stück Brot gab. In einem größeren Raum hatte ich einen Verbandsraum aufgemacht mit dem, was wir noch hatten. Da hab ich dann auch einmal von den Russen einen Laib Brot geschenkt bekommen. Ich hab nix davon gehabt, das haben die Soldaten gestohlen, während ich da arbeitete. Die Russen hatten selbst nichts, aber wenn sie etwas aus dem Hinterland bekamen, gaben sie uns manchmal auch etwas.

Die Toten, die immer mehr wurden, haben wir einfach rausgelegt, auf die Straße zu den anderen. Ende Februar begann es zu tauen. Im Schlamm und Unrat, der nun alles bedeckte, tauten auch die Toten wieder auf. Die Zivilisten in der Stadt, in der Hauptsache Frauen, mußten sie aus der Stadt rausbringen. Mit Kamelen oder auch selbst zogen sie die Leichen auf Schlitten raus in die Steppe.

In unserer Behausung haben wir mit jedem Stückchen Holz, mit jedem Pulversack, mit jedem überflüssigem Lappen oder Schuh ein Feuer gemacht, denn Fenster und Türen zu verfeuern hatten die Russen uns verboten. Alle, die sich noch bewegen konnten, versammelten sich am Feuer, es war der einzige Platz, wo man sich ausziehen und die Läuse knacken konnte. Tag und Nacht juckte es unter den Armen, auf der Brust und am gemeinsten zwischen den Beinen. Jeder hatte ständig eine Hand im offenen Hosenschlitz und fischte nach Läusen. Überall war die Haut zerbissen, zerkratzt und wund, und es bildeten sich Eiter und Geschwüre. Fleckfieber grassierte, und wenn es schon vorangeschritten war, dann verließen die Läuse die Sterbenden. Die Wäsche der Toten war jetzt läusefrei und die Lebenden zogen sie sich an und bekamen das Fieber.

Es gab keine medizinische Hilfe, die Rote Armee hatte sich eben aus der Gefahr befreit und war auf die Masse der Verwundeten, Kranken und Gefangenen nicht vorbereitet. Hunderte lagen in den Trümmern unseres Häuserblocks und nicht einmal ein Dutzend war in der Lage zu helfen. Die Leute waren am Nullpunkt, körperlich und seelisch.

Nach ungefähr zehn Tagen bekamen wir das erste Essen

von den Russen. Ein Zweikilobrot für zwölf Mann und etwas Mehl, aus dem wir versuchten, Suppe zu machen. Unser Keller war ein klein wenig menschenwürdiger geworden, und dann mußten wir plötzlich umziehen. Auf dem Weg legte sich so mancher in den Straßengraben und zog die Decke über den Kopf. Wenn wir zurückkamen waren sie meist tot, oder sie hatten sich verkrochen in die Trümmer, wo wir sie nicht finden konnten.

Am 9. März 1943 wurde ich mit einigen anderen Ärzten von den Russen geholt und nach Gumrak zur Bahnstation gebracht. Dort sollten die nicht gehfähigen Verwundeten und Kranken in einen Güterzug verladen werden, und die Russen sagten: ›Ihr geht da mit und seht, daß ihr was machen könnt.‹ Unsere Leute waren halb verhungert, verwahrlost und seelisch ganz am Boden. Sie rührten sich nicht und jeder einzelne mußte unter Stöhnen und lautem Lamentieren in den Zug gehoben werden. Erst nach der Abfahrt, und als dann die alte Frontlinie hinter uns lag, zeigte sich Erleichterung.

Es ging Richtung Saratow, die nächstgroße Stadt, wolgaaufwärts. In Ilmenje wurden wir ausgeladen und in ein Lager gebracht. Während des ersten Monats in diesem Lager hörten wir das Motorengeräusch von Flugzeugen über uns. Die russische Flak schoß und ihre Scheinwerfer suchten den Himmel ab. Es waren deutsche Flugzeuge. Später wurden abgeschossene, verwundete deutsche Piloten ins Lager gebracht. Sie schwiegen über ihren Einsatz. Als Arzt konnte ich aber eher als andere etwas aus ihnen herausbringen. Ich saß neben der Pritsche von einem der Piloten und dann erzählte er: Sie hatten den Befehl bekommen, falls sie Lager unter sich sehen, in denen deutsche Kriegsgefangene sein könnten, dann sollten sie diese Lager bombardieren. Und die Russen waren wie irre hinterher, daß keiner auch nur eine Zigarette anzündet. Selbst in den Hütten nicht. Die Bomben wurden aber geworfen.

Von deutschen Piloten auf deutsche Kriegsgefangene. Daraus haben wir uns den Vers gemacht, daß Hitler nicht wollte, daß einer der Überlebenden am Leben blieb.

Die Russen haben in den Gefangenenlagern die Leute danach eingeteilt, wer in guten und wer in schlechten Divisionen gewesen war. In den schlechten waren Zivilisten und russische Soldaten, die schon hinter der Front waren, erschossen worden. Alle Gefangenen wurden in einen Teil des Lagers getrieben und befragt. Da waren so dreißig russische Militärs, die bestens Bescheid wußten und die Leute auseinanderhalten konnten. Ich war zufällig bei einer guten Division. Es gab aber rabiate Feldwebel und andere Leute, die ein Hakenkreuz auf dem Buckel hätten tragen müssen, und die erschossen auch Gefangene. Ich selbst hab es nicht miterlebt, aber ich wußte davon.

Durch Zufall war ich in ein Lager gekommen, in dem die Russen zumindest versuchten, einen regulären Sanitätsdienst aufzuziehen. Sie haben gewußt, sie mußten irgend etwas tun, sich an irgend etwas halten. Helfen konnten wir dort aber kaum. Es gab nichts, keine Medikamente, kein Verbandsstoff. Die Russen ließen uns zuerst allein. Wir hatten nicht einmal Wasser. Wir nahmen Schnee, um ihn zu schmelzen und später, als es taute, sahen wir, daß dort Tote lagen.

Noch im Frühjahr 1943 mußten dann alle Ärzte antreten, dem Rang nach: Generalarzt, Oberstarzt, usw. Ich war Oberarzt und stand ganz am Ende der Hierarchie. Die Russen, sie waren Verantwortliche für das Sanitätswesen, sagten: ›Es muß etwas für Ihre Kameraden getan werden. Machen Sie eine Krankenabteilung hier im Lager. Kümmern Sie sich um die Verwundeten und Kranken. Herr Generalarzt, würden Sie das in die Hand nehmen?‹ Nach einigem Hin und Her sagte der: ›Ich bin schon so lange nur Arzt am Schreibtisch gewesen, ich kann das gar nicht mehr.‹ So ging das von einem hohen Rang zum anderen, bis die Frage der Russen schließlich bei uns unten ankam. Ich sagte dann zu meinem Nachbarn aus Österreich, der auch Oberarzt war: ›Tun wir was, dann gehen wir vor die Hunde. Tun wir nichts, dann gehen wir auch kaputt.‹ Das war auch seine Meinung, und wir haben uns den Russen gegenüber bereiterklärt, uns um die Leute zu kümmern, für sie ein Sanitätswesen aufzubauen.

Die Russen waren kaum aus der Tür, als die Kollegen, sie standen da in Uniform, uns mächtig angriffen. Es stellte sich heraus, daß die höheren Offiziere unter den deutschen Ärzten sich in den ersten vier Wochen der Gefangenschaft verabredet hatten, den eigenen Kranken und Verwundeten nicht zu helfen. Sie sagten: ›Wenn wir uns um sie kümmern, dann nützen wir den Russen und das lehnen wir ab.‹

Die Russen haben diese Ärzte dann langsam in andere Lager, in Offizierslager, abgeschoben. Die Offiziere, Ärzte ausgenommen, wurden sowieso sofort von den Mannschaften getrennt. Sie haben befürchtet, daß die Offiziere nationalsozialistisches Gedankengut verbreiten könnten. Aber die deutschen Soldaten haben nicht nur zugesehen, wie manche Ärzte den eigenen Leuten den Rücken zukehrten. Wenn so einer verlegt wurde, dann kam er schon mal auf dem Transport abhanden.

Die Leute starben und starben nach wie vor. Die Russen wollten ein Sanitätswesen, aber sie taten nichts. Jeden Tag trugen wir die Toten heraus. Eines Tages, als wir wieder die herausschafften, die in der Nacht gestorben waren, kamen sie von einer russischen Behörde und sagten, daß wir, die deutschen Ärzte, die Leute umbringen, während sie alles versuchten, sie am Leben zu halten. Wir haben nur gelacht. Böse. Daraufhin wurden wir auf die Wache gebracht. Vorsehen sollten wir uns, hieß es, und außerdem bekämen wir ja Verpflegung für die Leute. Aber keine für Schwerkranke, hab ich geantwortet. Es gab ein großes Hin und Her, und schließlich wurde uns befohlen, einen Diätplan aufzustellen. In sieben Tagen sollten wir ihn abliefern. Sie nahmen uns aber Papier und Bleistift weg, und als sie uns eine Woche später holten, hatten wir natürlich keinen Plan. Das ging drei Wochen so. Sie holten uns, und wir sagten: ›Ja, wir haben keinen Plan. Wie sollen wir ihn auch machen. Sie haben uns Papier und Bleistift weggenommen.‹

Als wir dachten, das geht ewig so weiter, kam der Beauftragte für das Kriegsgefangenenwesen und sagte zum Lagerkommandanten: ›Wenn du das nicht machst, wenn sich hier nichts ändert, dann kommst du mit deinen Leuten nach Sibirien.‹ Plötzlich bekamen wir Papier und einen Tintenstift und machten jetzt aus Trotz einen perfekten, anspruchsvollen Diätplan für die Kranken. Sechs Wochen später kommt in großer Uniform dieser Beauftragte wieder ins Lager und sagt zu uns, wie sehr er es bedauert, daß er uns einen solchen Diätplan möglich machen muß. ›Ihr habt nichts‹, sagte er, ›keine Lebensmittel, keinen Herd, keine Kochtöpfe, gar nichts! Ich habe aber den Befehl aus Moskau, daß ihr euer Diätessen bekommt.‹

Zuerst haben wir eine der Erdhöhlen ausgeräumt, in denen die Gefangenen untergebracht waren. Darin haben ein paar Leute aus Lehmziegel einen großen Herd gebaut. Nun fehlten die Herdplatten und Kochtöpfe. Ein Posten wurde mit uns in die Dörfer geschickt, und wir haben von den Bauern Herdplatten und Kochtöpfe geholt. Wir, die deutschen Gefangenen, klauten unter militärischer Bewachung den armen Leuten, die sonst auch nichts hatten, ihr Kochzeug.

Die Küche war fertig, und wir haben den größten Lumpen, der aber gut kochen konnte, zum Koch ernannt. Nun gingen wir jeden Abend ins Magazin, um dort die Sachen für unser Diätessen abzuholen. Das mußten wir quittieren. ›Ihr müßt‹, sagte uns der Beauftragte für das Gefangenenwesen, ›jedes

Stück Butter durchschneiden und gucken, ob nicht ein Stein darin ist. Ihr müßt alles, jedes Brot, jedes Stück Gemüse durchschneiden und gucken, ob nicht Steine drin sind. Und dann erst müßt ihr den Empfang quittieren.‹

Zwanzig Leute bekamen Diät. Und was niemand glauben wird: Zum Mittagessen bekamen sie ein Glas Milch und abends ein Glas Wein. Im Frühjahr 1943 in russischer Kriegsgefangenschaft bekamen sie die beste Diätküche, eine Diät, wie man sie heute im Krankenhaus kaum kriegt. Und als die Russen sahen, daß es diesen zwanzig Leuten besser ging, daß sie nicht starben wie die anderen, da erhöhten sie die Zahl der Diätessen.

Der Beauftragte für das Gefangenenwesen kontrollierte uns weiterhin alle zehn Tage. Nach einiger Zeit sagte ich zu ihm: ›Eigentlich möchte ich, daß die Verteilung des Essens in deutsche Hände übergeht.‹ ›Richtig‹, sagte er, ›das geht keinen Russen was an. Aber du klaust!‹ ›Nein‹, sagte ich, ›ich klau nicht.‹ Ich hatte das Essen in Ruhe gelassen. ›Doch‹, sagte er, ›du klaust, das tut jeder. Du und der andere Arzt, ihr werdet jetzt auch offiziell Diät essen. Ihr müßt hier weitermachen.‹ Das war für mich eine Lebensversicherung.

Ich habe mich viel umgehört: das war das einzige Lager, das funktionierte. Und es war ganz wurscht, ob es auch ein Renomierlager war, das die Russen dem Roten Kreuz, den Amerikanern und Engländern zeigen konnten. Es rettete einige Leute vor dem sicheren Tod. Wer den Mai erreicht hatte, für den gab es die Chance weiterzuleben. Bis dahin waren jedoch, geht man von hunderttausend Männern aus, die in Gefangenschaft geraten waren, neunzigtausend von ihnen tot. Sie sind durch die Mißernährungen und Krankheiten beim Heer wie bei den Russen ums Leben gekommen. Wer den Mai erlebte, der hatte die erste große und schlimmste Etappe geschafft. Zwischen Mai und Juli ging die Zahl der Toten von täglich fünfhundert zurück auf ein Dutzend. Jeder hatte jetzt drei Mäntel! Wir froren nicht mehr. Und dann wurde es auch wärmer, man konnte wieder ins Freie und mußte nicht immer halb verrückt drinnen sitzen oder liegen.

Irgendwann bekamen wir Papier, um nach Hause zu schreiben. Später fanden wir die Briefe im Abfall. Die Russen hatten sie gelesen und fortgeworfen. Sie wollten uns kontrollieren, sie wollten sehen: was schreiben die Deutschen nach Hause. Offizielle Postkarten vom Roten Kreuz kriegten wir erst nach 1947.

Im Oktober 1943 wurde das Lager aufgelöst. Wer noch war, kam nach Krasnoarmeisk, südlich von Stalingrad. Dort gab es ein großes Kriegsgefangenenlager mit großen Sterbeziffern. Es muß dort bis zum Oktober furchtbar zugegangen sein. Es gab kaum Überlebende. Die da noch lebten, fragten sich warum. Religiöse Menschen sagten, das ist Gottes Fügung, der andere sagte, du bist ein Pfundskerl, der nächste schob es auf seine Verdauung und daß er alles fressen konnte. Aber Philosophie kam nicht auf.

In Krasnoarmeisk bin ich erst krank geworden und habe dann im Lazarett gearbeitet. Das war nicht mehr als eine Krankenliegestube, in der wir die nicht Gehfähigen unterbringen konnten. Wir haben selbst Pritschen gebaut und Strohsäcke besorgt, wo wir die Kranken drauflegen konnten. Es gab kaum Medikamente. Die Russen hatten selber nichts. Die Ernährung war dürftig und regelmäßig. Wir bekamen die Lebensmittel von der Armee. Jeden Tag mußten wir zu deren Depot und dort kriegten wir die Lebensmittel für einen Tag. Es gab eine Reihenfolge: Zuerst bekam die Armee ihr Essen. Dann wir Kriegsgefangenen und nach uns die Zivilbevölkerung. Wir kamen strikt vor der Zivilbevölkerung. Die armen Leute mußten hinter uns Schlange stehen, bis wir weg waren. Wir bekamen Brot und Hirse, manchmal Tomaten und

Gurken. Zuerst nahm sich der Posten ein Laib Brot, und wir fuhren dann nach Hause und haben unser Essen selbst aufgeteilt.

Den Russen war es im ersten Jahr verboten, mit uns Ärzten Deutsch zu sprechen. Die russischen Ärzte, meist Juden, kamen dahinter, daß ich sie verstand, wenn sie Jiddisch sprachen. Ich hatte auf der Schule Althochdeutsch gelernt, das half mir dabei. Gegen Ende des Jahres konnte ich ein medizinisches Gespräch mit ihnen führen und lernte dann auf diesem Umweg auch Russisch. Kein Philosophisches, aber eins, das für die Arbeit, das für's Lager reichte.

Den Verwundeten und Kranken nicht helfen zu können war die größte Belastung. Und dann das gemeinsame Leben im Lager. Alle fühlten sich verraten, fühlten sich enttäuscht. Man hatte uns ausgeliefert und dann noch Bomben auf uns geschmissen. Es war unvorstellbar gewesen, daß im deutschen Heer so etwas passieren könnte. Bei der großen Klappe in Berlin. Alle hatten diese Empfinden, alle waren niedergedrückt. Es kam kein anderes Gefühl auf, auch nicht als dann im Frühjahr wieder die Sonne schien.

Die Kranken wurden geschont. Sie mußten zwei, drei Wochen lang nicht arbeiten und sollten sich erholen. Die Russen befahlen nun, daß wir uns jeden Monat nackt ausziehen sollten. Alle mußten so an einer Ärztin und dem Lagerkommandanten vorbei, die uns klassifizierten. Sie richteten sich nach der Pofalte. Hing die Pofalte schlaf herunter, war das ein Dystrophiker. Der mußte nicht arbeiten. War die Pobacke straff, galt der Gefangene als arbeitsfähig. Ob er gesund oder krank war, spielte dabei keine Rolle. Es ging nur um die Pofalte.

Die meisten Soldaten hatten schon vor der Gefangennahme Ruhr und Gelbsucht gehabt und dann in den Lagern Fleckfieber bekommen. Hatte das einer mit viel Glück überstanden, war er mit Sicherheit zum Dystrophiker geworden, zu einem, der vor dem Hungertod stand. Vor allem junge Leute bis Mitte zwanzig waren in großer Gefahr.

Man stellt sich wahrscheinlich vor, daß sich die Leute auf das wenige magere Essen, das sie bekamen, stürzten. Sie saßen aber davor und spielten lange Zeit damit. Erst wurde umständlich ausgelost, wer von ihnen es verteilen sollte, und dann wurde es ausgebreitet und als Ganzes begutachtet. Wie es aussah, wie es roch und wie es vielleicht schmecken würde. Nun wurden Portionen gemacht und jede einzelne wurde wieder begutachtet, bis schließlich die Rationen verlost wurden. Waren dann die Brotportionen verteilt, ging es aber wieder von vorn los, weil jeder dachte, der andere hätte die größere Portion bekommen. Hatten die Leute endlich ihr Brot, dann teilten sie es in ganz dünne briefmarkengroße Häppchen, für jede Stunde eins, mit dem Dicken aus der Suppe oben drauf. Diese Beschäftigung mit dem Essen war für nicht wenige so faszinierend, daß sie wie in Trance davorsaßen, stundenlang. Sie füttern, hieß es dann bei den anderen, den Tod.

War die Dystrophie weit fortgeschritten, bestanden die Leute nur noch aus Haut und Knochen. Ihre Schulterblätter standen wie Flügel ab, die Haut war ledern, gelblichgrün, und mit Furunkeln übersät. Sie hatten fast alle Haare verloren und der Rest war grau geworden. Geschwüre saßen auf ihren Schultern, den Schulterblättern, längs der Wirbelsäule und manchmal auch am Hinterkopf und an den Fersen. Ihre Muskulatur war fast verschwunden.

In diesem Stadium, in dem die Russen sie als Dystrophiker III bezeichneten, waren die Leute durch nichts mehr zum Essen zu bewegen. Auch wenn man sie fütterte, schluckten sie kaum etwas herunter und behielten das Essen im Mund. Teilnahmslos, seelisch stark verändert, dämmerten sie vor sich hin. Es war furchtbar, zuzuschauen, doch für sie war es ein Glück. Das Leben verlosch. Andere tranken sich zu Tode, denn ihr Durst war groß, und wenn sie unkontrolliert trinken konnten, dann war das ein Trinken bis zum Tod, denn das dystrophische Herz war dieser Belastung nicht mehr gewachsen. Zum Schluß erlag das Herz den kleinsten Anstrengungen, es reichte schon, wenn sie zur Latrine gingen, dort starben sie, wenn sie versuchten, sich zu entleeren.

Wenige, die in diesem Stadium waren, konnten wir vor dem Tod retten und wer einmal Dystrophiker gewesen war, der geriet leicht wieder in diesen Zustand. Das erste Zeichen der Genesung aber war, daß einer wieder selbständig den Kopf anhob. Dann kam auch der Hunger wieder und manche brachen den Toten die Goldplomben heraus, um sie gegen Essen zu tauschen, oder sie versuchten wie schon im Kessel und in der ersten Zeit der Gefangenschaft in Stalingrad, das Fleisch der Leichen zu kochen. Man mußte rabiat werden, dazwischengehen.

Bis Kriegsende war jeder tote Deutsche ein guter Deutscher. Ein Fresser weniger. Nach Kriegsende war grundsätzlich jeder Deutsche, der arbeiten konnte, ein guter Deutscher. Wir mußten uns dann auch selbst ernähren. Es gab einen Rechnungsführer, der verhandelte unseren Lohn: Zwanzig Mann sind angefordert, Säcke aus einem Schiff zu entladen: Was zahlt ihr? 18 Rubel pro Mann. Gut, zwanzig Männer kommen. Wir mußten uns selbst erhalten. Dafür waren pro Mann 14 Rubel und 50 Kopeken angesetzt. Lebensmittel, Kleidung, Medikamente, alles bis zum Strohsack kauften wir selber. Das machte alles der Rechnungsführer.

›Den Sonntag‹, sagten die Russen, ›wo nicht gearbeitet wird, den verdöst ihr ja bloß. Blödsinn. Kümmert euch um eine Theatergruppe, macht eine Orchestergruppe, macht was aus eurer freien Zeit.‹ So hatten wir plötzlich ein Orchester, für das die rumänischen Zigeuner Instrumente bauten und eine Theatergruppe. Das Wichtigste aber war, daß die Russen sagten: ›Was, ihr wollt euer Theaterstück auch bei eueren Kameraden aufführen? Gut habt ihr gespielt, ja, fahrt mal hin.‹ Nun konnte ich am Wochenende mit der Theatergruppe auch in andere Lager gehen. Und ich horchte, ob da jemand aus Stuttgart war, mit dem ich sprechen konnte. Abends mußten wir wiederkommen, alles andere war den Russen schnuppe.

Einigen Leuten in meiner Umgebung, alles Schwaben wie ich, konnte ich vertrauen. Mit denen habe ich geredet: Was können wir machen. Wo können wir helfen. Können wir einen, der am Ende war, über die russische Ärztin auf die Liste der Heimkehrer bugsieren. So etwas schuf dann Zusammenhalt unter denen, die so etwas machten. Das war eine Insel in dem Spitzeltum, das in den Lagern wie eine Seuche umging. Die Russen köderten die Leute mit Versprechungen und Vergünstigungen. Sie fanden genug, die mitmachten.

Ich hatte ja Flecktyphus gehabt. Eine der Folgen war, daß ich mich an vieles nicht mehr erinnern konnte, einen Teil meines Gedächtnisses verloren hatte. Das führte dazu, daß der Politruk* mich immer wieder verhörte, weil ich ständig andere Angaben machte: Wo ich geboren war, wer mein Vater, wer meine Mutter war. All die Daten, die man eigentlich genau weiß. Das machte mich verdächtig. Nach mindestens zehn Verhören, er war rumänischer Jude, sagte er: ›Doktor, nichts stimmt bei Ihnen. Warum geben Sie immer unterschiedliche Sachen an!‹ Und da hab ich ihm erzählt vom Fleckfieber und vom Gedächtnis. Von dem Tag an hatte ich Ruhe. Es gab Leute in der russischen Kommandantur, die waren nicht nachsichtig, aber sie versuchten die Dinge zu verstehen. Auch, weil sie ihre Ruhe haben wollten.

Wir mußten auch zur politischen Schulung. Man wurde

* Politoffizier des Volkskommisariat des Innern der UdSSR, und Teil des NKWO.

hinbefohlen, und es ging hier rein und da wieder raus. Natürlich mußten wir Marx und Lenin lesen. In den Gesprächen darüber hat man versucht, sich herauszuhalten. Und das ging. Die Russen haben keine Versuche gemacht zu indoktrinieren. Die Schulungen waren Lobpreisungen des Kommunismus und das hatte auch komische Seiten. Ein russischer Kommissar hielt einen Vortrag darüber, daß es nun Autos in der Sowjetunion zu kaufen gibt. Und auf die Frage, wo man einen Reifen herkriegte, wenn man ihn bräuchte, sagte er, das wisse er nicht. Scharf und gefährlich waren die deutschen Kommunisten. Graf Einsiedel war einer der schärfsten, der hat dort Reden gehalten. Die Russen allerdings haben von den deutschen Kommunisten nicht viel gehalten. Erst mit Hitler marschiert und dann im Lager wieder Kommunist.

Eines Tages, wir waren vielleicht ein gutes Dutzend Ärzte, ließ uns der russische Lagerarzt in sein Zimmer kommen. Wir mußten antreten und er sagte: ›Ich freue mich, Ihnen mitteilen zu können, daß der Krieg zu Ende ist. Ich gratuliere Ihnen und wünsche Ihnen für den Rest der Zeit, die Sie nicht zu Hause verbringen, alles Gute.‹ Das war der 5. Mai 1945. Der Arzt, der diese kleine Ansprache hielt; war selbst in deutscher Gefangenschaft gewesen. Haß hatte er eigentlich nicht auf uns. ›Wir haben‹, sagte er, ›das Gras und Laub im Lager gefressen, wie ihr auch.‹ Der Krieg war zu Ende und die Leute haben gehofft, daß es ein erster kleiner Schritt weg aus dem Lager sei. Aber wir standen immer noch unter Schock. Wir fühlten uns verraten und verlassen. Das saß in uns allen furchtbar tief drin.

Kurz vor Kriegsende kam ein Junge ins Lager. Siebzehn Jahre war er alt und wahrscheinlich Flakhelfer gewesen oder hatte als eine Art von Kindersoldat zum letzten Aufgebot der Berliner Herren gehört. Ich kannte seinen Vater aus Stuttgart, wo er Kohlenhändler war, und den Jungen hatte ich als Buben gesehen. Dem ging es miserabel, er hatte den schrecklichen

Durchfall, an dem zuvor schon so viele gestorben waren. Ich hab ihm Holzkohle geschabt und geriebenen Apfel zu essen gegeben.

Eines Tages stand er mit anderen am Tor und sollte in ein Erholungslager kommen. Er war ein Dystrophiker und wog mit seinen siebzehn Jahren kaum noch etwas. Die russische Ärztin, ein Mordstrumm, kam an, gab mir einen in die Rippen und sagte: ›Hast du ihm einen Brief mitgegeben?‹ ›Warum, er kommt doch in ein anderes Lager.‹ ›Er kommt nach Hause. Schreib ganz schnell einen ganz kleinen Brief.‹ ›Wo soll er ihn hintun, ohne daß sie ihn finden?‹ ›Ins Schulterteil der Jacke, da wird am wenigsten kontrolliert.‹ Ich hab einen Brief geschrieben, der war nicht größer als eine Briefmarke. Den hat der Junge meiner Frau gebracht und das war meine erste Nachricht an sie. Ende 1946, Anfang 1947. Der Junge hat ihr erzählt, wo ich bin, wie es dort zugeht, was ich mache, und daß es ein Leben ist, das man auch leben kann.

Später, als wir dann Briefe aus Deutschland kriegten, kam es nicht selten vor, daß die Frauen ihren Männer schrieben: Es tut mir leid, aber ich habe nun von dem und dem ein Kind. Die Männer waren dann niedergeschmettert, und das sahen die Russen, sie taten ihnen leid. Das haben wir ausgenutzt, wenn einer der Leute stiften ging. Der Kommandant war dann ein schlechter Kommandant und hatte Angst, daß er selber in einem Lager verschwand. Der deutsche Lagerführer, der Arzt und der Koch, die mußten, wenn abends festgestellt wurde, einer ist weg, zum Kommandanten kommen, und der jammerte: ›Ich tu alles für die Leute und die laufen weg. Was ist los mit dem Mann?‹ ›Ja‹, haben wir dann gesagt und das war manchmal auch gelogen, ›der hat einen Brief von zu Hause bekommen, darin hat seine Frau ihm geschrieben, sie hat sich bei einem anderen ein Kind aufgelesen. Der will jetzt nach Hause.‹ Am anderen Morgen, wenn's wieder hell wurde, haben wir zum Kommandanten gesagt: ›Der ist jetzt zehn Stunden weg, der kann noch nicht weit sein. Geben Sie uns einen Lastwagen.‹ Mit einigen unserer Leute sind wir dann ein paar Kilometer entfernt um das Lager einen Kreis gefahren und haben auf den Kolchosen gesagt: ›Wenn ein Kriegsgefangener kommt, den seht ihr ja, dann haltet ihn fest. Tut ihm nichts, wir holen ihn.‹ Die riefen dann an, der Kommandant fuhr hin, gab ihm vielleicht ne Ohrfeige und hat ihn zurückgeholt, aber nicht bestraft. Anfangs in der ersten Lagerzeit saßen diejenigen, die stiften gingen, vier Wochen bei Wasser und Brot im Loch. Das war auch nicht viel weniger, als wir bekamen, aber sie sprangen böse mit ihnen um. Später wußten sie, daß das gar keinen Zweck hatte.

Ende der vierziger Jahre, so um 1947 rum, durften wir drei Prozent Kranke im Lager haben. Waren es mehr, gab es einen Riesenkrach mit den Russen. Das ging so lange, bis unsere russische Ärztin sagte: ›Ich kann an dieser Vorschrift nichts ändern. Aber ich kann euch sagen, was ihr machen könnt. Schickt die Kranken raus zur Arbeit. Wenn sie von der Firma, die sie haben wollte, gezählt worden sind, können sie umfallen und zurück ins Lager. Dann sind sie in der Arbeitsabrechnung drin, und wir haben keinen Ärger.‹

Drei Ärzte mußten zusammen jeden Morgen Revierstunde halten; weil vor dem Ausmarsch zur Arbeit der Andrang der Kranken so groß war. Sagte dann einer zu mir: ›Doktor, ich kann wirklich nicht. Ich weiß nicht, wie ich's schaffen soll‹, dann fragte ich, ›ja, wo bist du denn in Gefangenschaft gekommen?‹ Und antwortete der, in Stalingrad, dann ging ich zur russischen Ärztin und sagte: ›Das ist ein Stalingradmann.‹ Weg, hieß es dann. Der Mann konnte vier Wochen bei uns auf der Station liegen. Pause, Ausruhen. Erholung. Von den einhunderttausend Männern, die in Stalingrad in Gefangenschaft kamen, lebten gegen Weihnachten 1948 noch sechs- bis achttausend. Wie viele genau, und wie viele dann tatsächlich wieder nach Hause kamen, weiß bis heute niemand. Die Russen sahen, was da passierte. Ihre Lagerärzte hatten deshalb Befehl, auf die Gefangenen aus Stalingrad zu achten. Sie sollten nicht alle sterben. Es wurde nicht an die große Glocke gehängt, aber wir Ärzte wußten davon und konnten es ausnützen.«

Im Mai 1949 heißt es auch für Jakob Vogt: Du kommst nach Hause. Fast genau zehn Jahre Krieg und Gefangenschaft liegen hinter ihm. Zusammen mit einer größeren Zahl von Freigelassenen wird er auf einen Zug gesetzt, der nach langer Fahrt eines morgens im Südwesten der Ukraine auf einer Bahnstation hält. Draußen schlagen die Wachmannschaften die Riegel hoch und öffnen die Türen. Aber es ist kein Halt wie einer der vorangegangenen, auf denen Lebensmittel und Wasser verteilt worden sind. Die Gefangenen müssen aus den Waggons klettern und sich auf dem Bahngelände vor einigen Offizieren aufstellen. Namen werden aus einer Liste vorgelesen und die aufgerufenen Gefangenen aus der Reihe herausgewinkt. Als die Prozedur beendet und der Zug davongefahren ist, bleiben achtzig Männer neben den Bahngleisen zurück. Auch Jakob Vogt ist unter ihnen, niedergeschlagen und ratlos wie alle anderen.

Auf die drängenden Fragen, was hier passiert, was aus ihnen werden soll, zucken die Russen die Schultern. Von den Transporten, die nun schon über Jahre hinweg mit Heimkehrern nach Westen fahren, wissen die Gefangenen, daß aus ihnen Männer herausgeholt, zurückgebracht, als Kriegsverbrecher zu langen Strafen verurteilt und erneut in Lager gebracht worden sind. Aber immer nur einzelne, nie eine so große Gruppe. Daraus entsteht eine kleine Hoffnung.

Nach einem kurzen Aufenthalt eskortieren Soldaten die Gefangenen in ein Quarantänelager. Auch dort können sie aus den Russen nicht herausbringen, was mit ihnen geschehen soll, und warum sie ausgerechnet in dieses, einer medizinischen Prophylaxe dienendes Lager gekommen sind. Das Schweigen der Russen und daß sie nicht arbeiten müssen, den »ganzen Tag faulenzen« können, schüren die Unsicherheiten und die Gerüchte über die Zukunft. Worauf sollen sie sich einstellen: auf eine doch noch glückliche Heimkehr oder auf eine Fortsetzung der Gefangenschaft auf unbestimmte Zeit?

Unvermutet geht es weiter, auf Pritschen von Lastwagen nach Sewastopol auf der Krim. Ende Juni stehen die Männer dort »auf einer grünen Wiese« und hören von den Russen, daß sie sich auf der Brache Unterkünfte errichten sollen, Baumaterial sei dafür aus Finnland gekommen.

Die Unterkünfte und eine Küche sind fast fertiggeworden, als sie erfahren, was sie an die Küste des Schwarzen Meers und nach Sewastapol gebracht hat: Eine Anforderung des dort stationierten Marinekommandos nach Kriegsgefangenen, die bis zum Oktober eine Straße bauen sollen, auf der die große Parade zu Ehren der Revolution stattfinden kann.

Für die Paradestraße, die neu und jungfräulich sein soll, muß zuvor aber eine Schneise durch ein Wohngebiet geschlagen werden. Mit zwei Traktoren und Stahlseilen, die sie wie ein Schleppnetz zwischen den beiden Zugmaschinen befestigen, reißen die Gefangenen ein Holzhaus nach dem anderen ein. Eine Arbeitsweise von erschreckender Effizienz, die bei den Russen Anerkennung und bei den Gefangenen zwiespältige Gefühle hervorruft. »Saugemein«, sagt Jakob Vogt, »waren wir. Aber was sollten wir tun? Und da wir nach der Norm arbeiteten, gewannen wir auf diese Weise Stunden.«

Durch den Zeitgewinn können die Gefangenen durchsetzen, daß sie nicht bei Regen arbeiten müssen. Von nun an bringen Soldaten der Marine sie in die Stadt, wo die Straße gebaut wird, und die Gefangen entscheiden selbst, wann sie »nach Hause gehen«. Es gilt nicht mehr mit welchem Reglement der Plan, sondern allein, daß er erfüllt wird. Eine Entwicklung, die dem Baubeauftragten zu verdanken ist. »Das war ein Jude, mit dem konnte man reden. Die waren froh, wenn sie was leisten konnten. Sie waren selbst in der Bredouille.«

Die Bredouille heißt Josef Stalin. Während des Krieges hatte er den Kontakt jüdischer Künstler und Intellektueller mit den westlichen Alliierten für förderlich gehalten und unterstützt. Nach dem Sieg aber glaubt er an eine »Verschwörung der Juden« im Lande, läßt viele, die er während des Krieges hat gewähren lassen, hinrichten, und den in weiten Teilen des sowjetischen Vielvölkerstaates vorhandenen Antisemitismus bedrohlich schüren.

Pünktlich nach Plan ist die Straße fertig und zusammen mit den anderen wird Jakob Vogt noch vor der Revolutionsparade wieder in Marsch gesetzt, erneut nach Westen. Wochen später fährt der Zug mit den Gefangenen, die nun wirklich Heimkehrer geworden sind, über die Grenze ins geteilte Deutschland und kurz nach Weihnachten erreicht er das Auffanglager Friedland. Dort hat sich die Lagerleitung bereits ganz in Silvesterstimmung versetzt und nimmt von den Angekommenen kaum Notiz. Jakob Vogt muß achtundvierzig Stunden warten, bevor er nach Hause telefonieren und sagen kann: Ich bin da. Ausgerüstet mit dem Allernötigsten und einer Fahrkarte nach Aachen, wo seine Frau und seine Tochter bei den Schwiegereltern leben, steigt er einige Tage später in den Zug.

Obwohl es jedem Soldat streng verboten war, in Briefen über den eigenen Standort zu schreiben, wußte Corinna Vogt bis zu seiner Gefangenschaft immer, wo sich ihr Mann aufhielt. Stand in seinen Briefen »Liebe Corinna«, war es für sie das Zeichen, in allen folgenden Worten den dritten Buchstaben zu unterstreichen. Zusammengesetzt verrieten sie ihr, wo und in welcher Lage er sich befand.

Im Spätherbst 1942 trifft sie in Aachen in der Straßenbahn eine Schulfreundin, die nur zu Besuch in der Stadt ist und ihr zwischen zwei Stationen von ihrem Glück im Süden des besetzten Frankreichs berichtet, wo ihr Mann in Marseille eine deutsche Anwaltspraxis unterhält. Nein, entgegnet ihr Corinna Vogt, da mache sie selbst gerade eine ganze andere Erfahrung. Sie erzählt, daß ihr Mann als Arzt auf einem Verbandsplatz in Stalingrad ist und daß es in der Stadt an der Wolga gar nicht gut aussieht, auch wenn im Rundfunk und in den Zeitungen ständig ganz anderes behauptet wird. Noch während sie spricht nimmt die Freundin plötzlich ihre Hand und sagt: »Dort hinter uns sitzt einer, der hört uns zu!«

Schon geübt darin wechselt Corinna Vogt scheinbar beiläufig das Thema, und weil sie kurz darauf aussteigen muß, verabschieden sich die Freundinnen voneinander. Mit der eineinhalbjährigen Tochter im Arm versucht sie möglichst schnell, zusammen mit anderen Fahrgästen die Stufen hinunter auf den Bürgersteig zu kommen, als sie hinter sich die Stimme eines Mannes hört, der sagt: »Sie, einen Augenblick mal! Sie wissen doch, Sie haben eben Volksverrat begangen.« »Volksverrat? Ich weiß gar nicht, was Sie meinen.« »Sie haben gesagt, daß Ihr Mann in Stalingrad ist, daß es ihm schlecht geht und daß die ganze Sache nicht gut ausgehen kann. Und das ist Volksverrat. Sie haben Glück, daß ich Sie hier nur warne!« Von da an spricht Corinna Vogt nur noch im engsten Bekanntenkreis und nur noch dort, wo es keine ungebetenen Zuhörer gibt, über ihre Ängste.

Kurz bevor Joseph Goebbels die Nachricht von der Niederlage in Stalingrad für die Presse und den Rundfunk freigibt, erhält sie einen Brief von ihrem Mann. Ein Pilot der Luftwaffe hat ihn gegen die Vorschriften auf einem der letzten Flüge aus dem Kessel mitgenommen und von Deutschland aus nach Aachen geschickt. Obwohl der Brief einen vor der Zensur scheinbar sicheren Weg genommen hat, deutet Jakob Vogt auch aus Rücksicht auf seine Frau seine wachsende Zerrissenheit nur vorsichtig an: eine lähmende, kaum zu unterdrückende Hoffnungslosigkeit und der dennoch fortdauernde Wunsch, dem allgegenwärtigen Sterben zu entgehen. Fast zeitgleich mit diesem Brief werden Corinna Vogt aber auch Feldpostbriefe zurückgesandt, die sie an ihren Mann geschrieben hat. Auf ihrer Vorderseite findet sie einen Stempelaufdruck mit dem Reichsadler und liest: »Für Großdeutschland gefallen«.

Zuspruch erfährt sie von ihren Eltern. In den sich seit Ende 1942 häufenden »Krisensituationen«, wo für die Bevölkerung offensichtlich wird, daß sie vom Regime über die militärischen Katastrophen gerade an der Ostfront getäuscht werden soll, geht die Mutter zu einer Bekannten, die in einem abseits gelegenen Haus wohnt, um »Feindsender« zu hören. Von ihr weiß Corinna Vogt, daß die deutschen Soldaten in Stalingrad nicht die letzte Patrone für sich selbst aufgespart, sondern daß von den zweihundertneunzigtausend Männern neunzigtausend überlebt haben und in Gefangenschaft gekommen sind. »Der Jakob lebt«, sagen die Eltern der verzweifelten Tochter. »Du mußt daran glauben, die Russen brauchen ihn, er ist Arzt. Es ist nicht möglich, daß er tot ist. Vor dem Kind darfst du nicht weinen, wir sagen, er ist in Gefangenschaft und kommt zurück.«

Gestützt von den Eltern und zwei enge Freundinnen, die sie in Aachen hat, fällt es Corinna Vogt dennoch schwer, daran zu glauben, daß ihr Mann noch lebt. In den Zeitungen werden Tag für Tag die sogenannten Sterbeandenken an die Gefallenen veröffentlicht und NSDAP und Kirchen stehen schon seit langem in Konkurrenz um die Totenfeiern, die allgegenwärtig sind. In dieser Auseinandersetzung um die toten Soldaten sieht sich die NSDAP auf den schlechteren Plätzen, weil sie ohne ein Versprechen auf ein Wiedersehen im Jenseits auskommen müsse, mit dem der Klerus dem »Egoismus der Volksgenossen« entgegenkomme. Und weil ihre Appelle an den Stolz der Hinterbliebenen, die ihre Toten für das Reich geopfert hätten, auf zunehmend weniger Gegenliebe stoßen, antwortet sie mit einer unentwegten, für niemanden zu übersehenden Propaganda für ihre »Heldenehrungsfeiern«.

Um Corinna Vogts immer wieder neu auflebenden Unsicherheit und Unruhe vielleicht doch ein Ende zu machen, wendet sich ihr Vater, der als Bergwerksingenieur einige Male in das neutrale Schweden reisen kann, an das dortige Rote Kreuz mit der Bitte, in Genf nach dem Verbleib von Jakob Vogt zu fragen. Doch dieser Versuch bleibt so vergeblich wie ein zweiter, diesmal über den Roten Halbmond, der Organisation des Roten Kreuzes in der Türkei.

Drei Jahre lebt Corinna Vogt zwischen Hoffen, Verzweiflung und der ständigen Mühe um eine äußere Haltung, die ihrer heranwachsenden Tochter die Sicherheit geben soll: Der Vater lebt und kehrt zurück. Die 1941 geborene Tochter hat den Vater nie bewußt erlebt und wird bei seiner Heimkehr neun Jahre alt sein. Die Mutter erzählt ihr immer wieder vom Vater, zeigt ihr Bilder von ihm. Als Weihnachten 1946 endlich eine Postkarte kommt, auf der ihr Mann auf drei Zeilen berichten darf, daß er lebt und daß es ihm gut geht, löst sich zwar die Unsicherheit, aber die fortdauernde Existenz in einer Zwischenwelt hat sie halb aufgezehrt, und es wird Jahre dauern, bis es ihr gelingt, wieder zu sich selbst zu finden.

Im Telefonat aus Friedland sagt Jacob Vogt seiner Frau, welchen Zug er sich herausgesucht hat. Der letzte, der fährt und erst spät in der Nacht, wenn die Stadt menschenleer ist, in Aachen ankommt. Er will niemandem begegnen, nur sie sehen. Über seine Gefangenschaft spricht er mit ihr nicht in der Wohnung, sie muß mit ihm im Mantel in den winterlichen Garten gehen, wo er ohne Angst über das Leben im Lager erzählen kann. Es dauert Monate, bis er zuläßt, daß die Freunde, die auf ihn gewartet haben, zu Besuch kommen können. »Ich habe«, erzählt Corinna Vogt, »im März Geburtstag. Ich habe unsere Freunde eingeladen, die ich seit der Schule kenne, mit Männern. Da haben sie gesagt, er möchte etwas aus den russischen Lagern erzählen. Ganz karg hat er erzählt, und ich fragte ihn hinterher, warum er so schweigsam gewesen sei. ›Es geht nicht‹, hat er gesagt, ›einer von denen könnte es an die Sowjets melden.‹«

Zwei Jahre lebt Jakob Vogt in der Furcht vor Spitzeln in seiner engsten Umgebung und vor dem langen Arm des KGB. Die russischen Lager sind ihm als »System des Verrats« bis vor die eigene Schwelle gefolgt, und er kann sich von dieser Idee erst lösen, als er zu schreiben beginnt und seine Erfahrungen zu Erinnerungen und einem Ort macht, den er tatsächlich hat verlassen können.

1942 haben sich Jakob und Corinna Vogt das letzte Mal gesehen. Für die Freude des Wiedersehens finden heute beide keine Worte mehr. Es hat sie sicher gegeben, aber sie ist hinter dem verschwunden, was Jakob Vogt prosaisch die »Eingewöhnungsschwierigkeiten« nennt und nur indirekt noch einmal von den Mühen des Wiederfindens spricht: »Die Leute, die mit mir in den Lagern waren, die treffen sich gelegentlich. Es gibt keinen Verein, aber einer hat die Adressen und alle zwei, drei Jahre trifft man sich irgendwo. Für zwei oder auch drei Tage. Kaum eine Ehe hat über Krieg und Lager hinweg gehalten und sie kommen meist mit ihren Frauen, die sie nach der Scheidung geheiratet haben oder mit ihren Freundinnen. Nach der ersten Begrüßung, nach den Fragen, wie geht es dir, was machst du, sitzt man sich dann gegenüber und hat sich kaum etwas zu sagen. Alles hat man gemeinsam erlebt, das Schlechte, das Schreckliche und auch das Gute. Aber dann sitzt man da beinahe stumm gegenüber und kann nicht miteinander sprechen.«

Wegen einer nicht ausgeheilten Gelbsucht kann Jakob Vogt erst im Sommer 1950 wieder als Arzt arbeiten und eröffnet im Januar 1951 eine Praxis als Internist. Das Labyrinth aus Ämtern und Interessenvertretungen, denen er auf diesem Weg begegnet, seien so selbstverständlich geblieben wie schon im »Dritten Reich«, aber die Menschen dort hätten sich anders verhalten und er sei hier und auch später nie benachteiligt worden. Neben der persönlichen Wahrnehmung zeigt sich in dieser Erfahrung für Jakob Vogt offenbar auch der herausragende Unterschied zwischen Diktatur und Demokratie, in der sich der Staat um Gerechtigkeit gegenüber allen Bürgern bemüht. Mehr an politischem Einverständnis mit der deutschen Nachkriegsgesellschaft ist Jakob Vogt nicht zu entlocken. Er schweigt und die Gründe dafür bleiben offen. Vielleicht, weil er die Meister des Verrats nicht erst in den politischen Kommissaren der Gefangenenlager, sondern schon zuvor erlebt hat, unter den »Herren in Berlin«, unter den Generälen, die für ihn und seine Verwundeten verantwortlich waren und unter den Daheimgebliebenen: »Als der nationalsozialistische Staat uns in Stalingrad verraten hat, haben wir gehofft, daß die Menschen revoltieren. Es hätte einen Aufstand im Volk geben müssen. Warum haben sie sich bedusseln lassen?« Vielleicht schweigt Jakob Vogt aber auch, weil es über ein Land, von dem man sich lediglich nicht benachteiligt fühlt, viel mehr nicht zu sagen gibt.

Mehr als dreißig Jahre bleibt Jakob Vogt als Arzt in Aachen. Wie alle träumt er in den ersten Jahren häufig vom Krieg, kann dann nicht mehr schlafen, steht auf und läuft herum. Stalingrad und die Verbandsplätze sind dann das eine, was ihn bewegt. Das andere ist die Frage, wie deutsch einer sein muß, in dem Land, in das er zurückgekehrt ist: »Manchmal, wenn Leute, die nie in Gefangenschaft, aber beim Militär gewesen waren, hörten, daß ich bei den Russen war, sagten sie: ›Ah, du warst in Gefangenschaft! Wie bist du denn da überhaupt durchgekommen? Wie hast du das denn gemacht?‹ Das hieß: Was hat du für krummes Zeug gemacht, um aus der Gefangenschaft zurückzukommen? Oder anders gesagt, ein anständiger Deutscher wäre dort verreckt.«

Nachdem Jakob Vogt Mitte der achtziger Jahre die Praxis verkauft hat und mit seiner Frau zur Tochter in die Nähe von Nürnberg gezogen ist, veröffentlicht er in der Zeitschrift »Wehrmedizin« einen Artikel über Stalingrad aus der Sicht des Arztes. Noch immer verfolgt ihn das medizinische und humanitäre Debakel, und immer noch fragt er sich, wie es hätte verhindert werden können und was passieren würde, kämen Soldaten heute in eine ähnliche Lage. Zugleich ist mit dieser Frage nach der Verantwortung für die Menschen noch eine weitere verknüpft: ob es eine Erfahrung gibt, die über die Sinnlosigkeit von Krieg und Sterben hinausführt und anderen zum Guten gereicht. »Ich bin dann von der Bundeswehr eingeladen worden und hielt einen Vortrag vor Offizieren. Da saßen so vier Dutzend Herren in grünen Pullovern ohne Rangabzeichen. Ihrem Alter nach gehörten sie aber zu den höheren Rängen. Nach dem Vortrag gab es eine rege Diskussion und ich merkte, daß die Herren von Stalingrad, von Tuten und Blasen keine Ahnung hatten. Das war ein Ereignis.

Daraus ging für mich unterschwellig hervor: Warum überhaupt? Die Bundeswehr ist anders als die Wehrmacht. Und sie funktioniert sicher auch anders. Man würde hoffen, wenn so was wäre, dann würde es bei der Bundeswehr funktionieren. Es ist ja nichts. Nützt es also etwas, wenn man noch über die Ursachen spricht? Ich glaube kaum.«

OTTO THALHEIMER

»Politisch«, sagt Otto Thalheimer, sei sein Vater »gar nix gewesen«. Als Hitler zum Reichskanzler gemacht wird, reagiert er reserviert, weil er »nicht weiß, was daraus wird« und hegt zugleich die Erwartung, daß »sich nun endlich wirtschaftlich etwas ändert«. Doch die seit Mitte der dreißiger Jahre immer schneller laufende Rüstungskonjunktur spart den Beruf des Tischlers aus und der Vater ist »froh, wenn er eine Kirchenbank reparieren« kann.

Nach der Schule geht die Mutter mit den Kindern, ein Mädchen und vier Jungen, bei einem benachbarten Bauern auf die Felder, um Unkraut zu hacken und Kartoffeln zu lesen. Eine Arbeit, die Otto Thalheimer als »Fron« bezeichnet, auch wenn der Bauer im Austausch mit seinen Pferden das Land der Thalheimers pflügt, einige tausend Quadratmeter, auf denen sie Getreide, Kartoffeln und Gemüse anbauen, eine Kuh und zwei Schweine halten. Nicht Hunger, aber Armut habe das Leben am Rand des Thüringer Waldes geprägt: »Es war absolut nichts drin.«

Landwirtschaft bestimmt das kleine protestantische Dorf, in dem Otto Thalheimer 1920 geboren worden ist. An die Inflation, die 1923 den Preis für einen Dollar auf mehr als vier Billionen und für ein Schwarzbrot auf eine Milliarde Reichsmark getrieben hat, erinnert er sich vom Hörensagen. »Das Geld«, erzählt ihm sein Vater, »was du heute verdient hast, war morgen nichts mehr wert«. Der Hyperinflation folgt ein kurzer Aufschwung, dessen goldener Glanz dem thüringischen Dorf und der Landwirtschaft fernbleibt – ganz anders als die Weltwirtschaftskrise Ende der zwanziger Jahre, die das Leben noch armseliger macht und schließlich für Otto Thalheimers Vater in seine Erwartungen an Hitler und eine neue Regierung mündet.

Seit 1933 dominiert die SA den Ort, sitzt im Vorstand der Kirche, die sie auf der Straße bekämpft, und nutzt ihren Einfluß, um die wenige Arbeit außerhalb der bäuerlichen Betriebe unter sich selbst zu verteilen. Der älteste Bruder von Otto Thalheimer ist hingegen »fast ein Kommunist. Der wollte, daß die Sachen ein bißchen anders verteilt werden. Dann hat er aber eingesehen, du wirst nichts, und wollte sogar in die SA rein und da haben die gesagt: ›Ne, dich nehmen wir hier nicht!‹«

1935 verläßt Otto Thalheimer die Volksschule, und da es im Ort kaum Lehrstellen gibt, bewirbt er sich bei der Post als Jungbriefträger und wird abgelehnt, weil in der Dorfschule nur Sütterlin und keine lateinische Schreibschrift unterrichtet worden ist. Dreizehn Kilometer entfernt landet er bei Kost und Logis in einer Dorfschmiede, lernt dort dreieinhalb Jahre Schmied und Landmaschinenschlosser. Technischer Verstand und Ehrgeiz helfen ihm, die Funktionen der neuen Maschinen schnell zu begreifen, die zunehmend für eine Mechanisierung der Landwirtschaft sorgen. Nach einiger Zeit erhält er deswegen ein Motorrad, um bei den Bauern während der Ernte defekte Geräte zu reparieren. In der Kneipe danken sie ihm mit einigen Bieren, die er mit Freunden teilt, und er ist froh, auch einmal spendabel sein zu können.

Während sein älterer Bruder 1933 erst in die Opposition und dann ins ungewollte Abseits geraten ist, wird für Otto Thalheimer das Jungvolk der NSDAP zum Lebensmittelpunkt. Mit sechzehn Jahren ist er der jüngste Fähnleinführer in Thüringen und kommt zur weiteren Ausbildung auf eine Gebietsführerschule, wo er zuerst einen Gutschein von hundertundzwanzig Mark erhält, um sich eine Uniform zu kaufen: »Obwohl ich die schwere Arbeit hatte, war ich praktisch der jüngste Fähnleinführer in Thüringen. Ich hatte dreizehn Ortschaften, ein Riesenkreis. Am Wochenende bin ich mit dem Fahrrad rum und hab die Jungzüge besucht. Von den Jungzugführern waren zwei Lehrer. Ich kam da nun hin und der achtundzwanzigjährige Lehrer meldete mir seinen Jungzug. Wenn man sich das heute überlegt, kommt es einem schon komisch vor. Und dann kamen zum Beispiel Anfragen vom Lyceum in Arnstadt, ich sollte ein Zeugnis ausstellen, ob der Sohn von einem Pfarrer zum Abitur zugelassen wird. Wenn ich gesagt hätte, der steht nicht zur Fahne, dann hätte ich dem die ganze Laufbahn versauen können. Ich war sechzehn oder siebzehn Jahre alt. Heute sag ich mir, daß war total bescheuert, was damals von mir verlangt wurde.«

Anfang der dreißiger Jahre hatte der Reichsjugendführer Baldur von Schirach das Deutsche Jungvolk, das wie der nationalsozialistische Schülerbund und der Bund Deutscher Mädel eine in Teilen selbständige Organisation innerhalb der NSDAP gewesen war, der Hitlerjugend unterstellt, die sich nun als einzige staatlich geförderte Jugendorganisation durchsetzte. Damit war die HJ nicht mehr sozial, sondern nur noch nach Alter und Geschlecht untergliedert, und das Jungvolk hatte nun die Aufgabe die zehn- bis vierzehnjährigen Jungen, die danach in die HJ kamen, im Sinn der Partei zu erziehen. Öffentlich hingegen stellte sich die HJ als Schmelztiegel der gesamten vielfältigen deutschen Jugendbewegung dar und versprach nicht nur Selbstführung und »innere Einheit« der Jugend, sondern gleich die des ganzen Volkes. Zentral gelenkt und straff organisiert war die HJ hierarchisch gegliedert in

Kameradschaften, Scharen, Gefolgschaften, Stämme und an der Spitze in Banne, die für jeweils eines der vierzig geographischen Gebiete standen.

Im Rang von Otto Thalheimers Erinnerungen an das Jungvolk machen sich die fehlende Uniform, für die es zu Hause kein Geld gab, und die dann uniformierte Autorität eines halben Kindes und Spiel und Abenteuer die Plätze streitig. »Der Zusammenhalt hat für mich viel bedeutet. Wir Jungs sind raus und haben gezeltet, mußten selbst kochen, und die Mutter hat ne Flasche Milch mitgegeben und ne Tüte Gries. Wir haben gesungen und sind marschiert, hatten ein Luftgewehr und haben geschossen. Im September 1933 war ein großer Jugendaufmarsch in Saalfeld in Thüringen. Das war gewaltig. Das hat mich beeindruckt«.

An die ideologischen Inhalte und den Führerkult erinnert sich Otto Thalheimer kaum und faßt diesen Abschnitt seines Lebens in dem Satz zusammen: »Für die Partei war ich in dieser Zeit schon.« Diese Zeit sind die Jahre zwischen 1933 und 1939 und Otto Thalheimer, damals zwischen dreizehn und neunzehn Jahren alt, fällt es heute schwer, sich an die Schlagworte zu erinnern, die damals das politische Leben prägen. Daß der Vertrag von Versailles Deutschland erniedrigt habe, daß der Bolschewismus der Feind Deutschlands und des Abendlandes gewesen sei und den Antisemitismus kann er zurückrufen. Themen, die in der politischen Schulung des Jungvolks eine Rolle gespielt haben. Es sind aber bis heute offenbar mehr Worte als Inhalte geblieben und Politik etwas, »was wir gar nicht so erfaßt haben. Judentum war ein Thema. Nicht so kraß wie im ›Stürmer‹. Aber was mir jetzt noch einfällt: Mein Fähnlein, die zehn Ortschaften, waren ja auf dem Land. Und die Jungzugführer, die unter mir waren, die gingen meistens auf das Fürst-Günther-Gymnasium. Wenn ne Schulung war, und einer von denen stand auf und erklärte, daß Demokratie von demos kommt und griechisch ist, da hatte ich überhaupt keine Vorstellung, von was der da überhaupt sprach. In der Volksschule war das Wort Demokratie nie gefallen. Das war kein Thema.«

1937 ist er auf dem Reichsparteitag in Nürnberg, der eine »kolossale Sache« gewesen sei. Er erinnert, wie sich die Züge aus ganz Deutschland stundenlang vor Nürnberg stauten, daß es im Zeltlager von der Größe einer Kleinstadt Straßen gab, die das Lager nach den deutschen Ländern unterteilte, daß die Sänger der Hymnen nach Tausenden gezählt wurden und daß er so lange marschieren mußte, bis aus seinen Stiefeln Blut quoll, weil er sich die besseren und für diesen Marathon einer bühnenreifen Politik eher geeigneten nicht leisten konnte.

Mit achtzehn Jahren macht Otto Thalheimer 1938 seine Gesellenprüfung. Noch in der Lehre hat er sich zur Luftwaffe gemeldet, die bei den Jungen seines Alters hoch im Kurs steht. Sie ist das Sinnbild moderner Technik und verspricht die Erfüllung des Traums vom Fliegen. Zuvor muß er jedoch in den Arbeitsdienst nach Suhl, kommt in den Straßenbau und entgeht als gelernter Handwerker Schaufel und Spitzhacke. Er sorgt für die Instandsetzung der Werkzeuge.

In der Nacht vom 8. zum 9. November 1938 – »in diese Zeit fiel eine ganz unglückliche Sache« – hat er Wache und erlebt, wie in der Unterkunft ständig der Fernschreiber läuft, sich dann die SA formiert und zusammen mit den Jungen vom Arbeitsdienst in die Stadt zieht. Er weiß nicht, worum es geht, aber hat das Gefühl, na, vielleicht verpaßt du was. Am nächsten Tag erfährt er, in der Stadt hat die Synagoge gebrannt und denkt: »Da hast du Schwein gehabt, daß du nicht dabeisein mußtest.« Es ist neben der Feststellung, daß er dort hinmußte und was er dort zu tun hatte, die einzige Geschichte, die Otto Thalheimer aus dem Arbeitsdienst erzählt. Eine Feststellung, die wie verlorene Zeit klingt und eine Geschichte, deren Bedeutung er offen läßt.

Am 14. April 1939 meldet sich Otto Thalheimer in einer Luftwaffenkaserne in Münster/Westfalen zum Dienst. Während der Grundausbildung, in der er »nur flachliegt«, kommt bei den Rekruten, die damals zwischen achtzehn und neunzehn Jahre alt sind, nicht der Verdacht auf, daß es demnächst in Europa Krieg geben könnte. Otto Thalheimers Welt scheint reduziert auf die Kaserne, den Hof, das Übungsgelände und den Versuch, den täglichen Drill und die fortwährenden Schikanen eines altgedienten Unteroffiziers möglichst ungeschoren zu überstehen. An Gespräche über die politische Entwicklung kann Otto Thalheimer sich nicht erinnern. Ein drohender Krieg und die Frage nach dem eigenen Leben sind offenbar keine Themen.

Nach Abschluß der Grundausbildung kommt er in eine technische Kompanie, wo die jungen Männer zum Flugzeugwart ausgebildet werden. In der Kompanie sind dreihundertundachtzig Mann und jeder hat »das Ziel, Bordmechaniker zu werden«, um sich – wenn schon nicht als Pilot – so den Jungentraum vom Fliegen zu erfüllen. Die Konkurrenz untereinander wird noch verschärft, weil zu diesem Zeitpunkt die Soldaten der Legion Condor zurückkehren, die Adolf Hitler auf der Seite Francos in den spanischen Bürgerkrieg geschickt hatte. General Francisco Franco, der Oberbefehlshaber der Armee in Spanisch-Marokko, hatte sich nach einem Wahlsieg der linken Volksfront an die Spitze eines vom spanischen Heer initiierten Putschs gestellt. Da sich ein Teil der Marine jedoch der Republik gegenüber loyal verhielt, war es Franco unmöglich gewesen, seine Truppen nach Spanien zu schaffen, und er hatte sich im Juli 1936 am Auswärtigen Amt vorbei direkt an Hitler mit der Bitte um Hilfe gewandt. Mit Erfolg, denn Hitler zögerte nicht lange, überzeugt davon, daß andernfalls »Spanien ein Opfer des Bolschewismus« werden würde. Nachdem er dem General Flugzeuge zum Transport seiner Truppen geschickt hatte, war im Oktober desselben Jahres daraus eine umfassende Militärhilfe geworden, an deren Spitze die Luftwaffe Hermann Görings stand. Für sie war der spanische Bürgerkrieg auch ein Terrain zur Erprobung der neuesten Waffenentwicklungen und Taktiken geworden. Eine der verheerendsten war der gleichzeitige Einsatz von Spreng- und Brandbomben, die über weite Flächen hinweg zu wandernden, orkanartigen Feuerstürmen führten und erstickten, was sie nicht verbrannten, weil den Menschen in den Kellern und Schutzräumen der Sauerstoff fehlte. Von Spanien sollte diese apokalyptische Form der Kriegsführung über Coventry, Hamburg und auch Stalingrad bis nach Dresden führen.

Die Rückkehrer aus der Legion Condor gelten nun als technische Spezialisten und werden, im Jargon der Nationalsozialisten, als »erprobte Kämpfer« hofiert. Häufig mit Orden geschmückt und alle mit ansehnlichen Geldabfindungen versehen, drängen auch sie in die Posten als Bordmechaniker. Mit dem Fliegen, sagt sich Otto Thalheimer daher resigniert, das wird doch nichts. Er glaubt, daß der Krieg gegen Polen, der mittlerweile begonnen hat, beendet sein wird bevor er dabei ist und daß ihm der Friede in Europa folgt. Diesen Irrtum teilt er mit vielen anderen seiner Generation, wie ebenso das Gefühl, daß gerade die Jungen, die nicht an der Front waren, in der soldatischen Männerwelt des »Dritten Reichs« weniger wert sein werden. Als er sich schon ganz auf den Boden verbannt fühlt, taucht am Schwarzen Brett in der Kaserne ein Aushang auf: Gesucht werden Bordfunker.

Ohne eine Vorstellung, was ein Bordfunker tut, aber mit der Hoffnung, daß dies der Weg zum Fliegen ist, meldet sich Otto Thalheimer zusammen mit einem Freund. Beide werden nach einem Eignungstest angenommen und kommen zur

»Funkervorausbildung« nach Königsberg-Neumark an der Oder. Im Sommer 1940 wird er außerplanmäßig Gefreiter, ein Vorgang, der seinen Ehrgeiz befriedigt und in der Praxis wenig mehr bietet als den Vorteil, in der zum Essen aufgereihten Schlange vorne stehen zu können. Auch seine Ausbildung auf der »Reichsnachrichtenschule« beendet er vorzeitig im Spätherbst mit einer Prüfung, weil er sich im Metier des Funkers und Navigators ausgezeichnet hat. Mehr noch ist aber die Auszeichnung ein Vorwand. Hitlers gescheiterter Versuch, mit der Luftwaffe England sturmreif zu bombardieren, hat hunderten von Flugzeugbesatzungen das Leben gekostet. Es fehlt Ersatz, ausgebildete junge Männer zwischen zwanzig und zweiundzwanzig Jahren, die an Stelle der Toten und Verwundeten treten können, in einen Kreislauf, der in den kommenden Jahren immer schneller und schneller werden wird.

Im Februar 1941 wird Otto Thalheimer als Funker zu den Transportfliegern auf eine JU 52 versetzt, eine robuste, aber zu diesem Zeitpunkt technisch bereits veraltete dreimotorige Maschine, die während des ganzen Krieges das Rückgrat der Transportfliegerei bilden wird. Getarnt als Lehrgeschwader geht es nach Rumänien, das nach Ungarn und der Slowakei kurz davor steht, ein Alliierter der Achsenmächte zu werden. Daß die Tarnung als Lehrgeschwader nicht nur politische, sondern auch militärische Gründe hat, begreift Otto Thalheimer am 6. April, dem Beginn des Feldzugs gegen Jugoslawien und Griechenland, die drei Wochen später kapitulierten. Die englischen Truppen, die seit März die Griechen gegen Mussolini unterstützt hatten, haben das Land verlassen, und Otto Thalheimer fliegt nun Schiffsbesatzungen der Marine aus Wilhelmshaven nach Athen, wo sie die von den Engländern zurückgelassenen Schiffe in Besitz nehmen. Im Mai bringt Otto Thalheimers Besatzung Infanteristen an die Nordküste von Kreta und kommt dabei fast ums Leben, als ein eigenes

Jagdflugzeug seine Maschine am Boden rammt und in der Mitte auseinanderreißt.

Nach dem Einsatz auf Kreta, wo ein Großteil der Maschinen aus Otto Thalheimers Gruppe verlorengegangen und die Besatzungen getötet worden sind, erhält er Heimaturlaub: »Aber da hab ich nur guten Tag gesagt, da stand schon der Briefträger an der Tür, und ich mußte wieder weg. Das ist mehrmals passiert. Heute sagt man, warum warst du so blöd! Man hätte gut noch zwei, drei Tage bleiben können, aber damals dachte ich, du mußt unbedingt zurück.«

Es sind die letzten Tage im Mai 1941, knapp vier Wochen bevor Hitler den Angriff auf die mit dem »Dritten Reich« verbündete Sowjetunion befiehlt. In Österreich bereitet sich das Transportgeschwader von Otto Thalheimer auf den neuen Einsatz vor, dessen Ziel den Mannschaften bis zum Vorabend des 22. Juni 1941 unbekannt bleibt. Um drei Uhr am nächsten Morgen überqueren die Transportmaschinen den von Deutschland besetzten Teil Polens und landen beladen mit Spezialmunition für die Artillerie und Flak hinter den vorrückenden Panzern und der Infanterie. Die strategischen Konsequenzen, der Angriff auf ein Land, das von Nord nach Süd und von West nach Ost Tausende Kilometer mißt, während zugleich deutsche Truppen fast ganz Europa besetzt halten, macht weder auf Otto Thalheimer noch auf irgend jemanden aus seiner Umgebung den geringsten Eindruck: »Nach dem Krieg sagte man, der Hitler war wahnsinnig, aber damals hat man nicht so viel gedacht.«

»Im Sommer 1942 haben wir für die Panzerspitzen der 6. Armee Benzin geflogen. Vierzehn volle Fässer gingen in die JU 52. Ihren Namen Tante JU hatte sie nicht umsonst. Viel mehr als zweihundert Stundenkilometer waren nicht drin. Ein leichtes Ziel. Wenn sie auf uns schossen, lief aus den Fässern das Benzin in die Maschine. War kein Brandgeschoß dabei, hatte man Glück. Aber auf dem Rückweg flogen wir leere Fässer oder Verwundete. Mit den leeren Fässern im Hochsommer, kriegte da einer von uns Beschuß und wurde getroffen, dann war's vorbei. Die Maschine wurde in der Luft zerrissen.

Einmal flogen wir Benzin, einmal Generäle und Feldmarschälle. Richthofen hab ich geflogen, kurz nach dem Untergang der 6. Armee in Stalingrad, da war er eben Generalfeldmarschall geworden. Ich stand an der Tür und er warf mir dann seinen Marschallstab zu. Nicht der dicke feierliche, nen kleinen, dünnen, besetzt mit lauter Steinen. Die haben sich nicht lumpen lassen und es war ein erhabenes Gefühl. Für zwei Minuten, dann kam ein Hauptmann und nahm ihn mir wieder ab. Richthofen zog den Flugzeugführer ohne ein Wort aus dem Sitz, er wollte selber fliegen. Und dann saß er da links vorne und rauchte im Flugzeug. Auf dem Flugplatz ließ er jeden verhaften, der auch nur in der Nähe einer Maschine rauchte. Der ging in den Bau.

Gut fünfhundert Einsätze bin ich in diesem Jahr geflogen. Wenn der Flugzeugführer ne Pause brauchte, flog ich oder der Mechaniker. Es war körperlich ne Schinderei, wenn wir die Benzinfässer ein- und ausluden oder auch die Verwundeten. Nicht anders als bei Fernfahrern. Wir waren heute hier und morgen dort. Mal haben wir die Spitze der 6. Armee versorgt, mal flogen wir für die Armee, die weiter südlich in den Kaukasus sollte, die Ölfelder erobern. Da sind wir auch mal in Richtung Astrachan geflogen. Von Stalingrad aus nach Südosten. Die Steppe endlos, ein Meer aus braunem Gras, manchmal eine Kamelkarawane, und es dauerte Stunden, bis wir einen Spähtrupp erreichten, der dort unten ohne Sprit und Verpflegung festsaß. Wir waren heute auf der Krim und war morgen schlechtes Wetter, dann konnten wir auch auf dem Flug nach Berlin sein. Dabei haben wir ausgezeichnete Verpflegung bekommen. Es war eine Sonderverpflegung, es gab Milch, Kaffee, Schokolade und was nicht alles. Manchmal haben wir auch Kohldampf geschoben, aber selten. Die Luftwaffe war mit der Versorgung sehr viel besser dran als die Infanteristen.

Mein Flugzeugführer war zweiundzwanzig, der Heckschütze war zwanzig und der Mechaniker war siebenundzwanzig. Obwohl wir durch die Dauer der Ausbildung im Schnitt älter als die von der Infanterie waren, hatten wir auch Besatzungen, alle eben über zwanzig und wild. Es gab Bezirke, über die wir nicht fliegen durften, da saßen die Partisanen. Solchen Besatzungen aber war das egal. Nach einem Transport sagte so ne Besatzung auf dem Rückflug: Gehen wir ans Maschinengewehr, da fliegen wir rüber und werden's ihnen zeigen. Und dann ist die Maschine von den Partisanen durchlöchert worden. Es gab Mordstheater, nachdem die wieder da waren. Die Leute waren jung und es gab welche, die wollten mit dem Kopf durch die Wand.

Am Don gab es heftige Kämpfe und wir flogen Panzersoldaten mit furchtbaren Verbrennungen zurück. Ab und zu war ein Flug nach Deutschland dabei. Von den fünfzig Maschinen in unserer Gruppe kam jede mal dran. Sie mußte in die Werft in die Überholung oder irgendwelche Spezialteile sollten geholt werden. Wir nahmen dann Verwundete mit und brachten sie auf dem Rückflug ins nächste Lazarett. Das war für uns Lemberg, das lag schon weit zurück. Wir hatten fünfzehn Verwundete in der Maschine und bevor sie auf dem Flugplatz in die Sanitätswagen geladen wurden, hab ich gesagt: ›Morgen früh um sieben fliegen wir weiter nach Breslau. Wer dann hier ist, für den ist das eine Möglichkeit.‹ Einige von ihnen waren am nächsten Morgen da, alle, die irgendwie noch krauchen konnten. Und wir nahmen statt Urlauber Verwundete mit, da hatte uns niemand reinzureden. Konnten die Verwundeten sitzen, haben wir fünfzehn oder auch sechzehn mitgenommen. Mußten sie liegen, konnten wir nur sechs bis acht und zwei, drei Sitzende mitnehmen.

Lemberg lag an unserer Strecke nach Deutschland. Als wir im Anflug waren sahen wir Tausende von Leuten, die mit Schaufeln und Eimern die Startbahn verlängerten. Das war wie in China, wenn dort ein Damm oder eine Straße gebaut wird. Keine Maschinen, aber Tausende von Leuten. Abends haben wir in der Kantine zwei vom Bodenpersonal gefragt. ›Das sind Juden, das sind KZler, die fallen um wie Mücken, und wenn nicht, dann werden sie umgebracht.‹

Nachts sind wir auf unseren Flügen gerade im besetzten Polen, aber auch in Deutschland an Sperrgebieten vorbeigekommen, die hell erleuchtet waren. Uns haben sie gesagt, das sind Gefangenenlager. Wenn Sie aber Nacht für Nacht haarscharf an Sperrgebieten vorbeifliegen und Sie sehen Baracken und alles ausgeleuchtet, können Sie nicht die Augen zumachen. Wir haben was geahnt. Aber ich konnte auch nichts machen, wenn einer nun sagt, ja, warum haben Sie denn damals nicht Ihre 08, Ihre Pistole, genommen und sind dagegen angegangen.

Zuvor, im Herbst 1941, waren wir auf einem Feldflugplatz bei Schitomir in der Ukraine stationiert. An mehreren Abenden hörten wir Schüsse und wollten dann wissen, was da war. Wir kamen zu einem Steinbruch und sahen aus einem Versteck an seinem Rand, wie ein Landser auf einen Mann schoß, sein Gewehr wegwarf und davonrannte. Und dann sahen wir, wie ein Unteroffizier seine Pistole zog und den am

Boden liegenden Mann erschoß. Wir hatten die Exekution eines russischen Kommissars gesehen, aber das habe ich eben erst später begriffen. Damals sind wir in dem Versteck geblieben, weil wir nicht wußten, was noch passieren könnte.

Am 10. September 1942 sind wir das erste Mal auf dem Flugplatz von Pitomnik gelandet. Wir sind eine Bahnstrecke entlanggeflogen, an der aber die russische Flak stand. Der Maschine neben uns schossen sie den einen Motor weg und die konnten sich nur retten, indem der Funker und Bordmechaniker in der Luft alles rauswarfen, bis die Maschine wieder Höhe gewann und umdrehen konnte. Andere hatten weniger Glück.

Der Platz, von dem aus wir flogen, lag bei einem größeren Dorf: Tazinskaja. Von der Kommandantur war uns ein Lehmhaus zugewiesen worden. Zwei Räume, eine Kochstelle. Die Leute, die eigentlich drin gewohnt haben, eine Frau, mehrere Kinder und ein älterer Mann, die haben sich einen Stall ausgebaut. Barfuß haben sie Lehm und Stroh zu einer Masse vertrampelt und daraus Steine gemacht. Wir hatten ein gutes Verhältnis, weil von unserer Verpflegung immer etwas übrigblieb, und ich glaube, sie kriegten von der Kommandantur auch Geld. Ich hab mir aber keine Gedanken gemacht, daß sie aus ihrem Haus raus mußten.

Die Jagdflugzeuge begleiteten uns nur einige Tage. Wo es für uns brenzlig wurde, in der Nähe von Stalingrad, wo wir ihren Schutz brauchten, drehten sie ab. Weiter reichte ihr Sprit nicht. Wir sind aber so eng in Formation geflogen, daß wir gegen die russischen Flugzeuge eine ganz schöne Abwehr hatten. Das half nicht immer, aber es gab einem das Gefühl, na, es wird schon gutgehen. So ab Dezember, vielleicht auch schon etwas früher, sind wir dann einzeln geflogen und nun eben nachts oder wenn es dunkel war.

Am Flugplatz von Pitomnik kamen dann aber die russischen Flugzeuge und griffen uns an, wenn wir landeten. Man sah die Geschosse und die explodierenden Bomben. Man konnte versuchen durchzustarten, um den anfliegenden russischen Jagdbombern zu entkommen. Rollte man schon aus, hinter sich die einschlagenden Bomben, dann war man völlig machtlos. Ich sprang aus der Ladetür, warf mich hin und schob die Flugkarte über den Kopf. Das half natürlich nichts, aber man versuchte sich irgendwie zwischen den fallenden Bomben unsichtbar zu machen, auch wenn es nur ein Blatt bedrucktes Papier war. Man lacht vielleicht hinterher, aber es ist ein schreckliches Gefühl. Du denkst: na, wenn es dich jetzt erwischt – ein bißchen können sie ja noch warten. Rechnen mußte man jeden Tag damit.

Pitomnik einen Flugplatz zu nennen führt in die Irre. Es war einfach eine riesige Fläche, auf der vorher Maisfelder waren. Die Landebahn war so sechshundert Meter lang und vierzig breit. Nicht viel für eine Maschine, die eine Spannweite von knapp dreißig Metern hat. Jetzt im Spätsommer landeten wir mit einer riesigen Staubwolke hinter der Maschine, da war kein Beton, nix, den Ackerboden hatten sie mit ner Walze befestigt. Am Rand von dem riesigen Feld waren die Zelte, die Werkstätten, die Unterkünfte für's Bodenpersonal, die Tankwagen und was man so brauchte. Und dann war noch ein Bunker für die Flugleitung, der unter der Erde lag.

Im September und im Oktober haben sie uns da unten rumgeschickt wie die Fernfahrer, zwischen dem Kaukasus und Stalingrad, heute hier, morgen da. Wir hatten keine richtige Übersicht wie die da oben, aber wir waren an allen Frontabschnitten und viel besser informiert als die Infanteristen. Die Nahaufklärer, die in Obliskaja vor dem Don lagen, erzählten, daß unsere Front ganz dünn war und daß das jederzeit in die Hose gehen könnte. Und so kam's dann auch.

Die Kesselfliegerei begann, und anfangs flogen wir noch tagsüber und im Pulk, zwanzig oder dreißig Maschinen zusammen. Stalingrad haben wir in dreitausend Meter Höhe angeflogen. Und mit uns flogen Jagdflieger, aber nicht lange. Bei schlechtem Wetter, und das hatten wir seit Oktober immer häufiger, konnten die nicht starten. Später wurde auch für sie der Weg zu weit.

Nachdem Göring bei Hitler behauptet hatte, er könne mit der Luftwaffe die Leute in Stalingrad versorgen, hatten sie zehn Transportfliegergruppen zusammengezogen. Über den Daumen waren das fünfhundert Maschinen. Das stand auf dem Papier. Von denen waren nie alle einsatzbereit. Und dann das Wetter, es war naß und kalt im November und die Maschinen vereisten. Das wurde immer schlimmer, wir hatten kein Gerät, keine Wärmewagen und haben das Eis mit Knüppeln vom Rumpf und den Tragflächen geschlagen.

Jeder vernünftige Mensch hätte gesagt, da kann keiner fliegen, das ist Selbstmord. Aber der Staffelkapitän sagte: ›Sie müssen fliegen, Stalingrad braucht Nachschub. Das ist ein Führerbefehl!‹ Es gab keine Rücksicht mehr. Der Staffelkapitän wurde vom Kommandeur, der Kommandeur vom General, der General von Feldmarschall Milch, und Milch wurde von Göring unter Druck gesetzt. Ganz oben war der Führerbefehl und ganz unten waren wir. Und wir mußten dran.

Wenn eine Besatzung einen Einsatz abbrach, wieder landete und sagte, ich hatte eine Störung, das Funkgerät ist ausgefallen, dann war sofort ein Ingenieur von Telefunken da und plombierte das Gerät. Von da an lief ein Verfahren, bis das Gerät untersucht war und sich rausstellte, es war tatsächlich defekt. In Tazinskaja und später auf den anderen Flugplätzen waren immer Ingenieure da, nicht nur von Telefunken, auch von BMW und anderen Firmen. Kehrte eine Besatzung um und sagte, wir hatten mit einem Motor Schwierigkeiten, dann stand der Ingenieur von BMW schon auf dem Platz, um den Motor zu untersuchen. Das war für jeden, der fliegen mußte, ein ungeheurer Druck. Und es gab Fälle, wo die Untersuchung dann zu einem Militärgerichtsverfahren führte wegen Feigheit vor dem Feind. Ich weiß nicht, wie die endeten. Nicht gut, denke ich.

Es gab aber dennoch kleine Tricks. Wir wußten, um fünfzehn Uhr ging in Stalingrad die Sonne unter, und das war für uns eine halbe Lebensversicherung. Nun hieß es, um zwölf Uhr starten Sie Richtung Stalingrad und dann wären wir am hellen Tag angekommen. Ein gutes Ziel für die russische Flak und die Jäger. Wir haben dann die Motoren warmlaufen lassen und kurz vor zwölf gesagt: ›Wir müssen nachtanken!‹ ›Wieso denn?‹ ›Wir brauchen jeden Tropfen Sprit.‹ Und das stimmte auch. Nun mußte ein Tankwagen geholt werden, dann wurde nachgetankt und dann war eine Dreiviertelstunde vergangen und in Stalingrad würde es dunkel sein, wenn wir ankamen. Es ging um unser Leben.

Nachts lauerten in der Nähe von Pitomnik die russischen Jagdbomber. War die Nacht klar, sahen sie, wie unten an der Landebahn ein paar Petroleumlampen angingen, und sie konnten die Auspufflammen an unseren Motoren sehen. Schraubten wir uns dann runter und waren so zwei-, dreihundert Meter hoch, dann setzen sie sich hinter uns und griffen mit Bordwaffen und auf der Landebahn mit Bomben an. Es war sicherer nachts, bei dichten Wolken und Schneetreiben. Wir hatten die größere Chance zu überleben. Vorausgesetzt, man hatte Blindflugerfahrung.

In Kreta war ich mit einem Piloten geflogen, bei Tag, mit Jägern, die uns angriffen, mit der Flak, die auf uns schoß – und es ging alles klar. Dann bin ich in Rußland mit dem in Schlechtwetter gekommen, da sind wir bald auf der Schnauze gelandet. Wir hatten einen abgeschossenen Jagdflieger mit drin, einen ausgebildeten Blindflieger, der sagte: ›Soll ich mal?‹ ›Ja!‹ Der hat sich ans Steuer gesetzt und die Maschine von meinem Piloten übernommen, dem der Schweiß runterlief. Der hätte das nicht überstanden. Das schlechte Wetter hatte also ne gute und ne schlechte Seite.

Im Dezember kam der Schnee. Pitomnik sah aus wie eine weiße Dünenlandschaft, überall riesige Schneeverwehungen, Maschinen, die zu Bruch gegangen waren oder von den Russen abgeschossen. Wir landeten ja nur noch nachts mit den paar Petroleumlampen an der Bahn und es konnte schnell heikel werden. Die Bahn in Pitomnik war sehr schmal, keine sechzig Meter. Geriet dann eine landende Maschine in einen der verschneiten Granattrichter, gab es Bruch. Normalerweise schoß dann die Flugleitung rot: hau ab, du kannst nicht runter. Sie wollten aber jede Maschine runterholen und das wurde dann kriminell.

Im Dezember erinner ich noch Mannschaften mit nen paar Lastwagen, die auf dem Platz die Maschine entluden. Die Verwundeten kamen anfangs noch organisiert. Auch noch in Sankas. Wir übernahmen sie sozusagen nach Plan, was nicht bedeutete, daß es reibungslos lief. Es kamen aber nicht mehr Verwundete zu den Maschinen, als wir aufnehmen konnten. Aber auch da hatten sie schon lange auf dem Platz gelegen. Kümmern konnten wir uns um die Verwundeten nicht. Wir hatten mit uns selbst zu tun. Wenn wir die Luke zugemacht hatten, dachten wir daran: Wo kannste rausstarten, kommste weg, kommste nicht weg, nimmt die Flak dich unter Beschuß, sind da Jäger?

Am 5. Dezember mußten wir mit dreiunddreißig Maschinen von Tazinskaja nach Stalingard fliegen. Geladen hatten wir Hartwürste in Säcken. Die Temperatur war um Null Grad, es nieselte und die Maschinen vereisten schon am Boden. Wir kamen nach Stalingrad, aber wir konnten nicht landen, es gab aufliegende Wolken, das heißt, die Wolken reichten bis auf den Boden und man war ohne Sicht. Zwei Anflüge haben wir gemacht, ohne Erfolg. Auf dem Rückflug hörte ich mit meinem Funkgerät, wie sie die zurückkommenden Maschinen abwiesen. Der Platz war dicht, keiner konnte runter. Wir sahen dann, es war später Nachmittag, Telegrafenmasten und daneben mußte ja eine Rollbahn, eine der unbefestigten russischen Straßen sein. Wir flogen eine Kurve, haben gesehen, ach, das kann ja gehen und landeten neben den Masten. Ein LKW mit einem Landser kam vorbei und der Russe war auch nicht weit. Eine Nacht stand die Maschine neben der Rollbahn. Haben wir die Nacht in der JU verbracht? Ich weiß es nicht mehr, aber ich seh uns noch, wie wir am nächsten Morgen dort gestartet und nach Tazinskaja geflogen sind.

Nun waren wir wieder da mit unseren Hartwürsten, die nach Meinung der Herren ja in Stalingrad sein sollten. Jedesmal kam dann einer mit einem Stapel Papier, stellte tausend Fragen, und wir mußten genau begründen, warum wir die Ladung nicht nach Stalingrad bringen konnten. Man flog, wenn man den Befehl bekam, und man war froh, wenn man nicht fliegen mußte.

So in dieser Zeit hatten die Russen Funkstationen von uns erbeutet und die Funker drangelassen, damit die uns direkt in die Arme der Russen lotsten. Nur durch viel Erfahrung und Tricks merkten wir, daß da was nicht stimmte. Wir flogen Manöver um zu sehen, ob die Peilungen so sprangen, wie sie sollten. Taten sie's nicht, wußte man, da war was faul. Wenn Sie aber keine Erfahrung haben, und Sie hören nur ein schwaches Piepsen und dann ein Signal in voller Lautstärke, daß Sie geradezu einlädt – Mensch, komm hierher, nimm die und die Gradzahl, und du bist sicher unten – dann kann man sich leicht vorstellen, daß einer den Russen direkt in die Arme flog. Und die Russen hatten Stromaggregate, während die Soldaten, die unsere Funkfeuer bedienten, teilweise auf Fahrrädern strampelten, um den Strom zu erzeugen. Einige sind so bei den Russen und in Gefangenschaft gelandet.

Vor Stalingrad hatten wir das Gefühl, der Krieg könnte noch gewonnen werden. Als es dann hieß, Stalingrad wird gehalten und aus der Luft versorgt, haben wir gedacht, die da oben spinnen. Ende Dezember, nach sechs Wochen Kesselfliegerei, war für mich der Krieg verloren.

In der Nacht zum 24. Dezember lagen wir in Tatzinskaja in unserer Lehmhütte und dann zogen plötzlich Rumänen durch den Ort. Nicht ein paar, es war ein Strom. Zuerst wußten wir nicht, was los war. Und dann begriffen wir: Die Russen waren bei den Rumänen durchgebrochen, die hatten keine Chance, die waren viel zu schlecht bewaffnet. Wir hörten nun den Donner der Geschütze, der immer näher kam. Als die ersten russischen Panzer auftauchten, sind wir zu Fuß los zum Flugplatz, zwei oder drei Kilometer entfernt von unserer Lehmhütte.

Der Mechaniker und der Bordschütze sind zum Flugzeug, um das bereitzuhalten und wir sind zum Gefechtsstand. Es mußte nun einen Befehl geben, aber da war nur ein Riesendurcheinander. Keiner wollte etwas entscheiden, keiner der Buhmann sein, der Flugplatz wurde ja dringend gebraucht für Stalingrad. Auf der anderen Seite war klar, wir sind von den Russen eingeschlossen. Die Panzer waren schon auf dem Platz. Ich sah Schatten und das Aufblitzen, wenn sie schossen.

Erst morgens gegen fünf oder sechs hieß es: Start frei, es ist kein Platz vorgegeben. Also bringt euch in Sicherheit und seht, wo ihr runterkommt. Alle rannten zu den Maschinen, aber die kamen schon angerollt, die Panzer machten weiter Jagd, nur mußten sie jetzt nicht mehr schießen, die fuhren einfach in das Leitwerk rein. Eine Maschine kam uns entgegen, ich hab sie mit der Taschenlampe angeblinkt und wie es der

Zufall will, es war unsere. Zehn oder zwölf Mann unseres Bodenpersonals folgten uns, die haben gesagt, wo die hingehen, da kriegen die ne Maschine. Mit denen in der Maschine sind wir los. Sehen konnte man vielleicht dreißig Meter. Dann schiebt man das Gas rein und es kam, was kommen mußte, ne andere Maschine kam von rechts, ein Schatten und wir konnten eben noch drüberspringen. Andere sind zusammengeknallt und ich hab viele Leute nicht wiedergesehen.

Wir sind in Tanganrog gelandet. Das ist ne Stadt am Asowschen Meer, noch hinter Rostow, fast vierhundert Kilometer weg von Stalingrad. Da haben sie uns mit Verpflegung überhäuft, Rum, Wurst, Schokolade und ich hab mich gefragt, woher das alles plötzlich kommt. Es war ein trostloses Weihnachten.

Am nächsten Tag ging es weiter nach Salzk, dort lag unser neuer Absprunghafen, so hundertundfünfzig Kilometer weiter östlich. Nach Stalingrad waren's immer noch dreihundert Kilometer, wir brauchten nun zwei Stunden, um nach Pitomnik zu kommen.

Mein Flugzeugführer hatte sich bei der Flucht aus Tazinskaja Frostbeulen an den Füßen geholt. Seine Filzstiefel waren in unserer Hütte stehengeblieben. In der JU, die war aus nacktem Wellblech, waren in dreitausend Meter Höhe minus 30 Grad. Ich flog nun mit dem Piloten von Göring. Der war sozusagen Görings Privatpilot und von ihm geschickt worden; so voll wie er den Mund genommen hatte, konnte er ja nicht zurückstehen.

Am 9. Januar kam mein Flugzeugführer zurück, und der Pilot von Göring flog wieder mit seiner alten Besatzung. Beim nächsten Einsatz startete er ein paar Minuten vor uns. Und als wir in Pitomnik angekommen waren, hörten wir, daß er mit seiner Maschine kurz vor der Piste von den Russen abgeschossen worden war. In unserer Unterkunft hatte er neben mir auf dem Strohsack gelegen, und weil wir erst dachten, er sei tot, mußte ich seine Sachen zusammensuchen und nach Haus an seine Familie schicken. Dabei fand ich in seinem Strohsack versteckt einen Block mit Flugaufträgen, die blanko abgestempelt waren. Mit dem Blankoblock hätten wir uns auf fast jeden Flugplatz Europas absetzen können. Mit den Scheinen gab's überall Benzin, wurde man überall mit höchster Priorität abgefertigt. Innerhalb von zwei Tagen hatten sie ihn aus der Bonzenfliegerei nach Stalingrad geschickt und er hatte noch alles dabei.

Im Januar löste sich in Pitomnik alles mehr und mehr auf. Verwundete lagen überall auf dem Platz unter freiem Himmel unter Schneewehen. Wenn wir landeten, dann kamen die, die noch laufen konnten. Es gab Gedränge und wir mußten ja die meisten zurückweisen, aber ich habe nie eine Waffe gebraucht. Jeder Verwundete dort hatte einen Schein, selbst der General, der später von Paulus kam.

Im Dezember hatte es auf dem Platz noch ne komplette Lademannschaft gegeben, es gab noch Lastwagen zum Transport unserer Ladung und es kamen noch Sanitätswagen. Ende Dezember, Anfang Januar war das vorbei. Man sah, wie alles zerfiel. Unsere Ladung wurde am Flugplatz aufgestapelt und die Verwundeten lagen oder saßen im Schnee. Und gegen Ende des Kessels war auf dem Flugplatz nichts mehr organisiert und ich hatte den Eindruck, was wir einflogen wurde an die verteilt, die gerade da waren.

Das Chaos war da, jeder wußte, das geht nicht gut, aber die in Berlin haben immer noch hohe Offiziere in den Kessel geschickt. Als schon nix mehr ging und die Leute im Kessel sicher froh waren, wenn sie noch auf ihren Beinen standen, kamen die, damit da Flugplätze und ich weiß nicht was eingerichtet werden sollte. Wußten die, was sie taten und wie's wirklich aussah? Ich glaube nicht. Dabei war auch ein Major, ein Abgesandter von Richthofen an Paulus. Den haben wir wieder rausgeflogen. Wenn man den Start geschafft hatte, wenn man den Kessel hinter sich hatte, war jeder erleichtert und wurde gesprächig. ›Hören Sie bloß auf‹, sagte der Adjutant von dem Major zu mir, ›wir waren bei Paulus. Der war mehr als wütend. ‚Was wollen Sie hier noch', hat er zum Major gesagt, ‚hier ist nichts mehr für Sie zu tun. Tote haben kein Interesse mehr an Kriegsgeschichte. Sehen Sie zu, daß Sie noch nach Hause kommen, wenn Sie noch ein Flugzeug kriegen. Sie können Richthofen grüßen und ihm sagen: Er kann mich am Arsch lecken.'‹

Kurz nach dem Start, der war wegen der Schneewehen schon heikel, fing die schwerbeladene Maschine an zu vereisen. Wir sackten ab und das kann schnell schiefgehen. Der Major saß rechts neben dem Flugzeugführer und griff aus Angst oder weil er glaubte, er könne es besser, ins Steuer. Die Maschine verlor Höhe, es wurde richtig brenzlig und der Otto schlug dem Major auf die Pfoten und hinten schrie sein Adjutant: ›Fliegen Sie so, wie Sie wollen, der Major hat Ihnen gar nichts zu sagen!‹ Ob es ihm hinterher gut bekommen ist, sich gegen seinen Kommandeur zu stellen, weiß ich nicht, aber der Mann hatte Mut. Üblich war das nicht.

Am 15. Januar 43 stand der Russe auch vor Salzk. Der Rückzug aus dem Kaukasus hatte ja schon längst begonnen und wir mußten den Flugplatz aufgeben. Es ging hoch nach Norden auf einen Flugplatz bei Swerewo. Da haben sie die Zivilbevölkerung geholt, hunderte von Leuten, die mußten antreten, in Reihen untergehakt und trampelten uns dann eine Landebahn von mindestens fünfhundert Metern, weil es keine Walzen gab.

Der Flug in den Kessel wurde noch länger, und während wir uns zurückzogen, eroberten die Russen Pitomnik, und wir flogen jetzt nach Gumrak. Anfangs waren wir eine gute

Stunde geflogen, später mehr als zwei und nun, zum Schluß, brauchten wir drei Stunden für einen Weg. Das Dilemma war: Es gab nur noch Gumrak, immer weniger Transportmaschinen, von denen immer weniger einsatzbereit waren, die Distanz zum Kessel wurde immer größer und der Kessel selbst wurde immer kleiner.

Am 21. Januar 43 flogen wir von Swerewo aus nach Gumrak. Ich weiß all diese Daten noch so genau, weil ich noch unser Flugbuch habe. Drei Stunden dauerte der Anflug jetzt. Viel mehr wär auch nicht drin gewesen. Man mußte runter auf Teufel komm raus oder abdrehen und zurück. Das Wetter war an diesem Tag saumäßig, aber wir kamen beim ersten Anflug runter, einen zweiten hätt's auch nicht gegeben, das Benzin reichte nicht.

Unzählige Verwundete warteten auf ein Flugzeug. Verwundete, deren Verletzungen so schwer waren, daß sie normalerweise auf Bahren in die Maschine gehoben wurden, die haben uns geholfen, die Fracht aus den Maschinen zu laden. Sie haben mit ausgeladen, damit sie eine Chance hatten, in die Maschine zu kommen, wenn wir zurückflogen, denn jetzt am Schluß hatten nicht mehr alle Ausflugscheine. Es gab keine Panik, und wir mußten die Verwundeten auch nicht mit der Maschinenpistole zurückhalten. Aber man mußte schon abblocken. Es gab aber keine Gewalt, und es gab auch keine Leute, die hinter der startenden Maschine herliefen.

Ringsum die Explosionen von den russischen Granatwerfern. Es war mörderischer Druck und wir haben so schnell wie's ging, ich glaube, fünfzehn Verwundete eingeladen. Mehr ging nicht, auf dem Platz war ein Granattrichter neben dem anderen, und wir wären nicht mehr hochgekommen. Ich wollte gerade die Luken dichtmachen, da taucht ein General auf: ›Hören Sie, ich bin General Jaenecke. Sie nehmen mich mit! Auch meinen Stabsoffizier und meinen Fahrer. Befehl von Generaloberst Paulus.‹ Was tun? Drei von den armen Kerlen wieder ausladen? Es war immer ne schwere Entscheidung: Mit wie vielen kommst du durch die Granatlöcher und Schneewehen wieder in die Luft? Wir haben sie alle mitgenommen, und drei Stunden später sind wir in Swerewo gelandet, in einer Schneewehe steckengeblieben und das Benzin war aus.

Der General Jaenecke wollte einen Wagen haben, den sollte ich besorgen. Ich mußte mich aber erst um die Verwundeten kümmern und hab ihm den Weg zu unserem Gefechtsstand gezeigt, einem zerschossenen Omnibus. Später kam ich da hin und sah, wie er hektisch telefonierte. Der rief Gott und die Welt an und ich hab mich gewundert. Später hab ich dann gelesen, der hatte im Kessel, als er noch dachte, nun ist es aus, einen geharnischten Bericht an das OKH* geschrieben. Ich weiß nicht, was da drinstand. Vielleicht hat er geschrieben, ihr verheizt uns hier, ihr habt wohl nen Vogel. In letzter Minute hatte er plötzlich den Ausflugschein in der Tasche und sollte sich in Berlin melden. Er hat also da versucht, diesen Bericht aufzuhalten, ihn irgendwie rückgängig zu machen, weil er nun raus war aus dem Kessel. Ob's ihm gelungen ist, weiß ich nicht und damals, wie er mit Gott und der Welt telefonierte, wußte ich auch nicht, worum es ging. Erst später hab ich in einem Artikel der Süddeutschen Zeitung darüber gelesen.

Nun standen wir dort rum und warteten darauf, zu unserer Unterkunft gefahren zu werden. Wir zündeten uns ne Zigarette an und der General sah zu uns herüber und sagte: ›Wer hätte wohl eine Zigarette für mich?‹ Er kriegte eine, auch Feuer, und machte einen Zug und plötzlich schrie sein Stabsoffizier meinen Flugzeugführer an: ›Wenn Sie einem General eine Zigarette anbieten, dann nehmen Sie Ihre gefälligst aus

* OKH (Abk.): Oberkommando des Heeres.

dem Mund!‹ Der Otto hatte unter einem Arm die Karten gehabt, im anderen sein Zigarettenetui und die Zigarette im Mund. Eben hatten wir diese Herren mit einer der letzten Maschinen aus Stalingrad rausgeflogen und jetzt standen wir offenbar wieder auf dem Kasernenhof. Ich hab nix gegen Offiziere, aber das war typisch. So waren sie. Gerade hatten wir sie aus dem Dreck geholt, jetzt hatten sie wieder Boden unter den Füßen und wir waren Luft für sie. Menschenmaterial. Das hat mir gestunken.

Gumrak ging nun auch verloren, am 22. oder 23. Januar, und wir sind nur noch ein einziges Mal gelandet, in Stalingradsky, das war nicht mehr als ne Rollbahn. Da war nichts außer Schnee und Trostlosigkeit. Danach haben wir die Ladung nur noch abgeworfen. Benzin und Munition, und dann in den letzten Tagen nur noch Verpflegung. Hauptsächlich im Norden, da war das Traktorenwerk. Wir sind in dreitausend Meter angeflogen, weil die Flak mit jedem Tag stärker wurde. Dann haben wir uns runtergeschraubt bis auf ungefähr hundert Meter und die Sachen rausgeworfen. Vor dem Start hatte man uns gesagt, daß die Eingeschlossenen mit Feuer Zeichen geben, zum Beispiel als Kreuz. Solche Zeichen waren aber selten.

Frühmorgens, es war noch dunkel, kam am 2. Februar 1943 unser letzter Einsatz. Im Tiefflug sind wir über die Stadt, vom Südkessel, der gerade gefallen war, zum Nordkessel und haben dort Verpflegungsbomben abgeworfen. Die Tür hatten wir ausgebaut, um die Sachen rauszuwerfen, im Flug kriegte man die nicht auf. Nun versuchten wir wieder rauszukommen aus dem Kessel, aber die Scheinwerfer und die Flak haben uns immer wieder erwischt. Wenn neben einem die Flakgranaten explodieren und die Maschine durchschütteln, dann wird's einem mulmig. Aber nun war es von den Scheinwerfern auch noch taghell in der Maschine, weil wir keine Tür mehr hatten. Es war gespenstisch.

Der Kessel war klein, ein paar tausend Meter. In dem Kegel, den die Flak und die Scheinwerfer bildeten, sind wir hoch, in ganz engen Steilkurven. Hoch bis auf fünftausend Meter, das war das höchste, was wir mit der Maschine je erreicht haben. Unser Flugzeugführer stellte nun die Maschine auf den Kopf, das war wie'n Kleinjungenstreich, wir rauschten runter, weg von Stalingrad und alles was hinten in der Maschine lag, die Bremsklötze und so, das hing an der Decke. Wir wußten, daß dies unser letzter Flug nach Stalingrad war.

Sie hatten uns gesagt, wir sollten auf diesen letzten Flügen darauf achten, ob wir unterwegs Kolonnen sehen, die versuchen, aus dem Kessel nach Westen auszubrechen. Wir sollten die Position feststellen und in den folgenden Nächten die Strecke wieder abfliegen und Nahrungsmittel und Munition abwerfen. Ich selbst hab aber so einen Einsatz nicht mehr geflogen und auch nicht gehört, daß dort Leute entdeckt und gerettet worden sind.«

Während die 6. Armee sich schon seit Wochen in Agonie befand, hatte das Oberkommando der Wehrmacht in seinen Presseberichten zwar von »schweren Kämpfen im Raum von Stalingrad« berichtet, aber immer wieder, wie hier im Bericht vom 9. Januar 1943 zugleich betont, daß »die erbittert angreifenden Sowjets … überall zurückgeschlagen« worden seien. »Die an vielen Stellen sofort zum Gegenstoß antretenden deutschen Truppen fügten dem Gegner hohe blutige Verluste zu und vernichteten zahlreiches Kriegsmaterial.«

Erst zweieinhalb Monate nach Beginn des Kessels und dessen Ende vor Augen, bereitet sich Berlin auf das Eingeständnis vor, daß die 6. Armee eingekesselt und nicht mehr zu retten ist. Am 23. Januar 1943 schreibt Goebbels in der zynischen Diktion des »heroischen Realismus« und so, als sei er selbst an Täuschung und Vertuschung unbeteiligt, in seinem Tagebuch:

»Die ganze Unterredung mit dem Führer verläuft äußerst dramatisch, weil alle Augenblicke eine Nachricht von Stalingrad kommt, die meiner Darstellung das nötige Tempo und die nötige Härte gibt... Ich dringe deshalb auch darauf, daß der Führer nun endlich seine Zustimmung zu einer offeneren und wahrheitsliebenderen Nachrichtenpolitik gibt. Er will, sobald die Dinge in Stalingrad als verloren aufgegeben werden müssen, mit der vollen Wahrheit herausrücken und das deutsche Volk zu einer achttägigen Trauer- und Stolzkundgebung aufrufen. In diesen acht Tagen müssen Theater und Kinos geschlossen werden und die ganze Nation sich zu einer einheitlichen Kraftanstrengung aufraffen. Ich bin überzeugt, daß, wenn wir diesen Appell an die Nation richten, sie ihm in vollem Umfang nachkommen wird.

Ich schlage deshalb dem Führer auch vor, den 30. Januar* in verkleinertem Rahmen vor sich gehen zu lassen. Das deutsche Volk und insbesondere die Front würden es gar nicht verstehen können, daß wir jetzt in der Heimat Feste feiern, während in Stalingrad zweihundertundzwanzigtausend Menschen verhungern. Der Führer stimmt meinem Ausweichprogramm zu. Es wird also ungefähr so verlaufen, daß nur Göring zur Wehrmacht spricht und der Führer eine Proklamation an das deutsche Volk richtet, die ich in einer Massenkundgebung im Sportpalast verlesen werde. Diese Proklamation wird das Härteste vom Harten darstellen. Es wird in ihr keine Rücksicht auf Sentimentalitäten genommen, sondern es werden in ihr die Forderungen aufgestellt, die die Lage gebie-

* Der Tag, an dem Hitler 1933 an die Regierung gekommen ist.

tet. Die Partei wird diese Forderungen verstehen und sich in ihrer Durchsetzung beim ganzen Volk zur ehernen Spitze am bleiernen Keil machen.«

Goebbels »Ausweichprogramm« sollte in der Bevölkerung auf wenig Gegenliebe stoßen. Denn schon lange vor der Bekanntgabe, daß die 6. Armee »von der Übermacht des Feindes im Kampf überwältigt worden« sei, hatten die »Meldungen aus dem Reich« am 7. Januar 1943 festgestellt:

> »Das Hauptinteresse gilt *der Lage der deutschen Truppen in Stalingrad und im Raum zwischen Wolga und Don*. Fast allgemein ist jetzt die Ansicht verbreitet, daß die dortigen deutschen Verbände von den sowjetischen Truppen eingekesselt sind. Bei der Beurteilung der Lage an der Ostfront spielen neuerdings Feldpostbriefe eine große Rolle, die im Gegensatz zu früher heute über eine »bedrohliche Lage« berichten würden und von großen Verlusten bei den deutschen Truppen wissen wollen.«

Zweifel, daß der Krieg gewonnen werden könne, hatten aber sehr viel früher eingesetzt. Unterbrochen von den Siegesmeldungen 40, 41 und 42 werden sie von den »Meldungen aus dem Reich« für alle Kriegsjahre dokumentiert. Stalingrad ist also nicht ihr Ausgangspunkt, aber der Moment, von dem an die Zweifel überhandnehmen. Und das »ungeschminkte Bild«, das der SD von der Stimmungslage liefern wollte, geriet auch nicht erst hier in die Kritik von Partei und Staat. Nach einer Intervention Goebbels wurden die Meldungen ab Juni 1943 eingeschränkt und schließlich im Sommer 1944 »als Sprachrohr des Defaitismus« zu Fall gebracht.

Am 6. Februar 1943, die Überlebenden der 6. Armee sind seit drei Tagen in Gefangenschaft, beginnt für Otto Thalheimer ein neuer Einsatz im Kaukasus, wo sich die Heeresgruppe A im Rückzug befindet. Hohes Fieber, mit dem er in diesen Wochen zu tun hat, ist ihm heute nicht mehr so rätselhaft wie im Winter 1943, als ihn der Truppenarzt ohne körperlichen Befund auf die Halbinsel Krim nach Simferopol in ein Lazarett bringen läßt. »Stalingrad« lautet dort die Diagnose, und der Mediziner schickt Otto Thalheimer für zwei Wochen nach Jalta in ein Erholungsheim.

Eineinhalb Jahre zuvor, am 8. November 1941, war Jalta von der Wehrmacht besetzt worden. Im Übergang zwischen Militär- und Zivilverwaltung war ein Monat später ein Ghetto für die jüdische Bevölkerung eingerichtet und schon wenige Wochen später wieder aufgelöst worden. In einer Schlucht, in Sichtweite der Weingärten, die den Ort umgeben, waren innerhalb von zwei Tagen erst die Männer und dann die Frauen, Kinder und Alten erschossen worden. Eintausendfünfhundert Russen jüdischen Glaubens.

Jetzt ist die Stadt am Südhang der Krim, die Hitler in einem seiner Monologe bereits vierzehn Tage vor dem Angriff auf Rußland zur zukünftigen Riviera der deutschen Volksgenossen gemacht und mit einer Autobahnverbindung ins Reich versehen hatte, wieder Kur- und Badeort: nach der russischen Aristokratie und den verdienten Funktionären der Kommunistischen Partei nun für Angehörige der Wehrmacht. Otto Thalheimer aber erinnert nicht mehr das malerische Ambiente der Villen und Gärten, sondern nur noch das »Wacheschieben«, zu dem er auch als Rekonvaleszent herangezogen wird, weil ein Angriff der Russen über das Schwarze Meer befürchtet wird.

Ende März, seine Transportgruppe ist mittlerweile nach Deutschland verlegt worden, steht er dreihundert Kilometer weiter nördlich auf dem Bahnhof von Saporoschje, einen Marschbefehl nach Schwerin in der Brusttasche seiner Uniformjacke. Weil die Bahnstrecken bevorzugte Ziele der Partisanen sind, steigt er mit gemischten Gefühlen in den Zug, um das erste Mal durch ein Land zu fahren, daß er zwei Jahre lang hauptsächlich aus der Luft erlebt hat.

Gesprengte Schienen, aber kein direkter Angriff der Partisanen unterbrechen die Reise mehrere Male, doch in den Abteilen herrschen Urlaubsstimmung und das Gefühl, dem Krieg für einige Zeit entronnen zu sein. Drei Tage später rollen die Waggons durch die Vorstädte Berlins und noch am selben Abend ist Otto Thalheimer bei seiner Gruppe, die sich mit den eben überholten Flugzeugen bereits wieder im Aufbruch befindet. Diesmal nach Charkow in der Ukraine, wo es heißt: Ach, im Moment ist die Lage nicht so tragisch, sie können jetzt ihren Heimaturlaub antreten.

Sein Urlaub im Jahr zuvor ist Otto Thalheimer nicht in guter Erinnerung geblieben. Der Ortsleiter der NSDAP hatte ihn, den Fähnleinführer und Frontsoldaten, der als einziger im Ort mit dem EKI ausgezeichnet worden war, am Heldengedenktag* auf dem Dorfplatz zum Helden stilisiert und ihn zuvor so lange gepiesackt, bis sich Otto Thalheimer verlegen und unsicher ein paar Worte abgerungen hatte: »Mir haben die Knie gezittert. Was hab ich damals gesagt? Höchstwahrscheinlich was ganz dusseliges. Was auch in der Zeitung stand, vom Sieg und vom Durchhalten.«

Auch diesmal ist seine Ankunft, wie es für Fronturlauber durchaus üblich ist, im Lokalblatt angekündigt worden, aber die Begrüßung fällt äußerst reserviert aus. Einige Wochen zuvor war er in Rußland zum Adjutanten gerufen worden, der ihm gesagt hatte: »Ich habe eine Anforderung der Reichsjugendführerschule.« »Was soll ich denn da? Da geh ich nicht hin.« »Die ist aber vom Oberkommando der Luftwaffe be-

* 1934 verwandelten die Nationalsozialisten den Volkstrauertag in den Heldengedenktag. Helden waren diejenigen, die ihr Leben opferten, »um der Gemeinschaft das Leben zu erhalten«.

reits freigegeben, wir müssen dich in Marsch setzen.« »Was kann ich dagegen machen?« »Ignoriere es einfach.«

Otto Thalheimer macht sich zwar auf diese Weise die Rivalität der unterschiedlichen Instanzen im Nationalsozialismus zunutze und hat damit auch Erfolg, aber ignoriert fühlen sich nun auch die örtlichen Größen der Partei, die einen Wunsch Otto Thalheimers nach einer Karriere als Funktionär der Jungvolks vorausgesetzt und zugleich mit ihren eigenen Interessen verknüpft hatten: »Ich will nicht sagen, daß ich immer gegen die Partei gewesen wäre. Aber ich hab mich im Laufe des Krieges abgesetzt, obwohl die Parteibonzen mich poussiert haben, wenn ich nach Hause kam: ›Ihr seid die Besten, ihr seid an der Front! Wenn du erstmal nach Hause kommst, wird alles besser.‹ Aber die haben uns alle angeschmiert. Hätten wir den Krieg gewonnen, hätte ihn die Partei gewonnen und so hat ihn die Wehrmacht verloren.«

Zwischen Frühjahr 1943 und dem Sommer des folgenden Jahres fliegt Otto Thalheimer weiter Munition und Sprit an die Front und die Verwundeten zurück in die Lazarette in einem Kreislauf des Verderbens, den er mit einem Wort umschreibt: Rückzug. Der Krieg ist für ihn mit Stalingrad verlorengegangen, aber man kann nicht aufstehen und weggehen, selbst dann nicht, wenn man den Blankoblock mit Flugaufträgen in der Hand hält und sich ja eigentlich »an jeden Punkt Europas absetzen« könnte.

Zwölf Monate Krieg überspringt Otto Thalheimer in seinen Erinnerungen. Irgendwo scheinen sie verlorengegangen zu sein, in der Routine des »Fernfahrers« vielleicht oder auch in der des Tötens und Sterbens, das sich ebenso wie die Angst davor nicht immer wieder neu erzählen läßt. Im Spätsommer 1944 ist er schließlich zu seinem eigenen Erstaunen – »ich hatte mich nicht darum beworben« – als Fahnenjunker-Feldwebel auf der Luftkriegsschule Fürstenfeldbruck, um Offizier zu werden. Hier, sagt Otto Thalheimer, merkt er zum ersten Mal, woher er kommt: »Wir waren ehrliche Leute und auf der Kriegsschule sollte ich nun Vorträge und Referate halten. Die anderen hatten Abitur und wußten, wie man das macht, während ich wahrscheinlich der einzige Volksschüler war.« Die Konfrontation mit einer anderen sozialen Schicht und ihrem Selbstverständnis hat mehrere Seiten für ihn. Eine groteske, wenn es darum geht, die steifbeinigen hochgemuten Umgangsformen zwischen Kasino und dem Antrittsbesuch bei der Kommandeursgattin einzuüben, und eine bedrükkende, wenn die Offiziersanwärter die neue Moral des Dritten Reiches zu ihrer eigenen machen sollen.

»Wir wurden nach München-Haar geführt, eine Anstalt, in der Kinder und Jugendliche saßen, und es hieß, das sei lebensunwertes Leben. Es war schauerlich. Der Anstaltsleiter sagte mit einer Stimme voller Haß: ›Und diese Kreaturen müssen wir jede Nacht, bei jedem Bombenangriff in den Keller schleppen. Und glauben Sie, wir tun das?‹ Und eines Tages kam ein General und sagte: ›Schluß mit Fairneß im Luftkrieg. Wenn ein Pilot abgeschossen worden ist und hängt am Schirm, dann wird auf den geschossen, das ist ein Feind.‹ Das wurde einem eingebleut. Sagen Sie mal was dagegen. Da melden Sie sich nicht und sagen: ›Nein, das gibt es nicht. Das mach ich nicht.‹«

Zur gleichen Zeit, als Otto Thalheimer an der Kriegsschule die Erfahrung macht, daß hochrangige Offiziere wohl nicht allein unter dem Eindruck der geglückten Landung der Alliierten in der Normandie eine weitere Radikalisierung des Krieges fordern, stellen auch die »Meldungen aus dem Reich« vom 6. und 7. Juli 1944 neben »schwarzseherischer Skepsis« ein Ja zum »totalen Krieg« fest, allerdings verbunden mit einem deutlichen Seitenhieb auf die in den Meldungen immer wieder beklagte »Bonzenwirtschaft«:

»Die Stimmung in der Bevölkerung ist gegenwärtig besonders ernst. Die Volksgenossen verhalten sich den Ereignissen gegenüber abwartend. Das sowohl die Invasion als auch die Vergeltung bisher den erwarteten Höhepunkt in dem Sinne, daß eine Kriegsentscheidung abzusehen ist, nicht gebracht haben, macht allgemein recht bedenklich. ›*Jedesmal, wenn wir glauben, wir sind auf dem Höhepunkt, türmt sich ein neuer Berg auf.* Das geht allmählich auf die Nerven.‹ Die Ausbreitung der Kampffronten, die zunehmende Härte der Kämpfe, die Verschärfung des Krieges in der Normandie mit dem Verlust Cherbourgs, die anhaltende rückläufige Bewegung in Italien, die überraschend schnellen Fortschritte der Sowjets und der Tod von Generaloberst Dietl wirken bei den Volksgenossen aus dem Gefühl einer *allzu starken Übermacht unserer Feinde* heraus sehr bedrückend. ›Es wird schon noch so weit kommen, daß die Russen in Ostpreußen, die Anglo-Amerikaner in der Po-Ebene und die Invasionstruppen in Paris stehen‹ ...
Die Herausstellung der zahlen- und materialmäßigen Überlegenheit des Gegners durch die Führungsmittel wird allgemein so verstanden, daß die gegenwärtige Lage sehr ernst sei. Dies entnehme man auch dem letzten Aufsatz von Reichsminister Dr. Goebbels ›Führen wir einen totalen Krieg?‹ in der Wochenzeitung *Das Reich* v. 2.7.1944. Er habe ›unverblümt‹ von der Lebensgefahr gesprochen, in der sich die Nation befindet. Während man seinen Ausführungen über die verschärfte Durchführung des totalen Krieges durchaus beipflichte, lehne man die Forderung nach *Herabsetzung des Lebensstandards* ab. Diese Forderung müsse einmal ›von oben her‹ durchgeführt werden. Der ›kleine Mann‹ habe seine friedensmäßigen *Ansprüche schon längst zurückstellen müssen,*

während man ›oben‹ bisher auf viele gewohnte Annehmlichkeiten anscheinend nicht verzichten wolle …«

Während die Volksgenossen an der Heimatfront den Kampf um Cherbourg »bis zur letzten Patrone« mit Stalingrad vergleichen, ist Otto Thalheimer »fix und fertig« und nach zwei Monaten am Ende des Lehrgangs im November 1944 heißt es über ihn: ein grundanständiger Charakter, dem die Möglichkeit zur Wiederholung des Lehrgangs gegeben werden sollte.

Ohne die Rangabzeichen eines Offiziers und vielleicht mit einem leisen Gefühl des Bedauerns kehrt Otto Thalheimer zurück zu seiner Staffel und alten Besatzung. »Da hat niemand ein Wort darüber verloren. Sie haben mich begrüßt und ich bin dann, wenn's irgendwie ging, nicht mehr ins Offizierskasino gegangen. Was sollte ich dort. Meine Besatzung, die ging in's Unteroffizierskasino. Ich war heilfroh, daß ich da (Fürstenfeldbruck) rausgekommen bin: Bordfunker war eine Planstelle bis zum Oberfeldwebel. Wäre ich Leutnant geworden hätten sie mich zum Ausbilder, zum Bodenpersonal versetzt. Als Fahnenjunker-Feldwebel konnte ich aber weiterfliegen. Hätte ich das nicht gewollt, wär' ich schon vorher auf die Reichsjugendschule gegangen. Aber was hätte ich da gehabt? Am Schluß hätten sie mich mit ein paar Pimpfen an die Front geschickt, und wir wären dort verheizt worden. Ich weiß nicht, was ich in so einer Situation gemacht hätte. Es wäre wohl nicht gut ausgegangen.«

Im September 1944 haben im Westen die alliierten Truppen große Teile Belgiens und Luxemburg befreit. Im Osten erreicht die Rote Armee im Oktober Ostpreußen. Und Otto Thalheimer beginnt in immer wieder neue Kessel auf deutschem Boden zu fliegen. Er bringt Munition in den Kessel von Schneidemühl und im Januar 45, als viel zu spät die Räumung Ostpreußens beginnt, Nachschub nach vorn und Verwundete, schwangere Frauen und Kinder zurück nach Westen. Fast zeitgleich befreien russische Truppen Ende Januar Auschwitz und erreichen Schlesien im Süden, und Anfang Februar Küstrin im Norden Deutschlands, weniger als hundert Kilometer entfernt von Berlin.

Von einem Flugplatz bei Jüterbog fliegt Otto Thalheimers Transportgruppe nach Breslau, das schon im Juni 1944 von Hitler zur Festung erklärt worden war und nun im Februar 1945 von der Roten Armee eingeschlossen worden ist.

»Breslau war der einzige Kessel, in dem nicht gehungert wurde. Auf dem Rückzug hatten sie Tausende von Kühen in die Stadt getrieben und die Kühlhäuser waren zum Brechen voll. Für jede Landung, die wir im Kessel von Breslau machten, erhielten wir zehn Kilo Gefrierfleisch. Vielleicht dachten sie, daß es uns dann leichter fiel. Es war aber eine Katastrophe. Nachts sind wir mit elf Maschinen reingeflogen und mit vier zurückgekommen. Jeden Tag haben wir die Spinde leergeräumt. Zum Schluß hat die Luftwaffe uns regelrecht verheizt. Für mich war Breslau noch schlimmer als Stalingrad.«

Der niederschlesische Gauleiter und Oberpräsident Karl Hanke, ein Günstling von Joseph Goebbels, der die Stadt auch mit Kindersoldaten, der »Kampfgruppe Hitler-Jugend« verteidigen läßt, ist zugleich auch Reichsverteidigungskommissar und verweigert in dieser Rolle bis zum 4. Mai die Kapitulation Breslaus. Zehntausende Menschen, Soldaten und Zivilisten, unter denen viele Frauen und Kinder sind, kostet diese Hartnäckigkeit aus sicherer Distanz das Leben und die Stadt wird fast vollständig zerstört, während Hanke am 6. Mai seine Uniform auszieht und mit dem letzten vorhandenen Flugzeug flüchtet.

Sowjetische Panzer erreichen am 20. April die Stadtgrenze von Berlin, und Stunden später setzt das pausenlose Feuer der Artillerie ein. Kurz nach Mitternacht hat Hitler im Führerbunker unter den Ruinen der Reichskanzlei die Glückwünsche zu seinem sechsundfünfzigsten Geburtstag entgegengenommen und steigt am Nachmittag hoch in den Park der Kanzlei, wo unter anderen zwanzig Hitlerjungen warten. Kinder, die sich im Kampf mit Panzerfäusten gegen russische Tanks ausgezeichnet haben und nun mit erhobenen Armen gratulieren, bevor sie zurückgeschickt werden in den Kampf.

»Am 20. April hatte der Gröfaz* Geburtstag und als Marketenderware gab es Alkohol und als es dann hieß, es gibt im ganzen Raum Berlin kein Flugbenzin mehr, haben wir gefeiert. Aber ordentlich. Wir hatten das Gefühl, es ist fast überstanden. Der Kommandeur kam und sagte: ›Wenn wir nicht mehr fliegen können, werden sie uns beschlagnahmen und als Infanteristen im Kampf um Berlin verheizen. Das seh ich nicht ein. Sprecht nicht drüber, aber wenn die das mit uns machen wollen, dann nehmen wir einige Maschinen und brechen aus. Irgendwohin, in den Harz vielleicht, wo sie nicht mehr an uns rankommen.‹

Wir waren schon alle ganz schön voll, da geht das Telefon und ich hör, wie unser Hauptmann sagt: ›Jawoll! Jawoll!‹ Und dann zu uns: ›Jungs, Einsatzbefehl! Wir sind immer geflogen, und wir fliegen auch heute!‹ Wir mußten fliegen, die hätten uns sonst an die Wand gestellt. Maschine rein, nach Jüterbog, da gab's Benzin und Ladung. Kaum waren wir in der Luft, da hieß es Feindeinflug und wir sind in Jüterbog über den Platz gefegt und kreuz und quer reingelandet. Beim Landen sind wir zu hart aufgekommen und ein Federbein ging kaputt. Wir waren dann noch so blöd und haben unseren Mechaniker hingeschickt, der hat die da bestochen, damit sie die Maschine heil machten. Wenn man das überlegt, es war April 1945, und wir hatten nix besseres zu tun.

* Gröfaz: Größter Führer aller Zeiten, Spottname für Hitler.

Mit nem Kriegsberichtserstatter, der wollte noch groß rauskommen, sind wir in dreitausend Metern Breslau angeflogen und dann gingen wie auf Kommando dutzende Scheinwerfer an und wir mittendrin. Mein Pilot hat die Maschine auf den Kopf gestellt und runter, runter, der Tacho zeigt dreihundertundfünfzig und von den Motoren montierten die Flammenverzehrer ab. Wir sind heil runtergekommen, aber ich weiß nicht, ob der Kriegsberichterstatter noch einen Bericht gemacht hat.«

Nach Breslau kommt für Otto Thalheimer der Ruhrkessel und am 25. April 1945 die Hoffnung, daß der Krieg zu Ende ist, als er Angehörige aus dem Oberkommando der Luftwaffe von Berlin in die Nähe von Salzburg fliegt. Es ist nun alles aus, heißt es dort, und er wird angewiesen, seine Funkunterlagen zu verbrennen. Das Papier kokelt noch, »da haben es sich die Herren anders überlegt. Wir sollten zurück in die Festung Berlin. Da gab's wohl noch ein paar Bonzen, die sich überlegt hatten, daß es in Österreich bekömmlicher für sie sei. Ohne Funkunterlagen sind wir im Tiefflug durch bis nach Güstrow. Unsere Maschine war klar und wir sollten gleich weiter nach Berlin reinfliegen. Davor hat uns ein gutes Schicksal bewahrt. Der Adjutant sagte: ›Ihr schlaft euch erstmal aus. Ich hab hier genug Besatzungen, da setz ich eine andere auf eure Maschine.‹ Und die sind nicht wiedergekommen.«

Drei Tage vor Kriegsende setzt sich die Staffel von Otto Thalheimer nach Schleswig-Holstein ab und landet auf einem Feld am Schönberger Strand in Sichtweite der Kieler Bucht. Otto Thalheimer ist deprimiert, er will nach Hause, nach Thüringen, wo seine Eltern sind. »Wir hatten mit dem restlichen Benzin unsere Maschine betankt. Mein Flugzeugführer kam aus Stuttgart, und wir wollten in der Nacht vom 6. zum 7. Mai 1945 abhauen. Ich hatte einen Fallschirm bereit und wollte in Thüringen abspringen und der dann ab nach

Stuttgart. Draußen in der Förde lagen noch Schiffe der Kriegsmarine, die hatten sich nicht ergeben. Und am 6. mittags kamen die Engländer mit Flugzeugen, griffen die an und sahen dann in der Nähe vom Strand unsere Flugzeuge auf der Wiese, flogen eine Runde und rumm! waren die dreißig Maschinen, die wir da noch hatten, hin. Damit war das Problem mit dem Fallschirmabsprung gelöst und meine Frau hatte mich auf dem Hals.«

Seine Frau ist Ende Januar aus Posen, wo sie als Krankenschwester gearbeitet hat, nach Dresden geflüchtet, um von dort die Eltern aus Schlesien herauszuholen. Sie kommt aber nur bis Bauzen. Alle Züge fahren überfüllt mit Flüchtlingen aus Schlesien heraus, aber keiner mehr hinein. Zurück in Dresden besucht sie Bekannte, fragt sich, was sie in der Stadt soll, die voller Flüchtlinge ist, löst eine Karte nach Hamburg und verläßt Dresden am Morgen des 13. Februars. Es ist der Tag, der mit dem ersten großen verheerenden Angriff englischer und amerikanischer Bomber endet.

Von der Hansestadt schickt man sie nach Schönberg in ein Heim der NSV, der Nationalsozialistischen Volkswohlfahrt*, in dem es für sie aber wenig zu tun gibt: »Und dann kamen die Flüchtlinge. Unter ihnen auch drei Kinder ohne Eltern. Ein Mädchen von sechzehn, ein großer Junge von vierzehn und noch ein Zehnjähriger. In Ostpreußen hatte ihre Mutter gesagt, sie hatte noch ein Baby: ›Ihr geht schon auf den LKW. Ich komm mit dem nächsten.‹ Und dann war sie weg. Die drei waren wie Kinder im Haus und dann der Glücksumstand: Die Mutter sitzt in Lübeck auf dem Hauptbahnhof und er-

* Große und bedeutende Organisation, die »für alle Fragen der nationalsozialistischen Wohlfahrtspflege und Fürsorge« zuständig war.

zählt ein paar Soldaten, daß sie ihre Kinder sucht. Und da sagt einer: ›Heißt der Junge Harry?‹ ›Ja.‹ ›Die sind in der Nähe von Kiel am Schönberger Strand.‹ Eines Tages stand sie mit dem Kinderwagen vor der Tür. Und später wurden dann auch die Flieger bei uns im Haus einquartiert.«

Unter den Fliegern ist Otto Thalheimer und im September 1945, als er sie in Uniform ohne Rangabzeichen und Embleme des Dritten Reichs heiratet, ist er noch englischer Kriegsgefangener. »Mit meiner Staffel, mit Pferd und Wagen und vielen, vielen Astern aus den Bauerngärten, entweder geklaut oder gepumpt, haben wir geheiratet.«

Während im Feuilleton der eben von den Besatzungsmächten lizenzierten Zeitungen vom »Nullpunkt der Existenz« und einer »seelischen Trümmerlandschaft« gesprochen wird, scheint für Otto Thalheimer fast übergangslos ein neues Leben zu beginnen. Von der Partei hat er sich 1942 »abgesetzt«, die Niederlage seit Stalingrad erwartet, es sich vielleicht doch anders gewünscht, aber nun wo sie da ist, fällt für ihn die Welt nicht in Trümmer. Er würde gern nach Hause zu seinen Eltern und Geschwistern, aber zugleich ist da auch seine Frau und mit ihr der Beginn eines neuen Lebens.

Im Oktober 1945 wird er aus englischer Kriegsgefangenschaft entlassen und bekommt in Kaltenkirchen eine Stelle als Schlosser auf einem Flugplatz, auf dem die Engländer vierzigtausend beschlagnahmte Fahrzeuge untergebracht haben. Für fünfundneunzig Pfennig in der Stunde repariert er Last- und Personenwagen und steigt zum Werkstattleiter auf, weil er zu den wenigen gehört, die ihre vom Engländer ausgehändigten Werkzeuge behalten und nicht gegen Butter und Brot getauscht haben.

1947 wechselt Otto Thalheimer in eine Hamburger Spedition und fährt als Fernfahrer Kautschuk. Auf dem Platz in Hammerbrook, auf dem die Lastwagen stehen, baut er ein

Holzhaus von vierzig Quadratmetern und verschafft sich damit die Zuzugsgenehmigung in die Hansestadt. Die unmittelbare Nachkriegszeit erinnert Otto Thalheimer im Kanon seiner Zeitgenossen: »Gleich nach 1945 hatten wir andere als politische Sorgen: es ging um Arbeit, darum, die Arbeit zu behalten, um die Ernährung der Familie, wir hatten drei Kinder, die waren 1946, 1947 und 1948 geboren worden und man fragte sich, wo man wohnen und hinziehen konnte. Es ging um die Eltern in Thüringen, wo ich nicht hindurfte, um die Verwandten meiner Frau in Schlesien. Die Trennung war furchtbar.«

Die Politik ist für Otto Thalheimer und seine Frau »weit weg«. In der Weimarer Zeit seien sie zu jung gewesen, um die politischen Zusammenhänge überhaupt begreifen zu können und danach unter Adolf Hitler sei Politik bloß das gewesen, »was in den Zeitungen stand, das stimmte, hieß es, basta«.

Ihr erstes Radio bringt ihnen die Politik 1949 wieder näher. Sie hören Übertragungen aus dem Bundestag, deren Debattenredner es ihnen nicht leicht machen, denn Politik heißt nun plötzlich auch, daß beide Seiten, Regierung wie Opposition, mit ganz gegensätzlichen Darstellungen ein und derselben Sache recht haben können. Der Kompromiß, den die Politik auf diese Weise sucht, heißt als Wähler für sie schließlich SPD, sie ist ihnen näher als die Regierungspartei, die ihren christlichen Anspruch auf das Feigenblatt reduziert habe. Konrad Adenauer und Ludwig Ehrhard, »klar, das waren die großen Männer, aber das war ja auch einfach. Alle haben wir gearbeitet und aufgebaut, es ging vorwärts«.

An Politik, sagt Otto Thalheimer, sei er wieder interessiert, aber die Mitgliedschaft in einer Partei, das sei nicht mehr »drin« gewesen. Die Politik der Parteien bleibt für ihn ein Geschäft mit doppeltem Boden und offenbar auch ein Parkett, auf dem Menschen ausgenutzt werden. Daß Ablehnung und Skepsis die Lehre seiner politischen Erfahrungen im Nationalsozialismus sind, setzt er voraus, als er von einem letzten Versuch, vom Besuch einer Parteiversammlung der SPD im Jahr 1946 berichtet: »Da saß neben mir ein Bekannter, Hans Richter. Auf einmal sagt er zu mir: ›Frag mal den Redner, wo Ollenhauer im Krieg war!‹ ›Was soll denn das jetzt. Wenn du willst, frag doch selber.‹ ›Ne, dann werden die aufmerksam.‹ Ich hab nicht gefragt, der Ollenhauer war ja in England gewesen, davon hatte ich aber keine Ahnung. Dann stellte sich raus, der Bekannte hieß gar nicht Richter, das war die rechte Hand von Goebbels gewesen.«

1956 muß die Spedition den Platz räumen und Otto Thalheimers Holzhaus abgerissen werden. Im selben Jahr meldet er sich zum fliegenden Personal der Bundesluftwaffe und entscheidet sich dann doch für eine Stelle im Flugdienst einer großen Mineralölgesellschaft auf dem Hamburger Flughafen: »Damals verkauften Esso, BP und Shell an die Fluggesellschaften das Kerosin. Die Verkaufsleiter gingen Golf spielen mit denen von der Lufthansa und da sagten die: »Shell, ihr nehmt dieses Jahr die Super-Constellations, die Viscounts nimmt die Esso und die BP kriegt die Convairs. So ging das immer, bis dann der Konkurrenzkampf losging. Heute sind da zehn Anbieter.« Vom Flugtankwart steigt Otto Thalheimer zum Schichtführer und da in Hamburg die Stelle besetzt ist, 1971 in Stuttgart zum Schichtleiter auf. 1977 kehrt er in der gleichen Position nach Hamburg zurück und wird dort 1983 pensioniert.

Etwas besseres als die Bundesrepublik gibt es nicht für Otto Thalheimer und für seine Frau. Auswüchse fände man in jeder Gesellschaft und Toleranz sei eine Tugend, die nicht jeder habe und vielleicht auch nicht ein jeder erlernen könne, auch wenn man es versuchen müsse. Ausgezeichnet aber hat sich für Otto Thalheimer in den ersten dreißig Jahren der

Bundesrepublik auch nicht die Politik, der er gleichwohl im großen und ganzen zustimmt, sondern die Wirtschaft, in der es nicht nur um Profit, sondern auch um das Miteinander gegangen sei. Davon sei heute wenig zu spüren und er sei froh, sein Arbeitsleben hinter sich gebracht zu haben: »Noch einmal bei meiner Firma, da würde ich nicht anfangen.«

FRIEDRICH LOHSTEIN

Vier Jahre nach dem Ende des Ersten Weltkriegs wird Friedrich Lohstein südlich von Breslau in Oberschlesien auf dem Gut seiner Eltern geboren. Mit 250 Hektar, auf denen als Hauptfrüchte Weizen und Zuckerrüben angebaut werden, gehört das Gut der Lohsteins damals zu den kleineren Betrieben in Oberschlesien, die sich wie alle anderen auch im Umbruch befinden, denn in den ersten Jahrzehnten des vergangenen Jahrhunderts beginnen die Traktoren und Elektrifizierung die Pferde und dampfgetriebenen Lokomobile aus der Landwirtschaft zu verdrängen.

Das beim Gut liegende Dorf besteht aus nur vier Bauernhöfen, einer Zwergschule und einer Kneipe, so daß der Vater von Friedrich Lohstein für dessen drei wesentlich ältere Schwestern eine Hauslehrerin beschäftigt. Da auch Friedrich Lohstein noch eine Zeitlang von ihr unterrichtet wird, kann er die vierklassige Dorfschule schon nach drei Jahren verlassen und auf ein Gymnasium in der Kreisstadt gehen, wo er bereits mit siebzehn Jahren, 1939, das Abitur macht.

Der Vater setzt sich vor 1933 aktiv für die Deutsche Volkspartei ein, die 1918 unter Gustav Stresemann aus der Nationalliberalen Partei entstanden ist. Im Kaiserreich aufgewachsen, wandelt er sich vom Monarchisten zu einem, wenn auch skeptischen, Befürworter der Republik. Politisch möchte er einen starken Nationalstaat und umfassende Rechte seiner

Bürger ebenso verwirklicht sehen wie die Bewahrung konservativer Werte im Privaten wie im Öffentlichen. Friedrich Lohstein beschreibt sie mit den Worten Anstand, Vertrauen, Bescheidenheit und Courage, die politische Vorsicht nicht ausschließt. Ohne auf die vordergründige Renaissance dieser Begriffe in den letzten Jahren einzugehen, schildert er sie als ein Vermächtnis seines von ihm bis heute bewunderten Vaters.

Er habe sowohl die Kommunisten wie auch die Nationalsozialisten als Gegner empfunden, und der Sohn erinnert sich, daß »auf unserem Haus, wenn eine Flagge wehte, die schwarzweißrote Flagge wehte und ich habe meinen Vater noch im Ohr: ›Auf mein Haus kommt die Naziflagge nie!‹ Meinen Vater habe ich zweimal im Leben weinen sehen. Das eine Mal, als die Naziflagge eines Tages doch gehißt werden mußte und ein zweites Mal, als wir auf dem großväterlichen Gut waren, das wir nach dem Ersten Weltkrieg verloren hatten, im damaligen Korridor, in Westpreußen. Dort waren mein Vater und ich hingefahren, nachdem das ›in Anführungszeichen‹ wieder Deutsch geworden war, nach der Einnahme von Polen, und es standen ihm Tränen in den Augen, als er das Gutshaus, die Felder und Wälder sah.«

Der Angriff auf Polen liegt erst zwei oder drei Wochen zurück, als im Geschichtsunterricht der Oberprima von Friedrich Lohstein, in der ein überzeugter Nationalsozialist »mit Scheuklappen Sieg Heil lehrt«, sich plötzlich die Tür öffnet und »drei junge, gutaussehende« SS-Offiziere in Begleitung des Direktors erscheinen. Auf seine Anweisung hin wird der Unterricht unterbrochen, und die drei Offiziere, die von den Jungen in der Klasse auf Anhieb bewundert werden, verkünden ihnen, daß unten auf dem Schulhof Lastwagen bereitstehen, auf deren Ladeflächen sie nach Breslau gefahren werden sollen. »Dort, hieß es, während wir Jungs ihnen mit wachsender Begeisterung zuhörten, dort werden wir euch in eine Kaserne bringen, wo ihr ganz wie richtige Soldaten gemustert werdet. Wahrscheinlich kommt ihr erst morgen wieder zurück, aber es ist für euch dort prima gesorgt und eure Eltern werden wir benachrichtigen. Die Aktion findet in ganz Schlesien statt und wer tauglich Ia gemustert wird, der hat die Chance, in die SS-Leibstandarte des Führers zu kommen und bekommt das Abitur geschenkt.«

Die Aufregung hat sich noch nicht gelegt, als die Jungen schon auf den Lastwagen und wenig später in einer Breslauer Kaserne zusammen mit Gymnasiasten aus der Umgebung nackt vor einer Kommission stehen, die sie in einer »unglaublich detaillierten Untersuchung« nicht nur nach ihrer körperlichen Eignung, sondern auch nach ihrer vermeintlich rassischen Zugehörigkeit mustert.

In der Mittagspause mogelt sich Friedrich Lohstein aus der Kaserne, um aus einer naheliegenden Telefonzelle seinen Vater anzurufen. Nicht ganz freiwillig, sondern auch zur Kompensation wirtschaftlicher Schwierigkeiten, in die er mit seinem Gut geraten ist, hat der Vater sich als Offizier reaktivieren lassen und ist im Wehrbezirkskommando Breslau im Rang eines Majors zuständig für die Einberufung und Rekrutierung.

»›Vater‹, hab ich begeistert gesagt, ›ich bin hier in Breslau zur Musterung und kann vielleicht zur Leibstandarte von Adolf Hitler und das Abitur schenken sie mir dann auch noch!‹ Es war einen Moment still und dann hat er gesagt: ›Junge, wo bist du? Du unterschreibst nichts, du bleibst dort und wartest ab.‹«

Friedrich Lohstein steht längst wieder in der Kaserne in der langen Schlange der Gymnasiasten, als draußen im Flur laute Stimmen zu hören sind und kurz darauf sein Vater in der Halle steht. »Er schaute uns einen Moment an und sagte: ›Also Jungs, ihr werdet jetzt alle wieder nach Hause gebracht. Eure Rekrutierung und Einberufung findet durch die Wehrmacht statt. Es ist in Ordnung, daß hier eine Voruntersuchung stattgefunden hat und ihr werdet sicherlich als Soldaten noch gebraucht werden, aber diese Aktion hier ist beendet. Ihr werdet zu gegebenem Zeitpunkt vom Wehrbezirkskommando hören.‹«

Die Enttäuschung, auch seine eigene, sei riesengroß gewesen, sagt der Sohn und in den folgenden Wochen bis zum Abitur hätten ihn seine Mitschüler nicht nur geschnitten, sondern auch systematisch drangsaliert. Aber nicht deswegen sei diese Geschichte für ihn wichtig geworden, sondern »als kleiner Mossaikstein zwar, aber als ein besonders zutreffender, wie das damals war um uns, um diese Jugend.«

Fast bedingungslos, sagt Friedrich Lohstein, habe er seinem Vater, aber auch seiner Mutter vertraut, die beide »im Schatten des Kaiserreichs« aufgewachsen seien. Im Alltäglichen wie auch im Politischen erlebt er sie als Vorbilder und weiß noch heute genau, mit welchen Worten ihn sein Vater auf Spaziergängen zur Seite nimmt und zur Vorsicht gegenüber den Nationalsozialisten ermahnt. Dennoch unterliegt er »der Propaganda und dem ganzen Umfeld. Und nach den drei Wochen Polenfeldzug war ich durchaus überzeugt, das packen wir! Also, ich war eher euphorisch, bis auf einen Moment, der mich in Zweifel versetzte. Das war, als der Mann meiner ältesten Schwester in Polen fiel. Er war ein Idol für mich und in der Euphorie, in dieser Aufbruchstimmung, hatte ich nicht daran gedacht, daß es auch in der eigenen Familie Tote geben könnte. Das hat mich zum Nachdenken gebracht, aber die Euphorie ging deswegen nicht kaputt.«

Auf Rat seines Vaters meldet sich Friedrich Lohstein Mitte 1940 freiwillig zu den Panzern, die den Kavalleristen das Pferd und die Lanze ersetzt haben. Mit dieser Entscheidung folgt er nicht nur einer Familientradition, sondern er glaubt auch, durch sie den Tod seines Schwagers rächen zu können, der als Oberleutnant der Panzer in Polen umgekommen ist.

Der Drill in der Grundausbildung, in die er nun gerät und die den Rekruten »den Verstand raubt«, läßt ihn heute noch rätseln, »daß sie das noch mit uns machen konnten«. Die Grundausbildung erlebt Friedrich Lohstein allein mit dem Ziel des Kadavergehorsams, ohne Nutzen, bis auf eine Ausnahme, von der er glaubt, sie habe ihm später geholfen: das Panzerexerzieren, rein in den Panzer und wieder raus nach der Stoppuhr und ohne Rücksicht auf blaue Flecken.

Als Offiziersanwärter, als sogenannter Fahnenjunker, wird er im späten Frühjahr 1941 einer Panzerkompanie zugeteilt, die im Sommer zu den Truppen gehört, die in die Sowjetunion einmarschieren. Am ersten Abend im Feuer der russischen Artillerie vergeht ihm die Euphorie, »als die ersten zerfetzten deutschen Soldaten zurückkamen, da hat es mich gepackt, Angst bis zum Herzklopfen im Hals, was vorbeiging als wir dann selbst eingesetzt waren, am nächsten Tag. Immer wenn ich aktiv mithandeln konnte, dann kam ein sportliches Wollen: wir sind besser, wir können das besser. Das war mein erster Einsatz als Kommandant in einem kleinen Panzer mit nur drei Mann. Die Russen schossen ganz präzise und bei mehreren Panzern, rechts und links von mir, schossen sie die Türme und damit den Kommandanten die Köpfe weg. Mitten in dem Angriff, den wir über freies Feld führten, hielt mein Panzer und mein Fahrer stieg weinend und schreiend aus.«

Der Fahrer kommt vor ein Kriegsgericht. In der Erinnerung von Friedrich Lohstein stellt sich aber der Kommandeur der Panzereineinheit gegen das Militärtribunal und erreicht, daß der Fahrer mit einer geringen Strafe davonkommt. Eine Nachsicht, die im weiteren Verlauf des Krieges immer unwahrscheinlicher werden wird. Wenige Wochen später, Anfang September, wird Friedrich Lohstein von der Front zurück auf eine Panzertruppenschule in der Nähe von Berlin geschickt. Weil sich Frontkommandeure über die mangelnde Ausbildung junger Offiziere beklagt haben, wird dort die Ausbildung von drei auf fünf Monate verlängert. Zur Freude von Friedrich Lohstein: »Zwei Monate länger in der Heimat. Samstags und sonntags oder wann immer wir freie Stunden hatten, waren wir in Berlin, ein unglaublich schönes Berlin, trotz Verdunklung und Fliegerangriffe. Wir waren alle sehr jung. Ich war gerade neunzehn Jahre alt, und wir dachten alle das gleiche: Du mußt zurück an die Front, jetzt lebe. Das war die schönste Zeit meiner Jugend, ich war jung und es waren herrliche Zeiten.«

Während im Reich unter der Zivilbevölkerung, ausgelöst wie schon zuvor durch Erzählungen Urlaub machender Soldaten und Feldpostbriefe, die Beunruhigung wächst, daß vor Moskau weit mehr Soldaten und Terrain verlorengegangen sind, als es offizielle Nachrichten widerspiegeln, stellen die Meldungen aus dem Reich vom 22. Januar 1942 fest, daß »der Artikel von Reichsminister *Dr. Goebbels* über ›Das Opfer‹ sehr erzieherisch« auf die Volksgenossen gewirkt habe. Der Propagandaminister hatte in diesem Artikel verlangt, daß die »nationalsozialistischen Werte« zum Alltag werden: eine »saubere Haltung« und eine »rücksichtslos auf die Kriegsverhältnisse zugeschnittene Lebenshaltung«.

Im Januar 42 kommt Friedrich Lohstein zurück an die Front.

»Ich bin wieder raus. Ich war von der Truppe weggekommen, als wir noch im Vormarsch waren und wußte nicht, in was für einen Dreck ich jetzt kommen würde. Das Regiment war vor Moskau zurückgedrängt worden, hatte viele Leute verloren durch Tod oder Verwundung, und lag zwischen der russischen

Hauptstadt und Kiew in einem Partisanengelände. Die Leute waren wütend, weil sie keine Winterausrüstung hatten und sich von ›denen da oben‹ im Stich gelassen fühlten. Und sie waren verbittert. Sie hatten zurück gemußt und jetzt begriffen: so leicht geht das nicht. In der eisigen Kälte ging ja fast alles nur noch zu Fuß, die Panzer sprangen nur noch an, wenn man Feuer unter ihnen angemacht hatte, ohne sie anzuzünden.

Ich war einem Kommando zugeteilt, das in einem unwegsamen Wald- und Steppengebiet Verbindung halten mußte. Wir saßen mit drei Maschinengewehren in einem Loch von vielleicht sechs mal acht Metern, in dem wir einen Unterstand hatten, zwei oder drei Kilometer entfernt vom nächsten Posten. Als ich dort ankam, waren in diesem Loch sechs oder sieben Mann, ein Toter und ein Verwundeter, der aber dableiben wollte. Ein Freund von mir kam in eine ähnliche Stellung und am dritten Tag, als wir da draußen mutterseelenallein lagen, sagten sie lakonisch: ›Ja, im übrigen, der Klaus ist tot.‹

Die Stimmung war umgeschlagen, die Leute waren hart geworden. Es gab auch die ersten Verfluchungen von Hitler, hinter der Hand oder auch offen. Die Disziplin stand aber nicht in Frage. Es hieß: Wenn wir genug Panzer und Munition haben, werden wir es den Russen schon zeigen. In diesem Partisanengebiet schoß jeder auf jeden, ohne Rücksicht. Wo sich etwas bewegt, wurde geschossen, es war auf beiden Seiten hart geworden, obwohl man inzwischen ja begriffen hatte, da sind gegenüber genau solche wie wir, denen es auch nicht besser geht.

Als Infanteristen lagen wir in diesem Loch und waren überhaupt nicht dafür ausgebildet. Zur einen Seite war offenes Gelände und wir konnten so weit sehen, wie die Augen reichten. Zur anderen war Wald und dichtes Unterholz und von dort wurden wir ständig beschossen. Die Panzer standen hinten, viele Kilometer weit und waren bei dieser Kälte, bei diesem Schnee nicht brauchbar. Uns wurde gesagt, wir sitzen hier in einem Partisanengebiet und müssen die Stellung halten, damit die Bahnlinie, die von Kiew nach Moskau führte, nicht immer wieder von den Partisanen in die Luft gesprengt wurde.

Nach drei oder vier Wochen hörte ich eines Nachts durch's Feldtelefon: ›Leutnant Lohstein, Sie werden abgelöst. Sie kommen zur Neuaufstellung.‹ ›Ja, wo komm ich denn hin?‹ ›Nach Paris, Sie gehen nach Paris.‹ In der Nacht habe ich gebetet. Weil diese Nachricht durch die Telefonschnur gekommen war, und weil ich nicht glauben konnte, daß ich diese Nacht überstehen und lebend aus dem Loch kommen würde.

Das Panzerregiment 15, Heimatstandort Sagan in Schlesien, hatte die Aufgabe, ein Schwesternregiment mit aufzustellen. Zu der Zeit wurden alle deutschen Kavallerie- und Reiterregimenter, die es noch gab, zu einer Panzerdivision umfunktioniert. Ich war gerade neunzehn Jahre alt und galt nun als alter Panzeroffizier und sollte Kavalleristen ausbilden. Drei Wochen war ich in Frankreich und dort wurde eine hochmoderne Panzerdivision aufgestellt mit lauter neuen Waffen und Geräten.

Im April 1942 war ich innerhalb dieser Division mit meinem Panzerregiment wieder in Rußland, im Südabschnitt der 6. Armee. Als wir dort in die erste Panzerschlacht kamen, war das für die Männer ein großer Schock. Sie waren es gewohnt, sich flachzumachen, wenn sie beschossen wurden und nun saßen sie in den Panzern, fühlten sich ausgeliefert und hatten Angst, wenn die von einer MG-Garbe oder einem Artilleriesplitter getroffen wurden. Wir hatten es als Offiziere schwer, sie zum weiterfahren zu bewegen.

Wir sollten Stalingrad vom Süden her erreichen, aber in der Steppe zwischen Don und Wolga ging uns die Luft aus. Fast drei Wochen lang hatten wir keinen Sprit und keine Munition mehr. Es war August, es war warm, und wir sahen das als Freizeit. Wir erlebten das erste Mal Asiaten und schlossen Freundschaft mit ihnen. Obwohl es fast keine sprachliche Verständigung zwischen uns gab, habe ich sehr gute Erfahrungen gemacht mit den Menschen dort und mit dem Leben, das sie führten.

In der Steppe liegen die Dörfer vierzig oder fünfzig Kilometer weit auseinander. Das Dorf, in dem wir dann lagen, sah ich zum ersten Mal als Vortrupp, der aus drei Panzern bestand. Am Horizont, ein flimmerndes Band zwischen Himmel und Steppe, sah ich eine Bewegung. Wir hielten, haben beobachtet, aber konnten nicht erkennen, was es war, fuhren noch ein Stück weiter und hielten wieder an und schließlich sagte ich: ›Mensch, das sind ja Kamele!‹ ›Was?‹ ›Ja, guckt doch mal, das sind Kamele.‹ So um die siebzig Kamele zogen da durch die Steppe, eine ganze Herde, die zu dem Dorf gehörte.

Die Zivilbevölkerung hatte Angst vor uns, vor unserer schwarzen Uniform, auf der ja auch noch ein Totenkopf war. Wir wurden immer wieder mit der SS verwechselt und die Menschen wichen uns aus. Mit Recht. Fremde Soldaten so weit in ihrem Land, das muß furchtbar für sie gewesen sein. Nachdem sie aber merkten, daß wir auch Menschen waren, gruben sie ihre Gebetsmühlen aus und als wir das bestaunten und respektierten, wurden sie freundlich.

In der Ukraine waren wir ja von der Bevölkerung willkommen geheißen worden, auch mit Blumen. Das war ein psychologisch gefährlicher Moment, weil man dachte, ja, wir sind die Befreier, ja, der Hitler, der hat ja doch recht. Die wollen uns ja hier. Das ist die Erweiterung unseres Lebensraums nach Osten. Die jubeln ja, wenn wir kommen. Nicht überall, aber sie kamen auf uns zu. Ich hatte den Eindruck, hier sind sie zwar wirtschaftlich Jahrzehnte zurück, aber es ist die gleiche Kultur wie bei uns.

Was hinter uns passiert ist, war furchtbar. Vorne habe ich nichts gewußt davon. Wir waren viel zu beschäftigt. Beschäftigt damit, am Leben zu bleiben. Man hatte gar keine Zeit, sich Gedanken zu machen, was hinter einem los war. In der Nacht war man beschäftigt mit Aufmunitionieren, mit Tanken, mit Reparaturen und hatte zwei, drei Stunden geschlafen, wenn es morgens wieder losging. Wenn Sie in einer kämpfenden Einheit an der Front sind und jeden Moment getötet werden können, dann sind Sie aktiv, Sie gehorchen, Sie versuchen schneller zu sein als die auf der anderen Seite, damit nicht Sie es sind, der drankommt. Sie wollen also, daß Ihre Einheit funktioniert, Sie akzeptieren ihre Ordnung, Sie wollen, daß die Leute zusammenhalten, weil sonst Sie, weil sonst alle gefährdet sind.

Die, die dahinter kommen, die verlieren ihr Leben nur wenn sie Pech haben, wenn sie auf eine Mine treten, am falschen Ort stehen, wenn Flugzeuge oder Partisanen angreifen. Sie haben einfach nur die Gedanken an jetzt und an morgen, und das, was anderswo passiert, können und wollen Sie nicht wahrnehmen. Physisch und psychisch. Und Gerüchte, die ich gehört habe über Deportationen, über Zwangsarbeit und über Exekutionen, die habe ich abgeschüttelt.

In dem Dorf in der Steppe saßen wir nun aber fest. Wir bekamen zuwenig Nachschub, die Wege waren so lang geworden, daß er neu organisiert werden mußte. Für ein, zwei Wochen lagen wir in diesem Dorf, wo unsere Panzer größer waren als die Hütten. Wir richteten uns dort ein und teilten, wenn wir konnten, auch das Brot mit den Alten und Kindern. Junge Männer wie wir gab es dort nicht.

Die Alten mit dunklen zerfurchten Gesichtern wie faltiges Leder saßen vor ihren Hütten und manchmal gab es Kamelrennen, auf die wir wetteten. Es war schön, mit den Leuten in Kontakt zu sein. Seit der Ukraine hatte es das nicht mehr gegeben und ich habe es dann auch nur noch einmal erlebt, in Stalingrad, im Kessel, als alle ohne Unterschied dabei waren, zu verhungern.

Die Zeit wurde uns dort in dem Dorf in der Steppe nicht lang und mit der Verpflegung kam auch Alkohol. Alkohol hat aus meiner Erfahrung immer eine große Rolle gespielt. Er machte Stimmung. Thema eins, das Fressen, und Thema zwei, die Frauen, das lief viel besser, wenn man sich einen hinter die Binde gegossen hatte.

Ich wurde dann stellvertretender Kompaniechef, noch nicht ganz zwanzig Jahre alt. Die dafür eigentlich in Frage kamen waren verwundet oder krank, und ich habe mich in dieser Rolle auch nicht wohlgefühlt. Ich hatte Angst, der Kompaniechef, ein Mann um die dreißig, könnte ausfallen, es könnte zum Einsatz kommen und ich hätte die Verantwortung für so viele Menschen.

Nach drei Wochen, zwischen Mitte und Ende August, ging es weiter. Wir waren guter Stimmung, denn seit dem Don waren wir gut vorangekommen, bis es zu dieser Zwangspause durch den fehlenden Nachschub kam. Man hatte uns gesagt, die russische Luftwaffe sei zerstört und wir waren dann sehr überrascht, als sie uns angriff und gerade nachts wahllos bombardierte. Als Panzerleute hatten wir es dabei aber viel besser als andere. Abends mußten wir keine tiefen Löcher graben, nur solche, daß wir uns reinlegen konnten, nachdem wir den Panzer darübergefahren hatten. Da lagen wir in Planen und Decken und waren geschützt vor den Bombensplittern.

Die Infanteristen waren sehr viel schlechter dran als wir. Wenn's regnete, wenn's hagelte, wenn die Granaten kamen – wir hatten immer eine Haut um uns, immer die Hoffnung, sie würde nichts durchlassen. Wir waren immer irgendwo zu Hause, wir hatten immer ein Stück Gepäck bei uns, mit einem frischen Hemd, wenn's möglich war. Wir hatten immer die Zahnbürste dabei. Hinten am Turm war eine Kiste dran, in der jeder sein Feldgepäck hatte, unersetzliche Dinge in einem Krieg.

Und jetzt nach dieser Zwangspause waren die Russen plötzlich stark. Wir hatten es dabei nicht nur mit den russischen Fliegern zu tun, sondern wir stießen plötzlich auf eine sehr starke russische Armee. Sie hatte Zeit gehabt, sich zu formieren und es gab einen mächtigen Widerstand. Die Russen griffen uns auch mit Panzern und Panzerabwehrgeschützen an. Das war nicht mehr der Vormarsch wie noch vor einigen Wochen.

Ich selber habe im Krieg bewußt, ihn vor mir sehend, nur einen Menschen getötet. Nach einem Panzergefecht noch vor Stalingrad in der Steppe hatten sich die russischen Panzer und die Truppen zurückgezogen. Wir standen abwartend in Gefechtsposition auf einem Feld – kommen die Russen zurück, kommen sie nicht. Das Getreide war zu Hocken aufgestellt und manche von ihnen brannten. Zwanzig, dreißig Meter entfernt brannte eine dieser Hocken. Und plötzlich kam mit erhobenen Händen ein Russe heraus, lichterloh brennend, sein Gesicht sah schon ganz grausam aus. Ich hab meinem Richtschützen gesagt: schießen. Es läßt mich nicht los, daß ich gesehen habe, wie durch meinen Befehl ein Mensch getötet wurde. Ich habe ja mehr als einen Panzer mit meinen Panzergeschützen getroffen und dabei sind Menschen gestorben. Aber ich habe sie nicht sterben sehen. Man mußte eigentlich sicher sein, man hat getötet, und doch ist es in der Erinnerung etwas ganz anderes.

Während des Vormarschs auf Stalingrad bin ich fünfmal mit meinem Panzer von den Russen abgeschossen worden. Im Jahr zuvor war ich in Frankreich in einem Dorf einquartiert, beim Pfarrer. Sicherlich war ich als deutscher Offizier im Pfarrhaus verhaßt, aber es verlief alles in sehr höflichen Bahnen. Als wir dort weg mußten, habe ich den Pfarrer, den ich als einen netten Menschen empfand, gefragt, ob ich aus dem Zimmer, in dem ich gewohnt hatte, ein kleines Medaillon mitnehmen dürfte, das über meinem Bett hing. In einem hellblau emaillierten Kreuz saß in der Mitte Maria als Medaillon, fast kitschig und doch schön. Der Pfarrer fiel aus allen Wolken, daß ein Kerl wie ich, ein Deutscher, der sein Land besetzt hatte, ein Medaillon zum Geschenk haben wollte. Er eilte die Treppe hinauf und gab es mir zum Verabschiedung.

Im Panzerturm hat man dickes Panzerglas, wo der Kommandant rausguckt und dort war zwischen Glas und Klappe, mit der man es verschließen konnte, ein Platz, auf dem ich mir das Medaillon von einem Mechaniker befestigen ließ. Ich hatte es immer im Blick.

Bekommt man einen Treffer und muß schnell handeln, ist es sehr schwierig zu beurteilen, ob es ein Treffer durch eine Pak* ist und was für Schäden zum Beispiel am Turm oder an den Ketten angerichtet worden sind. Wir wurden getroffen, ein Geräusch, als sitzt man in einer Glocke, auf die mit einem Hammer geschlagen wird, und ich wußte nicht, was tun. Es ging um fünf Menschenleben. Und in dem kurzen Augenblick sehe ich, wie das Medaillon nur noch an einer Ecke an der Stahlwand des Turms hing und brüll in mein Kehlkopfmikrophon: ›Raus! Raus!‹ Das Medaillon hing schief, weil wir am Turm getroffen worden waren.

Wir sind raus. Für den Kommandanten war's schwierig, weil er das Kehlkopfmikrophon, die Kopfhörer und das Fernglas um hatte, und wenn man sich damit draußen am Turm verstrickte, konnte man leicht erschossen werden. Bis auf den Fahrer waren alle aus dem Panzer raus und lagen dahinter auf der dem Feuer abgewandten Seite, als der zweite Treffer kam. Drei der Besatzung und ich haben überlebt, der Fahrer ist umgekommen.

* Pak (Abk.): Panzerabwehrkanone.

Für einen Panzerkommandanten, ich kann es, wie das meiste, nur von mir selbst sagen, aber es gilt wahrscheinlich für alle, für mich war als Panzerkommandant immer die Angst um die anderen vier dabei. Man überlegt das nicht. Man ist sich dieser Verantwortung sicher nicht immer bewußt, aber sie ist da, sie beeinflußt die Entscheidungen.

Während eines Panzergefechts vor Stalingrad sind wir von vorne getroffen worden, offensichtlich von einem Panzerabwehrgeschoß. Es ging aber nicht durch und wir fuhren noch, der Turm ließ sich noch drehen und das war für uns das Wichtigste, weil wir uns dann noch nach allen Seiten wehren konnten. Außerdem waren wir ja auch sehr vergattert, den Panzer, damals ein paar hunderttausend, heute ein paar Millionen Mark, nicht aufzugeben. Was tun? Ich war mir nicht sicher, sollst du jetzt sagen ›ausbooten‹ oder nicht? Klar war mir, daß der Gegner sich auf mich eingeschossen hatte. Der trifft und dann trifft er beim nächsten Mal vielleicht auch. Man sagt dem Fahrer rechts, weg aus der Schußlinie, aber ein Panzer bewegt sich schwerfälliger, als man es aus einem Auto gewohnt ist.

Der nächste Einschlag kam in dem Moment, als wir abgedreht hatten, es war ja Sommer und ich konnte die Staubwolke neben uns gut sehen. Ich hab den Panzer nach links fahren lassen, und da saß der nächste Schuß vor uns. Raus, hab ich gebrüllt, hinter den Panzer, und der nächste Schuß hat ihn getroffen, vorne an den Ketten, so daß wir unbeweglich waren. Vielleicht, weil wir nicht mehr Zickzack gefahren sind, aber ich denke, die Russen mit dem Panzerabwehrgeschütz hätten uns eh erwischt. Wir lagen alle fünf unverletzt hinter dem Panzer und dann war erstaunlicherweise Schluß. Sie haben nicht mehr auf uns geschossen, als wir standen und sich wohl gedacht, den haben wir erwischt, knöpfen wir uns den nächsten vor. Das war ein Fall, an den ich mich erinnere, weil ich in großen inneren Schwierigkeiten war. Ich wollte uns retten und mußte gegen den Befehl handeln, den Panzer nicht aufzugeben, solange er kampffähig war.

Es war heiß in der Steppe, aus meiner Sicht eine herrliche Hitze, fünfunddreißig Grad und mehr. Anders ist es während der Gefechte im Panzer, in denen die Temperatur bis auf sechzig Grad steigt und das ist schier unerträglich Die Steppe hatte lehmigen, festen Boden. Man konnte ein Loch graben, Körpergröße und einfach hinein. Fuhr ein Panzer darüber, brach das Loch nicht ein. Anderswo, wo der Boden weicher war, wurde der Mann im Loch erdrückt. Die Russen waren Meister darin, sich in diesen Löchern zu tarnen. Wir konnten nicht erkennen, waren da Russen, waren sie direkt vor uns oder sogar schon zwischen uns. Steckte man aber den Kopf raus, konnte man ihn sehr schnell verlieren. Es ist deshalb oft passiert, daß man tagsüber in der Hitze der Steppe im Panzer schmorte und nachts fror man sich halb tot. Achtundvierzig Stunden und mehr waren wir im Panzer gefangen und konnten nicht raus, auch nicht zu den Dingen, zu denen man eigentlich heraus muß. Dazu hatten wir dann unsere leeren Granathülsen, was beim kleinen Geschäft einfacher als beim großen war.

Es waren scheußliche Zeiten, aber die gab's oft. Der Krieg wurde auf beiden Seiten schon so verbittert geführt, daß man den Gegner, der sich schon ergab, ohne alle Rücksicht behandelte. Ich bin ja oft mit meinem Panzer abgeschossen worden und wenn eine Besatzung ausbootete, galt es, daß man sie nicht erschoß. Aber jetzt wurde jeder Gegner, der sich noch regte oder kroch, der wurde erschossen. Für mich hatte das schon angefangen, als ich in dem kalten Januar 1942 wieder an die Front gekommen war. Da war die Verhärtung auf beiden Seiten schon so groß, daß keine Rücksicht mehr genommen wurde. Der Schnellere war der Sieger.

Stalingrad erreichten wir im September im Süden. Unser Panzerregiment, inzwischen das Panzerregiment 24, wurde aber sofort wieder aus der Stadt herausgezogen und umging sie, um im Norden wieder anzugreifen. Ich erinnere einen Angriff durch die Steppe, kein Baum, kein Strauch, die Panzer des Regiments ausgeschwärmt in einer erlernten Formation wie auf dem Truppenübungsplatz. Es war wie aus einem Lehrbuch und ein wenig unwirklich, aber zugleich hatte dieser Aufmarsch von sechzig, siebzig Panzern, die mit hoher Geschwindigkeit auf die Russen zufuhren und alles überrollten, eine enorme psychologische Wirkung. Kein Mensch hält das aus und geht nicht stiften. Es mußte gar nicht geschossen werden. Der psychologische Druck brachte schon den Sieg. Für dieses Stück.

Es gab also dort kaum Widerstand, und wir sind sehr schnell vorgestoßen. Gegen abend machte die Kompanie halt, und ich wurde mit fünf Panzern zur Aufklärung vorgeschickt. Dabei konnte ich keine Russen entdecken und dachte, das ist ja gar nicht möglich. Wo ist der Russe bloß? Über Sprechfunk war ich ständig in Kontakt mit dem Regiment und die wiederum mit der Division. Es gab nichts zu melden, was uns gefährlich werden konnte, und hinter uns überlegten sie, noch mit der gesamten Division an diesem Abend vorzurücken. Statt dessen kamen deutsche Stukas. Wir haben sofort orangefarbene Nebelkerzen aus den Panzern geworfen, das war das Erkennungszeichen, daß wir zur eigenen Truppe gehörten. Noch während wir eine riesige orangene Wolke machten, kippte die erste Maschine auf uns ab. Wir hörten das Heulen ihrer Sirene und dann fielen die Bomben. Dreimal griffen uns die Flugzeuge an. Sie wollten nicht glauben, daß so weit vorne Deutsche waren.

Als sie schließlich abdrehten, waren wir unbeweglich. Alle fünf Panzer hatten ihre Ketten verloren. Sie hatten keinen von uns direkt getroffen, aber alles um uns herum mit ihren Bomben umgepflügt, und ich habe die Minuten, die der Angriff dauerte, geglaubt, ich würde mein letztes Stoßgebet sprechen. Doch wir lebten alle, aber sahen nun, daß wir nicht nur unbeweglich waren, sondern ohne es zu merken mitten in die russischen Stellungen hineingefahren waren.

Es wurde dunkel. Wir hatten Glück und die Panzer standen so, daß jeder auf den anderen die Maschinengewehre richten konnte. Die russischen Infanteristen waren aber dennoch sehr schnell heran und haben versucht, uns mit ihren Molotowcocktails hochgehen zu lassen. Die Russen, sie hatten's ja erfunden, waren gut im Nahkampf gegen Panzer ausgebildet und wußten genau, wo an einem Panzer die verletzlichen Stellen waren. Die Luftansaugkanäle, die nur mit dickem Draht geschützt werden konnten, der aber kein brennendes Benzin abhielt. Davor hatten wir Angst. Kam es dazu, dann verbrannte man im eigenen Panzer oder explodierte zusammen mit der Munition. Und stieg man aus, dann war man leicht zu haben.

Wir haben unregelmäßig, aber immer wieder, Leuchtmunition abgeschossen und wenn einer glaubte, wir hatten ja Sprechfunk, der Russe sei an ihm dran, dann schossen wir eine Leuchtkugel hoch und feuerten mit dem Maschinengewehr. Auch die Artillerie griff uns an, wir waren fast ständig unter Beschuß, aber nach den eigenen Fliegerbomben traf auch sie nicht punktgenau. Mit sehr viel Glück haben wir uns in den Morgen gerettet.

Es wurde hell und unser Regiment trat an und nahm das Gelände, auf dem wir uns befanden, ein. Als Offizier mußte man sofort in einen intakten Panzer umsteigen und ich war dann mit dabei, als wir dicht am nördlichen Stadtrand von Stalingrad an die Wolga durchstießen. Es war für mich ein faszinierendes Erlebnis, die Wolga zu erreichen. Wochenlang hatten man es uns eingebleut, ihr müßt die Wolga erreichen, und nun stand ich dort und sah keinen Fluß, sondern einen gigantischen Strom, gegen den der Rhein ein Rinnsal ist.

Die Steppe ging dort in Hügel über und ich konnte auf den großen Speicher sehen und schemenhaft auf die Silhouette der Stadt. Sie brannte und über ihr standen Rauchsäulen. Unsere Infanterie war schon in der Stadt und die grausamen Häuserkämpfe hatten schon begonnen.

Das Panzerregiment, in dem ich war, stand in der Tradition der schlesischen Kürassierregimenter*. Sein Offizierschor bestand daher weitgehend aus Söhnen der Gutsbesitzerfamilien. Ihre Großväter und Väter waren noch Kavalleristen gewesen, die zu dienen hatten, wie sie nun selbst. Es waren gutausgebildete junge Leute, die zu Hause zur Anständigkeit erzogen worden waren. Bestimmt nicht in jedem Fall, aber ich will es hier mal generalisieren. Und am Anfang gab es diese Achtung des Gegners, und die kippte dann schon im Winter 41 bei uns und bei den Russen. Das Ende jeder Achtung habe ich dann aber in Stalingrad erlebt. Da war Stalin, der befahl, die Stadt mit meinem Namen fällt nicht, und da war Hitler, dessen Befehl lautete: Wo ein deutscher Soldat einmal gestanden hat, da geht er nicht zurück. Beide Seiten waren nun nur noch brutal und hart. Soldat gegen Soldat, ohne jede Gnade.

Zuerst war das, was die Propaganda verkündete, ein Reichsprotektorat im Osten, Lebensraum und wir, die Deutschen, als die besseren und fähigeren Menschen, das war am Anfang in meiner Einheit akzeptiert worden, und ich bin ja selber noch begeistert Soldat geworden trotz eines skeptischen Vaters, und das ist ganz zweifellos der propagandistische Einfluß meiner Umwelt gewesen: Freunde, Schule, Hitlerjugend, die

* Aus den geharnischten Reitern des Mittelalters entstandene schwere Reiterei.

ich nicht mochte, es hatte ständig auf uns eingehämmert. Aber manchmal haben wir uns doch gefragt: Was wollen wir eigentlich hier, wozu brauchen wir denn Lebensraum im Osten?

Es hieß den Wolgarand halten mit der Verbindung erst zu einer deutschen und dann zu einer rumänischen Einheit. Wir standen in dieser Stellung fast ständig im Artilleriefeuer, das von weit her, von der anderen Seite der Wolga kam. Man war in dieser Situation dennoch gelassen, weil man wußte, ein direkter Treffer eines Panzers war reiner Zufall, war sehr selten. Kamen einem die Treffer sehr nahe, konnte es sein, daß man eine Kette verlor, aber die Panzerung hielt die Granatsplitter ab.

Dem Gelände angepaßt standen unsere Panzer zwischen zweihundert und fünfhundert Meter vom Wolgaufer entfernt. Der Befehl lautete ja, die Stadt zu nehmen und den Transport auf der Wolga zu unterbinden, von Öl, Kohle, Getreide, von was auch immer. Mit dem Fernglas sah man am anderen Ufer die Russen und auf dem Fluß entsinne ich mich an Schnellboote, Frachtschiffe und Kähne, auf die wir auch mit den Panzern schossen.

Immer wieder wurden wir teilweise aus dieser Stellung rausgezogen und an der Stadtgrenze eingesetzt. Mehr aus psychologischen als aus taktischen Gründen. Wenn im Häuserkampf plötzlich dreißig oder gar vierzig Panzer auftauchen, dann sind da auf einmal vierzig Geschütze und achtzig Maschinengewehre. Das ist für den Gegner eine angsterregende Feuerkraft, obwohl die Panzer durch ihre Unbeweglichkeit innerhalb einer Stadt wenig ausrichten können. In solche Einsätze sind wir immer wieder gefahren, an Stellen, wo die Infanterie in diesem erbitterten, brutalen Häuserkampf nicht vorwärts kam und wir dann erschienen und demonstrierten: Seht her, wie stark wir sind.

Unser Eingreifen in die Häuserkämpfe war taktisch ganz

genau gesteuert und ich hatte das Gefühl, das ist richtig, was wir machen, wie wir eingesetzt werden, hier können wir die armen Schweine der Infanterie unterstützen. Du hast angegriffen, es war wie bei jedem Kampf eine Situation der höchsten Anspannung, aber wir wußten von Anfang an, wir werden wieder zurückgezogen, wir kommen nach dem Einsatz noch vor Ende des Tages wieder raus aus der Stadt, weil wir sonst alle geopfert worden wären. Mental ist das ein riesiger Unterschied zu all den anderen Gefechten, die man fährt, dabei erfolgreich ist, aber Ausfälle hat, und dann, weil es nicht weitergeht, sitzt du vierundzwanzig Stunden in deinem Panzer und weißt nicht, wirst du jetzt von der Gegenseite überrollt oder mußt du nochmal vierundzwanzig Stunden sitzen, während du den Kopf besser nicht rausstreckst.

Es wurde genau festgelegt, in welchen Straßen in Stalingrad wir eingesetzt wurden. Sie sahen zum Teil aus wie die in Grosny, rechts und links fast nur noch zerstörte Häuser. Alles in grau und schwarz. Auch unsere Aufgabe dort war genau festgelegt. Da gab es dann ein Haus, dessen obere Stockwerke noch leidlich intakt waren, und die haben wir unter Feuer genommen, damit sich dort keine Beobachter und Scharfschützen festsetzten. Oder es ging um eine Häuserzeile, die von der Infanterie genommen werden sollte, und die wir dann unter Beschuß nahmen. Die Infanterie kämpfte um Straßenzüge, um einzelne Häuser, und wenn es gar nicht mehr weiterging, tauchten wir auf.

Während wir diese Einsätze fuhren, von Mitte September bis Mitte November, fast acht Wochen lang, wurden wir dann auch von der Wolga zurückgezogen, wo nun die Grenadiere die Stellung übernahmen. Von der Stadt abgesetzt standen wir in ständiger Alarmbereitschaft, wo wir sehr viel mit Fliegern zu tun hatten.

Die Stimmung in der Truppe war aber gut. Die Versorgung

klappte. Wir waren privilegiert, nicht zuletzt, weil wir so modern ausgerüstet waren. Beklemmend war, daß die Stadt nicht genommen wurde, daß es im Gegenteil immer wieder Rückschläge gab. Weil aber bei uns der Nachschub immer klappte, weil wir immer Munition, immer zu essen, immer einen Schuß Alkohol hatten, waren wir so verrückt, daß wir dachten: Wenn Stalingrad endlich mal fällt, werden wir auf Astrachan abgedreht. Die Karten dazu hatten wir schon in den Händen und den Kaviar, den es dort gab, schon im Kopf. So verrückt war man!

Während die Tage noch warm waren, wurde es nun nachts eisigkalt in der Steppe und von einem Abend zum anderen Morgen hatte sie sich verwandelt in ein helles Lila, in ein Meer aus Herbstzeitlosen. Zwei Tage später begann die Einkesselung. Das war der größte Einsatz meines Panzerregiments, den ich je erlebt habe.

Als der Kessel zuging, wurden wir nach Norden geschickt. Eine unglaubliche Hektik brach aus, die Befehle überschlugen sich, innerhalb von wenigen Kilometern ging es erst hier- und dann dorthin. Überall stießen wir auf die Russen, die massiv mit Panzern, mit Panzerabwehrgeschützen, mit allem, was sie hatten, mit Artillerie und Infanterie kamen. Für uns gab es kein Durchkommen, der Druck der Russen war zu groß und das war ebenso beunruhigend wie nicht zu wissen, was genau da vor sich ging.

Schon am nächsten Tag zog man uns wieder raus und warf uns nach Westen. Das war für uns ganz unverständlich, denn wir wußten nicht, daß der Russe auch im Süden angetreten war, und daß sich die Zange um uns schloß. Nicht nur der einfache Soldat, auch der kleine Truppenoffizier wußte nicht mehr, als was um ihn herum passierte. Nach Westen sollten wir natürlich, um mit einem Panzerkeil einen Weg nach hinten offenzuhalten. Doch der Russe hat das so gut überlegt und so gut gemacht, daß die Zange zuging. Zunächst steckten wir in dem Loch zwischen den beiden Zangen, und als sie sich dann schloß, da mußten wir nach rechts und links zurückschießen, um dann noch einmal anzutreten, aber darauf waren die ja vorbereitet.

Plötzlich überfiel einen die Angst: jetzt geht es dir an den Kragen. Ich hatte noch als Unteroffizier im Sommer 1941 die große Panzerschlacht von Uman mitgemacht, wo wir sechshunderttausend Russen gefangen hatten und sahen, wie die armen Kerle in die Gefangenschaft marschierten. Nun hatte ich plötzlich das Gefühl, jetzt geht es dir selber so. Wir kannten die Härte des Krieges. Und wir hatten erfahren, daß sie sich im Häuserkampf um Stalingrad noch einmal gesteigert hatte, daß dort niemand verschont blieb. Und es gab die Propaganda vom Russen als barbarischen Untermenschen.

Wir erlebten, daß wir die Zange nicht öffnen konnten. Es kam noch ein zweites Panzerregiment dazu, aber es gelang uns beiden nicht, den Weg in die Freiheit zu öffnen. Da überfiel die ganze Truppe das Gefühl, es geht zu Ende mit uns. Jetzt mußt du alles tun, was du kannst, ein jeder muß alles tun, was er kann. Niemand fragt da mehr, warum hast du den erschossen, oder war das nötig darauf zu schießen. Jeder, der glaubte, er könne etwas für die eigene Freiheit tun, der tat das auch. Ich habe es nicht erlebt, aber vielleicht wurde sogar gegen den Befehl geschossen, wenn man glaubte, es tat einem gut. Die Russen waren nicht anders. Sie hatten uns, diese Schweine, endlich in einer solchen Situation und es wurde hingeschossen, wo sich auch nur ein Finger hob.

Alles, was an Panzern fahren konnte, wurde nach Westen geworfen. Und als der Ring der Russen dann endgültig zu war, erfuhren wir auch, daß wir in der Falle saßen und daß Hitler natürlich eine Armee schickt. Die berühmte Armee von Hoth, um uns herauszuholen. Wir hörten dann auch den

Gefechtslärm von Hoth und als wir ihn dann nicht mehr hörten, wußten wir, das war das Ende.

Die Panzer waren schon vorher zwischen Ende November und Mitte Dezember stehengeblieben, weil es keinen Treibstoff mehr gab. Bereits Tage, nachdem wir eingeschlossen worden waren, hieß es bereits Sprit sparen, Munition sparen und die Panzer wurden nur noch vereinzelt eingesetzt, zwei oder drei. Jetzt mußten wir sie alle aufgeben. Einen Teil haben wir eingegraben, vorne erhöht, damit wir mit der Kanone weiter schießen konnten, wenn wir überhaupt noch Munition hatten.

Die Leute mußten jetzt zur Infanterie und da war's besonders nett, im Schnee in Schwarz als Infanterist herumzuhüpfen. Feldgrau war allerdings auch nicht besser.

Wir waren am Westrand von Stalingrad in den Vorstädten eingesetzt. Unsere Unterstände hatten wir in den Balkas, aus denen heraus wir operierten. Diese riesigen Schluchten in der Steppe bedeuteten für uns in dieser Zeit die Aussicht auf Überleben.

Im Dezember existierte meine Panzereinheit noch, auch ohne Panzer. Ich wurde als Ordnungsoffizier eingesetzt, um im buchstäblichen Sinne für Ordnung und Disziplin zu sorgen. Wer noch laufen konnte, wer noch die Kraft hatte, der wurde eingesetzt. Und ich und andere waren es, die das überwachten und den Leuten sagten, ja, es ist gut, daß ihr jetzt woanders hinkommt, auch wenn wir auseinandergerissen werden.

Ich überwachte auch – es war schlimm – das Abreißen der Holzhäuser in Stalingrad. Es gab in der Steppe keinen Baum, keinen Strauch, nichts. Ich leitete also das ordnungsgemäße Abreißen der Häuser, deren Holz in die Öfen oder als Baumaterial in die Unterstände wanderte. Diese Abrißarbeiten lagen immer unter schwerem Artilleriefeuer der Russen, die genau wußten, wo wir auftauchen würden. Es ging eben selbst hier nach dem deutschen Ordnungsprinzip: Erst dieser und dann der nächste Stadtteil und ja nicht einer, wie er wollte. Eine grotesk anmutende Disziplin bis zum letzten Augenblick.

Ich kam bei den Abrißarbeiten in engen Kontakt mit der Zivilbevölkerung, fast alles Alte, aber auch kleine Kinder und fast niemand zwischen fünfzehn und fünfzig. Die Leute weinten und beteten, wenn wieder unsere Lastwagen kamen. Sie wußten, jetzt waren sie dran. Zuvor habe ich immer versucht, mit ihnen zu sprechen, soweit ich das eben konnte. Und wann immer es ging, habe ich etwas zu essen mitgebracht. Während des Rückzugs vom Westen her hatte ich aus einem angezündeten Versorgungslager eine Kiste mit Schokolade gerettet, die dann zentral verwaltet wurde. Ich hatte für die Kinder immer ein Stück Schokolade dabei. Manchmal kamen die Alten mit einem Tee, den sie aus immer wieder aufgekochten Blättern gemacht hatten. Wir saßen da zusammen und hinterher hab ich ihnen das Haus über dem Kopf abreißen lassen und sie mußten ins nächste zu den Nachbarn ziehen.

Es war schrecklich, wenn die alten graubärtigen Männer und die Frauen mit ihren Kopftüchern weinend mit der letzten Bettwäsche ihr Haus verließen und ins Nachbarhaus gingen, in dem ohnehin schon viel zu viele Menschen waren. Es war schrecklich, und auf der anderen Seite hing davon unser Überleben ab.

In der Weihnachtsnacht waren wir in einer der Schluchten. Ich hatte bei einer der Fahrten, auf der wir Holz holten, ein Stück weiter draußen etwas gesehen, das wie ein Nadelbaum aussah. Es war eine kleine Kiefer. Dem Pfarrer, von dem das Medaillon stammte, hatte ich drei Kirchenkerzen geklaut. Aus Zufall hatte ich die immer im Gepäck und von einem Panzer in den anderen mitgenommen.

Ich hab mich ohne Wasser, das brauchten wir zum Überleben, irgendwie rasiert. Im Gepäck hatte ich noch ein weißes

Hemd, daß ich zur schmutzigen schwarzen Panzeruniform anzog, und ich hatte diesen Weihnachtsbaum mit meinen Kerzen. Ich habe an Männern geholt, was immer in unseren Unterstand hineinging, und dort haben wir mit einem Langwellenempfänger die Ringsendung mit dem halb brüllenden Hitler gehört: ›Und unsere deutschen Truppen halten bis zum letzten Mann tapfer in Stalingrad aus.‹ Geflucht haben die Leute auf Hitler, der hat uns verraten. Es war eine ohnmächtige Wut, Verzweiflung und die Angst vor den Russen, vor der Gefangenschaft, falls sie überleben. Und dann kam ›Stille Nacht, Heilige Nacht‹ durchs Radio, und es gab keinen, der nicht geweint hätte.

Es waren ja ganz viele Familienväter da, die ganz anders nach Hause gedacht haben als ich. An ihre Kinder, ihre Frauen. Ich bin dann von Loch zu Loch gegangen, rasiert mit weißem Hemd, und die Leute haben mich ein bißchen angesehen wie einen Geist, wie einen aus einer anderen Welt. Ich wog da vielleicht gerade noch neunzig Pfund. Wenn man aber noch ans Leben glaubte, an etwas anderes konnten wir ja nicht mehr glauben, dann tat das gut.

Es gab auch noch Offiziere, die immer noch an den Sieg glaubten. Das waren Menschen, die sich nicht vorstellen konnten, daß ihr Reich kürzer als tausend Jahre dauern könnte. Verbohrt bis zum Tod sagten sie: ›Wer hier behauptet, daß wir nicht herausgeholt werden, der lügt. Hört Euch doch den Führer, hört Euch Goebbels an, dann wißt Ihr, sie werden uns hier herausholen.‹ Gehört hat kaum einer drauf, sie standen allein.

Mit einem letzten Aufgebot von Bäckern und Schustern, mit Leuten aus den rückwärtigen Diensten, sollte ich am 20. Januar 1943 einen Einbruch der Russen in den Kessel stoppen. Einen Einbruch, wo wir die Russen schon sehen konnten. Wir waren zwei Offiziere und führten einen Haufen von vielleicht hundert Mann, in den sie alles reingesteckt hatten, was überhaupt noch laufen konnte.

Uns wurde gesagt, wir bekommen Artillerieunterstützung. Und tatsächlich, drei Schüsse und das war's dann. Da hab ich mit meinem Leben gespielt, denn irgendwann hat man den Punkt erreicht, wo es einem beinah schon wurscht ist. Ich hab mich mit meinem Fernglas auf den Rand des Grabens gestellt, so als ob ich mir drüben die angreifenden Russen genau ansehen müßte und dann hieß es: Auf, auf, Marsch und die Leute mußten raus aus den Gräben.

Es passierte das, was eigentlich nicht passieren konnte, weil man sagt, das kommt nicht vor. Wir waren nun draußen auf der freien Fläche, die russische Artillerie schoß sich sofort auf uns ein, als wir in unseren dunklen Sachen, nur einen Karabiner in der Hand über den Schnee turnten. Vor mir zwei Einschläge und ich sprang in das Loch, was sich vor mir auftat. Dann kam die nächste Salve und es gab, was es nicht geben sollte, sie lag fast gleich, und da hat es mich in meinem Loch sehr zerfetzt. Ein Schulterblatt und das Rückgrat waren zerschossen.

Ich sah so viel Blut von mir im Schnee und spuckte auch Blut und hatte das Gefühl, jetzt ist es aus mit dir, geh zurück. Weit über den Schnee rief ein Rittmeister, der lag genau so weit vorne wie ich in der Nachbarschaft: ›Arschloch! Bleib vorne!‹ Er hatte Angst, daß mit mir alle anderen zurückgingen.

Bis zum Graben, aus dem wir gekommen waren, bin ich selbst zurück und dort hat sich ein Sanitäter um mich gekümmert, mich ein Stück weiter nach hinten geschleppt und von dort aus haben sie mich schließlich in einen Erdbunker in eine der Schluchten gebracht, die aussehen, als ob Gott die Erde aufgerissen hat. In diesen Balkas waren unendlich viele Unterstände von allen Truppenteilen, weil es für die Russen sehr schwierig war, mit ihrer Artillerie da reinzuschießen oder die Bunker mit Flugzeugen aus der Luft zu treffen. Wir hatten uns dort sicher gefühlt und deshalb war da ein Unterstand, ein Loch nach dem anderen.

In einem dieser Unterstände war zufällig mein Regimentsarzt, es war ja nicht mehr meine Einheit, alles war längst durcheinander. Beleuchtet von irgendwelchen Ölfunzeln sägte er mit einer Zigarette im Mund den Männern bei lebendigem Leib, ohne ein Betäubungsmittel Arme und Beine ab. Sie haben ohrenbetäubend geschrien, bis sie dann wegkippten und ohnmächtig wurden.

Er sah mich an und sagte: ›Du stirbst nicht. Setz dich hin, ich nehme erst die anderen dran.‹ Zwei, drei Stunden saß ich da, aber ich war nie abwesend. Schließlich kam ich dran, und er hat mir alles, was da reingeschossen war, an Dreck, an Uniformresten, an Resten der Fellweste, das hat er mir aus den Wunden rausgekratzt, und dann hat er Lebertransalbe darauf gemacht und es irgendwie wieder zugepappt. Da gab es keinen Verbandsstoff mehr, da gab es keine sterilen Instrumente mehr, kein Morphium, es war einfach nichts mehr da.

Ich wurde weiter nach hinten gebracht, in einen Unterstand, unmittelbar am Flugplatz Gumrak, in dem mein ehemaliger Spieß und noch ein anderer lagen. Die Russen griffen mit Flugzeugen an und die Bomben fielen so dicht, daß wir glaubten, erdrückt zu werden. Erde brach ein und die Teelichter, die wir Hindenburglichter nannten, gingen aus. Der Angriff war vorbei, wir waren nicht verschüttet worden und da hab ich, als ich wieder zu mir kam, gesagt: ›Nun macht doch mal wieder so ein Licht an.‹ ›Herr Leutnant, das haben wir ja‹ und ich konnte es nicht sehen. Ich war während des Angriffs blind geworden.

Zu dem Zeitpunkt durften nur noch Kopfverletzte ausfliegen. Ich hatte überhaupt keine Kopfverletzung, mein linkes

Schulterblatt war völlig zertrümmert und ich war am Rückgrat verletzt, aber weil ich blind war, fiel ich darunter. Der rührende Spieß hat mir alle Stempel auf den Ausflugschein besorgt. Am 20. Januar 1943, zwei Tage nach meiner Verwundung, kam der Spieß, legte mir eine Pistole hin und sagte: ›Herr Leutnant, wahrscheinlich kommen die Russen bald, jetzt oder morgen und Sie wissen doch, wir können Sie nicht mitnehmen.‹ Das war wahnsinnig anständig von ihm, ich war dankbar. Ich glaubte, ich sei nicht mehr zu retten, blind und schwerverletzt. Ich wollte nicht von einem Russen erschossen oder mit dem Spaten erschlagen werden.

Ich glaube an Gott, aber da war ich mit meinem lieben Gott sehr im Zweifel. Doch nicht ich, hab ich gedacht, und du hast doch immer geglaubt, du kommst nach Hause. Da hab ich sehr an meiner Religion und meinem Glauben gezweifelt. Gott, hatte ich geglaubt, würde mich beschützen und nun doch nicht mehr. Ich hab da nicht gewußt, daß ich dort so zusammengeschossen worden war, um herauszukommen.

In der folgenden Nacht landete eine Heinkel 111 direkt neben uns auf dem Rollfeld. Die Motoren blieben an und der Spieß hat mich auf den Rücken genommen und in die Maschine gesetzt. Ich war blind, hatte hohes Fieber, aber ich wußte, wo ich war. So bin ich ausgeflogen worden und der Spieß ist dringeblieben und dort umgekommen.

Ich bin von Stalingrad nach Stalino geflogen und dort in einem Feldlazarett zweimal operiert worden. Als die Front auch dort näherkam, wurde ich nach ungefähr einer Woche mit einer JU 52, mit einer richtigen feinen Lazarettmaschine, in der es Hängebetten gab, nach Dnjepropetrowsk geflogen. Da konnte ich auch wieder sehen, aber merkwürdigerweise hat mich das viel weniger bewegt, als man annehmen könnte. Ich war aber auch nur noch ein verhungertes Bündel von vierzig Kilo, hatte sehr viel Blut verloren und war so fertig, daß ich nicht mehr sehr viel wahrnahm. Ich hatte links kein Schulterblatt mehr und einen durch Schrapnells total zerfetzten Rücken und drei angebrochene Lendenwirbel, so daß ich mich kaum bewegen konnte. Die Hauptwunde ist überhaupt erst vier Jahre nach dem Krieg richtig verheilt. In Dnjepropetrowsk, in einem nun schon sehr viel besseren Feldlazarett, haben sie mich wieder zweimal operiert.

Die Front kam dann auch Dnjepropetrowsk so nahe, daß wir in dem großen Lazarett, das es dort in einer Kaserne gab, den Gefechtslärm hören konnten. Wenig später wurde das Lazarett geräumt, und ich kam mit den anderen in Viehwaggons, wo wir mit einer Decke, es war ja tiefer Winter, fast ohne Stroh auf dem nackten Holz lagen.

Stundenlang standen wir in der Station. Der Gefechtslärm kam immer näher und wir dachten, Mensch, die kriegen den Zug hier nicht mehr raus, bevor der Russe da ist. Irgendwann kam ein junger Arzt, der noch kein Offizier war. Er hatte den Befehl, alle auszuladen, die nicht transportfähig waren. Was das hieß, war allen klar. Nachdem er mich kurz angeschaut hatte, sagte er zu mir: ›Du kommst auch raus! Du mußt hierbleiben.‹ Ich hab versucht, nochmal dienstlich zu werden und hab gesagt: ›Hören Sie mal, ich bin Offizier, das kommt überhaupt nicht in Frage, ich bleib hier drin.‹ Er hat sich entschuldigt und gesagt: ›Herr Leutnant, ich hab aber den Befehl, Sie auszuladen, Sie sind nämlich nicht transportfähig!‹ ›Und ich befehle Ihnen, daß Sie mich hier im Waggon lassen.‹ Genau weiß ich es nicht mehr, aber drei oder vier, die sich auch wehrten, holten sie aus dem Waggon raus. Für den jungen Arzt war es schwierig, er hatte ja auch noch andere Leute dabei, Sanitäter mit Tragen.

Vielleicht eine, vielleicht zwei Stunden später, wir maulten alle, weil der Zug nicht losfuhr, kam der Mann wieder, kniete sich zu mir runter, nahm meine Hand, als ob er mir den Puls fühlte, drückte mir etwas in die Hand und flüsterte: ›Wenn's nicht mehr geht, trinken.‹ Es waren drei Ampullen Morphium. Nachts fuhr der Zug endlich los. In jedem Waggon stand ein Kanonenofen, aber es war eisig kalt, weil wir nichts zu heizen hatten und nicht in der Lage waren, etwas zu besorgen, wenn der Zug mal hielt. In diesen Tagen hatten wir Glück, wenn wir irgendwo mal einen Becher Suppe erhielten, weiter hat sich niemand um uns gekümmert, auch medizinisch nicht. In den zwölf Tagen, die wir nach Lemberg mit dem Zug unterwegs waren, wurde mehr als die Hälfte von uns ausgeladen. Sie waren tot. Wenn ich dachte, Mensch, es geht nicht mehr, morgen früh hebt einer deine Decke hoch und du wirst ausgeladen, weil du tot bist, dann hab ich von dem Morphium genommen und war für eine Zeitlang weg. Ich weiß nicht, ob es sonst gegangen wäre und glaube, das hat mich gerettet. Ich war weg und konnte schlafen.

Als ich in Lemberg ausgeladen wurde, hat ein Sanitäter meinen total durchgeweichten Verband abgenommen und sich vor Ekel geschüttelt. Ich war dabei zu verfaulen, der Verband voller Maden. Doch es erschien mir in Lemberg wie im Schlaraffenland. Ein richtiges Krankenhaus, weißbezogene Betten und Schwestern mit kleinen Häubchen auf dem Kopf. Ich hatte mit so einer Welt nicht mehr gerechnet.«

Die Eltern von Friedrich Lohstein, die nach dem Ende der 6. Armee nicht wissen, ob ihr Sohn tot oder in Gefangenschaft geraten ist, erhalten im März 1943 die Nachricht, daß er lebt und schwerverwundet im Lazarett in Lemberg liegt. Vierundzwanzig Stunden später steht der Vater, nun bereits Oberstleutnant in Breslau, im Krankenzimmer vor dem Bett seines Sohnes. Nachdem er »dienstlich« geworden ist, bringt er den noch nicht als transportfähig geltenden Sohn am nächsten Tag im Abteil eines D-Zuges nach Breslau.

Am 1. März 1943 wird in den »Meldungen aus dem Reich« festgestellt, daß der »Führer« in einer Proklamation zum Jahrestag der Parteigründung seine Siegeszuversicht zwar wirkungsvoll dargstellt, aber dabei keine Antworten auf die Fragen gegeben habe, die sich die Bevölkerung seit Stalingrad stelle.

> »Auch die Worte: ›Euch allen sind die Umstände bekannt, weshalb es dem Feind im Osten gelungen ist, einen Teil jener Erfolge aufzuheben, die im Sommer erkämpft worden sind‹ hätten insofern nicht durchweg Zustimmung gefunden, als viele Volksgenossen äußerten, daß bei ihnen über die Ursachen der militärischen Entwicklung in diesem Winter keineswegs völlige Klarheit herrsche.
>
> Unter den verschiedenen Fragen, welche von der Bevölkerung im Hinblick auf etwaige ungünstige Entwicklungen erörtert werden, spielt den Meldungen zufolge das *Problem der ausländischen Arbeiter und Kriegsgefangenen* eine besondere Rolle. Man mache sich *große Sorge* darüber, *wie sich die Ausländer verhalten würden, wenn der Krieg in ein kritisches Stadum trete* und, vom Osten her oder durch eine Landung anglo-amerikanischer Truppen im Westen, näher an die Grenzen des Reiches herangetragen werde. Die schadenfrohe, *siegesbewußte* und *zum Teil sogar aufsässige Haltung*, welche von einer Reihe von Ausländern, vor allem von Ostarbeitern, *seit Stalingrad* an den Tag gelegt werde, lasse nach der Ansicht vieler Volksgenossen darauf schließen, daß die Ausländer nur auf den geeigneten Moment warteten, um durch Sabotage und sonstige feindliche Haltungen im

Innern des Reiches Unruhe und Schaden zu stiften. Viele Volksgenossen, vor allem Frauen, leiden nach den Meldungen unter beängstigenden Vorstellungen von der Behandlung, der sie und ihre Kinder möglicherweise von aufständischen Ausländern ausgesetzt sein könnten. Vereinzelt sei bereits festzustellen, daß Volksgenossen sich durch eine entsprechende Behandlung der fremdvölkischen Arbeitskräfte für den äußersten Fall Entgegenkommen zu sichern suchten. In vielen Gebieten ist eine Erzählung verbreitet, wonach eine Ostarbeiterin ihrer Herrin erklärt habe, sie würde wegen der ihr zuteil gewordenen guten Behandlung dafür sorgen, daß ihre Herrschaft, wenn die Bolschewisten ins Land kämen, nicht gefoltert, sondern ›gleich erschossen‹ würde. Aus den nördlichen und östlichen Reichsteilen wird von ernsthaften Überlegungen mancher Volksgenossen berichtet, wie man sich auf einen Einfall der Bolschewisten in diese Gebiete zweckmäßig vorbereiten könne. So erwäge man eine Übersiedlung in andere Reichteile, Kapitalanlagen in süddeutschen Werten – vor allem bayerischen Brauereiaktien seien gefragt – u. dergl.«

Bis in den Dezember des Jahres liegt Friedrich Lohstein dort im ehemaligen »Jüdischen Krankenhaus«, von der Hüfte bis zum Hals eingegipst. Seine Mutter ist in den ersten drei Monaten ständig für ihn da, bis es dann langsam wieder bergauf geht. Über drei chirurgische Eingriffe und die Kunst der Ärzte, die ihm ein körperlich halbwegs gewohntes Leben ermöglichen, spricht er noch heute mit Dankbarkeit. Die Schmerzen und das mit ihnen verbundene Elend dieser Zeit deutet er aber nur an, indem er vom Morphium spricht und von der Krankenschwester, die Teile davon den Verletzten vorenthält, weil sie es sich selber spritzt.

Im Spätsommer 1943 kann Friedrich Lohstein wieder laufen und darf den Tag häufig in der Wohnung seiner Eltern verbringen. Sie sind die einzigen, mit denen er in dieser Zeit über Stalingrad spricht und über sein Gefühl, verraten worden zu sein. Nicht von den kommandierenden Frontgenerälen, die ihn und die Panzer nach Westen geschickt hätten, um einen Weg zurück in die Freiheit offenzuhalten und an die er als junger Offizier immer noch geglaubt habe, sondern von Adolf Hitler, der den Ausbruch aus dem Kessel kategorisch abgelehnt hätte.

Für den Vater, der Adolf Hitler für einen ungebildeten, gefährlichen Emporkömmling hält, der den Aufgaben eines Staatsmannes nicht gewachsen ist, war der Krieg schon mit dem Angriff auf die Sowjetunion verloren und die Vernichtung der 6. Armee nur die logische Folge. Für Friedrich Lohstein hingegen ist die 6. Armee, ist »die Truppe« nicht militärisch, sondern am Starrsinn und Verrat Hitlers gescheitert. Er fühlt sich gespalten. Er hofft darauf, daß allein die militärischen Fähigkeiten der Frontgenerale und ihrer Soldaten den Krieg für Deutschland entscheiden könnten und muß sich zugleich eingestehen, daß politisch und strategisch alles dagegenspricht. Nicht erst mit Stalingrad, sondern schon seit der Kriegserklärung an die Vereinigten Staaten im Dezember 1941 und dem Beginn eines Weltkrieges.

Zwischen den Männern in der Familie steht die Mutter, die aus der Sicht des Sohnes für die Familie und insbesondere für den Vater seit 1933 eine große Gefahr bedeutet. Von überschäumendem Temperament, das der Vater »kaum einhegen« kann, zeigt sie bei jeder Gelegenheit lauthals ihre krasse Abneigung gegen den Führer und macht auch dort nicht halt, wo sich die daraus drohende Gefahr leicht an fünf Fingern abzählen läßt. Als schließlich ein Verwandter der Familie in ein Konzentrationslager der SS gerät und dort später ermordet wird, beugt sie sich der Drohung ihres Mannes, der ihr sagt: »Du bist die nächste und dann kommt die ganze Familie ins Konzentrationslager.«

An einem Tag im August 1943 kann Friedrich Lohstein, den linken Arm noch in der Schlinge, das erste Mal das Krankenhaus verlassen. Auf dem Weg durch Breslau zur Wohnung seiner Eltern begegnen ihm Menschen auf der Straße, die den gelben »Judenstern« tragen. Die Anordnung, daß alle Juden, die älter als sechs Jahre sind, einen gelben sechszackigen Stern mit der schwarzen Inschrift Jude auf der linken Brustseite tragen müssen, stammt aus dem September 1941, und Friedrich Lohstein, der seit diesem Datum noch einmal im Reich gewesen ist, nimmt dennoch diese weithin sichtbare Kennzeichnung und Isolation der jüdischen Bürger an diesem Tag zum ersten Mal wahr. Zwei Jahre zuvor, am 9. Oktober 1941, hatte der SD in den »Meldungen aus dem Reich« über die öffentliche Reaktion auf die Kennzeichnung berichtet:

»Die *Verordnung über die Kennzeichnung der Juden* wurde vom überwiegenden Teil der Bevölkerung begrüßt und mit Genugtuung aufgenommen, zumal eine solche Kennzeichnung von vielen schon lange erwartet worden war. Nur in geringem Umfange, vor allem in katholischen und bürgerlichen Kreisen wurden einzelne Stimmen des Mitleids laut. Vereinzelt wurde auch von ›mittelalterlichen Methoden‹ gesprochen. Vorwiegend in diesen Kreisen wird befürchtet, daß das feindliche Ausland die dort lebenden Deutschen mit einem Hakenkreuz kennzeichnen und gegenüber diesen zu weiteren Repressalien greifen werde. Überall ist das Auftreten von gekennzeichneten Juden stark beachtet worden. Mit Erstaunen wurde festgestellt, wieviel Juden es eigentlich noch in Deutschland gibt.«

Nachdem Friedrich Lohstein seine Überraschung überwunden hat, grüßt er die Menschen, die ihm mit dem Stern begegnen, militärisch, weil er »es zum Kotzen findet« und denkt, »mir kann ja keiner, Stalingrad, verwundet, Eisernes Kreuz erster Klasse, die sollen mal kommen. Aber mein Vater hat mich beschworen und gesagt: Junge, laß den Blödsinn, du hilfst keinem Juden und wenn du Pech hast, fühlt er sich auch noch verscheißert. Du kannst dagegen nicht an. Nick ihnen zu, guck ihnen freundlich in die Augen, aber das ist auch alles, was du tun kannst. Laß es sein, wir sind am nächsten Tag alle im KZ.«

Im Oktober 1943 gestatten ihm die Ärzte, hin und wieder jetzt auch über Nacht in der Wohnung seiner Eltern zu bleiben. Dort weckt ihn eines morgens sein Vater und führt ihn zum Fenster, das auf die »Straße der SA« zeigt, die früher Kaiser-Wilhelm-Straße hieß. Unten auf dem Kopfsteinpflaster sieht er bewacht von der Waffen-SS eine Gruppe von Frauen, Kindern und Männern vorbeiziehen, mit Pappkartons und Koffern in den Händen. So sieht es in der Heimat aus, sagt ihm der Vater, das sind Juden, die in ein Konzentrationslager gebracht werden.

Das Bild der von Bewaffneten die Straße entlanggetriebenen Menschen ist für Friedrich Lohstein bis heute lebendig und bedrückend geblieben. Von der Existenz der in Deutschland liegenden Konzentrationslager weiß er seit Mitte der dreißiger Jahre. Sie sind für den Dreizehnjährigen ein Teil der öffentlichen Drohungen und Einschüchterungen und noch ohne Gestalt und Inhalt. Gerüchten über Deportationen, die er später an der Front hört, verschließt er sich. Was hinter ihr »an Schweinereien« passiert wird ihm erst nach dem Krieg bewußt. Ein Wissen, daß ihn ganz offenkundig beschäftigt und ebenso die vergebliche Mühe, doch noch eine Distanz dazu zu finden.

Ähnlich wie schon sein Vater, der Adolf Hitler als einen politischen Parvenue betrachtet, sieht auch er die Täter, die den politischen, von Haß betonten Rassismus des Staates exekutieren, nur als Angehörige einer anderen Schicht: »Der riesige Verwaltungstab der Diktatur setzte sich, weil es auch nicht anders ging, aus Menschen mit einer kleinen Bildung zusammen. Die bekommen eine Uniform und die bekommen Macht, die spielen das aus mit Freude. Da sehe ich auch den Unterschied zwischen kämpfender und nicht kämpfender Einheit.«

Seine schweren Verletzungen haben Friedrich Lohstein »kriegsverwendungsunfähig« gemacht. Obwohl er den linken Arm wegen seines zerstörten Schulterblatts noch immer in der Schlinge trägt, erhält er eine neue Aufgabe, als im November 1943 in Breslau ein junger Offizier mit guten Ortskenntnissen gesucht wird. Er soll die Eskorte Adolf Hitler durch die Stadt zur Jahrhunderthalle führen, wo Hitler vor jungen Offiziersanwärtern, die kaum älter als neunzehn Jahre sind, eine Rede halten will. Seine guten Ortskenntnisse, wird Friedrich Lohstein eingeschärft, soll er dann nutzen, falls auf Hitler ein Attentat verübt wird, und er ihn so schnell wie möglich aus der Gefahrenzone zurück zum Flugplatz und in Sicherheit bringen muß.

Stehend in einem offenen Kübelwagen leitet Friedrich Lohstein am 20. November 1943 Hitler mit seiner Autokolonne vom Flugplatz zur Jahrhunderthalle, wo er aus seinem Wagen springt, zum Mercedes von Hitler läuft, um dessen »Höflingen« zuvorzukommen und ihm den Schlag zu öffnen, während er militärisch grüßt.

»Mit sehr gemischten Gefühlen zog ich mit Hitler und seinem riesigen Troß in die Jahrhunderthalle ein. Tausende begeisterte arme junge Teufel waren da, die nicht ahnten, was ihnen alles noch bevorstehen würde. Er hielt eine unheimlich geschickte Rede, die diese Jungen, die noch jünger waren als ich, begeisterte.«

In der Pressemitteilung, die das Ministerium von Joseph Goebbels herausgibt, sind es zwanzigtausend für würdig befundene junge Offiziere, während Friedrich Lohstein nur einige tausend erinnert. Es wird der letzte Auftritt Hitlers vor noch immer begeisterungswilligen jungen Leuten sein, die von dort zur »Bewährung« an die Front geschickt werden. Im Pressekommunique zur Rede heißt es:

»Vor dem jungen Offiziersnachwuchs des Heeres, der Kriegsmarine, der Luftwaffe und der Waffen-SS begründete der Führer die Ursachen des uns aufgezwungenen gewaltigen Ringens – ein Kampf um Sein oder Nichtsein, um Freiheit und Leben unseres Volkes. Er legte dar, daß es das Ziel der hinter der britischen Politik stehenden jüdischen Kräfte gewesen sei, durch die Entfesselung dieses Krieges im Bündnis mit der Sowjetunion in erster Linie Deutschland auszurotten, um dadurch ganz Europa dem Bolschewismus überantworten zu können. Wenn Deutschland diesen Kampf für sich selbst und Europa nicht gewänne, erklärte der Führer, käme die Barbarei der Steppe über unseren Kontinent, sie würde ihn als Träger und Quelle menschlicher Kultur zerstören...

Den von jüdischem Haß diktierten Vernichtungsplänen unserer Gegner stellte der Führer die unerschütterliche Entschlossenheit des deutschen Volkes gegenüber, in diesem weltgeschichtlichen Ringen durch äußerste Beharrlichkeit und den letzten Einsatz aller Kräfte siegreich zu bestehen. Er wies die angehenden jungen Offiziere darauf hin, daß zum Mut und zu der Härte des Soldaten heute das Glaubensbekenntnis des politisch geschulten Mannes gehöre, der weiß, worum der Kampf geht. Denn gerade in diesem furchtbaren Ringen muß jeder einzelne von der Erkenntnis durchdrungen sein, daß es sich nicht um eine nur militärische Auseinandersetzung zwischen einzelnen Staaten handelt, sondern um ein gigantisches Ringen zwischen Völkern und Rassen, in dem die eine Weltanschauung siegt und die andere unbarmherzig vernichtet wird. Das heißt: Das Volk, das verliert, beendet sein Dasein.«

Während Goebbels in seinem Tagebuch notieren wird, wie glücklich der Führer gewesen sei, wieder vor einer so großen enthusiastischen Gemeinschaft junger Männer zu sprechen, empfindet Friedrich Lohstein auf seinem Stuhl am Kopfende der Halle Wut: »Ich saß in dem Pulk unmittelbar hinter Hitler. Und da dachte ich: So eine Sauerei! Je länger er redete, um so mehr kam die Wut in mir hoch. Den sollst du schützen, dachte ich. Ich hatte ja eine Pistole umgeschnallt, aber ich lebte gerade wieder, ich war zu jung. Ich hätte ihn umlegen können, die Wut war da, ich erlebte ja den Betrug und wußte, was passiert war, wo die zweihundertfünfzigtausend geblieben waren und wie es weitergehen würde, so wie in Stalingrad. Aber ich war nicht in der Lage, ich konnte es nicht, ich war nicht bereit.«

Nach einem kurzen Intermezzo als Ordonnanzoffizier bei einem General, der Friedrich Lohstein zur Versetzung empfiehlt, weil er sich über das deutsche Offizierschor lustig gemacht hat, kommt er als Stabsoffizier des OKW in Hitlers damaliges Hauptquartier, die Wolfsschanze, das inmitten der ostpreußischen Seenplatte gut getarnt im sogenannten Mauerwald liegt.

Friedrich Lohstein kommt in die Abteilung »Fremde Heere Ost«, die seit 1942 von General Gehlen geleitet wird. Hier werden die Nachrichten von der Ostfront, die aus Flugbeobachtungen, dem Abhören des russischen Funkverkehrs und

Verhören mit Gefangenen und Überläufern bestehen, bearbeitet, um daraus einen Einblick in die Lage der dort operierenden Truppen der Roten Armee zu gewinnen. Während der Nacht erstellt, dienen diese Lageberichte dem Generalstab zum Vortrag bei Hitler, dessen Weisungen dann noch vor Tagesanbruch die betroffenen Armeestäbe erreichen müssen, die sie auszuführen haben.

Als Friedrich Lohstein begreift, daß er hier plötzlich Zugriff auch auf alle zurückliegenden Lagepläne hat, die Aufschluß über die Stellungen und Bewegungen russischer Truppen geben, sucht er sich die zu Stalingrad heraus, um sie sich »fein säuberlich anzusehen«. Entlang der gesamten Frontlinie der 6. Armee, stellt er fest, seien die russischen Truppen bis hinunter zu den kleinsten Einheiten genau erfaßt gewesen und die russische »Operation Uranus«, in deren Folge die 6. Armee eingekesselt wurde, sei »minutiös vorausgesagt« worden. Sehenden Auges, ist sein Schluß, hat das Oberkommando, hat Hitler es zugelassen, »daß wir eingeschlossen worden sind«. Das Gefühl verraten worden zu sein ist jetzt für ihn zur Gewißheit geworden, akribisch, wie er heute sagt, dokumentiert durch Nachrichten, Karten, Skizzen und deren Analyse durch den eigenen Generalstab.

Sein nun wachsender innerer Widerstand, von dem er nicht weiß, wohin er ihn führen soll, wird noch verstärkt, weil er zugleich »in einer Zentrale sitzt, in der dauernd die Welt untergeht. Nachts, und das war nie vor zwei, drei Uhr morgens, wenn dann die Stäbe mit ihrer Arbeit fertig waren, wurde Alkohol getrunken, weil es sonst nicht mehr auszuhalten war. Ich hab da als junger Kerl an einer Stelle gesessen, wo ich im Leben nie mehr sitzen möchte. Graf Rittberg sagte mir in einer solchen Nacht, als ich ihm die Karten aufbereitete und er sich wieder an seinen Schreibtisch gesetzt hatte: ›Lohstein, ich kann mich doch auf Sie verlassen.‹ ›Jawohl, Herr Graf.‹ ›Ja immer, in jedem Moment?‹ ›Jawohl, Herr Graf.‹ ›Wir brauchen Sie, Lohstein, Sie wissen das!‹ ›Jawohl, Herr Graf.‹

Ich wußte, der Rittberg hat mich jetzt eingebunden: hier platzt eine Bombe – nicht ahnend, daß wirklich eine Bombe platzen würde. Ich wußte nichts über die Kreise der Widerständler, nichts über Stauffenberg. Ich wußte nur, hier passiert jetzt was.

Das schwang schon in unseren Abenden mit. Einer der Generäle, Generalmajor Stieff*, der war damals oberster Generalstabsoffizier für die Versorgung, der hielt, wenn wir abends tranken, die Schnauze nicht. Der saß da, ein wahnsinnig netter und sympathischer Mann, lustig, voller Humor und sagte mitten im Gespräch im vollen Ernst: ›Prost, wann bringen wir ihn endlich um.‹ Wir lebten in einer Szene, in der mir die Frage von Rittberg nach meiner Verläßlichkeit nur als etwas Natürliches erschien. Ich glaubte zu wissen, du bist hier in einem Widerstand eingebunden und irgendwann geht's los. Das wußte ich, ohne daß es mir erklärt worden war, ich wußte es aus dem Kreis, in dem man lebte. Rittberg wurde vier Wochen vor Kriegsende erschossen. Rittberg wußte Bescheid und hat mich eingeweiht und nicht eingeweiht. Ich wußte und wußte gar nichts. Er hat dann später nochmal gesagt, kurz vor dem 20. Juli 1944: ›Unser Wort gilt doch.‹ ›Jawohl, Herr Graf.‹

Ich habe mit einem Oberleutnant, wesentlich älter als ich, eine kleine Stube in einer Baracke geteilt. Zwei Betten, zwei

* Helmut Stieff, der ehemals der Abteilungsleiter von Stauffenberg war, entschied sich angeblich unter dem Eindruck von Stalingrad im Juni 1943 zum Widerstand. Er gehörte zum innersten Kreis der Attentäter des 20. Juli 1944 und wurde einen Tag, nachdem der Anschlag gescheitert war, verhaftet und nach einem zweitägigen Schauprozeß vor dem Volksgerichtshof am 8. August hingerichtet.

Spinde, zwei Stühle und ein kleiner Tisch. Über Wochen habe ich dort mit dem zusammengewohnt und nicht geahnt, daß dieser Mann ein ganz enger Zuarbeiter von Stauffenberg war und den Sprengstoff für das Attentat irgendwo in unserem Zimmer versteckt hatte. Das bezeichnet die Diktatur. Wir waren beide Offiziere, beide im gleichen Rang, er sehr viel älter als ich. Er hat von mir nicht gewußt, ich habe von ihm nicht gewußt. Man wagte nicht mehr zu sprechen und lebte unter demselbem Ehrenkodex als Offizier, der ja Vertrauen untereinander verlangte. Da war die Diktatur bis in die kleinste Zelle wirksam.«

Der Oberleutnant, mit dem Friedrich Lohstein das Zimmer geteilt hat, heißt Albrecht von Hagen, kommt aus einer in Pommern ansässigen Adelsfamilie und ist zu diesem Zeitpunkt vierzig Jahre alt. Sein Kontakt mit Stauffenberg geht auf das Jahr 1943 und den »Afrikafeldzug« zurück. Dort ist er Reserveoffizier in einem Divisionsstab gewesen, dessen Chef Stauffenberg war. Durch Helmut Stieff, der Stauffenbergs Attentatspläne aktiv unterstützt hatte, war er im April 1943 über die Organisationsabteilung des Heeres in den »Mauerwald« gekommen und hatte im Mai 1944 Stauffenberg in Berlin Zünder und Sprengstoff übergeben. Während dieses Zusammentreffens im Bendlerblock in Berlin hatte Albrecht von Hagen Stauffenberg gefragt, wozu Zünder und Sprengstoff dienen sollten, und Stauffenberg habe ihm lachend geantwortet: »Damit will ich den Führer in die Luft sprengen.« Am 7. und 8. August 1944 steht er nun vor dem Volksgerichtshof und wird von dessen Präsidenten, Roland Freisler, der den Vorsitz führt, zum Tode verurteilt. Vor seiner Hinrichtung schreibt er seiner Frau Erica: »Mit meinem Schicksal kann ich nicht hadern, da ich es selbst verschuldet habe. Den Tod, der heute in so vielfältiger Gestalt umgeht, fürchte ich nicht. Es bleibt mir nur, auch für die letzten Stunden die Haltung zu wahren, die ich mein Leben lang als Grundvoraussetzung des Adels angesehen habe.«

Friedrich Lohstein wird in den Tagen nach dem Attentat immer wieder und immer wieder verhört, und versucht, stets bei der gleichen Aussage und Wortwahl zu bleiben. Und weil er nur etwas geahnt und nicht Konkretes gewußt habe, sei ihm das leichtgefallen. Nach ein oder zwei Wochen, in denen immer mehr Menschen aus seiner Umgebung verhaftet werden, in denen Angst und Unsicherheit umgehen, weil niemand weiß, was der andere weiß oder getan hat, wird Friedrich Lohstein aus dem Kreis der Verdächtigen ausgeschlossen. Siebentausend Menschen werden in den nächsten Wochen und Monaten verhaftet, und zweihundert von ihnen unmittelbar oder nach Prozessen vor dem Volksgerichtshof erschossen oder erhängt. Ihre Familien werden in Sippenhaft genommen, auch die Angehörigen von Albrecht von Hagen. Seine Kinder werden in ein Heim, die Eltern, seine Frau und seine Geschwister ins Gefängnis gebracht.

Friedrich Lohstein bleibt in der Abteilung von General Gehlen, die vor den immer weiter nach Westen vorrückenden russischen Armeen nach Berlin-Zossen verlegt wird. Hier gehört er zu einem kleinen Arbeitsstab, der auch dabei ist, wenn Hitler nach Berchtesgaden fliegt. Von dort geht es ein Stück nach Nordosten auf den Obersalzberg, einen Gebirgszug, auf dem Hitler schon 1927 ein Haus gekauft hatte, den sogenannten Berghof. Seit 1933 war er immer weiter ausgebaut worden und liegt, nun gesäumt von den Landsitzen seiner engsten Satrapen, von Versorgungseinrichtungen und SS-Kasernen, im »Führergebiet«, das zehn Quadratkilometer umschließt.

Ende 1944 faßt Friedrich Lohstein dort die Meldungen, die aus Zossen kommen, für den General zusammen, der sie dann Hitler vorträgt. Während die Rote Armee Ostpreußen erreicht hat, die Amerikaner Straßburg erobert haben und sich auf dem Weg zum Rhein befinden, erlebt Friedrich Lohstein auf dem Obersalzberg eine Welt, die tut, als sei »nichts geschehen. Da waren die Vertreter der Verbündeten, die noch geblieben waren, da waren Offiziere aus dem Generalstab, da wimmelt es von hohen SS-Offizieren und Parteigrößen. Dort war es wie im Frieden. Es wurde üppig getafelt auf Damastdecken mit Silberbesteck und es gab gute Weine. Es war alles da.«

Mehrere Monate pendelt Friedrich Lohstein zwischen der Hauptstadt und dem Obersalzberg hin und her, bis er in der zweiten Aprilwoche 1945 den Befehl erhält, zusammen mit zwei anderen Offizieren Hitlers Sonderzug aus dem umkämpften Berlin heraus nach Berchtesgaden zu bringen. Auf dieser sich mehrere Tage hinziehenden Fahrt in dem Zug, der so luxuriös auch mit Essen und Trinken ausgestattet ist, daß sich Friedrich Lohstein wie im »Schlaraffenland« fühlt, erlebt er sein Kriegsende. »Irgendwann in einer Nacht standen wir in einem Wald und waren in einem der Salonwagen, in dem ein Flügel stand. Die Türen und Fenster standen offen und einer von uns spielte die Mondscheinsonate. Das war für mich das Ende des Krieges. Ich bin rausgegangen aus dem Waggon und hab geweint wie ein kleiner Junge, ich hab mich halb tot geweint, weil ich in dem Moment wußte, Schlesien weg, Eltern weg, alles weg, du hast nichts gelernt und weißt nicht, was werden soll. Es war die totale Verzweiflung. Von da an hab ich nicht mehr geweint, da hatte man ja auch fast keine Zeit mehr dazu, kurze Zeit später ging es um's tägliche Brot.«

Nach der bedingungslosen Kapitulation am 8. Mai 1945 setzt sich General Gehlen mit ungefähr fünfzehn Männern aus seiner Abteilung »Fremde Heere Ost«, zu denen auch Friedrich Lohstein gehört, in die Berge südlich des Chiemsees ab. Mehrere Wochen versteckt sich die Gruppe in wechselnden Berghütten, die zuvor verproviantiert worden sind. In allen Lagern der alliierten Kriegsparteien gehört Gehlen wegen seiner exorbitanten Kenntnisse über die Rote Armee zu den meistgesuchten Männern aus dem NS-Apparat. Erst als die Nachrichten, die sie durch Informanten aus dem Tal erhalten, dafür sprechen, daß Reinhard Gehlen bei den Amerikanern nichts zu befürchten hat, treten sie den Weg ins Tal und in die Gefangenschaft an. Für Gehlens Karriere bedeutet es zugleich Fortsetzung wie Neubeginn, denn er kann sehr bald unter dem Schutz der Amerikaner, die seine Kenntnisse über die militärischen Fähigkeiten der Sowjetunion nutzen wollen, einen Auslandsnachrichtendienst, die Organisation Gehlen aufbauen, die von der Regierung Adenauer 1956 übernommen wird und nun Bundesnachrichtendienst heißt.

Auch Friedrich Lohstein hat Glück und wird schon nach wenigen Wochen aus dem amerikanischen Kriegsgefangenenlager, in dem er sich gemeldet hat und verhört worden ist, entlassen. Im Sommer 1945 klettert er auf dem von Trümmerbergen gesäumten Münchener Stachus von der Landefläche eines amerikanischen Armeetransporters in die Freiheit.

Untergekommen in einem Auffanglager des Roten Kreuzes für entlassene Soldaten bemüht er sich, Kontakt zu seiner Familie aufzunehmen und »tippelt«, als schließlich alle Versuche scheitern, an den Starnberger See, wo er mit dem Mädchen verabredet ist, in das er sich im Spätwinter 1944 in Berlin verliebt hat. Tatsächlich trifft er sie im Haus ihrer Tante, wo er bleiben und zusammen mit anderen jungen Leuten in einem Bootshaus wohnen kann. Das war, sagt Friedrich Lohstein, ein toller Anfang, denn er hat nun ein Dach über dem Kopf und einmal am Tag kann gekocht werden vom dem, was er zusammen mit anderen entlassenen Soldaten auf den umliegenden Bauernhöfen organisiert.

Weil es ihm gelingt, glaubhaft zu machen, daß er durch seine Herkunft etwas vom bäuerlichen Betrieb versteht, bekommt er die Möglichkeit als Lehrling auf einem Bauernhof zu arbeiten, und von hier aus kann er seiner Mutter, seinen drei Schwestern und deren elf Kindern, die er mittlerweile wiedergefunden hat, Pakete mit Kartoffeln und Wurst schicken. Klein aber bleibt das Glück, weil er als Preuße und Flüchtling von den Bayern auf dem Hof als »Mensch zweiter Klasse behandelt« wird.

1946 erhält er an der Technischen Hochschule in München einen Studienplatz für Landwirtschaft, den er mit offenbar großem kaufmännischen Geschick über den damals noch blühenden Schwarzmarkt finanziert. Es ist eine Zeit des Aufbruchs, die er genießt. Direkt aus dem Elternhaus ist er 1940 als Achtzehnjähriger zum Militär gekommen und wenig später an die Front geschickt worden. Zum ersten Mal führt er nun ein eigenständiges Leben, eines, um das er nicht mehr bangen muß und in dem er für sich selbst entscheiden und planen kann.

Zu den Wünschen, die er an dieses neue Leben hat, gehört auch eine Familie, die Heirat mit der Freundin. Deren Vater, der sich erst skeptisch zeigt und ihn fragt, ob er noch etwas anders gelernt habe als Menschen totzuschießen, willigt schließlich doch ein, und 1947 heiratet Friedrich Lohstein und gibt mit seiner Frau zusammen ein großes Fest, das sie mit Hilfe zusammengetragener Lebensmittelkarten bestreiten. Als dann kurz darauf mit der Währungsreform 1948 der illegale Tauschmarkt von heute auf morgen zusammenbricht, sagt er sich: »Mensch, das Studium kannst du nicht mehr finanzieren, was machst du jetzt? Landwirtschaft ist das total falsche Pferd, das hast vor Freude über's Studieren bloß nicht gemerkt. Du machst jetzt was anderes.«

Das andere sind die Autos. Die Karriere, die er später in der deutschen Automobilindustrie machen wird, beginnt in der Werkstatt eines Händlers, wo er in der Grube unter den Wagen hockt und die Ölwechsel macht. Als 1949 ein Sohn geboren wird, hat er Werkstatt und Schraubenschlüssel bereits hinter sich gebracht und arbeitet als Juniorverkäufer in der Firma.

Das Jahr 1949 markiert aber nicht nur den Beginn seiner Karriere, sondern auch Wiedersehen und Abschied. Nach vier Jahren kehrt sein Vater zurück, der mit siebenundfünfzig Jahren 1945 in russische Kriegsgefangenschaft geraten war, und er selbst löst sich mit der Gründung der beiden deutschen Staaten von der Hoffnung, mit der Familie, die nun wieder vereint ist, nach Schlesien zurückkehren zu können. Es ist eine Entscheidung des Verstands, die er von seinem Gefühl, Schlesier zu sein, zu trennen weiß.

Die Existenz der beiden deutschen Staaten hingegen akzeptiert er auch emotional nicht. Die Teilung ist für ihn der »größte Bruch in der deutschen Geschichte« und er bleibt überzeugt, daß daraus irgendwann einmal wieder ein Land werden wird, auch wenn er lange zweifelt, unter wessen Fahne. Daß es nur die des Westens und der Demokratie sein dürfe, steht für ihn fest, und er begrüßt deswegen auch die Wiederbewaffnung und die Bundeswehr, die er nicht allein, aber im Verbund mit der später gegründeten NATO als eine Garantie dafür sieht, daß die Sowjetunion die Bundesrepublik »ungeschoren läßt«.

Seine Furcht vor dem Expansionswillen Moskaus rührt allerdings weniger aus der Nachkriegspolitik und auch nicht aus seinen Erfahrungen als Frontoffizier, sondern er begründet sie mit seiner Tätigkeit im OKH. Was später die Politik des Kalten Krieges formuliert und damit in weiten Teilen der Bevölkerung alte und neue Ängste mobilisiert, habe ihm schon »im Genick gesessen«, als er die Analysen gelesen habe, die unter General Gehlen in der Abteilung »Fremde Heere Ost« zur politisch-militärischen Perspektive des Kremls erstellt worden sind.

Diese Haltung läßt sich heute stellenweise wie eine Bestätigung der Geschichte lesen und macht vergessen, daß es in den fünfziger und sechziger Jahren in der Bundesrepublik heftige Kontroversen über die Westanbindung und die Bedrohung durch die Sowjetunion gibt, die bisweilen existentiellen Charakter anzunehmen scheinen. An diesen politischen Auseinandersetzungen nimmt Friedrich Lohstein jedoch nicht unmittelbar teil. Die von ihm bewunderte Demokratie hat die Freiheiten zu garantieren, die für ihn Vorbild und Voraussetzung für eine prosperierende Wirtschaft sind: »Es war faszinierend und hat mir auch Kräfte gegeben, weil ich mir ja nicht mal hatte vorstellen können, das ich je ein Auto besitzen würde, das war am Ende des Krieges so weit weg, geschweige denn mein Haus zu haben, das waren Dinge, die waren so weit weg und deshalb war für mich diese Zeit des sogenannten Wirtschaftswunders eine Aufbruchzeit in der Wirtschaft, in die ich zu dieser Zeit ja erst kam. Es war etwas Fabelhaftes. Die Wirtschaft konnte frei entscheiden, das war für mich sehr, sehr bedeutend und hat mich auch mitgetragen und mir später, als ich in Führungspositionen war, die Überzeugungskraft gegeben, mit der ich selber dann geführt habe.«

In führende Positionen kommt er in den sechziger Jahren. Bereits Prokurist und Verkaufsleiter in der Firma, in der er begonnen hat, wechselt er in die Automobilindustrie, wo er, nun nicht mehr in München, im Vorstand eines großen Unternehmens wiederum für den Verkauf zuständig ist. In dieser Funktion bestätigt sich für ihn das Klischee vom Arbeitstag eines hochrangigen Managers, der kaum Zeit für das Private läßt. Die erste Ehe endet nach achtzehn und die zweite scheitert für ihn völlig überraschend nach dreiundzwanzig Jahren. Die beiden heute bereits erwachsenen Kinder aus dieser Ehe, eine Tochter und ein Sohn, entscheiden sich zu Hause und beim Vater zu bleiben, der dadurch »einen großen emotionalen Rückhalt« erfährt. Eine neue Bindung ist Friedrich Lohstein seitdem nicht mehr eingegangen und lebt allein in seinem Haus, das er auch zum Glück der Nachkriegsjahre zählt.

Nach dem Krieg und in den ersten Jahren der Bundesrepublik hatte Friedrich Lohstein das Gefühl: »Mensch, du lebst, das ist wirklich wahr, der Krieg ist vorbei und du lebst! Ich war zu erfreut, ein Deutschland zu erleben, das durch Heuss und durch Adenauer in der Welt der Demokratien beachtet und anerkannt wurde, als daß ich mich zu sehr über die gegrämt habe, die mich beschimpften, weil ich Soldat gewesen war.« In dieser Zeit geht er auf ein Regimentstreffen und findet es furchtbar, weil es dort kein anderes Gespräch als die gemeinsamen Erlebnisse im Krieg gibt. In einer Zeit, in der es allen noch dreckig gegangen sei, habe keiner gefragt: Was machst du jetzt, wie kommst du zurecht und weißt du, was morgen und übermorgen sein wird? In Zukunft meidet er diese Treffen und den Kontakt mit Angehörigen aus seinem Regiment und seiner Division.

Nicht nur in den unmittelbaren Jahren nach dem Krieg sind die Fragen nach der Gegenwart und dem Morgen für ihn drängender als die aus der Vergangenheit. Vergessen jedoch ist die Vergangenheit nicht und auch nicht der 20. Januar 1943, das Datum seiner Verwundung im Kessel, an dem er sich von Gott verlassen glaubt, zu sterben meint, und dann seine Rettung als ein Wunder erlebt. Dies ist in seinen Augen weniger dem Zufall als der Vorsehung zu verdanken. In einem bewußten Ritual erinnert er sich vor seiner Familie an den Krieg und erzählt:

»Für mich gibt es Zufälle, aber an einer solchen Stelle gerät man verdammt ins Nachdenken. Warum bist du denn immer übriggeblieben? Warum bist du denn ins Flugzeug getragen worden? Warum bist du erst blind geworden und konntest dann wieder sehen? Das begleitet mich mein ganzes Leben.«

NACHWORT

Am 17. November 1942, der Tag, an dem Hans Horn verwundet und wenig später ausgeflogen wurde, scheiterte der letzte deutsche Versuch, Stalingrad vollständig zu erobern. Achtundvierzig Stunden später begann mit der »Operation Uranus« die sowjetische Offensive, die am 23. November zur Einkesselung der 6. Armee führte. Schon am Nachmittag des 21. November hatte Paulus sein Hauptquartier in Golumbinski, das gut sechzig Kilometer nordwestlich von Stalingrad lag, »verlegen« müssen. Nicht in einem geordneten Rückzug, wie das Wort nahelegt, sondern als »ein Bild des Schreckens«, das Jahre später ein Offizier aus Paulus' Stab beschrieb: »Von Angst vor den sowjetischen Panzern gepeitscht, jagten LKW, Befehlswagen, PKW, Kräder, Reiter und pferdebespannte Fahrzeuge nach Westen, prallten aufeinander, fuhren sich fest, stürzten um, versperrten den Weg. Zwischendurch stießen, drückten, schoben, wälzten sich Fußgänger. Wer stolperte und zu Boden fiel, kam nicht wieder auf die Beine. Er wurde zertreten, überfahren, plattgewalzt.«

Hundert Kilometer weiter westlich war Paulus inzwischen mit dem Flugzeug in Nischne-Tschirskaja gelandet, um dort sein neues Hauptquartier aufzuschlagen. Schon am nächsten Tag jedoch wurde er von Hitler nach Gumrak in den Kessel kommandiert, wo ihn am Abend ein Funkspruch seines obersten Befehlshabers erreichte, den er kurz zuvor um »Handlungsfreiheit« gebeten hatte, da sonst die Armee »in kürzester Frist der Vernichtung entgegen« ginge: »Die 6. Armee ist vorübergehend von russischen Kräften eingeschlossen. Ich kenne die 6. Armee und ihren Oberbefehlshaber und weiß, daß sie sich in dieser schweren Lage tapfer halten wird. Die 6. Armee muß wissen, daß ich alles tue, um ihr zu helfen und sie zu entsetzen. Ich werde rechtzeitig meine Befehle geben. Adolf Hitler.«

Obwohl Hitler in seiner Nachricht kaum Zweifel an seinen Absichten gelassen hatte, glaubte Paulus, daß er den Ernst der Lage begreifen und einem Ausbruch nach Südwesten zustimmen würde. Pläne wurden erstellt und schließlich am 23. November der Ausbruch auf den 25. oder 26. festgelegt, immer unter der Voraussetzung der »Führer« würde die erneut erbetene »Handlungsfreiheit« erteilen. In den Frontstäben gab es jedoch nur einen kommandierenden General, Walther von Seydlitz-Kurzbach, der entschlossen war, sich die Handlungsfreiheit selbst zu nehmen. Am Abend des 23. November befahl er zwei Infanteriedivisionen, zu denen auch Jakob Vogt gehörte, ihre Depots zu verbrennen, das schwere Gerät zu sprengen und sich aus den eigenen Stellungen zurückzuziehen. Doch schon zwei Tage später, am 24. November, machte Hitler in einem »Führerentscheid« Stalingrad zur »Festung«, die mit allen Mitteln zu halten sei.

Mit seiner Entscheidung, Hitlers Befehl sofort umzusetzen und alle weiteren Vorbereitungen auf einen Ausbruch zu verbieten, befand sich Paulus nicht allein. Wenige Tage zuvor war Generalfeldmarschall von Manstein zum Befehlshaber der neu errichteten Heeresgruppe Don und damit zum unmittelbaren Vorgesetzten von Paulus gemacht worden. Als operatives Genie in der deutschen Öffentlichkeit gefeiert und in der Wehrmacht bewundert, hatte er am Tag des »Führerentscheids« einen Lagebericht an das Oberkommando des Heeres gesandt. Darin bezeichnete er den Ausbruch als den sichersten und auch noch möglichen Weg, um zugleich davon abzuraten »so lange noch Aussicht für ausreichende Versorgung, wenigstens mit panzerbrechender Munition, Infanteriemunition und Betriebsstoff besteht. Dies ist entscheidend.«

In den ersten 21 Tagen wurden jedoch statt der angekündigten 7350 Tonnen nur 1860 Tonnen eingeflogen, von denen 967 Tonnen Munition und 781 Benzin und Diesel waren. Für ungefähr 290 000 eingekreiste Menschen blieben gerade 100 Tonnen Lebensmittel oder in der Sprache der Statistik 344 Gramm für jede Person inklusive der Säcke mit Haarwaschmittel und Pfeffer und Oswald Spenglers Traktat über die Selbstzerfleischung Europas, »Der Untergang des Abendlandes« in einer Ausgabe der Feldbücherei. Diese Zahlen sollten sich in den kommenden Wochen kaum ändern.

Vier Tage nach seinem ersten Lagebericht sah Manstein sich am 28. November gezwungen, seinen operativen Optimismus zu revidieren. Er plädierte nun dafür, daß die 6. Armee bei der Entsatzoffensive, die er vorbereitete, nicht stillhalten und in ihren Stellungen bleiben könne, sondern sie teilweise räumen oder sogar ganz aufgeben müsse, falls über die Offensive keine klare und stabile Verbindung mit der eingeschlossenen Armee hergestellt werden könne. Fast im gleichen Atemzug jedoch lehnte er gegenüber dem immer noch auf Handlungsfreiheit drängenden Paulus, der sich vom militärischen Gehorsam aber nicht lösen konnte, jeden Gedanken an einen Rückzug ab. Gleichsam als Absolution schrieb er ihm: »Was wird, wenn die Armee in Erfüllung des Befehls des Führers die letzte Patrone verschossen haben sollte, dafür sind Sie nicht verantwortlich!« – und man möchte für Manstein hinzufügen: und ich auch nicht.

Sicherlich ebenso gepeinigt von militärischen und strategischen Überlegungen wie von der Frage des taktischen Umgangs mit einem halsstarrigen Hitler, der jeden Rückzug als den Anfang vom Ende betrachtete, tritt hier noch etwas ganz anderes und für die gesamte höchste Generalität des Dritten Reichs symptomatisches zutage: Beide an zentralen Stellen sitzenden Generäle hatten ihre Verantwortung gegenüber den ihnen unterstellten Soldaten vertauscht mit dem unbedingten Gehorsam gegen ihren »Führer« und dessen schwankendes Wohlwollen. Seinen Soldaten begegnete Paulus zu diesem Zeitpunkt mit ostentativem Optimismus. Die Armee, ließ er sie am 27. November wissen, könne und würde es schaffen, sie müsse nur wie ein Mann zusammenstehen. »Drum«, endet sein Aufruf, »haltet aus, der Führer haut uns raus!«

In den nächsten zwei Wochen verschärfte sich nicht nur die Situation für die 6. Armee, sondern auch die der Heeresgruppe Don. Die Ausgangslage für die Operation »Wintergewitter«, mit der Stalingrad erreicht und entsetzt werden sollte, hatte sich durch das Anwachsen der russischen Kräfte dramatisch verschlechtert. Schon der für den 8. Dezember geplante Beginn der Offensive, in der über eine Distanz von einhundertzwanzig Kilometern die Verbindung zur 6. Armee hergestellt werden sollte, mußte verschoben werden, weil ein Teil der dafür vorgesehenen Verbände durch den Aufmarsch der Russen gebunden blieb, und ein anderer das Ausgangsgebiet bei Kotelnikowo nicht rechtzeitig erreichen konnte. Mit den schließlich vorhandenen, aber viel zu schwachen Kräften begann die Offensive am 12. Dezember, dem Tag, an dem Hitler dem Generalstabchef des Heeres, Kurt Zeitzler, über Stalingrad mitteilte: »Das können wir gar nicht ersetzen, was wir drin haben. Wenn wir das preisgeben, geben wir eigentlich den ganzen Sinn dieses Feldzugs preis. Sich einzubilden, daß ich das nächste Mal noch hierherkomme, ist ein Wahnsinn. Jetzt im Winter können wir mit den Kräften noch eine Riegelstellung bauen. Der andere hat die Möglichkeit, auf seiner

Bahn heranzutransportieren. Bricht das Eis auf, hat er die Wolga zur Verfügung und kann da transportieren. Er weiß, was davon abhängt. Hier kommen wir also nicht mehr her. Daher dürfen wir auch nicht weggehen. Dazu ist auch zuviel Blut vergossen worden.«

Drei Tage vor Weihnachten blieb die Operation »Wintergewitter« unter großen menschlichen Verlusten fünfzig Kilometer vor der Kesselfront stecken, ohne daß Hitler in diesen neun Tagen zu bewegen gewesen wäre, den Ausbruch der 6. Armee zu genehmigen. Ob dieser späte Versuch, die Entsatzverbände des General Hoth zu erreichen, Erfolg gehabt hätte, ist sehr fragwürdig. Die 70 Panzer, die der 6. Armee geblieben waren, hatten noch Treibstoff für zwanzig Kilometer. Die Aussicht, die 6. Armee aus dem Kessel zu retten, war schon im November verspielt worden. Hitler hatte die Stadt, die zu diesem Zeitpunkt aus nichts mehr als aus Trümmern bestand, zur »Festung« erklärt. Zugleich hatte er den Rückzug der bereits gefährdeten Heeresgruppe A aus dem Kaukasus und von den Ölquellen, die erobert werden sollten, verboten. Um den Kaukasus nicht zu verlieren, der dann doch in letzter Minute unter großen Verlusten geräumt werden mußte, war die 6. Armee im Kessel geblieben, wo sie sieben russische Armeen band, als Faustpfand des »Führers« und seiner höchsten Offiziere, die zum offenen Widerspruch nicht bereit gewesen waren. Mit der Entsatzoffensive aber hatte man noch einmal Tausende von Menschen geopfert, wohl wissend, daß sie zu kaum mehr als zur eigenen Rechtfertigung taugen würde.

Am 8. Januar 1943 forderte die sowjetische Führung die 6. Armee zur Kapitulation auf und begann zwei Tage später, nachdem ihre Parlamentäre von Paulus nicht empfangen worden waren, mit einem Großangriff, um den Kessel zu spalten. Am 16. Januar ging der Fluglandeplatz in Pitomnik verloren und am 22. der in Gumrak, so daß Lebensmittel nur noch aus der Luft abgeworfen werden konnten. An diesem Tag wandte sich Paulus an das Oberkommando des Heeres: »Russe im Vorgehen ... Keine Möglichkeit mehr, Lücke zu schließen. Zurücknahme in Nachbarfronten, die auch ohne Munition, zwecklos und nicht durchführbar. Ausgleich mit Munition von anderen Fronten auch nicht mehr möglich. Verpflegung zu Ende. Über 12000 unversorgte Verwundete im Kessel. Welche Befehle soll ich den Truppen geben, die keine Munition mehr haben und weiter mit starker Artillerie, Panzer und Infanteriemassen angegriffen werden?«

Offenbar auch auf diesen Funkspruch hin wandte sich Manstein an Hitler: Die 6. Armee solle kapitulieren, wenn sich die Rote Armee an die Genfer Konvention halte, an die sich allerdings die Führung der Wehrmacht während des Krieges im Osten nie gebunden gefühlt hatte. Im Gegenzug solle die Luftwaffe die 6. Armee für weitere 14 Tage versorgen. Daß durch diesen Vorschlag, bei aller Unsicherheit, ob die russische Führung ihn akzeptiert hätte, viele Menschen vor dem Tod gerettet worden wären, muß nicht betont werden. Doch die Antwort Hitlers an das Oberkommando der 6. Armee und an Paulus lautet: »Kapitulation ausgeschlossen. Truppe verteidigt sich bis zuletzt.« Für Paulus war damit die Frage, welchen Befehl er seinen Soldaten geben sollte, offenbar beantwortet: »Haltet aus!«, ließ er sie an diesem 22. Januar, wenige Tage vor dem Ende, wissen: »Wenn wir wie eine verschworene Schicksalsgemeinschaft zusammenhalten und jeder den fanatischen Willen hat, sich bis zum Äußersten zu wehren, sich unter keinen Umständen gefangen zu geben, sondern standzuhalten und zu siegen, werden wir es schaffen!«

Von diesem Zeitpunkt an entwickelte sich über den Äther ein Dialog zwischen dem Oberkommando der 6. Armee und ihrem »Führer«, der in der Nachkriegsgeschichte ganz wesentlich das Bild nicht nur von Paulus und seinem Stab, sondern ebenso, wenn auch nur als feldgraue Masse, das von den Mannschaften geprägt hat: von dem Hilfsarbeiter, dem Postboten, dem Schuhmacher, dem Studenten, dem Arzt, dem Fernfahrer, dem Abiturienten und dem Landmaschinenschlosser. Menschen, von denen man glaubt, ihnen jeden Tag auf der Straße zu begegnen.

Am 30. Januar, einen Tag bevor im Südkessel die Kämpfe eingestellt werden, gratuliert Paulus seinem »Führer« zum zehnten Jahrestag der »Machtübernahme« mit dem Funkspruch: »An den Führer! Zum Jahrestag Ihrer Machtübernahme grüßt die 6. Armee ihren Führer. Noch weht die Hakenkreuzfahne über Stalingrad. Unser Kampf möge den lebenden und kommenden Generationen ein Beispiel sein, auch in der hoffnungslosesten Lage nie zu kapitulieren. Dann wird Deutschland siegen. Heil mein Führer!« Und einen Tag später der letzte Funkspruch aus dem Südkessel. »Über uns weht die Hakenkreuzfahne. Der Befehl unseres obersten Befehlshabers wird bis zum Letzten befolgt. Wir gedenken in Treue der Heimat. Lang lebe der Führer!« Während Paulus formal kapitulierte, um sich dann gegenüber dem russischen General Nikolai Woronow zu weigern, einen Befehl zu unterzeichnen, in dem der Nordkessel aufgefordert wurde, sich ebenfalls zu ergeben, funkte von dort General Strecker am 1. Februar: »Truppe kämpft ohne schwere Waffen und ohne Verpflegung bis zum letzten Erschöpfungszustand. Leute fallen um. Erfrieren mit Gewehr im Arm.« Um schließlich am 2. Februar, nachdem Hitler tags zuvor geantwortet hatte, »ich erwarte, daß der Nordkessel von Stalingrad sich bis zum Letzten hält«, das Ende dieses der Kriegsideologie und Rhetorik verpflichteten Dialogs: »XI. Armeekorps hat mit seinen sechs Divisionen in schwerstem Kampf bis zum letzten Mann seine Pflicht getan. Es lebe Deutschland. Es lebe der Führer!«

In diesen letzten Tagen war der Schuhmacher Bertold König verwundet worden und bis zum Landeplatz Gumrak gelaufen, vorbei an den Toten und an Mänern, die apathisch im Schnee hockten oder sich mit dem Stahlhelm auf den Kopf schlugen: »All das Elend hat sie um den Verstand gebracht ... Ich hab mir gesagt; du darfst dich nicht hinsetzen, nicht einschlafen, sonst bist du tot. Und ich hab gebetet, daß mir Gott Kraft gibt.«

Der Arzt Jakob Vogt, der sich entschlossen hat den Befehl, daß kein Offizier lebend in Gefangenschaft geht, zu ignorieren, akzeptiert das Angebot der Russen, sein Lazarett mit den nicht gehfähigen Verwundeten zu übernehmen. Er bezieht für die letzten Tage einen neuen »Zufluchtsort« in der zerschossenen Fabrik *Roter Oktober* und erlebt den Ausbruch von Kannibalismus: »Die Leute gingen hin und tranchierten die Leichen. Sie schnitten ihnen die Arschbacken raus und haben sie gekocht.«

Der Sportstudent Ernst Priebatsch, der mit vierundzwanzig Männern »den Russen aufhalten sollte«, zwingt mit seiner Pistole einen Zahlmeister, Lebensmittel aus einem Lager »für die Offiziere in den hohen Stäben herauszugeben«, sagt dann seinen Männern, daß sie sich »aus dem Staub machen« sollen, verkriecht sich in einem Keller und versucht »wie alle anderen«, sich »aus allem rauszuhalten«.

Der Hilfsarbeiter Schreiber hat sein Soldbuch bekommen, es verbrannt, »und dann waren wir vogelfrei. Feierabend«. Er flüchtet in ein ausgebranntes Haus, wo er auf ein »paar verrückte Offiziere stößt«, nun »noch mitmachen muß«, und zusammen mit anderen auf drei russische Männer schießt, die einen Granatwerfer aufbauen – »sie fielen um. So war es. Ach, es war ganz was schlimmes«.

Der Abiturient Friedrich Lohstein wird schwer verwundet in einen Bunker bei Gumrak gebracht und erblindet dort während eines Bombenangriffs. Er glaubt, er sei nicht mehr zu retten, ist »dankbar«, als ihm jemand seine Pistole gibt, weil er nicht mitgenommen werden kann und »nicht von einem Russen erschossen oder mit dem Spaten erschlagen werden« will. Er zweifelt an Gott und seiner Religion, kommt am 21. Januar in eine der letzten Maschinen, die Gumrak verlassen, bevor die Landebahn verlorengeht, und meint nun zu wissen, warum er verwundet worden ist.

Der Fernfahrer Johann Scheins schießt auf einen Feldpolizisten, der »hinter einem Landser her« ist, um ihm einen Laib Brot abzunehmen, den er gefunden hat. Zurück im Kellergewölbe eines großen Gebäudes unweit der Wolga kommt er in einen Raum und sieht dort, wie sich ein General unter dem Kinn in den Kopf schießt und wie ein zweiter rausgeht, auf einen Bahndamm steigt und sich dort oben von den Russen erschießen läßt: »Das war ein patenter Kerl und dann da dieses Arschloch: ›Es lebe Deutschland. Es lebe der Führer!‹«

Nichts in diesen Erfahrungen verweist auf den Fanatismus und Durchhaltewillen »bis zur letzten Patrone«, den die letzten Funksprüche aus dem Kessel so erfolgreich suggerieren konnten. Neben das Bild von der militärischen Katastrophe haben sie in der öffentlichen Wahrnehmung bis heute das der Überzeugung und Selbstaufopferung rücken können. Doch spätestens seit dem gescheiterten Versuch, die 6. Armee zu entsetzen, zerfiel die von Paulus und seinem Offizierskorps genährte Überzeugung, »der Führer holt euch raus« und machte unter weiten Teilen der Mannschaften der Devise Platz »rette sich wer kann« oder, wie es der Arzt Jakob Vogt ausdrückt, »Vaterland oder Patriotismus, alles schnuppe, ich will überleben«.

In den kommenden Wochen zerfällt die Befehlsgewalt der Offiziere. Die Auflösung bestätigt eine Kluft, die entgegen der nationalsozialistischen Ideologie von Gemeinsamkeit und

Gehorsam im Ansatz schon zuvor existiert. Für Bertold König sind die Offiziere undurchschaubar, bleiben ihm in ihrem Gebaren bis zum scheinbar »stilvollen Selbstmord« fremd und sich selbst sieht er als zum »Fußvolk« gehörend, das von den Offizieren herumgeschickt wird. Hans Horn, dem es bisweilen durchaus gelingt, mit Offizieren über ihre Befehle zu argumentieren, entdeckt in seinem Feldwebel einen »Lumpenhund« und an zwei hochrangigen Offizieren den Ehrgeiz nach Orden, den sie über ihre Verantwortung für die Soldaten stellen. Otto Thalheimer, der offenbar auch das Vorbild sucht, »stinkt« ihre Arroganz und Überheblichkeit ebenso wie der General, der Befehle ausspricht, an die er sich selbst nicht hält. Johann Scheins ist im fortwährenden Konflikt mit den vorgesetzten Offizieren, kann »die Schnauze nicht halten« und wird degradiert. Später sieht er im Kessel, wie übrigens alle anderen aus dem »Fußvolk« auch, daß die Versorgung je höher die Ränge desto besser ist, und befindet schließlich, daß sie alle »Arschlöcher« seien. Mit einer allerdings ganz wesentlichen Einschränkung, die auch für die andern aus dem »Fußvolk« gilt, nämlich: »Die meisten, nicht alle.« Nicht alle, das sind offenbar einige der Frontoffiziere, während die meisten in den höheren Rängen und Stäben zu suchen sind, dort, wo drei Dinge zusammenkommen: die größte Verantwortung, die größte Autorität und die größte Distanz zu den Mannschaften. Für diese Ränge gilt offenbar, was Jakob Vogt als ein Gefühl und allgemeine Wahrnehmung der Mannschaften schildert: »Sie scheißen auf dich.« Selbst Friedrich Lohstein, Ernst Priebatsch und Jakob Vogt, die der Front sehr viel näher als den Stäben stehen, bleiben als Offiziere in ihren Erzählungen weitgehend unter sich, auch wenn sie Sorge für die ihnen Anvertrauten, Wut über die Verhältnisse und Mitleid empfinden.

Im Januar schließlich zerbricht, was Paulus bis zum Schluß als Schicksalsgemeinschaft beschwört: die Organisation und das autoritäre Gefüge, ohne die keine Armee existieren kann. Diese Phase wird von allen, ob Mannschaftsdienstgrad oder Offizier, ähnlich geschildert. Es sind Bilder von vereinzeltem Fanatismus, wachsender Auflösung, Befehlsverweigerung, Wut auf Hitler und den Generalstab, Sinnlosigkeit, Apathie, kollektiven Selbstmorden, Kannibalismus und Zügen von Anarchie.

Fast gleichlautend sind auch die Begründungen, warum sich keiner der hier Erzählenden schon vor dem Ende ergibt, obwohl alle von der Sinnlosigkeit dieses Kampfes überzeugt sind. Es ist die Angst vor »den Russen«, nicht die vor den eigenen Vorgesetzten – obwohl dafür Grund genug vorhanden ist, denn in den letzten drei Wochen werden im Kessel von der Wehrmacht 365 eigene Leute hingerichtet. Die Angst vor den Russen ist aber nur noch zum Teil von der Propaganda bestimmt, die behauptet hat, daß die Rote Armee keine Gefangenen macht. Vielmehr ist es die Erfahrung der Radikalität auf beiden Seiten. Als Konsequenz aus dem eigenen Handeln und dem des Gegners ist es unvorstellbar geworden sich zu ergeben und mit dem Leben davonzukommen.

Der Krieg wird als ein Mosaik einzelner herausragender Geschichten erinnert. In ihnen wird episodenhaft erzählt von militärischer Disziplin und Unterwerfung; von der Hoffnung zu den Siegern zu gehören und dem immer weiter verblassenden Hochmut; von der Gruppe und dem Heimatgefühl unter Fremden; von Propaganda, Desinformation und Gerüchten; vom Sehen, von Ahnungen und vom Wegschauen; von der Kluft zwischen Offizieren und dem »Fußvolk« und der Verantwortungslosigkeit derer »da oben«; vom Kampf, von Verletzungen und vom Sterben; von der Wut verraten zu sein, von der wachsenden Hoffnungslosigkeit, dem Hunger und dem Warten auf den eigenen Tod.

Diese Erlebnisse des Militärs, des Krieges und des Kessels

verdichten sich schließlich zu der Erfahrung: »Wir waren ja keine Menschen mehr.« Im Krieg verschwindet im eigenen Handeln ebenso wie im Erleiden die Erinnerung, einmal ein Mensch gewesen zu sein. Es ist eine Erfahrung, auch wenn versucht wird, sie in Worte und Bilder zu fassen, der etwas vom »Unvorstellbaren« anhaftet. Und sie führt über das Ende der Kämpfe hinaus in die Gefangenschaft.

»Wir hatten«, sagt Fritz Schreiber, »mit dem Leben abgeschlossen. Es hieß, die Russen machten keine Gefangenen, aber dann ist während der Gefangennahme überhaupt nichts passiert!« Diese Erfahrung und die mit ihr verbundene Überraschung relativiert sich in den folgenden Stunden und Tagen. Verwundete, die in den Kellern liegen, werden erschossen, es kommt zu Übergriffen aus der Zivilbevölkerung, die ihre Verstecke verlassen und in den Trümmern an den Straßenrändern stehen. Die Gefangenen werden von Rotarmisten ausgeplündert und verlieren neben den letzten Habseligkeiten zuweilen auch Schuhe und Mäntel, was unter den Bedingungen des Winters einem Todesurteil gleichkommt. Die Masse aber der 90 000 Gefangenen bleibt zunächst am Leben. Doch schon einige Monate später sind mehr als 80 000 von ihnen tot. Sie sind Opfer von Mißhandlungen und Erschießungen, von Hunger, Krankheit und Kälte, die schon lange zuvor noch unter der Wehrmacht eingesetzt haben.

Die Verwaltung für Kriegsgefangene und Internierte des NKWD interveniert, erläßt strenge Anordnungen zur Verpflegung und medizinischen Versorgung. Doch weder die Rote Armee noch die Lagerverwaltungen wollen oder können sie befolgen. In der ersten Zeit werden die Gefangenen auch aus Rache erschossen, aber die Lager, in die sie dann gebracht werden, sind keine Stätten des organisierten Todes. Es sind Orte der Gleichgültigkeit und Orte, wo der Tod von Zehntausenden billigend in Kauf genommen wird.

Der Angst vor den Russen, die von der Propaganda aus Berlin und nicht wenigen hochrangigen Offizieren unter den Mannschaften geschürt worden war, stand schon im Krieg eine andere Erfahrung gegenüber: daß nämlich derjenige auf der anderen Seite ein ebenso »armes Schwein« ist, wie man selbst. Von dort aus wird verständlicher, daß die Überlebenden der Gefangenschaft ein unerwartetes Bild von den Russen zeichnen. Noch im Kessel hat Jakob Vogt festgestellt, daß die Russen nicht transportfähige Verwundete »schonen« und ein Angriff auf einen Verbandsplatz ein »tragischer Unfall« ist. Für Johann Scheins, der wegen seines losen Mundwerks im »Banditenlager« sitzt, gibt es »mehr gute als schlechte Russen«. Er bewundert bisweilen ihre Bildung und verdankt russischen Juden sein Leben: »Ich kann heute den Juden verdanken, daß ich nach Hause gekommen bin.« Für Fritz Schreiber sind die Russen »erstaunlich«, er ist von ihrer Menschlichkeit überrascht und sagt, auch mit dem Glück des Überlebenden, er habe »nur Gutes« von ihnen erfahren. Ernst Priebatsch erfährt nicht nur, daß die Russen »Mitleid« hatten, sondern nimmt sie auch zugleich in Schutz: »Sie sahen, daß wir verhungerten und versuchten auch mal uns zu helfen, aber sie hatten selbst nichts.«

Für Hans Horn, Bertold König, Otto Thalheimer und Friedrich Lohstein, die es als »Glück« empfinden, im Westen bei den Engländern und Amerikanern in Gefangenschaft zu geraten, dauert sie nur wenige Monate. Fritz Schreiber, Ernst Priebatsch, Johann Scheins und Jakob Vogt, die erst nach Jahren zurückkehren, sind verblüfft, »daß der Krieg fast vergessen war«. Für alle aber scheint der Übergang in die neue Zeit zunächst erstaunlich problemlos zu verlaufen. Es gibt private Probleme, berufliche Hindernisse und Auseinandersetzungen mit der Bürokratie, aber die zurückliegenden Jahre haben anders, als wir es aus dem Vietnamkrieg und die ihm folgenden Kriege kennen, keinen aus der Bahn geworfen. Die einzige Ehe, die schon vor dem Krieg bestand, bleibt intakt, und die anderen heiraten und gründen eine Familie sobald sie zurückgekehrt sind. Es kommen Kinder, man baut Häuser, bezieht neue Wohnungen und erlebt beruflich und sozial fast immer einen Aufstieg.

Die Niederlage ist für keinen von ihnen überraschend gekommen, und mit den Jahren ist daraus auch eine Befreiung und aus der Bundesrepublik »ihr Land« geworden. Ein Land, dessen Weg ihre Generation, die ganz wesentlich durch die Erfahrungen des Krieges geprägt ist, weitgehend mitbestimmt hat. In diesen aktiven Jahrzehnten ist der Krieg für sie nicht vergessen, er bleibt nächtlicher Alptraum und auch die Verwundungen, die körperlichen wie die seelischen, erinnern weiter an ihn. Darüberhinaus aber dominiert das Schweigen, daß sie als ein nicht freiwilliges schildern, denn nach ihren persönlichen Geschichten ist in all den Jahren nach dem Krieg nicht gefragt worden. Im öffentlichen Bewußtsein und auch in ihrer Wahrnehmung ist der Krieg in den Jahren des Aufstieges, des Kalten Krieges und der Westintegration kaum noch ein Thema, und das Schicksal des einzelnen Soldaten scheint aus der Familie und der Öffentlichkeit an die Stammtische verbannt. Sie sind eine bis heute gern zitierte Fiktion und Legende: Der Ort, wo im Jargon der Veteranen angeblich über das gesprochen wurde, was die Nachgeborenen, die Generation der Töchter und Söhne längst zu wissen meinten.

Wo aber liegt die Zäsur, wo liegt das Ende des jahrzehntelangen Schweigens? Nicht, wie man seit der Debatte über die Wehrmacht vermuten könnte, im Angebot eines gesellschaftlichen Dialogs, im öffentlichen Raum. Hier wird nach wie vor der einzelne meist mit *der* Wehrmacht als ganzes gleichgesetzt und mit den von ihr begangenen Kriegsverbrechen im Dienst der nationalsozialistischen Ideologie. Das Interesse an den achtzehn Millionen Soldaten ist vorrangig eines an den Tätern und ihren Opfern und es fällt schwer, unter dem Druck der Verbrechen des nationalsozialistischen Staates den Blick zu erweitern.

Diese offenbar sehr generationsspezifische Furcht war anfangs auch mein größtes Handicap. Ich konnte aber lernen, daß nicht ich es war, der dieses Schweigen durchbrochen hatte. Dem Bruch war eine Zäsur vorausgegangen, die meist Jahre zurückliegt und undramatisch erscheint. Die Erinnerung an den Krieg, zeigte sich, setzte bei allen, mit denen ich gesprochen habe, verstärkt und manchmal geradezu passioniert – »ich wäre gern Historiker geworden, um an die Wahrheit heran zu kommen« – am Ende ihres Berufslebens ein. Aus einer scheinbar normativen biographischen Zäsur wurde die Frage: Wer war ich, wer waren wir damals im Krieg?

Von den achtzehn Millionen Menschen, die im Dritten Reich Soldaten wurden, sind viele auch dann Opfer des Krieges gewesen, wenn sie scheinbar unverletzt nach Hause gekommen sind; sie sind traumatisiert bis auf den heutigen Tag. Das Unrecht, das ihnen der nationalsozialistische Staat und seine Eliten angetan haben, ist nie thematisiert worden. Im Gegenteil, es hat eine Fortsetzung gefunden: Die Nachkriegsgeneration hat zu ihren Leiden geschwiegen und weit fataler noch, sie hat den Dialog mit ihren Vätern verweigert, und damit auch über sich selbst und das Land, in dem sie aufgewachsen ist und das vom Leid und Trauma dieser Menschen in so vielem geprägt worden ist.

DANKSAGUNG

Ich bin Frank Scheffter und Jost Nolte zu besonderem Dank verpflichtet. Sie haben mir den Kontakt zu Überlebenden von Stalingrad wesentlich erleichtert.

Anregungen und Hilfe verdanke ich auch Berrit Barlet, Hans-Georg Heepe, Hans-Günter Heinen, Antonia Hilke, Thomas Janssen, Karin und Albrecht Lehmann, Christa Loose, Nicolaus Neumann, Constanze Regnier, Elisabeth Scheins-Boeven, Barbara Schmidt-Tychsen, Erika Schulze-Jena und Ulrich Wank. Meine Frau Christiane hat mir mit Geduld und einer Vielzahl kritischer Anmerkungen den Weg erleichtert.

Äußerste Grenze
des deutschen Vordringens
Ende 1942
N
0
300 km
FINNLAND
Helsinki
Onegasee
Ladogasee
Leningrad
Tallinn
ESTLAND
LETTLAND
Riga
Demjansk
LITAUEN
Nevel
Rshew
Moskau
Wolga
Witebsk
Vilnius
Wjasma
Minsk
Smolensk
SOWJETUNION
Don
Orel
Kursk
Wolga
Kiew
Bjelgogrod
Charkow
Dnjepr
Stalingrad
Dubowka
Kalatsch
Dnjepropetrowsk
Stalino
Taganrog
Don
Wolga
Odessa
Rostow
Asowsches
Meer
Krasnodar
Sewastopol
Majkop
Tuapse
Mosdok
Grosnyj
Schwarzes Meer
TÜRKEI

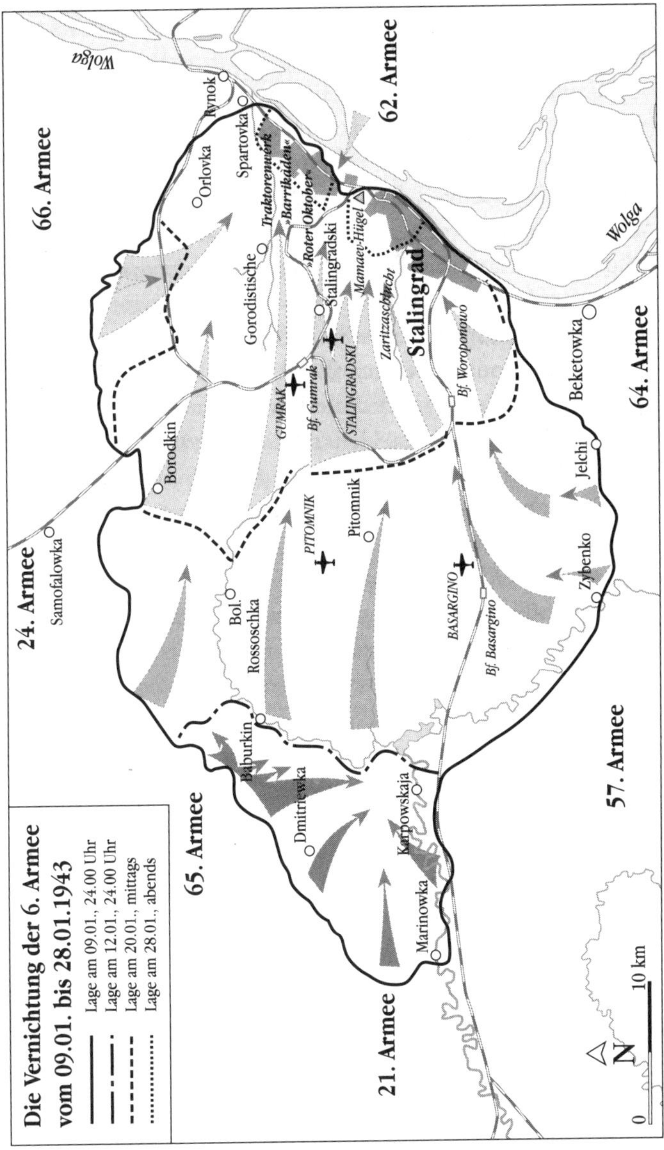

Die Vernichtung der 6. Armee vom 09.01. bis 28.01.1943
Lage am 09.01., 24.00 Uhr
Lage am 12.01., 24.00 Uhr
Lage am 20.01., mittags
Lage am 28.01., abends
66. Armee
62. Armee
24. Armee
65. Armee
21. Armee
57. Armee
64. Armee
Wolga
Wolga
Rynok
Spartovka
Orlovka
Traktorenwerk
»Barrikaden«
»Roter Oktober«
Mamaev-Hügel
Gorodistische
Stalingradski
Stalingrad
Zaritzaschlucht
GUMRAK
Bf. Gumrak
STALINGRADSKI
Bf. Woroponowo
Beketowka
Borodkin
Samofalowka
PITOMNIK
Pitomnik
Jelchi
Zybenko
Bol. Rossoschka
BASARGINO
Bf. Basargino
Baburkin
Dmitriewka
Karpowskaja
Marinowka
N
0
10 km

Eine kurze Bemerkung zur *militärischen Hierarchie*, soweit sie für die Erzählungen wichtig ist:

Die unterste Einheit ist eine Gruppe (etwa 10 Mann), geführt von einem Unteroffizier. Danach kommt der Zug, bestehend aus drei Gruppen (30–50 Mann), geführt von einem Leutnant. Drei Züge wiederum bilden eine Kompanie (etwa 100–200 Mann) unter dem Befehl eines Hauptmanns. Ein Bataillon besteht aus fünf bis acht Kompanien (etwa 1000 Mann), geführt von einem Major oder Oberstleutnant. Danach kommt das Regiment, bestehend aus drei Bataillonen (etwa 3000–5000 Mann), unter dem Befehl eines Oberst. Als wichtige Großeinheit folgt dann die Division aus drei Regimentern, geführt von einem Generalmajor (etwa 10 000–20 000 Mann). Am Ende stehen die Armeegruppen und schließlich die Armee, in diesem Fall die 6. Armee unter dem Befehl von Generalfeldmarschall Paulus.

Im Verlauf des Krieges ergaben sich zahlreiche Verschiebungen. Es handelt sich hier daher nur um Anhaltspunkte.

Joachim C. Fest

Das Gesicht des Dritten Reiches

Profile einer totalitären Herrschaft. 516 Seiten. Serie Piper

Joachim C. Fests psychologisch-biographisch angelegte Porträts der führenden Figuren des Dritten Reiches sind längst zum Standardwerk geworden. Das Buch beabsichtigt nicht die umfassende, systematische Erläuterung von Herrschaftsstrukturen: vielmehr zielt es auf die Exponenten des nationalsozialistischen Deutschland, geht jedoch in zwei Richtungen über eine reine Geschichte der Personen hinaus: Immer sind diese Personen auch Repräsentanten ihrer sozialen Herkunft, der Motive, Affekte und Verhaltensweisen der sozialen Schicht, der sie entstammen: zum anderen stehen sie für einen bestimmten Bereich der Politik des Nationalsozialismus. Fest ergänzt seine Darstellung durch Gruppenporträts über das Offizierskorps, über die Intellektuellen und die Rolle der Frauen im Dritten Reich.

05/1282/01/L

Ferdinand Seibt

Das alte böse Lied

Rückblicke auf die deutsche Geschichte 1900 bis 1945. 403 Seiten. Serie Piper

Ferdinand Seibt versucht zu ergründen, was unsere Großväter und -mütter wirklich wissen konnten, was sie tatsächlich zu sehen vermochten und was sie persönlich bewegt hat. Nicht den nachträglichen Erklärungsmustern gilt sein Interesse, sondern den Erfahrungen und Erlebnissen. Sein Buch gewinnt daraus eine große Anschaulichkeit und legt Zusammenhänge frei, die bisher kaum beachtet wurden. Die Linie von der »Urkatastrophe des 20. Jahrhunderts«, dem Kriegsausbruch 1914, über die bürgerliche Ratlosigkeit in der Weimarer Republik bis zu Hitlers Helfern wird präzise gezogen und aus der Zeit heraus erklärt. Eine unverzichtbare Lektüre für das Verständnis des vergangenen Jahrhunderts.

05/1386/01/R

PIPER

Peter Longerich

Der ungeschriebene Befehl

Hitler und der Weg zur »Endlösung«. 240 Seiten.
Serie Piper

Es habe keinen schriftlichen Befehl Hitlers zur Ermordung der Juden gegeben – wie etwa im Fall der Euthanasie: Mit diesem Scheinargument wird immer wieder versucht, den »Führer« reinzuwaschen und den Holocaust insgesamt zu verharmlosen. Als wissenschaftlicher Gutachter im Londoner Irving-Prozeß hatte der Historiker Peter Longerich den Nachweis zu führen, daß der millionenfache Mord an den Juden direkt auf Hitler zurückzuführen ist.
Zu einem konzentrierten Buch umgearbeitet liegt dieses Gutachten nun der Öffentlichkeit vor. Gestützt auf weit verstreute und zum Teil erst seit einigen Jahren bekannte Dokumente zeigt Longerich, wie Hitler die Entwicklung zum Massenmord mit seiner Autorität legitimierte.
Der »Führer« vermied klare schriftliche Anweisungen zum Massenmord, doch er trieb den Prozeß mit seinen Reden und Äußerungen voran. Mit seinem Buch klärt Longerich eine zentrale Frage des Holocaust und entreißt sie der Legendenbildung. Damit leistet er einen unverzichtbaren Beitrag zur Geschichtsschreibung über den Holocaust.

01/1072/02/R

PIPER

Ralf Georg Reuth
Hitler

Eine politische Biographie. 688 Seiten mit zahlreichen s/w-Abbildungen. Gebunden

Ralf Georg Reuth zieht in dieser politischen Biographie klare Linien, macht Zusammenhänge sichtbar. Bislang unbeachtete Quellen werden erschlossen, um ein schärfer konturiertes Bild Hitlers zu zeichnen. Ohne die unverstandene Niederlage im Ersten Weltkrieg, ohne Novemberrevolution und ohne die Demütigung von Versailles kein Hitler. Denn nur im Chaos jener Nachkriegszeit formte sich seine Weltanschauung, in der sich unterschwelliger Antisemitismus, bürgerliche Ängste vor dem Bolschewismus und den Folgen von Versailles zu einem monströsen Bedrohungsszenario verdichteten. Konsequent sieht Reuth Hitler als einen Getriebenen, der eine ganz andere, neue Mission glaubte erfüllen zu müssen: Die »Rettung der Welt vor dem Judentum und dem Bolschewismus«, die er miteinander gleichsetzte. Diesem Ziel hat Hitler alles untergeordnet, Innen- und Außenpolitik, auch den Krieg, dafür mobilisierte und mißbrauchte er die Deutschen. Deshalb befahl er 1941 die »Endlösung«: Der Mord an den Juden als Kompensation des militärischen Scheiterns.

01/1102/01/L

PIPER

Friedemann Bedürftig

Drittes Reich und Zweiter Weltkrieg

Das Lexikon. 573 Seiten. Gebunden

Wer sich schnell, präzise und umfassend über die Jahre 1933 bis 1945 informieren will, findet mit diesem Lexikon eines der gründlichsten Nachschlagewerke über das »Dritte Reich«. Mit seinen über 1500 Stichwörtern, ohne historisch-wissenschaftlichen Fachjargon und nicht im üblichen Lexikon-Deutsch, sondern vielmehr in leicht zugänglicher Darstellung, werden Zusammenhänge aufgezeigt: Ob Hitlerjugend oder NSKK, ob »Operation Barbarossa« oder 20. Juli, alle wichtigen Begriffe werden präzise und verständlich abgehandelt. Zu den wichtigsten Personen in Staat, Partei, Gesellschaft und Wehrmacht gibt es ebenso Artikel wie über die zentralen Ereignisse. Die großen militärischen Operationen des Krieges, wie etwa die einzelnen Feldzüge, werden sowohl unter einzelnen Stichwörtern wie auch im militärischen Gesamtverlauf erklärt. Für Schule und Studium, für Publizisten und Wissenschaftler und alle, die sich für diese wichtige Epoche der deutschen Geschichte interessieren, ist hier ein sehr umfassendes und vor allem gut zu lesendes Kompendium geboten.

01/1008/01/R